"博学而笃志，切问而近思。"
（《论语》）

博晓古今，可立一家之说；
学贯中西，或成经国之才。

主编简介

曾湘泉，我国著名的劳动经济学家、薪酬管理和政策咨询专家。1987年毕业于中国人民大学经济学系，获博士学位。曾长期担任中国人民大学劳动人事学院院长（2000—2014）。现任中国人民大学中国就业研究所所长，教育部"长江学者"特聘教授、博士生导师。兼任中国人才学会副会长、国家工资与福利专业委员会会长、中国人力资源开发研究会副会长、德国劳动研究所研究员、国际雇佣与劳动关系协会执委等职。在《中国社会科学》《经济研究》《国际劳工评论》（英文SSCI期刊）等国内外核心期刊，以独立作者或第一作者发表了大量学术论文，《经济增长过程中的工资机制》《劳动力市场就业和失业测量研究》《薪酬：宏观、微观与趋势》《教育部司局长素质模型及能力提升研究》《劳动经济学》等多项成果曾多次获奖。曾以首席专家身份主持完成了由国家社科基金、世界银行、亚洲开发银行、国际劳工组织、中组部、人社部、教育部、北京市委组织部等单位委托的多项工资、福利和就业等方面的重大研究课题。

普通高等教育"十一五"国家级规划教材

复旦博学
21世纪人力资源管理丛书

劳动经济学

（第三版）

曾湘泉 主编

本丛书荣获
第六届高等教育
国家级教学成果奖

复旦大学出版社

内容提要

本书是大学人力资源管理、劳动经济与劳动关系、社会保障等专业的基础课教材。本书是作者根据国际通用的劳动经济学理论分析框架，紧扣中国劳动力市场运行的实际特点，在多年的讲课积累和企业管理咨询实践的基础上编写而成的。

除了更新数据和案例，增加推荐阅读文献和书目之外，本次修订力求反映劳动经济学理论和实证研究的最新成果。修订的章节内容如下：将劳动力供给由第三章变更为第二章，并细化了劳动力供给影响因素的分析，增加了家庭联合决策，特别是有关"二孩政策"对劳动力供给影响的分析；将劳动力需求由第二章变更为第三章，并更新了有关最低工资标准和就业市场景气指数分析等；在第四章人力资本中，增加了新人力资本理论和人力资本测算方法；在第五章劳动力流动中，增加了国际移民、城乡迁移的决策模型、新劳动迁移模型、劳动力流出地和流入地的经济效应分析等；在第六章工资中，增加了激励性工资，主要是有关锦标赛理论，以及宏观经济环境对工资的影响等；在第七章劳动力市场歧视中，增加了中国性别工资差距的分析、现状特征及变化趋势，以及劳动力市场歧视的测量；在第八章收入分配中，增加了皮凯蒂"新库兹涅茨U形"假说、代际收入不平等、高管限薪等；在第九章失业中，增加了有关工作搜寻与互联网、DMP模型的介绍等。

作为"复旦博学·21世纪人力资源管理丛书"之一，本书适合大学人力资源管理专业及相关经济管理专业师生作为教材使用，也可作为企业人力资源主管的参考书。

丛书编辑委员会

主　任　曾湘泉

委　员　（按姓氏笔画排序）

文跃然　孙健敏　刘子馨　刘尔铎　萧鸣政
苏荣刚　郑功成　徐惠平　彭剑锋

总策划

文跃然　苏荣刚

前言(第三版)

不知什么原因,这几年,劳动经济学在国内突然一下子火了起来,各种论坛、讲座、学会如雨后春笋般应运而生,令人目不暇接。随着国内劳动经济学研究、教学和人才培养规模的日益扩大,劳动经济学教材的需求也在不断上升。2003年首次出版的这本《劳动经济学》,自2010年进行第二版修订后至今,已过去7个年头,显然,充分展示劳动经济学的最新研究成果,及时更新《劳动经济学》教材的数据和案例,包括更新部分章节内容,已成为劳动经济学教学和研究的迫切需求。

基于此,我们对《劳动经济学》第三版做了较大的修订和变动。除了更新数据和案例,增加推荐阅读国内外文献和书目之外,本次修订力求反映劳动经济学理论和实证研究的最新成果。修订的章节内容如下:将劳动力供给由第三章变更为第二章,并细化了劳动力供给影响因素的分析,增加了家庭联合决策,特别是有关"二孩政策"对劳动力供给影响的分析;将劳动力需求由第二章变更为第三章,并更新了有关最低工资标准和就业市场景气指数分析等;在第四章人力资本中,增加了新人力资本理论和人力资本测算方法;在第五章劳动力流动中,增加了国际移民、城乡迁移的决策模型——托达罗模型与推拉理论、新劳动迁移模型、劳动力流出地和流入地的经济效应分析、我国省际流动人口的特征(全国第六次人口普查数据分析)和中国职场跳槽报告等;在第六章工资中,增加了激励性工资,主要是有关锦标赛理论,以及宏观经济环境对工资的影响等;在第七章劳动力市场歧视中,增加了中国性别工资差距的分析、现状特征及变化趋势,以及劳动力市场歧视的测量,包括回归分解、雇佣审计和通信检验等实验方法;在第八章收入分配中,增加了皮凯蒂"新库兹涅茨 U 形"假说、代际收入不平等、高管限薪等;在第九章失业中,增加了有关工作搜寻与互联网、DMP 模型的介绍等。

从 2003 年的第一版到如今的第三版,《劳动经济学》凝聚了大家共同的努力与付出。刘尔铎、易定红、卢亮等老师参与了本教材第一版各章内容的编写。杨玉梅、卿石松、熊通成、巫强、郝玉明、李晓曼、闻效仪、宁佳敏、陈力闻、胡媛、周菲等参加了第二版修订工作。本次启动《劳动经济学》第三版修订工作,历时约一年,可以说这一版汇集了众多青年博士的智慧。邀请他们参与更新上述章节内容,主要是基于大家各自的研究领域和专长。他们所承担的第三版相关章节修订内容,大多与各自博士期间所开展的研究主题相关。参与本次教材修改任务的有:华东师范大学人口研究所副教授卿石松博士,华南工业大学经济与贸易学院副教授明娟博士,中央财经大学中国互联网经济研究院助理研究员史珍珍博士,北京林业大学经济管理学院讲师杨玉梅博士,首都经济贸易大学劳动经济学院讲师李晓曼博士和张成刚博士,中国人民大学劳动人事学院博士生单志霞、毛宇飞、杨涛、李志龙等。

感谢复旦大学出版社经济管理分社的宋朝阳副社长,在本书第三版修订过程中,他多次往返上海和北京两地,不仅开展积极的沟通和联络工作,还反复对书稿的图标、文字等提出修改建议。感谢各位读者,特别是部分高校的老师和同学,正是基于他们多年来丰富的教学经验,以及在课堂学习中的体会,给我们提供了很好的反馈意见和建议,使得本教材修订的目标和方向变得更为清晰。由于时间所限,特别是我们水平和能力所限,本教材的编写和修订总是存在这样或那样的缺点或问题,敬请读者批评指正!

曾湘泉

2017 年 7 月于北京

前言(第二版)

要写一本好的劳动经济学教材,一直是我们追求的目标,但并非易事。1994年人民出版社出版了我在劳动人事学院讲授劳动经济学时用过的一本简要讲义——《劳动经济》。这本教材应当说有风格清新、文字流畅的优点,但毕竟由于我国劳动力市场发育不成熟,加之国内规范的经济分析和研究成果不多,从总体上讲,这本教材不足以反映我国劳动力市场的特点。

2000年以后,鉴于我国劳动力市场发展的历史和经验,特别是国内劳动经济学界有了较多的研究成果,借助国际通用的劳动经济分析理论框架,总结中国劳动经济的理论和实践,撰写一部反映中国劳动经济特点的教科书有了一定的客观基础。在现实对劳动经济学教材需求不断上升的推动下,2003年,在复旦大学出版社的支持下,我们编写的这部《劳动经济学》第一版问世。

第一版《劳动经济学》编写和出版的时间,正是2003年的上半年"闹'非典'"的时期。这一段时间比较特殊,正常的教学和科研秩序被打断。但经过大家不懈的努力,总还算不错,我们静下心来,完成了这样一件重要的学科建设的基础性工作。全书由我本人负责体系设计、统稿和各章附录材料的选择。刘尔铎、易定红、卢亮等应邀参加部分章节的写作和定稿工作。由于在编写过程中,需要大量的国内外参考文献以及案例等,我还邀请了博士生赵立军、汪雯,硕士生李莉、张谨、金驰华等参加了教材的编写工作。特别是李莉同学,在文献搜集和图表技术处理等方面付出了大量劳动。

本书第一版出版之后,受到读者们的高度认可和欢迎。曾十次印刷,市场反应很好。尽管这令人欣慰和备受鼓舞,但2003年出版至今,毕竟已经过去六年了。过去的六年,中国劳动力市场环境在不断变化,中国劳动经济学理论和实证研究取得了许多新的进展,并产生了大量的研究成果,客观上出现了对本书第一版内容及时更新和再版的要求。鉴于此,从2009年上半年开始,我们开始着手对《劳动经济学》第一版的内容进行充实和调整,并终于完成了本书第二版修订和出版的任务。

在本书第二版中,根据新的现实情况,特别是根据一些新的理论研究成果,我们对全书主要章节的内容进行了适当调整和改写,并对有关统计数据和案例进行了全面更新。在第二版修订工作中,博士生杨玉梅、卿石松、熊通成、巫强、郝玉明、李晓曼、闻效仪,硕士生宁佳敏、陈力闻、胡嫒、周菲等参加了数据更新、案例搜集及文字编辑等方面的工作。

在此,我想特别感谢的是,多年来,复旦大学出版社苏荣刚先生对《劳动经济学》等教材出版工作的热情支持和不懈努力!没有他的支持,包括对我们的不断督促,这本教材不可能如期出版。印象尤为深刻,且值得提及的一件事是,虞祖尧教授撰写的《管理的智慧:〈周易〉管理正义》一书在复旦大学出版社得以出版。这是一本内容艰深、读者面有限的著作,能得以问世,与苏荣刚先生的大力推荐和修改建议密切相关。此书出版后,给包括虞祖尧教授在内的我院一大批教授以巨大的精神激励和鼓舞!

最后,也对学院各位同事对本书所作的努力和贡献,对我的博士生和硕士生们的积极参与和辛勤劳动,表示感谢!本书在编写和修改的过程中,存在着这样或那样的问题,也希望读者给予批评指正。

曾湘泉

2010年5月1日于中国人民大学劳动人事学院

目 录

001　第一章　导言

- 004　第一节　劳动经济学的研究对象
- 008　第二节　劳动经济学的研究方法
- 013　第三节　劳动经济学的研究特点
- 016　第四节　劳动经济学与其他学科的关系
- 019　本章小结
- 021　复习思考题
- 021　附录1-1　劳动经济学家是如何进行假设检验的？
- 028　附录1-2　改革开放30年以来我国劳动经济学的发展历程、现状与展望
- 037　推荐阅读文献和书目

038　第二章　劳动供给分析

- 038　第一节　劳动力范畴的分类、劳动供给的测度及影响因素
- 047　第二节　工作时间决策理论
- 059　第三节　劳动供给理论的扩展
- 068　第四节　劳动供给理论的政策应用
- 073　本章小结
- 075　复习思考题
- 075　附录2-1　二战后妇女劳动力参与率的上升因素分析
- 078　附录2-2　非洲的村民
- 079　附录2-3　纽约市的出租车司机
- 080　附录2-4　标准化和灵活性的双重挑战——转型中的我国企业工作时间研究
- 089　推荐阅读文献和书目

091　第三章　劳动需求分析

- 092　第一节　派生需求与影响劳动需求的因素

097	第二节	完全竞争下的劳动需求分析
109	第三节	不完全竞争市场结构下的劳动需求分析
116	第四节	劳动需求弹性
121	第五节	劳动需求理论在政策上的运用
129	本章小结	
130	复习思考题	
131	附录3-1	中国各地最低工资标准
136	附录3-2	2016年第三季度就业形势分析
147	推荐阅读文献和书目	

149　第四章　人力资本投资

150	第一节	人力资本投资理论与基本模型
154	第二节	教育投资的分析
158	第三节	在职培训
164	第四节	新人力资本理论
173	第五节	中国的人力资本投资
185	本章小结	
186	复习思考题	
187	附录4-1	自费攻读硕士研究生的成本收益分析——基于北京地区部分高校的实证研究
202	附录4-2	人力资本的价值：一桩医生离婚案
202	附录4-3	神奇的派瑞学前项目
204	推荐阅读文献和书目	

205　第五章　劳动力流动

206	第一节	劳动力流动决策
215	第二节	劳动力流动的决定因素与影响效应
227	第三节	我国劳动力流动方面存在的问题与对策
234	本章小结	
235	复习思考题	

235　附录 5-1　我国省际流动人口的特征——基于全国第六次人口普查数据
240　附录 5-2　中国职场跳槽报告
243　推荐阅读文献和书目

244　第六章　工资理论

245　第一节　工资的概念和形式
255　第二节　补偿性工资理论
259　第三节　激励性工资理论
266　本章小结
268　复习思考题
268　附录 6-1　历史上曾经流行的几种工资理论
272　附录 6-2　新闻报道：《矿工高薪是社会进步》
273　附录 6-3　宏观经济环境对工资影响的理论
276　推荐阅读文献和书目

277　第七章　劳动力市场歧视

277　第一节　劳动力市场歧视问题的提出
285　第二节　劳动力市场歧视理论
297　第三节　劳动力市场歧视的测量
302　第四节　劳动力市场歧视规制与政策应用
308　本章小结
309　复习思考题
309　附录 7-1　女性就业"暗门槛"，怎么拆
311　附录 7-2　全国首例户籍就业歧视案原告获补万元
314　附录 7-3　贵州艾滋病就业歧视案原告胜诉
315　推荐阅读文献和书目

317　第八章　收入分配差距变化的趋势、成因及对策

318　第一节　收入不平等测量及变化的趋势

327	第二节　收入差距扩大的原因
339	第三节　缩小收入差距的政策
346	本章小结
348	复习思考题
348	附录8-1　代际收入不平等
350	附录8-2　"限薪令"
352	附录8-3　信托业上市公司员工平均薪酬82.5万元，高出保险业4倍
355	推荐阅读文献和书目

356　第九章　失业

356	第一节　失业的存量—流量模型
358	第二节　失业的测量
361	第三节　失业类型
366	第四节　失业原因
383	第五节　中国经济转型时期的就业与失业问题
391	本章小结
392	复习思考题
392	附录9-1　新经济下的就业新形态与失业统计面临的挑战
394	附录9-2　防范区域性潜在失业风险　助力供给侧结构性改革 　　　　　——基于化解产能过剩的视角
396	附录9-3　金融危机下的失业保险影响——基于大数据的实证研究
398	附录9-4　新结构，新经济——2016年第二季度CIER指数报告
400	推荐阅读文献和书目

第一章 导言

劳动经济学是伴随着劳动力市场的发展而成长起来的一门学问。工业革命后,专业化和分工的结果是出现了雇佣劳动,以及在雇佣劳动条件下产生了劳动力供给、劳动力需求和工资等劳动经济问题。随着资本主义生产方式的进一步发展,雇佣关系扩展到社会生活的各个领域。雇佣劳动所产生的诸如工资、失业、劳动条件、工伤事故与职业病、妇女与童工劳动、劳资谈判、罢工等问题日益突出,劳动力市场上的各类问题不断涌现,促使社会科学工作者,特别是经济学家对此进行深入的思考。19世纪的美国,劳动问题日趋上升,工会成为劳动力市场上一支重要的力量。埃利·里查德(E. Richard)1886年出版了《美国劳工运动》一书,他分析工会在劳动力市场、劳动条件的决定方面的作用,开创了对劳动力市场现象进行制度与组织分析的先河。19世纪20年代的美国劳动力市场日趋成熟。1925年,布卢姆(Bloom)的《劳动经济学》一书出版了,这是历史上第一本以劳动经济学正式命名的劳动经济学教科书。从此,劳动经济学开始系统涉及劳动力市场上的就业、工资、劳资关系、劳工运动、劳动立法等主要内容的分析。20世纪30年代的大萧条和世界范围内严重的失业形势,引发了经济学家对宏观劳动问题的深入思考。1936年,凯恩斯出版了《就业利息货币通论》,开创了宏观经济学和宏观劳动经济分析的先河。劳动经济学的发展历史表明,劳动经济理论与劳动力市场是紧密结合在一起的,市场经济国家社会和经济环境的不断发展和变化,产生了对劳动力市场分析和研究的需求,劳动经济学的理论应运而生,并不断地发展和进步。

劳动经济学在我国的发展则是与经济体制改革联系在一起的。始于20世纪80年代的我国经济体制改革从增量开始,逐渐扩大到存量。在20世纪90年代以前,国有经济及其相伴随的计划劳动体制占主导地位,谈不上有劳动力市场。据统计,1978年我国城镇就业总人数为9 514万人,其中,代表"统包统配"的计划经济的"职工"数①为9 499万人。也就是说,在城镇是清一色的"职工"队伍。曾记得改革初期,我们还不断地争论"劳动力是不是商品"?是该叫"劳务市场"还是"劳动力市场②"呢?当时,甚至连国家劳动部的部长也加入了争论的行列。30多年的改革过去了,计划经济时代所形成的束缚经济发展的"城乡隔离"的劳动制度,实质上已经解除。如今,全国每年有超过2.77亿的农业劳动力进城工作,城乡一体化的劳动力市场逐渐形成③。在城镇内,非国有经济也在蓬勃发展。2015年,城镇就业总人数已发展到40 410万人④,与1978年相比,已增长了325%,而符合原先"职工"范畴的人员的绝对数量为17 850万,仅比1978年增加87.9%。38年过去了,即使我们假定"职工"的性质依旧是当年的计划体制内的劳动力,显然,非"职工"——这一体现市场化属性的劳动力队伍极大地增加了,其占城镇就业总人数的比例由1978年的0.15%上升到2015年的55.8%。由于发展劳动力市场,劳动关系也发生一些新的变化,劳动争议的案件急剧上升。在我国的城镇,渐进式的增量改革终于产生了巨大的飞跃。目前,我国城镇非国有企业的劳动力队伍举足轻重,已成为在传统的计划体制之外成长起来的一股占主体地位的、巨大的市场力量。显然,这对传统国有经济非市场的"职工"发展模式,构成了巨大的压力和挑战。这也迫使传统的国有单位对"职工"的管理体制进行深层次的变革。这种变革,其方向是建立以需求为主导的市场经济体制及与其相适应的"契约化"管理的劳动力市场体制。在体制内,市场力量的引进也终于开始瓦解非市场的架构和机制,促使其内部启动了实质性的变革。这一变革的广度甚至开始波及大学、医院等非营利组织内对"人"的管理机制,以及非营利组织的员工关系法律调整等相关配套的改革。

随意浏览一下当下社会上流行的各类新闻媒体的报道,我们可以清楚地看出,劳动力

---

① 这是一个典型的计划经济体制下形成的一个劳动力的概念,反映了计划招工、商品粮和户籍管理这一城乡隔离制度背景下的劳动力统计和管理的非市场的特点。详见第三章《劳动供给分析》中的"劳动力范畴分类"一节。
② 官方文件中最早出现"劳动力市场"概念,是在党的十四届三中全会(1993)作出的《中共中央关于建立社会主义市场经济体制若干问题的决定》。
③ 数据来源:人力资源和社会保障部,《2015年度人力资源和社会保障事业发展统计公报》。
④ 数据来源:国家统计局,《中国统计年鉴2016》,中国统计出版社。

市场上的各类问题都成为人们日益关注的焦点,如大学生失业、第二轮下岗潮、工资增长、收入差距扩大等。劳动力市场为什么会出现失业?为什么会有收入差距?上大学是不是值得的?我们应该如何作教育和劳动决策?解答这些令人困惑而又迷人的问题需要劳动经济学理论,需要相应的分析工具和方法。学习劳动经济学有助于我们建立一整套清晰的概念和范畴,以更科学的态度观察和认识今天的经济生活现象。掌握现代劳动经济学的分析方法和工具,科学地评估我国的劳动力市场政策,也将更进一步推动劳动力市场的发展,提高资源配置的效率。

产品市场、资本市场和劳动力市场是现代经济学研究资源配置和人的经济行为要完整涉猎的三大市场领域。因此,从这个意义来观察,劳动经济分析的地位和价值的上升,也与中国微观和宏观经济层面的改革的深化,产品市场、资本市场的变革和推进有着十分重要的联系。产品市场上的竞争,推动着企业向以利润最大化为目标的组织行为发展;尽管中国的股市被有的经济学家斥之为"连赌场都不如",但一个不容争论的事实是:以直接或间接融资为杠杆的企业扩张机制使资本市场逐渐形成,并走向成熟。在外部竞争压力推动之下,企业趋向不断变化和调整产品或服务的品种和样式,以适应不断变化的市场需求。在银行企业化的发展背景下,企业也开始有了相对通畅的融资渠道和机制。然而,在改革的过程中,发展产品市场和资本市场则不是最棘手的任务和环节。组织的变革最终要落到"人"的头上。变革走向了人们不得不面对的最困难的部分,即对"人"的变革。打个比方,我们能够将过剩的产品废弃,"去产能"对其加以处置,但我们很难将不需要的员工加以抛弃,即实行所谓对劳动力市场的"休克疗法"。在发展产品市场和资本市场的基础上,发展和培育中国的劳动力市场,显然会触发不同人群间巨大而尖锐的利益冲突。在20世纪90年代初期,我们已经提出培育和发展中国劳动力市场的命题,如今,在去产能、就业、失业、收入差距扩大和劳动力频繁流动的现实面前,我们真正感到,以雇佣关系为特点的市场经济国家,上百年来所面临的劳动力市场问题,如今也呈现在我们面前。

学习和研究劳动经济学,有助于劳动经济和劳动关系、社会保障、人力资源管理,乃至整个经管类专业学生认识、分析和解决我国劳动力市场中的一系列重大问题,从而推动我国劳动科学[①]发展和劳动力市场建设,以及完善劳动力市场政策和法律法规。

---

① 近年来,国内学者开始讨论建立中国的劳动科学学科体系问题。参见"我国高校设立劳动科学一级学科势在必行",《光明日报》,2009年11月12日。2002年9月我们访问意大利米兰大学劳动问题研究所时获知,意大利也有"劳动科学"(Labor Science)的概念。

第一节 劳动经济学的研究对象

按照贝弗里奇(William Beveridge)教授的说法,严格地限定一门学科的研究范围及对象,是科学研究的基本条件[①]。从市场经济体制的角度而言,即从劳动力市场的研究角度来看,现代劳动经济学的研究对象可从多方面来认识和把握。首先它涉及对"劳动经济学"这一相关的概念和范畴的理解。

就劳动经济学字面的意义来看:一方面,应当理解劳动经济学的"劳动"这一范畴的内涵和外延;另一方面,对劳动经济学中所涉及的"经济学"问题,鉴于我国经济学的研究现状,也有必要进行一些分析和讨论。

(一)劳动经济学中"劳动"的内涵和外延

按照劳动经济学界对"劳动"概念实际运用的情况来总结和分析,我们可以看到,在有些情况下,劳动是就劳动的主体而言的,即它是指"劳动力";而在另外一种情况下,它可能指的是劳动过程或一种目的的工作或活动。正如英文中的 labor 一词,既可以翻译为劳动,也可以翻译为劳工,即劳动力。就资源配置和人的经济行为而言,特别是涉及劳动力市场的学问而言,劳动经济学使用的含义更多涉及"劳动力"。当然,劳动力的行为往往与劳动过程或劳动活动相关联。因为对于不存在劳动的活动,分析劳动力的问题也就失去了价值和意义。不过,应当特别指出,在计划经济的年代,劳动经济与劳动管理曾合二为一,在传统的苏联教科书中,劳动经济学大量涉及企业劳动活动,或者说是对具体的劳动过程管理的分析和探讨。由于计划经济体制建立在信息是完全可以控制的,员工不存在工作的动力问题,即不承认市场的存在的假设前提之下,企业不是作为独立的利润最大化的组织而存在,因此,在计划经济的年代,既没有真正意义上的劳动经济学,也没有针对"人"的劳动管理,或者说"人力资源管理"的学问。在市场经济条件下,劳动力的供求行为受市场价格信号的影响发生了变动,劳动力的市场问题成为劳动经济学研究的主体内容,而作为管理层面上的劳动过程或劳动活动的研究,已被企业人力资源管理所替代。在计划经济条件下所形成的所谓"劳动管理"的提法,目前已不再使用。对在市场经济条件下的"劳动者"或"劳动力"的研究,也就是将人的生产能力作为一种"准商品"的研究。劳动力市场并非是我们常规所理解的产品买卖的市场,而是一种劳动力

[①] 贝弗里奇,《科学研究中的艺术》,科学出版社,1983年。

"租借"使用的市场。在改革开放初期,之所以有一段时间讨论"劳动力是否是商品"的问题,其误区大多来自对劳动力市场与产品市场的属性缺乏区分,只是将其简单等同并加以类比。实际上,劳动力作为商品只是一种"准商品",劳动力市场也只是具有一种"准市场"的属性。国际劳工组织(International Labour Organization,ILO)的前总干事曾指出,在现代的市场经济条件下,劳动力不是可以买卖的商品,作为一种可以买卖的商品,那是奴隶制下的典型情况。

至于劳动力这一范畴,也存在着很多不同的认识和理解。首先应当指出的是,就劳动力的外延而言,传统的劳动力的概念往往与从事体力劳动为主的"劳工",即我们传统所说的"工人阶级"(产业工人)相联系,所以有人称劳动经济学为劳工经济学。早期所称的工人阶级的概念,就是在市场经济国家所广泛使用的"劳工"的概念,包括有以下特征的几类人:"这些人受雇于其他个人、公司或机构;他们使用雇主所提供的设备;在工作中遵循上级的指示;他们在国民收入等级中的地位较低。"[1]用这些特征衡量,所有获得雇佣工资的生产工人都在劳工之列。关于这一点的理解在中国有所不同,多年来我们有一种说法,即工人阶级是企业的"主人"。我们在经济关系上不承认企业与员工的关系是一种契约的关系,不承认雇佣劳动的关系,因此我们很少使用劳工这一概念,而使用工人阶级的概念,但两者并非相同。有一段时间,我们讲知识分子是工人阶级的一部分,撇开政治意义上的考虑之外,这种概念在劳动力范畴的界定上,其实质是拓宽了市场经济条件下的"工人"或"劳工"的概念。由于我们不承认契约劳动或者说雇佣劳动的范畴,在相当长时期,我国都没有一部调节劳动关系的正式劳动法规。直至20世纪90年代初,一个仅能界定有限范围劳动关系的、较为抽象的《劳动法》才迟迟出台。在发达国家以研究产业关系为主体的产业关系或劳工关系专业,在我国也刚刚被社会所接受。

另外还有一种分类,就是将劳动力划分为生产部门的劳动者和非生产部门的劳动者。这种思想的产生与劳动价值论的思想和学说是联系在一起的。马克思认为,只有创造物质产品的劳动才是生产劳动。因此,只有从事物质生产的劳动者才属于生产劳动者。这种理论是以苏联为代表的计划经济国家的国民经济核算体系构造的基础。

在市场经济国家的历史上,也有一种类似"体力劳动"和"脑力劳动"的划分。这就是人们通常在实际经济生活中所说的"蓝领"与"白领"。在工业化的早期,这种区分概括了当时经济生活中的劳动力的一些特征和属性,有一定的意义。但是在后工业化的时代,特别是在服务业成为经济活动主体的年代,不仅第一产业的劳动力大幅度下降,第二产业即

---

[1] C.A.摩尔根,《劳动经济学》,工人出版社,1984年。

制造业的劳动力的比重也显著下降①。如果继续捍卫传统的理论，我们甚至都无法解释和说明这一时期社会财富增长的变动趋势和成因。依照传统理论的解释，我们必然会认为，创造财富的"劳动力"会越来越少，而不创造财富的"劳动者"越来越多，那么，社会的财富怎么可能在不断增大？！况且，大量的现实已经证明，随着时代的进展，"白领"与"蓝领"的界限也变得模糊起来。白领工人从主要特征上，目前已逐渐接近于体力劳动工人的范畴。车间和办公室共同向更加机械化、计算机化和信息化的方向发展，逐渐把蓝领工人和白领工人毫无二致地转变成半技术机器操作者的角色。正是由于这种情况以及其他方面的发展，"非管理行业白领工人和装配线上的同类人的差别已成为表面上的，而不是实质上的"②。特别值得指出的是，20世纪90年代以后，伴随着知识经济的兴起、信息化产业的巨大发展，现代的产业工人已摆脱传统的教育程度低、以体力劳动为主的特征。技术的变动，特别是计算机的普及使用，脑力劳动者和体力劳动者、蓝领工人和白领工人的差别已不表现在劳动的本质特征上。随着网络经济的发展，不同工作的性质有趋同化的倾向，劳动力的范畴和概念甚至都有了新的表达和说法。为了更有利于概括新环境下的劳动力的特征，目前大量的企业，甚至各类组织都开始广泛使用"员工"这一范畴。随着新技术革命的发展，在发达经济体中，传统的就业模式——被雇佣者依赖与雇主的雇佣关系赚取稳定的工资和薪金的全职工作模式——越来越不占据主导地位；如今，赚取周薪和月薪的就业大约只占全球就业的一半，且发生率一直呈下降趋势；相反，在传统的雇主与雇员安排范畴之外的自营工作和其他形式的非标准就业却在不断上升③。网络经济使得家中工作的时间不断增加，大大模糊了工作地点和家庭生活的界限，由传统工作场所发展出来的一系列劳动力范畴的界定正面临新的挑战。

（二）劳动经济学的定义

经济学是什么？经济学是研究稀缺的资源怎样或应当怎样被配置的一门学问。它是回答人和自然的一种关系的理论④。如果说劳动经济学是研究劳动力资源的学问，那么，人们实际上是将劳动经济学视为以研究劳动力的经济活动为主题的一个"经济学的分支"。不过，对劳动经济学的定义，也存在着几种不同的表述。

---

① 以美国为例，2017年第一产业的劳动力的比重只有1.4%，第二产业的劳动力比重也下降到只有17.7%，以服务为主体的第三产业的比重已达到80.9%。数据来源：ILOSTAT, Employment by Sector。
② C.A.摩尔根,《劳动经济学》,工人出版社,1984年。
③ 国际劳工组织,《世界就业与社会展望2015：日益变化的工作性质》,中国财政经济出版社,2016年。
④ 按照雷恩的说法，经济是关于人与自然的关系，社会是关于人与人的关系，政治是关于人与国家的关系。可参见雷恩,《管理思想的演变》,中国社会科学出版社,1997年,第4—8页。

一种定义是强调劳动经济学涉及人的行为特征。例如,朱通九于1931年在所著的《劳动经济》一书中认为,劳动经济学是研究劳动者的经济行为的科学。伊兰伯格(R. G. Ehrenberg)和史密斯(R. S. Smith)教授在2012年出版的《现代劳动经济学——理论与公共政策》中指出:"劳动经济学是对劳动力市场的运行及其结果进行研究的一门学科。更为确切地说,劳动经济学所要研究的是雇主和雇员对工资、价格、利润以及雇佣关系中的非货币因素(如工作条件)所作出的行为反应。这些因素既会鼓励个人的选择,同时也会限制个人的选择。经济学的关注点在于推导出非个人化的且能够适用于广泛人群的行为。"①

还有一种定义则强调,劳动经济学研究劳动力在经济活动中的作用,以及实现这些作用的条件。劳动经济学分析和设法探讨个人作为劳动力的经济活动。正如消费经济学研究消费者职能的性质和作用一样,劳动经济学是探讨在经济生活中的劳动力的性质,以及其作用的环境②。

也有学者将侧重点放在劳动力市场上,如英国经济学家阿尔弗雷德·马歇尔(Alfred Marshall)说:"劳动经济学描述、分析和概括工业化和工业化进程中劳动力市场的组织、制度和行为。"③另外还存在着特别强调劳动力的市场特征或与劳动的投入和产出相关的一些定义。1997年牛津大学出版社出版的《牛津经济学辞典》将劳动经济学表述为:"劳动经济学是关于劳动力的供给和需求方面的经济学问。它涉及影响劳动参与率、工资谈判、培训、工作小时和劳动条件,以及有关雇用、劳动力流动、移民和退休年龄等实践活动的各种因素。"大卫·桑普斯福特(David Sapsford)在其主编的《劳动经济学前沿问题》中指出:"劳动力作为一种生产要素,其价格及配置是由哪些因素决定的?这就是劳动经济学所要回答的问题。"④

在我国,近年来对劳动经济学大多借用国外的定义。不过也有的学者有着不同的表述。他们将劳动经济学的研究对象定义为:"在效用最大化假设下,劳动力资源的投入—产出机理";"研究在人的理性行为遵循效用最大化的前提下,人们在生产中将作出什么样的投入决策"的学问⑤。

总体而言,尽管上述各种定义所强调的重点不同,但基本方面都离不开劳动力的供求,离不开劳动力的市场,离不开劳动者的行为,更加离不开经济学的基本范畴——成本、收益和价格,以及基本的分析方法和资源配置优化的目标。因此,我们认为,大体而言,绝大多数的学者对劳动经济学的研究对象的定义是基本一致的。概括起来我们认为,如下的表述可

---

① R. G. Ehrenberg, R. S. Smith, *Modern Labor Economics: Theory and Public Policy*, Routledge, 2012.
② 赵天乐,《英汉劳动辞典》,劳动人事出版社,1990年,第110页。
③ 阿尔弗雷德·马歇尔,《经济学原理》,陕西人民出版社,2006年。
④ 大卫·桑普斯福特等,《劳动经济学前沿问题》,中国税务出版社,2000年。
⑤ 赵履宽等,《劳动经济学》,中国劳动出版社,1998年,第20页。

能更为简洁和明确：<u>劳动经济学是对劳动力资源配置市场经济活动过程中的劳动力需求和供给行为,及其影响因素的分析和研究</u>。简单来说,劳动经济学也可表述为对劳动力市场及其影响因素的研究,没有市场,或者说脱离了市场,真正意义上的劳动经济学就不复存在①。

在 20 世纪 80 年代以前,我国经济学界长期受苏联学术界的影响,一直将经济学定义为研究生产关系的一门学科。因此,在苏联伊万诺夫(Н.А.Иванов)的《劳动经济学》教科书中,曾将劳动经济学表述为"研究社会主义经济规律在社会劳动组织、社会产品分配、劳动力再生产等方面的表现。并确定在实际活动中利用这些规律的方法,以便旨在提高劳动人民生活水平和促进人的全面发展的社会劳动生产率的不断增长"②。之所以出现这种今天看来似乎更具有经济哲学和劳动管理的表述,这与在计划经济条件下,不承认资源配置中存在信息和动力问题,不承认劳动力的个人所有制,不承认雇佣劳动和契约合同关系,不承认劳动力的供求双方利益不同,归根到底不承认劳动力市场有关。因此,尽管我国的劳动经济学专业及教科书已有半个世纪的历史,但作为真正经济分析意义上的劳动经济学,应当从 20 世纪 80 年代晚期,我们在大学开始使用美国的弗里曼(R.B.Freeman)和霍夫曼(S.D.Hoffman)教授的劳动经济学的教材时算起。从此之后,才真正翻开了我国劳动经济学教学和研究的新的一页。

中国目前的改革,除了物质资本产权的改革之外,人力资本产权的改革任重而道远。以城乡隔离为特征的计划招工和商品粮制度开始解除,但因档案、人事、工资总额和公司治理结构不完善所导致的企业行为扭曲等对劳动力流动所构成的障碍,都显示出与建立真正意义上的劳动力市场尚有一定的距离。由于我国过去几十年采取了工业优先和城市优先的发展战略,通过户籍制度、收容管制制度等"社会屏蔽"制度,将一部分人屏蔽在城市社会资源分享的人群之外。这些强制性制度导致我国农村剩余劳动力缺乏人力资本投资激励和优势,只能靠体力和健康程度的竞争获取就业机会,导致转移出来的剩余劳动力年龄结构较轻,老年劳动力在竞争中无法立足,剩余劳动力要实现永久迁移困难重重③,城乡一体化劳动力市场迄今仍未形成。学习和普及现代市场经济条件下劳动经济学的理论和观点已显得尤为重要。

第二节 劳动经济学的研究方法

关于劳动经济学的研究方法问题,几乎所有的劳动经济学教科书都有叙述或涉猎,劳

---

① 曾湘泉,《劳动经济》,人民出版社,1994 年。
② 伊万诺夫、麦奇科夫斯基,《劳动经济学》,三联书店,1981 年。
③ 郝团虎、姚慧琴,"中国劳动力市场结构与农村剩余劳动力转移",《经济理论与经济管理》,2012 年第 4 期,第 95—101 页。

动经济学的研究方法,实际上就是一般经济学的研究和分析方法。

近年来,实证经济学的研究方法受到国内经济学界的广泛关注。实证经济学实际上是对人的经济行为进行研究和分析的一种理论。它建立在两个假说之上,一是稀缺性。这是经济问题存在,也是经济学研究存在的最基本原因。正是因为这一点,才有了经济学上"机会成本"(opportunity cost)的概念。用通俗的话来表达,就是没有免费的午餐。如同商品和资本是稀缺的一样,劳动力资源也是有限的。尽管我们常常听到有一种说法,像中国这样的人口众多的发展中国家有"无限供给的劳动力",这只是形容我们的劳动力资源丰富而已。稀缺性这一假设所隐含的重要命题是,人们对资源的使用存在着供求问题,存在着成本,特别是机会成本的问题。劳动力资源也是稀缺的。这种稀缺的程度,可以通过劳动力的价格——工资反映出来。比如,对劳动者个人而言,两种职业只能有一种选择,其本身不仅具有直接的成本和收益,还因个人劳动力的有限而引起的放弃另外一种选择的成本和收益问题。观察一下每年应届大学毕业生在求职时,面临许多的单位就业合同而迟迟不能签下的情况,想必你就能对"稀缺性"的原理有了更为直观的认识和理解。用人单位的情况也是一样。就人力投资而言,用高价格招聘张三,也面临着放弃对王五的雇用。可以说,劳动力市场上的个人及各级的人力资源部门,每天都处于资源稀缺性约束下的就业决策抉择之中。在这个地球上,无论好恶,我们永远摆脱不了机会成本和机会收益的"现实"。

实证经济学的第二个假设是,人是有理性的。即它假设人们对有利可图的事,或者说是利益,反应积极;无利可图,甚至对自己有害的事,即成本,则反应消极。用经济学的专业术语表达,个人是追求效用最大化的,即努力使自己达到幸福,尽管幸福不仅表现在货币方面,同时也表现在非货币的方面。作为理性人的企业假设是企业是追求利润最大化的。关于这一点,在中国的国有企业的行为研究中,我们往往发现,它是按照员工收入的最大化而非利润最大化的原则行事。这与国有企业的所有者缺位有关。没有老板的体制,显然追求职工收入的最大化,这恰恰也是这种体制下企业理性行为(理性行为不等于正确的行为)的表现。在劳动力市场上,作为雇主总是乐意以较低的劳动成本来雇用劳动力,以获得满意的利润;而作为雇员则希望找到一个工作条件舒适、报酬较高的工作。这也就是说,研究劳动经济学也脱离不开一般经济学所讨论的所谓"经济人"的假设。尽管这种假设也存在着争论,比如心理学和社会学家就对此存在着非议,但我们认为这是经济分析之所以存在的基础。

借助于上述两个必要的也是重要的假设,劳动经济学的研究能够帮助我们理解和预测劳动力市场上劳动力供给和劳动力需求的行为变动趋势和走向,或者按照伊兰伯格的说法,"实证经济学的目标实际上是在试图发现他们的行为倾向",这也正是实证研究方法的价值之所在。在劳动经济学方面，浏览一下《劳动经济学》杂志（Journal of Labor Economics）[①]，可以发现大量运用这种方法所撰写的劳动经济学的论文。近些年来，我国经济学界也在不断地强调要强化实证研究、国外学者与国内学者的持续合作，以及国内学者赴北美、欧洲等国家和地区进修和学习。我们看到，在就业和失业、劳动力流动、人力资本投资、收入分配不平等等方面的研究，都有了显著的进展。

不过就总体而言，迄今劳动经济学在实证研究的成果数量及质量方面，与国际同行相比，仍然有一定的差距。较为突出的问题表现在以下两点：一是实证研究的数据资料和信息分享的平台没有搭建起来。尽管北京大学的"中国健康退休跟踪调查"（CHARLS）、"中国家庭追踪调查"（CFPS）、"中国家庭收入调查"（CHIP），澳大利亚国立大学和IZA的"中国农村劳动力转移"（RUMiC）、中国人民大学劳动人事学院的"雇主与雇员匹配追踪数据"等多项微观调查的开展及相应数据的公开，为实证研究提供了一定的数据基础，但我国工作场所的数据调查和收集仍不发达，企业人事行政记录数据，以及政府拥有各类微观劳动力统计数据的公开与共享仍没有实现，这大大制约了我国劳动经济学研究的深入开展。二是近年来，随着国际交流的加强，我国劳动经济学教学和研究水平也有了较大的进步。熟悉和掌握经典的劳动经济学研究文献和成果，建立科学的理论假设，开展严谨的研究设计，运用各种高级计量经济方法等，已成为我国劳动经济学界开展实证研究的显著特征。但是，一些研究存在"重技术、轻思想"的倾向，模型的使用缺少理论依据和现实针对性，简单照搬西方理论模型，降低了这些成果的学术价值和政策意义。

研究和分析劳动力市场上实际的运行是怎样的，只是告诉了我们一个客观的运行状态，并没有说明这种状态是对还是错。或者说，没有说明这种状态是否符合我们的要求。比如，按照国际通行的基尼系数所衡量的我国2015年的收入差距已达到了0.462。这并没有回答这一状态究竟是好还是不好，以及我们应当保持多大的收入分配的差距。回答和解决这个问题，需要规范经济学的理论和分析方法。在劳动经济学领域，规范经济学严格地讲是一种价值判断的理论，或者说它是"应该是什么"的理论。实证经济学会告诉我们两个或者多个变量实际的状况，究竟是如何相互作用的，即通常我们所说的"实际是什么"，但它并未告诉我们这究竟是"对"还是"错"，或者说，对实际所发生的东西的价值判断，依赖于通常我们所说的规范的价值判断分析。

事物的价值如何判断？前任美国总统经济顾问委员会主席曼昆曾写道："人们经常要

[①] 这是目前国际劳动经济学界的一份权威学术期刊，由美国劳动经济学会主办，芝加哥出版社出版发行。

求经济学家解释一些经济事件的原因。例如,为什么年轻人的失业高于年龄大的一些人?有时也要求经济学家提出改善经济结果的政策建议。例如,政府应该为改善年轻人的经济福利做些什么?当经济学家努力去解释世界时,他们是科学家。当经济学家想要改善世界时,他们是决策者。"① 而决策则依赖于各自的价值判断。也许有人认为0.4的基尼系数已经很大,而有人认为到了0.5甚至更高才值得加以关注。所以谈到规范经济学,对一个问题所引起的争议颇大。不过,规范经济学也有一些基本的判断尺度。从本质上讲,它的根本的价值尺度是以互惠原则作为基础和出发点的。

关于互惠原则的理解说起来有三点。

互惠的第一层含义是,市场交易行为涉及的所有各方均受益,即没有人在此交易行为中遭受损失。举例来说,在劳动力市场上,一个用人单位用高薪招聘一个财务总监时,如果应聘者是一个进行过较大的人力资本投资,并有在大型跨国公司丰富的工作经验的人士,企业支付给此人较高的薪酬,此人也将给企业创造相当的价值。我们说企业和招聘者最终签订的工作合同是符合双方收益的互惠原则的。企业的好处是,一个既懂财务分析又懂资本运作的财务总监,将大大改善企业的财务管理状况,这将使企业财务管理上层次,更能促使管理出效益。个人的好处是,高薪实现了个人人力资本投资的回报,体现了个人价值。这也解释了为什么我们说政府应当鼓励劳动力流动,鼓励企业根据自己的需求制定劳动力价格,或者实施自己的薪酬政策。

互惠的第二层含义是,在市场交易行为中,有一些人获得收益,而无人遭受损失。如前所述,企业用高薪招聘到一位财务总监,使得交易双方都获得收益,而企业或在劳动力市场上的其他的人力资源经理或应聘者,并未因此而受到损失。

当然,现实经济生活中,常常会发生的情况是,有受益者也有损失者,不过受益者受益的程度或数量超过损失者损失的程度和数量,这就是互惠的第三层含义。比如,在发达国家的劳动立法中,特别强调反对在人员招聘中发生学历歧视。简单的学历歧视的招聘政策,对个别企业是有些好处的,比如,它能减少人员招聘过程中的甄选成本等;但当容许企业实行歧视性的招聘政策时,很容易导致企业不开展工作分析,对企业人力资源管理水平的提升带来整体的损害。因此,在法律的层面推行反歧视政策可能会对有的企业带来招聘成本的提升,但总体而言,提高了社会人力资源配置的效率。

劳动力市场的很多交易行为活动是在互惠的原则驱动下发生和展开的,但并不是说所有互惠的行为都会自动产生。在劳动力市场,如同在产品市场上一样,也存在着"不知

---

① 曼昆,《经济学原理》,上海三联书店,1998年,第27页。

情""交易障碍""价格扭曲"和"市场缺位"所导致的[①],尽管存在着互惠的理由,但未能发生互惠的行为。

"不知情"即没有掌握充分的信息。在我国的劳动力市场上,由于信息不发达所导致的劳动交换的障碍很多。比如,有一些人由于企业破产而失业,他本身则具有某种工作技能,有些新兴的地区和部门也对其有着一定的需求,但由于缺乏工作信息,导致他在较长的时期内找不到适合他本人工作技能的工作,或者被迫从事一些体力性的或服务性的工作。现实的经济生活中,有大量的交易活动没有发生,这都是由于信息缺乏导致的。

所谓"交易障碍",一方面是指交易活动可能因一些法律或制度的障碍因素而不能发生。在我国,长期以来实行商品粮、计划招工和户籍管理的城乡隔离等制度,这对劳动力市场上的劳动力流动形成了很大的障碍。一个求职者在其工作技能完全能够适合一个大城市单位的工作要求时,却由于没有当地的户口,无法实现在该地就业的愿望。因此,改革户籍制度成为我国发展劳动力市场的一个十分重要的内容和任务。另一方面的障碍可能是由于实现这种交易活动的一方缺乏足够的资金。如上所述,一个破产企业的员工如果有足够的经费参加培训,改变自己的工作技能,在劳动力市场上也较容易找到工作,甚至启动创业活动。但由于资金的缺乏,他不可能就业,更谈不上创业。因此,我们看到,为了消除这一障碍,我国政府近年来出台了一系列的再就业措施,包括小额贷款、再就业培训资助等项目。

价格是决定生产什么和怎样生产等的信号。如果价格扭曲,包括劳动力价格的扭曲,都将影响资源在不同企业之间的配置。比如,在国有企业高层管理人员的薪酬水平离市场价格距离较大,国有企业就不可能吸引一些人才从外企或民营企业到国有企业工作。至于"市场缺位",则是我们这样一种市场不发达国家的突出问题。

凡此种种,往往都会引起对传统的劳动就业制度进行改革:一方面是发展劳动力市场,破除劳动力流动的障碍,如户籍、档案等,解决阻碍劳动力市场上信息充分流动的制度障碍,以及"价格扭曲"和"市场缺位"等;另外一方面是强化政府对公共产品市场的介入,如发展公共就业信息服务、开展失业和半失业人员的培训等。通过解决上述"不知情""交易障碍""价格扭曲"和"市场缺位"等问题,促进我国劳动力市场的建设和发展。

---

① 在伊兰伯格等所著的《现代劳动经济学——理论与公共政策》一书中,提出并详细地分析了这些问题。

第三节　劳动经济学的研究特点

大卫·桑普斯福特(David Sapsford)曾指出,"长期以来人们就认识到,劳动力市场应该成为一门特殊的学问"(Marshall,1890;Hicks,1932)①。那么,劳动经济学的特殊性表现在什么方面呢？至少我们可以从以下几个方面来理解:

普通的经济学主要是将人从消费者的角度加以观察和认识的,因此,人们对产品的需求成为经济学研究的出发点。产品市场上的研究所提出的目标是使消费者获得最大的满足。经济学的规范表述是追求消费者的帕累托最优(Pareto Optimality)。然而,对产品市场上的人作为消费者的研究固然重要,但远远不够。我们知道,进入法定劳动年龄以后的成年人不仅是消费者,更重要的还是生产者,他们每天要投入8个小时,每周投入5天的工作日或更多的时间来参加市场工作、从事劳动、创造价值。随着劳动生产率的提高,社会对法定工作时间的规定在缩短。即便如此,对大部分成年人而言,工作仍然是他们生活中的主要内容。按照我们缩短制度工作周以后的时间来计算,目前的5天制度工作周下,不考虑加班和假日经济的经济活动,一个员工大约也有1/4的时间,即每周40小时的时间要用于工作②。除此之外,一个员工回到家里,还有一部分时间要用于家庭物品的生产,以替代对市场物品的购买。对这种生产行为变化的研究显然成为一个经济学家研究社会经济生活,特别是市场经济条件下人们经济行为的一个不可回避的重大领域。

因此,我们看到,劳动经济学与普通经济学有所不同的第一个特点就是,它将问题的注意力投向了人们工作的范围,如就业、失业、企业对劳动力的需求水平等;投向了人们选择以及变换工作的行为,如劳动力的流动;投向了人们为工作而获得的货币和非货币的报酬方面,如人力资本投资、薪酬决定的因素等。它将生产者的满足与消费者的满足作为同一个重要问题来看待。

劳动经济学的第二个特点和劳动力市场的特性联系在一起。如果我们把劳动力看作一种"准商品",那么对这种商品的需求与对一般商品的需求有所不同。准确地说,对劳动力的需求是一种派生需求,即企业对劳动力的需求不是一种最终产品的需求,它是对产品生产需求所派生和所导引出来的一种需求。而我们对一般商品的需求更多的是一种直接

---

① 大卫·桑普斯福特、泽弗里斯·桑纳托斯,《劳动经济学前沿问题》,中国税务出版社,2000年,第1页。
② 5天之外的工作小时研究,目前国内尚不多见。实际上这是一个很有意义的研究题目。在实行5天工作周后,有一些劳动者在制度工作周之外的市场工作时间已经日渐增加。

需求,一种最终产品的需求。由此可以看到,我们在研究劳动经济问题时,不可能摆脱商品市场和资本市场来孤立进行劳动经济的分析和研究,即所谓不能就劳动来谈劳动,就劳动力来谈劳动力。我们知道2000年前后美国的IT行业发展非常迅速,一度出现了网络泡沫,".COM公司"遍地开花。这也导致了劳动力市场中IT行业的人才需求迅速上升。按照《美国报酬协会期刊》(American Compensation Association Journal)发表的一篇研究报告指出的,2000年在硅谷有40%的公司在三个月内招不到人。然而,到了2002年情况便急转而下。在美国,网络泡沫开始破灭,经济开始出现衰退,这也迅速传递到劳动力市场。IT行业纷纷裁员,一些专业人才面临求职的困难。在中国,近年来,随着"互联网+"的普及和发展,特别是随着产业升级和结构调整,互联网及电子商务行业的就业市场景气指数迅速上升,而传统能源、矿产、采掘,以及制造业等行业的就业市场景气程度急剧下降,出现了冰火两重天的景象。这说明,劳动力市场的变化很大程度上源于产品市场和资本市场的变化状况。

此外,我国的劳动力市场有着自己的特殊性,西方劳动经济学并没有提供现成的理论来帮助我们回答所有的问题。现有研究缺乏结合我国具体的环境发展出新的理论,故更谈不上对当代劳动经济学知识体系做出贡献。如果说过去我们的重点在于吸收和消化西方劳动经济学的理论,或者说是运用国外已有的理论、方法和技术研究我国的劳动经济学问题的话,那么从现在开始,也该到了要开始关注我国劳动经济学理论创新和发展的阶段了。

结合产品市场和资本市场来研究和处理劳动力市场的问题,也是我们值得关注的一个重点。长期以来,劳动经济理论和实际部门,就劳动来谈劳动,不关心,也不懂商品市场和资本市场的变化和规律,即忽视劳动经济派生需求的这一特点,这造成了劳动和经济截然分开。一个有趣的现象是:懂经济的往往不懂劳动或者是不关心劳动,而懂劳动的则既不懂宏观经济也不懂微观经济分析,甚至是不关心经济问题。我国劳动经济理论的教学和研究,包括劳动管理部门,游离于主流经济学理论和主流经济部门之外,也使得我国劳动经济的教学和研究,以及实践活动与其他经济理论教学和研究,与经济管理部门未能很好结合,也造成了我国独有的这种"两张皮"的现象。

应当指出,劳动经济学的研究对象与劳动者(即人)有关,与整个社会的发展(在当前表现为全球化和技术进步的发展)趋势有关,因而,对劳动经济的研究也常常表现出这样一个特点:劳动经济问题的研究,脱离不开一个国家一定时期的劳动力市场上的制度和全球化及网络经济发展这些宏观背景。对于我国这样一个从计划经济向市场经济转变的国家来说,这一点表现得尤为突出。

我国劳动力市场上的制度障碍集中表现为：传统的计划经济体制所遗留下来的一系列管理规定、政策等对劳动力市场培育和发展的影响。这包括人们所熟悉的我国独特的户籍管理、干部档案管理、城乡二元结构等方面。尽管这些方面对我国目前劳动力市场的运行和资源配置的作用日趋减小，但仍然是不可忽视的重要因素。这也导致了制度分析和制度变革的研究占据了目前我国劳动经济学界研究的主体，其原因与这种发展阶段和背景有相当的关系。

20世纪90年代以来的经济全球化和与之相伴随的网络技术的变革，引发了与全球化相关的劳动力市场变化的一系列问题的讨论。高新技术的发展促进了产业结构的变化，出现了一种以相对成本为基础的全球劳动大分工。发达国家正沿着"价值链"向上移动，而将低附加值的生产对外转包给人工成本较低的发展中国家。在发展中国家，劳动力市场分化的程度日趋严重。一方面，高技能人才能够在更大的范围内频繁流动，自主择业，获得较高的报酬。由于国际竞争激烈，包括德国和日本这样一些发达国家都在激烈的国际人才竞争中，开始改变或放松移民管制，调整自己的政策，以应对全球化条件下的人才竞争挑战。在激烈的人才竞争中，发展中国家如何吸引和留住高端人才成为一大挑战。另一方面，全球有越来越多的劳动年龄人口希望加入劳动就业的队伍，低技能劳动力的就业条件更加不利，劳动者的工资有向下走低的态势。对广大的发展中国家来说，在灵活就业比重不断上升、就业形式日趋多样化的条件下，如何在继续扩大就业规模的同时，有效促进就业质量提升，包括不断提高工资收入、改善劳动条件、提供相应的社会保障等，成为劳动力市场发展的重要任务。

在发达国家，由于网络技术的发展，"信息职业"已占各种新职业总和的40%以上。高新技术创造出软件编程、网络设计和通信服务等新职业，也创造出新的所谓"好莱坞"式的劳动力市场模式。在这种模式下，劳动者频繁地变换着工作，为不同的雇主服务。网络信息化使得工作和劳动的地点也发生变化。在劳动力招聘的市场上，企业和劳动者的工作匹配过程缩短；员工培训、薪酬、绩效管理和员工关系处理的有形和无形的成本也在下降；特别是，随着现代通信技术的发展，非标准就业的比重在不断上升。就业模式日趋多样化，出现了短期就业、季节性就业、非全日制就业、家庭就业、自营就业、派遣就业以及兼职就业、远程就业等多种非标准就业形式。企业组织生产方式中的诸多变革和新技术的发展带来雇佣关系的转变和新工作模式的传播。人们日渐放弃被雇佣者依赖与雇主的雇佣关系赚取稳定的工资和薪金的传统全职工作模式。在发达经济体中，传统的就业模式越来越不占主导地位。在新兴和发展中经济体中，虽然已对雇佣合同和关系进行了某些强化，但非标准就业在许多国家司空见惯。国际劳工组织（ILO）的报告指出，当前只有不足45%的人得到全职长期雇佣①。其中,从事非全日制工作的劳动者从2000年的20%上升到2015年的25%②。这些都是当代进行劳动力市场研究时值得注意的重要特点。

还有一点就是,兼并和收购已成为值得关注的研究课题。由于现代资本市场的不断发展,企业兼并和收购,包括对"僵尸企业"的处置,成为现代经济活动中不可回避的现象。这给劳动力市场上的人才流动和企业人力资源管理都带来了许多新的课题。毫无疑问,在企业兼并和收购发生后,随着企业资产的重组,组织变革和人员重组被提上议事日程,裁员(即员工非自愿性流动),以及辞职(即员工自愿性的工作流动)不断发生。新型企业的整合,意味着有许多劳动和人力资源管理问题需要研究和探讨,诸如人员转岗、失业培训、工资支付、观念转变等。

近年来,劳动经济学的研究还呈现出一个新的动向,即开始向企业内部的人力资源管理问题拓展。传统的经济学分析通常都是简单地将公司看作一个"黑箱"系统,通过这一系统,将投入(劳动力、资本以及原材料)转化成产品,而对于公司的内部结构却考虑得很少。而近年来,许多经济学家开始更多地注意组织结构问题③。在这些分析中,开始利用经济学的基本工具来研究可能影响公司价值的有关决策。管理经济学和人事经济学等都成为重要的研究领域和专门的课程。

第四节 劳动经济学与其他学科的关系

很显然,谈到劳动经济学与消费经济学,大家都会认识到他们是截然不同的研究领域。但是对大多数从事社会科学的人士而言,劳动经济学毕竟是一个比较陌生的领域。特别是,人们通常将劳动经济学与其名称相近的其他一些学科相混同。在此有必要将劳动经济学与人口经济学、劳动关系、人力资源管理以及理论经济学的关系,即联系与区别做一些分析。

劳动经济学与人口经济学两者的关系往往容易引起误解。有一段时间,我国搞学科调整,有人认为应该将这两者合二为一。其实,劳动经济学与人口经济学研究的角度并不相同。人口经济学研究的是人口的生产与再生产的经济问题。尽管其与劳动经济学有着

---

① 国际劳工组织,《世界就业与社会展望2015:日益变化的工作性质》,中国财政经济出版社,2016年。
② http://www.ilo.org/wcmsp5/groups/public/-dgreports/-dcomm/-publ/documents/publication/wcms_534326.pdf.
③ James A. Brickley, Clifford W. Smith, Jerold L. Zimmerman著,张志强、王春香译,《管理经济学与组织架构》,华夏出版社,2001年,第6页。

一定的联系——无非都是研究"人"的,但是两者有着完全不同的研究对象和研究范围。从人口经济学来讲,自然人口增长的经济规律,特别是人口对物质资源消费的影响,是它集中要研究的对象和任务。它更多地将人作为消费者来看待,它的研究范围包括16岁以下的非劳动力人口。劳动经济学的核心命题,是劳动力市场中的"劳动力"和"劳动"。因为只有达到法定劳动年龄人口的人才能称为劳动力,所以劳动经济学研究16岁以上的劳动人口的劳动,或者与劳动者的"工作"有关的行为问题。劳动经济学主要研究劳动力而不涉及非劳动力。非劳动力既包括未达到法定劳动年龄人口的人,也包括因在校就读、健康等原因退出劳动力市场,并已达到法定劳动年龄的人口。用专业术语来表达,就是劳动经济学将人作为生产者而非消费者来研究,它研究处于市场活动中的劳动或工作的人。

劳动经济学与产业关系或劳动关系之间的关系是历史上不大清楚,目前也需要进一步澄清的问题。从历史上观察,早期的劳动经济学与产业关系或者说劳动关系有着极为密切的联系。在20世纪50年代以前,劳动经济学几乎和劳动关系被视为同一个专业领域。特别是作为劳动经济学的制度学派的部分,两者的关系尤为密切。按照基思·怀特菲尔德(Keith Whitefield)和乔治·斯特劳斯(George Strauss)教授的说法,在英语国家,尽管产业关系或劳动关系某种程度上受到其他学科,特别是受到产业社会学和职业心理学的影响,但主要还是来自劳动经济学制度学派的影响和推动①。诸如我们熟悉的19世纪90年代在美国以康芒斯等学者为代表的制度经济学家,对产业关系学科的发展都有着直接的影响作用。不过,后来随着时间的演进,劳动经济学与产业关系日益分离成不同的学科领域。特别是20世纪60年代以来,以新古典经济学为代表的劳动经济学家试图将劳动经济学与主流经济学的方法论加以结合,受到这种力量的驱使,他们更多的是强调劳动经济学的"经济学"方面,或者说是经济分析的方面,如人力资本和效率工资模型等。而产业关系或劳动关系的学科,早期在北美更多的是强调劳动经济学的"劳动"这一方面。在20世纪50年代以后,研究产业关系的学者,除更重视劳动经济学的内容吸取、劳动经济学作为劳动关系领域的基本理论分析之外,越来越重视与社会学、法学、组织行为学和政治科学等不同学科领域学者的互动和交流,它成为一个跨学科训练的领域。在澳大利亚和英国,它甚至成为一个独立的、让学生接受训练的学科领域。在德国等其他一些欧洲大陆的国家,产业关系或劳动关系几乎完全不独立,也不属于经济科学,更多地从属于法学或

---

① Keith Whitefield and George Strauss (ed.), *Researching the World of Work, Strategies and Methods in Studying Industrial Relations*, Cornell University Press, 1998, p.6.

社会学学科领域①。在我国,长期以来,传统的劳动经济学就是研究劳动关系的。随着经济分析学科的日益强化,以及市场经济条件下的劳动关系问题的大量出现,劳动经济分析对劳动关系的研究无疑会提供直接的理论支持。但毕竟劳动经济学会越来越体现出作为一门经济分析工具的价值,而劳动关系则越来越成为一个更接近研究和解决实际的劳动问题的跨学科领域,越来越多的院校开设劳动关系本科专业,两者显示出不同的发展特点和走向。

劳动经济学与人力资源管理的关系是最令人感兴趣的话题。关于这一点应当从苏联体制下的劳动学科谈起。传统的劳动经济学在计划经济体制下,表现出最大的一个特点是:劳动经济也是劳动管理。套用今天的一种说法,劳动经济与人力资源管理在苏联学者伊万诺夫(Н.А.Иванов)的《劳动经济学》的教科书中,是一回事情。比如,在这本教科书中,要讲劳动生产率,要讲劳动定额等。计划经济体制下的劳动经济学系,实际上也就是劳动管理系,或者说是人力资源管理系,甚至连我们之前所谈到的劳动关系或者产业关系学科,也混在一起。

20世纪90年代以来,我国的劳动经济学界开始接受北美的劳动学科划分模式。因此,在接受职业化和专业化理念的背景下,传统的企业的劳动管理,或者今天在北美所流行的人力资源管理,在我国管理学和经济学分开(即管理学成为一级学科)的新的条件下,和劳动经济学逐渐区分开来,成为一个有着巨大的市场需求和学术发展潜力的管理学分支。从1993年国内为数不多的院校开始招收人力资源管理本科生至今,人力资源管理在劳动经济学的学科"工作母机"的呵护下,已经迅速地发展起来。在劳动经济学硕士和博士点设立的基础上,2003年中国人民大学劳动人事学院首次获准独立设立人力资源管理硕士和博士学位。中国的人力资源管理学科开始得到正式认可。而劳动经济学目前主要向经济分析的方向,特别是应用经济学的分析方向发展。由于劳动经济学主要研究劳动力的市场,研究企业和人在劳动力市场上的行为反应,因此,当前和今后,劳动经济学与人力资源管理的关系仍然密不可分,它们之间有着天然的本质的联系。特别是近些年来,在北美开始出现新的变化趋势。这就是劳动经济学不仅成为人力资源管理理论的一个主要的理论基础和分析工具,而且如前所述,它已开始深入人力资源管理体系内进行研究。劳动经济学家开始利用企业内部人事管理数据来系统探讨诸如人员招聘、绩效考核、培训等管理流程问题。在劳动和人力资源领域,经济学和管理学的结合显得较为突出。当然,我们也看到,劳动经济学深入人力资源管理领域的一个很大的原因,与人力资源管理这门学科的发展面临的困境和问题联系在一起。人力资源管理的决策,直到最近都没有找到一

---

① Keith Whitfield and George Strauss (ed.), *Researching the World of Work, Strategies and Methods in Studying Industrial Relations*, Cornell University Press, 1998, pp.5-7.

个系统的学科作为其理论基础。比如,有的学者指出,在现有的人力资源管理的学科框架内,人事问题常常被看成过于软化和过于人性化的问题,因而无法用一种严格的方法来进行处理。它与金融问题不同,在那里,对套汇的条件是可以模型化、展开分析并进行预测的;而人力资源管理中所包含的则是一系列亟待找到明确的、毫不含糊的答案的重要问题。对于一个人力资源管理专业人员或学生来说,没有什么比听到专业中的某一问题仅仅得到这样一个答案更让他灰心丧气的了:"他取决于不同的情况",或者"我们无法对人的情感加以归纳"。由于过去多年来,经济学家已经逐渐纠正了将注意力主要集中于那些易于量化的变量的趋向,把研究的范围扩大到从事人力资源管理的人非常感兴趣的那些问题。像地位、自豪感、工作的喜悦感等工作满意度中的非货币构成要素,也可以在经济学的框架内部加以分析[1]。

最后,我们需要说明的是劳动经济学与理论经济学的关系。这很显然是一般与特殊的关系。现代的经济学是研究资源配置的一般机理和市场上供求的变动行为的科学。劳动经济学是研究劳动力市场上,劳动力的供给和需求的变动行为的科学。它是一个特殊的领域,是一般经济分析和研究的一种延伸。当然,西方的劳动经济学也经历了不同阶段的发展,也存在不同的学术流派。在早期的教科书中,劳动经济学和劳动关系也经常放在一起,强调制度分析和工会运动。如早期雷洛兹的教科书的名称就是《劳动经济学和劳动关系》,即使后来的摩尔根(C.A.Morgan)的《劳动经济学》教科书,其中有1/2的篇幅谈劳工运动和工会问题。后来,随着主流经济学说的发展,劳动经济学开始步入对劳动力市场和公共劳工政策的纯经济的分析,美国教授霍夫曼(S.D.Hoffman)的《劳动力市场经济学》反映了这种趋向。总体来说,在国际经济学界,特别是在北美经济学界,无论新制度劳动经济学或者新古典劳动经济学,都成为经济学研究的一个重要分支,就学术论文发表的数量排名来讲,仅次于金融经济学领域。目前,国际上有很强大的劳动经济学的研究队伍[2]。

本 章 小 结

劳动经济学是伴随着劳动力市场发展成长起来的一门学问。劳动力市场并非是我们常规所理解的产品买卖的市场,而是一种劳动力"租借"使用的市场。劳动经济学是

---

[1] 爱德华·拉齐尔,《人事管理经济学》,北京大学出版社,2000年,第1—2页。
[2] 易定红,"西方劳动经济学两大流派的比较",《劳动经济》,2001年第2期。

对劳动力资源配置市场经济活动过程中的劳动力需求和劳动力供给的行为,及其影响因素的分析和研究。

实证经济学和规范经济学是劳动经济学的两种主要分析方法。实证经济学实际上是对人的经济行为进行研究和分析的一种理论。它建立在两个假说之上:一是稀缺性,二是人是有理性的。强化对国际上已经成熟的劳动经济学研究成果和文献资料的熟悉和了解,建立科学的理论假设和严密的技术研究路线,科学地运用现代统计和计量方法等,也已成为我国劳动经济学界运用实证方法取得成果的重要方面。实证经济学会告诉我们两个或者多个变量实际的状况,究竟是如何相互作用的,即通常我们所说的"实际是什么",但它并未告诉我们这究竟是"对"还是"错",或者说,对实际所发生的东西的价值判断,依赖于通常我们所说的规范的价值判断分析。规范经济学的价值尺度是以互惠原则作为基础和出发点的。劳动力市场的很多交易行为是在互惠的原则驱动下发生和展开的,但并不是说所有互惠的行为都会自动产生。在劳动力市场,如同在产品市场上一样,也存在着"不知情""交易障碍""价格扭曲"和"市场缺位"所导致的,尽管存在着互惠的理由,但未能发生互惠的行为。

劳动经济学的特殊性表现在:普通的经济学主要是将人从消费者的角度加以观察和认识的。劳动经济学与普通经济学有所不同的第一个特点就是:它将问题的注意力投向了人们工作的范围;投向了人们选择以及变换工作的行为,如劳动力的流动;投向了人们为工作而获得的货币和非货币的报酬方面,如人力资本投资、薪酬决定的因素等。它将生产者的满足与消费者的满足作为同一个重要问题来看待。劳动经济学的第二个特点是:企业对劳动力的需求不是一种最终产品的需求,它是对产品生产需求所派生和所导引出来的一种需求,在研究劳动经济问题时,不可能摆脱商品市场和资本市场来孤立进行劳动经济的分析和研究,即所谓不能就劳动来谈劳动,就劳动力来谈劳动力。

劳动经济学与人口经济学、劳动关系、人力资源管理以及理论经济学的关系,都有着密切的联系,又有着相当大的区别。总体来说,在国内外经济学界,劳动经济学作为现代经济学的重要分支,有着巨大的社会需求和发展前景。

复习思考题

一、名词解释

劳动 劳工 劳动力市场 劳动经济学 劳动关系 人口经济学
人力资源管理 实证经济学 规范经济学 劳动经济学的研究特点

二、简答题

1. 如何理解劳动、劳动力、劳动力市场、劳动经济学、劳动关系、人口经济学、人力资源管理？
2. 谈谈你对劳动经济学这一学科的理解和认识。
3. 举例说明运用规范经济学或实证经济学研究现实劳动经济问题的价值。

附录 1-1 劳动经济学家是如何进行假设检验的？[①]

本附录提供一个关于劳动经济学家如何检验假设的简介。假设读者没有统计学背景知识，讨论力求保持简单。通过一个具体事例，我们将讨论如何检验在第一章中提出的假设：其他条件相同时，企业支付的工资越高，雇员的自愿劳动力流动率越低。换句话说，假如把一个企业的辞职率定义为在一定时期（比如一年）内自愿辞职工人所占的比例，我们希望观察到：在其他影响辞职率的因素保持不变时，企业的工资率越高，其辞职率越低。

一、单变量检验

为检验上述假设，第一步就是要搜集一定时期一组企业辞职率的数据，并且把这些数据与企业的工资率相匹配。因为我们只分析一个其他变量（工资率）对辞职率的影响，因此这种分析叫作单变量分析；因为这些数据提供了某一时点行为单位的资料，因此搜集到的数据叫作代表性数据[②]。

表 1 是 1993 年在某一劳动力市场上 10 家企业的平均工资和辞职率的资料。比如，假设 A 企业支付的平均小时工资是 4 美元，其辞职率为 40%。

---

① Ronald G. Ehrenberg, Robert S. Smith, *Modern Labor Economics: Theory and Public Policy* (7th edition), 2000, pp.17—24.

② 劳动经济学家也经常使用一些其他类型的数据。例如，可以观察一个给定企业的辞职率和工资如何随时间而改变。单一行为单位在多个时期的信息叫作时间序列数据。有时劳动经济学家搜集多个时期多个观察单位（比如雇主）的数据，代表性数据和时间序列数据的组合叫作组合 panel 数据。

表1　1993年10家企业在某一劳动力市场中的平均工资和辞职率

企业	平均小时工资(美元)	辞职率(%)	企业	平均小时工资(美元)	辞职率(%)
A	4	40	F	8	20
B	4	30	G	10	25
C	6	35	H	10	15
D	6	25	I	12	20
E	8	30	J	12	10

图1表示了表1中的这些数据。图中的每一点表示表1中一家企业的辞职率/小时工资的组合。比如，图中的A点代表A企业，表示其40%的辞职率以及4美元的小时工资组合；而B点代表B企业的可比数据。从图中的10个点来看，支付了较高工资的企业确实有较低的辞职率。虽然图1中的所有点很明显不在一条直线上，但它表明，企业的辞职率和工资率之间存在线性关系。

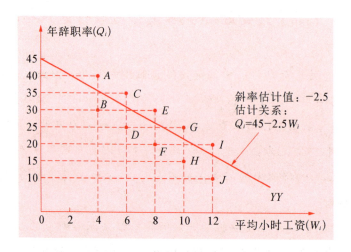

图1　估计出的工资和辞职率关系(数据来自表1)

任意直线都可以用下述一般方程来表示：

$$Y = a + bX \tag{1}$$

变量Y是因变量，在图中通常用纵轴表示。变量X是自变量或者叫解释变量，通常用横轴表示①。字母a和b是方程中的参数(固定系数)，a代表截距，b代表直线的斜率。当直线在纵轴上截取时($X=0$)，a就是Y的值。斜率b表示水平方向上每增加一单位的距

---

① 企业的供给和需求曲线中会有例外：自变量(价格)通常在纵轴上表示。

离,直线垂直方向上的变动距离。如果 b 是正数,直线斜率为正(从左向右上方倾斜);如果 b 是负数,直线斜率为负(从左向右下方倾斜)。

假如要画一条直线能最好地与表 1 中的各点相匹配,那么此直线向右下方倾斜并且不通过所有点。有些点位于直线上方,另一些位于直线下方,因而存在一些误差。我们可以把图中的各点之间的关系用以下模型表示:

$$Q_i = \alpha_0 + \alpha_1 W_i + \varepsilon_i \tag{2}$$

这里 Q_i 是因变量,表示 i 企业的辞职率。W_i 是自变量或者解释变量,表示 i 企业的工资率。α_0 和 α_1 是参数,其中 α_0 是截距,α_1 是斜率。ε_i 是随机误差项,模型中包括它是因为直线(由 $Q_i = \alpha_0 + \alpha_1 W_i$ 给出)不可能正好穿过所有点。实际中我们假设随机因素(与工资率不相关)的存在也可以导致企业之间辞职率的不同。

我们试图估计 α_0 和 α_1 的真实值。每一对 α_0 和 α_1 的值确定一条不同的直线,能画出无数条与点 $A\sim J$ 相"匹配"的直线。我们自然会问:"哪条直线是最佳的?"作出判断必须使用一些确切的标准。统计学家和经济学家运用的典型方法就是选择这样一条直线:该直线与所有点之间垂直距离的平方和最小(本例中包括所有企业)。用这种方法(最小二乘回归分析)估计出的直线有许多性质①。

把表 1 中的数据代入方程,得出如下一条估计直线②:

$$Q_i = 45 - 2.5 W_i$$
$$(5.3)\;(0.625) \tag{3}$$

α_0(直线截距)的估计值是 45,α_1(直线斜率)的估计值是 -2.5。这样,假如一个企业的工资率为 4 美元/小时,那么可以推测出该企业每年的辞职率为 $(45-2.5\times 4)$,或 35%。这一估计出的辞职/工资关系在图 1 中用直线 YY 表示。方程括号内的数字将在后文讨论。

关于上述关系需要说明以下两点:第一,这种估计的关系意味着假如企业不给员工支付工资(工资为零),它每年只有 45% 的员工辞职;而支付工资大于 18 美元/小时的企业将有负的辞职率③。前一结果毫无意义(如果工人得不到工资,他为什么还要继续留在企业呢?),后一结果理论上不可能(辞职率不可能小于零)。这些极端情况表明,假

---

① 这些性质包括:一般来讲可以获得 α_1 的正确答案,一些估计者作出的估计可能最准确,估计直线到所有点的正负垂直偏差之和为零。对最小平方方法更正规的介绍,可以看任何一本统计学或者计量经济学教科书。对没有统计学背景知识的读者来说,一个很好的介绍就是:Larry D. Schroeder, David L. Sjoquist, Paula E. Stephan, *Understanding Regression Analysis: An Introductory Guide*, Beverly Hills, Calif.: Sage Publlications, 1986。

② 用计算机软件来估计回归模型的学生,很容易证实这个结果。

③ 例如,工资为 20 美元/小时,估计辞职率为 45-2.5×20 或每年 -5%。

如把观察资料范围之外的数据用于估计中(在本例中,工资从4美元到12美元),那么用线性模型做预测就很危险。在工资很低或者很高时,不能假设工资和辞职率之间的关系是线性的(用直线表示)。幸运的是,本例中所使用的线性回归模型易于归结为适合非线性关系。

第二,我们估计出的截距(45)和斜率(-2.5)仅仅是"真实"关系的估计值,其中存在着不确定性。不确定性部分地源于我们试图从一个只有10家企业的样本中推断α_0和α_1的真实值(即在全部企业中刻画工资/辞职率之间关系的值)。每个估计系数的不确定性可用标准误差或系数的估计标准差来衡量。这些标准误差由方程(3)估计系数下面括号中的数据表示;比如给定我们的数据,工资系数的估计标准误差是0.625,截距项的估计标准误差是5.3。标准误差越大,估计系数值的不确定性就越大。

在关于方程(2)中随机误差项ε的分布的适当假设之下,可以用这些标准误差来检验关于估计系数的假设①。在我们的例子中,我们想要检验的假设是:α_1是负值(意味着正如理论所说,较高的工资会降低辞职率),α_1是零并且工资和辞职率之间没有关系是"无效假设"。常用的检验方法是把每一系数处理成一个t统计量(系数与它的标准误差的比率)。规则如果准确地说就是,假如t统计量的绝对值大于2,就可以拒绝系数的真实值等于零的假设。

换句话说,如果系数的绝对值至少是其标准误差的两倍,那么可以说系数的真实值不是零。在我们的例子中,工资系数的t统计量是$-2.5/0.625$或-4.0,这使我们很自信地说工资水平和辞职率之间的关系确实是负相关。

二、多元回归分析

上述讨论假设除了随机(不可解释)因素之外,只有一个变量即企业的工资率影响辞职率。但是第一章中实证经济学的讨论强调,推测工资和辞职率之间是负相关关系需要保持其他所有因素不变。如我们在第十章将要讨论的,经济学理论认为除了工资之外还有许多因素影响辞职率。这些因素既包括企业的特征(比如,雇员福利、工作条件和企业规模),又包括企业员工的特征(比如,年龄和培训水平)。假如在分析中我们忽略的任何这些其他变量可能会系统地随着企业的工资率而改变,那么估计出的工资率和辞职率之间的关系就是不正确的。在这种情况下,我们就必须使用一个有多个自变量的模型,把这些其他变量考虑进去。我们依靠经济学理论来决定统计分析中应该包括哪些变量,并且判断因果关系。

为简化分析程序,我们假设除了工资率之外,唯一影响企业辞职率的变量就是工人

---

① 这些假设在任何一本计量经济学教科书中都有讨论。

的平均年龄。其他因素不变时,年长工人不愿意辞职有许多原因(随着年龄增长,与朋友、邻居和同事之间的关系越来越紧密,转换工作——通常需要地理位置上的迁移——的心理成本越来越高)。为了概括工资率和年龄的影响,我们假设企业的辞职率由下式决定:

$$Q_i = \alpha'_0 + \alpha'_1 W_i + \alpha'_2 A_i + \varepsilon_i \tag{4}$$

A_i 代表 i 企业工人的年龄。虽然 A_i 可以用工人的平均年龄,或者处于某些年龄段之上工人的百分比来度量,但是为了使用方便,我们要把它定义成一个二分变量。假如 i 企业工人的平均年龄大于 40 岁,A_i 等于 1。理论清楚地表明 α'_2 是负数,意味着无论 α'_1、α'_2 和 W_i 是什么值(保持其他参数不变),工人平均年龄大于 40 岁的企业与工人平均年龄等于或小于 40 岁的企业相比,应该有较低的辞职率。

用多元回归分析,可以估计出方程(4)中的参数 α'_0、α'_1 和 α'_2 的值。这种方法与上文所描述的最小二乘回归分析相类似。这种方法能最好地确定因变量和一组自变量之间线性关系的参数值。每一参数表明在其他自变量不变时,某一自变量每变动 1 个单位所引起的因变量的增量。这样,α'_1 的估计值告诉我们,假定企业工人的年龄(A)不变,工资率(W)每变化 1 单位对辞职率(Q)的影响。

三、遗漏变量的问题

假如在需要使用多元回归分析的情况下,我们使用了单变量回归模型,即假如遗漏了一个重要的自变量,得出的结果就会产生"遗漏变量偏见"。有必要举例说明这一偏见,因为它是假设检验中的一个重要缺陷,还因为它表明需要经济理论来指导经验检验。

为简化起见,我们假设已经知道方程(4)中 α'_0、α'_1 和 α'_2 的真实值,并且在此模型中没有随机误差项(ε_i 为零)。我们特别假设:

$$Q_i = 50 - 2.5 W_i - 10 A_i \tag{5}$$

这样在任意工资水平,工人平均年龄超过 40 岁的企业的辞职率将比平均年龄小于或者等于 40 岁的企业低 10 个百分点。

图 2 描述了辞职率、工资率和工人平均年龄之间的假设关系。对于工人平均年龄小于 40 岁的所有企业来说,A_i 等于 0,所以它们的辞职率由直线 Z_0 给出;对于工人平均年龄大于 40 岁的所有企业来说,A_i 等于 1,所以它们的辞职率由直线 Z_1 给出。后一组企业的辞职率处处低于前一组企业 10 个百分点。但是两者都表明,企业的平均小时工资每增加 1 美元,年辞职率将下降 2.5 个百分点(两条直线有相同的斜率)。

现在假设研究者要估计辞职率和工资率之间的关系,但是忽略了企业工人的平均年龄也影响辞职率这个事实。即假设此人遗漏了年龄因素,用如下方程估计:

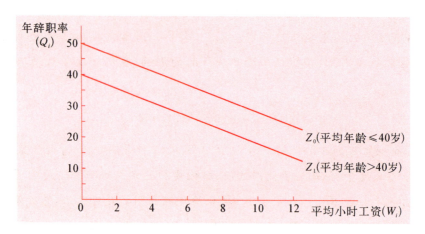

图2 真实的工资和辞职率的关系(方程5)

$$Q_i = \alpha_0 + \alpha_1 W_i + \varepsilon_i \tag{6}$$

对我们来说很重要的是,α_1 的估计值如何能符合辞职/工资率图形的真实斜率(我们假设它为-2.5)。

答案主要依赖于各企业之间平均工资和员工平均年龄有怎样的不同。表2列出了三个雇用较年长工人(平均年龄大于40岁)的企业以及三个雇用较年轻工人的企业各自的辞职率和工资的组合。给定每个企业的工资,其辞职率的值可以直接从方程(5)中获得。

表2 三个雇用较年长工人的企业和三个雇用较年轻工人的企业各自的辞职率和工资的数据

雇用较年长员工($A_i = 1$)			雇用较年轻员工($A_i = 0$)		
企业	平均小时工资(美元)	辞职率(%)	企业	平均小时工资(美元)	辞职率(%)
k	8	20	p	4	40
l	10	15	q	6	35
m	12	10	r	8	30

一个确定的事实是:工人的收入随年龄增长而增长①。那么一般来说,雇用较年长工人的企业将比雇用较年轻工人的企业支付较高的工资。在图3(复制了图2中的直线)上,6家企业的工资/辞职率组合由 Z_0 和 Z_1 两条直线上的点表示②。

把这6个数据点带入方程(6),可以得到如下直线:

---

① 其原因将在第五、九和十一章中进行讨论。

② 这些点精确地落在一条直线上,是用图形表示了方程(5)中没有随机误差项的假设。假如存在随机误差,那么这些点会落在直线附近,而不是在直线上。

$$Q_i = 57 - 4W_i$$
$$(5.1)(0.612) \tag{7}$$

上述估计出的关系由图3上直线 X 表示。a_1 的估计值等于-4,表示工资每增加1美元,辞职率降低4个百分点,但根据假设我们知道实际降低了2.5个百分点。因此,我们的估计夸大了辞职率对工资的敏感性,因为方程忽略了年龄对辞职率的影响。

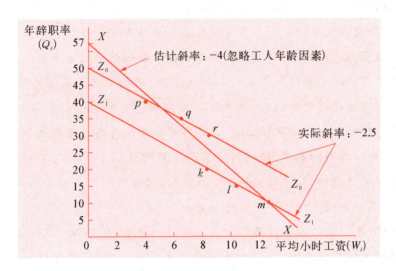

图3 估计出的工资和辞职率的关系(用表2中数据)

换句话说,高工资企业之所以有较低的辞职率,既因为它们支付了较高的工资,也因为它们倾向于雇用不愿意辞职的年长工人。由于分析中忽略了年龄因素,我们的结论夸大了辞职率对工资变化的敏感性。所以,由于在模型中遗漏了一个重要的解释变量(年龄),它既影响辞职率也和工资水平有联系,使我们得出工资对辞职率影响的错误估计。

本讨论表明大多数劳动经济学假设都强调"其他条件相同"的性质。为了检验假设,我们必须控制影响变量的其他因素。典型做法就是把因变量指定为一组变量的函数。这种做法必须有经济学理论的指导,学习经济学理论的原因之一就是它可以指导我们进行人类行为假设的检验。没有坚实的理论基础,对行为的分析很容易受到遗漏变量偏见的困扰。

必须指出,既不可能也没有必要获得所有影响待检验假设的变量的有关数据。正如第一章中所强调的,检验经济学模型涉及寻找一般关系和忽略特殊因素。相同年龄相同工资率的两个工人可能表现出不同的辞职行为是因为,比如,一个人希望离开城镇从而远离讨厌的岳父。这个特殊因素对于检验辞职率的经济学模型来说不重要,因为岳父对辞职行为既没有可预测的影响(有些岳父可能易于相处),也和工资率没有相关性。重复一遍,只有当遗漏的变量对因变量(辞职率)有影响,以及与自变量(工资)相关时,遗漏变量偏见才是一个问题。

附录1-2 改革开放30年以来我国劳动经济学的发展历程、现状与展望[①]

改革开放的30年正是我国经济体制逐步转型的30年。其间,随着经济体制改革的推进,劳动力市场得以逐步建立和形成。作为研究劳动力市场运行和结果的劳动经济学,伴随着市场的演变,经历了从苏联的计划劳动管理向现代劳动力市场经济分析的转型,并在此过程中形成了一些自身的独特知识和理论体系,这必定是我国劳动经济学发展中的一个前所未有的丰富的历史进程,对这个阶段的回顾与分析也必将更有意义和价值。正如麦克纳尔蒂(McNulty,1984)所指出的"经济学家了解所考虑问题的法律、政治和历史等方面,有助于理解该学科的本质,回顾历史有助于说明这一点。"对改革开放以来30年我国劳动经济学发展进行回顾,总结优势并寻找差距,必将有利于我国劳动经济学更好地发展,进而推动其为社会经济的进步作出更多贡献。

本文对1978年以来的劳动经济学相关文章进行了梳理,在此基础上,一方面回顾分析了劳动经济学文章研究主题、研究方法等的演变情况,分析演变背后的原因,试图以此管窥中国劳动经济学的发展轨迹;另一方面,清晰地界定我国劳动经济学发展现状,总结与国际的差距,探讨提升我国劳动经济学研究水平,促进我国劳动经济学未来发展的路径。

一、劳动经济学研究的演变

(一)研究模式:从苏联模式向现代劳动力市场经济分析的转变

1978年之前我国的经济学主要参考苏联模式。所谓苏联模式的经济学,是指以苏联政治经济学教科书特别是其"社会主义部分"为代表的经济学,是与传统的计划经济体制相适应,并作为这种体制的理论表现的经济学。因此,我国早期的劳动经济学更多的是计划劳动管理,缺乏现代经济分析的概念体系,也缺乏实证分析,而更倾向于传统的逻辑推理和概念演绎。这种劳动经济学着重于研究在既定的意识形态下,相应的劳动制度"应该是什么";对经济现象只限于定性的描述,总结出几条所谓的"特征""规律""意义"。这些研究特点在20世纪90年代之前尤为明显。比如本文将在后面分析研究主题时所提到的,20世纪80年代中期以前的收入分配和工资研究中,只谈及分配的种类、特征、按劳分配的优越性,以及工资水平的影响因素、要注意哪些问题等,而未

[①] 改编自曾湘泉、杨玉梅,"改革开放30年来我国劳动经济学的发展历程、现状与展望",《劳动经济评论》,2008年第1期。

能分析工资决定的实际运行过程、如何最终确定,因而在理论上缺乏科学性,在实践上也缺乏可操作性。

1978年之后,随着经济体制改革的推进以及发达的市场经济国家现代劳动经济分析思想和理论的引入,国内的学者开始使用现代意义上的经济学来解释和研究中国的劳动问题。西方劳动经济学的引入首先表现在教材引进上,1987年国内一些高校开始使用美国弗里曼(R.B.Freeman)和霍夫曼(S.D.Hoffman)教授的劳动经济学教材,由此揭开了真正分析意义上的劳动经济学在我国的发展历程。之后一些类似的西方劳动经济学教材不断被引入,可以发现,这些教材在内容上已经迥异于之前教材中的劳动管理内容,劳动力市场、劳动力供求、流动、就业与失业理论等在教材中都得以体现,而"劳动与人类、企业劳动管理、劳动生产率"等内容逐渐消失。20世纪80年代末,学者开始使用相关理论解释中国劳动力市场发展过程中产生的一些问题和现象,如夏振坤等(1989)对二元经济理论的使用,沈金虎(1988)从经济学角度对劳动力流动的分析,杨体仁、曾湘泉等(1990,1994)运用现代经济学的概念,对劳动力需求、供给、流动、人力资本投资、工资、收入分配、失业和就业首次进行了全面系统的概括和总结,并推出了适应当时社会需求的劳动经济学教科书。袁志刚(1994)则介绍了西方劳动经济学中的自然失业、古典失业、凯恩斯失业(即非自愿失业)、刘易斯二元经济中的失业等多种失业理论,并在此基础上分析了我国失业的原因等。

不同于苏联模式的经济学偏向于逻辑推理和概念演绎,现代劳动力市场的经济学更侧重经济分析和实证研究。改革开放以来,尤其是20世纪90年代中期以来,随着在现代劳动经济学培养下的人才逐渐成长、此领域国外留学人才的回国,以及学者对现代劳动经济学理论的不断引入和借鉴,我国劳动经济学研究中实证研究的比例逐渐加大,先进方法和技术的使用日趋增多。

(二)研究主题:反映制度变迁,追踪社会热点

作为一门经世济民的致用之学,经济学在中国的发展与整个中国社会经济的发展紧密相连,再加上中国经济学是从改革开放前"高度泛政治化"的政治经济学演变而来,这都使得经济学在中国的应用和研究会与当时重大的经济社会问题密切相关,表现出追踪热点的特征,作为经济学分支的劳动经济学也不例外。此外,我国长期处于计划经济体制下,劳动力市场的形成与发展更容易受经济体制、劳动力市场相关制度变迁的影响。文献研究发现,作为研究劳动力市场的运行和结果的学科,劳动经济学在我国的研究热点的变化受到劳动力市场相关的制度变迁的重要影响。

1. 第一阶段(1978—1984年):苏联劳动经济学的影子依然存在

1978年,我国经济体制改革首先在农村开始,十一届三中全会及之后的会议提出的

一系列改革措施和经济措施,承认生产承包、个体经营①,雇佣劳动也合法化②,这些从现实层面表现出与以往的计划经济的些许不同,在理论研究上也有体现。首先,社会主义国家是否存在"私人劳动"成为当时的相关学者首要关注的问题(孙恒志,1979;练岑,1979;彭延光,1979)。从1980年开始,整个20世纪80年代上半期,学界对不同行业是属于"生产劳动"还是"非生产劳动"也展开了辩论(杨百揆,1980;余鑫炎,1981;于俊文、陈惠如,1981;郭向远,1982)。此外,劳动力所有制也是这一阶段的关注焦点。当时关于劳动力的所有制,学界有多种不同观点,如社会主义制度下劳动力公有说、个人所有说、部分个人所有说、两重所有说等,但是当时的主流观点还是不承认劳动力所有制,认为那是资本主义的提法(李光远,1982)。

为了打破平均工资、大锅饭的情况,国家开始推动工资改革,1978年邓小平的《坚持按劳分配原则》明确指出按劳分配的社会主义性质,要按照劳动的数量和质量分配,要实行考核制度等。自此,实践界和理论界纷纷提出不同的工资制度改革办法(赵履宽,1983)、工资确定的具体方法以及奖金的制定方法。如晓亮、张问敏(1978)提倡实施计件工资,冯立天(1984)提出按照劳动生产率确定平均工资的"一元法",金敏求(1984)提到了建筑行业自发实施的"百元产值工资含量包干制",邹学荣、刁隆信、潘佳铭、黎小杰(1985)提出了"工资总额挂钩指标"……关于奖金的研究主要集中在奖金本质的争论(孙克亮,1979;陈进玉,1979)、实行奖金制的优缺点争论(张问敏,1978)、部分收入与绩效的挂钩(汪海波等,1978)以及奖金的确定方法方面等(吴贤忠,1982)。

2. 第二阶段(1985—1991年):现代劳动力市场经济分析引入及初步发展期

随着经济体制改革的推进,一些推动改革的政策、措施的出台,"商品""商品经济"的概念从政策角度得到承认③,一些在计划经济中不会出现的经济问题也开始浮现,如劳动力是否是商品(陆立军,1989;胡瑞梁,1987;胡瑞梁,1988;杨宜树,1988;张肯发,1989)、是否建立劳动力市场、收入分配公平与否、市场化带来的工资制度改革、劳动力流动尤其是农民工的流动成为这个阶段的研究热点。除了研究关注点与前段时期不同外,此阶段的特点还表现在很多研究开始借鉴西方劳动经济学的概念和方法,如夏振坤和李享章在1989年即使用"二元经济"的理论来解释当时的"民工潮"现象,符钢战(1990,

---

① 1980年9月,各省、市、自治区党委书记座谈会上的《关于进一步加强和完善农业生产责任制的几个问题》中肯定了各地建立的多种形式的生产责任制,允许包产到户或包干到户,允许小商贩从事个体经营。

② 国务院于1981年7月发布《关于城镇非农业个体经济若干政策性规定》,此规定标志着使用雇佣劳动合法发展起来。

③ 1984年10月,中共十二届三中全会通过的《关于经济体制改革的决定》,确定社会主义经济是"公有制基础上的有计划的商品经济",提出改革的目标是建立具有中国特色的、充满生机和活力的社会主义经济体制;提出了"有计划的商品经济"的目标,把缩小指令性计划作为改革的中心内容。

1991)对劳动力供求的市场化行为进行了经济学分析,以及对我国就业理论和统计体系与国际进行了比较等。

此阶段对农民工转移的研究主要集中在农民工是否应该转移,转移的流向、流量(胡军,1986)、路径(王向明,1985)、模式(陈颐,1987)、条件(米有录,1988)等方面,有的学者还分析了当时农村剩余劳动力的行为特征(侯晓虹、刘永义、刘云、王建林,1988),宋国青(1985)从城乡发展和经济结构与农民转移的关系角度进行的分析具有一定新意。20世纪80年代末的"民工潮"出现后,政府又开始推行限制农民进城就业的政策①,学术界也对引起民工潮的原因(夏振坤、李享章,1989),以及如何阻止民工潮(吴仁洪、邹正清,1989)进行了研究。

在收入分配的研究中,收入分配是否公平是此阶段的讨论热点(李雄,1986;李学曾、张问敏、仲济垠,1989;赵人伟,1989),不同行业间的收入差距问题也得到关注(卫兴华、魏杰,1989),开始强调应加强市场在收入分配中的作用(赵履宽、杨体仁、文跃然,1988)。收入分配中存在的一些问题,如"脑体倒挂"现象也是当时的研究热点(李学曾、张问敏、仲济垠,1989)。此阶段收入差距研究中比较突出的一点是,第一次出现了使用西方经济学理论——基尼系数和洛仑兹曲线来分析我国劳动者的个人收入差距(赵人伟,1985)。针对上述收入分配领域的具体问题,学界和实践界对收入分配政策层面的改革展开了探讨和研究(张维迎,1986)。

此阶段针对工资的研究取得重要进展,不再仅仅局限于工资管理方面的讨论,而是将研究视野和方法扩展到经济学分析角度。在工资政策改革的目标方面,张维迎(1986)提出通过开放劳动力市场引入市场工资决定机制。曾湘泉(1989)在讨论经济增长过程中的工资机制的研究中,对计划经济前后的经济增长与工资机制进行了系统而深入的经济学分析。

除以上这些研究热点外,还值得一提的是,20世纪80年代末90年代初,我国的经济生活中出现一种极其引人注目的现象——失业,失业正式进入人们的经济生活,也开始引起劳动经济学者的关注(吴仁洪、邹正清,1989;罗德明,1990),相关文章已经开始关注西方现代经济学失业理论的介绍和引入。企业的"隐蔽性失业",即在20世纪90年代引起广泛讨论的"隐性失业"问题,在20世纪80年代中后期已经开始引起学者的关注(黄维德,1986)。不过,对失业研究的关注度与20世纪90年代中后期相比,自然不可同日而语。

---

① 1989年3月,国务院《关于严格控制民工外出的紧急通知》,采取"堵"的政策应对1980年代的中后期出现的"民工潮"问题:严格控制农村剩余劳动力的转移,已经转移到城镇的大量农民工要"清退"压缩回农村,在大中型城市推行"劳动许可证"制度和"城市暂住证"制度。

3. 第三阶段(1992—2001年)：研究内容逐渐接近现代劳动经济学范畴

随着1992年中共十四大召开，市场经济体制得以确立①，劳动力市场建立和不断完善②，此阶段成为劳动力市场的剧烈变革期，由此带来的一系列问题，如国有企业职工下岗③、农村劳动力大规模转移、教育带来的人力资本投资(赵耀辉，1997；都阳，1999)、收入差距的拉大、劳动力的市场分割等，以及由这些所衍生的很多侧面，都成为我国劳动经济学界关注和研究的热点。

针对国有企业下岗问题、失业、隐性失业(王诚，1996；刘长明，1997)、隐性就业④(曾繁华、何正平，1993；曾繁华，1994；袁志刚、陆铭，1998；高玉泽，1998)、如何解决下岗失业人员的就业问题等的研究是此时的研究热点和重点。在农村剩余劳动力流动的研究中，与20世纪80年代中后期不同，此时城乡就业冲突问题和如何有效转移农村剩余劳动力成为研究重点，大量运用西方劳动经济学理论分析农民工进城对就业、城市劳动力以及对劳动力市场发展的影响(章玉钧、郭正模，1999)、限制农民工进城的影响(蔡昉，2000)等。随着农村剩余劳动力大量流入，企业二元用工制度与分割的劳动力市场(蔡昉，1998)等成为新的研究热点。

虽然不同时期关注的侧重点不同，但是收入问题是贯穿改革开放30多年的研究重点。此阶段的收入差距研究几乎已经完全按照西方劳动经济学的理论和方法展开。其中，从1988年开始的我国第一次收入分配调查于1994年最终完成(赵人伟、基斯·格里芬，1994)，该研究是国内首次使用调查数据对收入分配情况进行的经验性分析，此后，随着收入差距的拉大逐渐引起社会关注，针对该问题的研究也从不同角度得到不断推进，如收入差距的地区、行业等差异，教育、非正常收入等与收入差距的关系……(赵人伟、李实，1997；赖德胜，1997；蔡继明，1998；万广华，1998；张平，1998；陈宗胜，2000；陈宗胜、周云波，2001)。

4. 第四阶段(2001年至今)：以就业和收入分配差距为主题的劳动经济学分析不断拓展

2001年我国加入世界贸易组织，劳动力市场进一步开放，高校教育改革、"民工荒"的出现、收入差距的进一步拉大等一系列社会热点问题引发了我国劳动经济学相关研究的

---

① 1992年10月，中共十四大明确地制定了社会主义市场经济的改革目标，标志着市场机制在我国开始确立。
② 1993年12月，劳动部根据十四届三中全会精神制定了《关于建立社会主义市场经济体制时期劳动体制改革总体设想》，提出了培育和发展劳动力市场的目标。
③ 1996年年底，党中央的经济工作会议提出把搞好国有企业改革放在更加突出的位置，对国有企业实行减员增效、下岗分流，同时大力推行再就业工程。1997年1月，国务院召开全国国有企业职工再就业工作会议，强调要通过减员增效、下岗分流、规范破产、鼓励兼并推动国有企业经营机制的转变。
④ 隐性就业，最初是由曾繁华在1993年从国外引入的概念，当时使用的是"隐形就业"这个词，后来通用"隐性就业"，这两个词意思上没有区别。

进一步拓展。

就业问题是此阶段的研究重点与热点。随着就业问题的日益严峻,一些学者在就业弹性问题上展开探讨(龚玉泉、袁志刚,2002;张车伟、蔡昉,2002;蔡昉、都阳、高文书,2004;简新华、余江,2007;魏下海,2008);1999年开始的大学生扩招政策带来的大学生就业问题日益突出,针对大学生就业问题的研究得到发展(曾湘泉,2004;杨伟国、王飞,2004;等)。同时,此阶段有学者开始致力于研究从劳动力市场需求角度出发的职位空缺发布(唐镳,2008)来解决就业问题。女性就业(李实,2001;潘锦棠,2002;安砚真,2003;崔红梅等,2004)和女性劳动参与率(姚先国、谭岚,2005;唐镳、陈士芳,2007;杜凤莲,2008)问题此时也开始引起关注。2004年开始出现的"民工荒",引发了关于"民工荒"产生的原因(蔡昉,2005)、我国是否到达"刘易斯拐点"(蔡昉,2007;孙自铎,2008)、中国"人口红利"是否消失(汪小勤、汪红梅,2007;孙自铎,2008)等的激烈争论。对就业和失业测量(曾湘泉,2006)、劳动力市场中介(曾湘泉,2008)的研究更把我国的就业研究朝纵深方向进行了推进。

另外,在改革效率大幅提升的同时,收入分配出现了差距过分扩大的现象,我国理论界对收入分配的研究与之前的20年都不一样,开始更多地关注公平和效率的关系,强调公平的重要性,并针对地区间的收入差距(万广华,2004;董先安,2004)、收入差距产生的原因等方面展开研究。其中,在城镇职工的收入差距方面,提出了收入差距扩大主要来源于制度外收入,制度内收入差距缩小、制度外收入差距过大在收入分配领域同时并存(曾湘泉,2002)。

人力资本的研究方面,除了之前的人力资本收益率、教育收益率(罗楚亮,2007;王海港、李实、刘京军,2007)等方面的研究继续推进外,出现了针对人力资本产权、价格的研究,该问题研究开始从宏观转向微观,主要有人力资本投资中的性别歧视经济学分析(张抗私,2002)、人力资本定价研究(张文贤,2001;连建辉、黄文峰,2002;李世聪,2002;樊培银、徐凤霞,2002;亓名杰,2003)、人力资本与劳动者地位研究(姚先国,2006)等。

此阶段针对劳动力市场的研究仍然关注制度及政府行为在劳动力市场演化中的作用(姚先国,2007),同时主要围绕着我国当时的劳动力市场状态,即对劳动力市场的分割现状及形成原因进行经济学剖析。其中,被广大学者所广泛接受的是户籍制度对分割的形成具有重要作用(蔡昉、都阳、王美艳,2001;姚先国、赖普清,2004;夏纪军,2004)。

二、我国劳动经济学现状及存在的问题

(一)我国劳动经济学研究取得重要进展

我国劳动经济学研究中实证研究比例不断加大,先进技术使用增多,并在我国特有问题的研究中作出了重要的理论和现实贡献。

首先，从总体上来看，国内学者在劳动经济学的研究方面有了很大的进步，也取得了不少具有启发意义的研究成果，特别是在对经济转型国家和发展中国家劳动力市场特征及运行机制的分析上，国内学者有一定的先天优势。国内已有研究在中国劳动力市场的分割与歧视、劳动力流动、就业问题、收入分配问题的分析中不乏独到和深刻的见解，这些研究成果对其他转轨国家和地区也有一定的借鉴意义。有的结论已成为主流经济学的有益补充和印证。

其次，从研究方法上说，国内学者的研究也取得了相当的进步，不少研究，特别是实证研究借鉴了先进的理论和分析工具，如在分析造成不平等和贫困的原因或因素时采用的对各种反映不平等的指标的分解技术。所有这些，都大大推进了劳动经济学这门学科的发展。

(二) 研究内容、规范性和基础设施平台建设仍然有待加强

首先，研究内容和范围有待扩展。

当前，国际劳动经济学的发展趋势可以归纳为以下五个方面：(1) 在宏观上，强调经济全球化与新技术革命对劳动力市场与就业的影响，劳工标准与经济绩效的关系，劳动力市场与其他市场(资本市场、产品市场)的交互作用等；(2) 在宏观政策方面，既一如既往地强调劳动力市场政策绩效评估研究，又强调采用更科学的研究方法来进行评估，美国、欧盟是典型的代表；(3) 在微观上，强调劳动力市场的微观基础研究，特别是微观组织的人力资源管理与劳动关系对组织绩效与劳动力市场的影响，人事管理经济学以及劳动关系的经济学分析是时下研究的重点领域；(4) 在特定群体研究方面，国际上一直持续关注青年、妇女、少数民族、残疾人等群体在劳动力市场中的权利保护与就业促进；(5) 在最佳实践研究方面，宏观领域的最佳政策实践与微观领域的最佳管理实践都是国际社会研究的重点。

目前，我国的劳动经济学研究多集中于就业、收入差距等方面的研究：在宏观上，以实证为基础的政策评估比较欠缺，对某一项政策的跟踪性、系列性的连续研究尤为缺乏；在微观上，则缺乏对企业"黑箱"的经济学分析；还有，目前国内的研究过于集中于市场和政府两方面，对其他诸如经济全球化、文化因素等对我国劳动力市场影响的分析则相对欠缺。

其次，学科研究方法规范性不够，研究方法和理论缺乏创新。国内目前没有被国际同行认可的劳动经济和劳动关系学术期刊；由于研究方法训练不足，许多论文缺乏国际上通行的学术研究规范标准。在各种新研究方法的运用方面也存在着一些问题，某些研究存在着"重技术轻思想"的倾向，模型的使用缺少理论依据和现实针对性，简单照搬西方理论模型，降低了这些成果的学术价值和政策意义。

最后，研究基础设施薄弱。主要表现为国内外学术文献检索系统建设落后，国内规范

的、供劳动经济分析和研究的基础数据十分缺乏。国家有关部门以及学术单位之间的专业资料和统计数据的共享和交流不够。

国外的经验表明，微观数据的搜集与使用是推动劳动经济学研究方法和理论创新的重要因素。在国外，尤其是美国，20世纪70年代以来，大量入户调查微观数据在劳动力市场研究中开始取代时间序列数据（如表1所示），这使得劳动经济学取得极大发展。在这期间，计量经济学和统计方法在微观数据的使用中也得到了极大的创新与发展，例如：有限因变量模型、样本选择模型、非参数方法、工具变量、准实验技术等的发明和改进。如表1所示，国外劳动经济学研究使用的微观数据主要来源于国家的调查统计，如美国的PSID①、NLS②、CPS③、SEO④、Census⑤，这些数据可以免费供大众使用，这一点应该是值得国内借鉴和学习的。另外，在我国，由于各种社会因素的影响，使得我国在微观数据的统计口径、统计方法及数据公布方面与发达国家有很大差距，严重制约了我国实证劳动经济学的发展。由于调查研究和数据所受到的管制，长期以来就连"中国的失业率到底有多高"这样的问题我们也并不是非常了解（陆铭，2004）。并且，由于数据搜集整理的相对薄弱和统计口径上与国外的差异，使得研究结论有时无法进行国际比较。

表1 美国劳动经济学研究使用数据类型

	劳动经济学文章(%)					所有领域
	1965—1969年	1970—1974年	1975—1979年	1980—1983年	1994—1997年	1994—1997年
理论文章	14	19	23	29	21	44
微观数据	11	27	45	46	66	28
面板数据	1	6	21	18	31	12
实验数据	0	0	2	2	2	3
横截面数据	10	21	21	26	25	9
微观数据库						
收入变动面板调查(PSID)	0	0	6	7	7	2
国家纵向调查(NLS)	0	3	10	6	11	2

① PSID(The Panel Study of Income Dynamics)：收入变动面板调查开始于1968年，是一个包括7 000多个家庭和65 000个代表样本的纵向调查。
② NLS(National Longitudinal Surveys)：国家纵向调查是针对劳动力市场行为和其他重要生活事件的调查。
③ CPS(The Current Population Survey)：当前人口调查是由美国人口普查局为劳动统计局开展的针对50 000个样本的住户月度调查，该调查已经有50多年的历史。
④ SEO(Survey of Economic Opportunity)：经济机会调查是美国人口普查局为经济机会办公室所开展的一项调查。
⑤ Census：这是美国每10年开展一次的针对所有个人的人口普查。

续表

	劳动经济学文章(%)					所有领域
	1965—1969年	1970—1974年	1975—1979年	1980—1983年	1994—1997年	1994—1997年
当前人口调查(CPS)	0	1	5	6	8	2
经济机会调查(SEO)	0	4	4	0	1	0
人口普查(Census)	3	5	2	0	5	1
其他所有微观数据库	8	14	18	27	38	21
时间序列	42	27	18	16	6	19
人口普查区	3	2	4	3	0	0
州数据	7	6	3	3	2	2
其他集聚横截面数据	14	16	8	4	6	6
二手数据分析	14	3	3	4	2	2

数据来源：D. Angrist Joshua, B. Krueger Alan, Empirical Strategies in Labor Economics, *Handbook of Labor Economics*, Volume 3, Edited By O. Asgebfekter and D.Card。

三、加强基础平台建设和学术人才培养,推动劳动经济学发展

劳动经济学在我国是一个新兴发展的学科领域,伴随着市场经济的迅速发展,劳动经济的重要性得到进一步提升;此外,中国的特殊国情促使对劳动经济学的理论创新需求不断增加。为了推动劳动经济学的发展,结合劳动经济学的发展历史、现状及与国外的差距,要求我们在未来的教学、研究、基础平台建设等方面应作出不懈的努力,为此我们提出了如下的改进建议：

一是在理论研究方面既要学习国外,又要致力于自我创新。在国外,当以实证研究为基础的政策评估已经在指导政府工作中大行其道时,我们希望中国劳动经济学的研究也能够更多更好地指导政府的政策,发挥劳动经济学的实践价值。同时,在有些方面,中国的经济问题有着自己的特殊性,西方劳动经济学并没有提供现成的理论来帮助我们回答所有的问题,这时,结合中国具体的实践发展新的理论,也会为当代劳动经济学的研究作出重要的贡献。如果说改革开放30年来我们的重点在于吸收和消化西方劳动经济学的理论,或者说是运用国外已有的方法和技术研究中国的劳动经济学问题的话,那么,从现在开始,也到了在中国要开始高度关注发展和完善现代劳动经济学理论的时候了。

二是加强劳动经济学研究平台和基础设施的建设。国际的经验表明,一国劳动经济学研究水平的高低与该国是否重视研究文献积累、完善数据系统[①]以及吸引高水平的研究

[①] 国外劳动经济学发展的经验显示,正是由于微观数据搜集工作中的出色进展,才使得美国的劳动经济学从20世纪70年代以来,无论是在理论上还是方法上都取得了显著成就(Joshua D. Angrist, Alan B. Krueger,1999)。

人员参与等有极大的关系。对我国的劳动经济理论研究,特别是对政府政策评估而言,目前研究平台和基础设施已成为最大的短板,因此,应大力推动微观数据的搜集、建立数据共享协议,促进我国劳动经济学实证研究的开展。

推荐阅读文献和书目

1. 易定红,"西方劳动经济学两大流派的比较",人大复印报刊资料《劳动经济》,2011年第2期。

2. 曾湘泉、杨玉梅,"改革开放30年来我国劳动经济学的发展历程、现状与展望",《劳动经济评论》,2008年第1期。

3. 曾湘泉、杨玉梅,"我国劳动经济学研究回顾与展望",《中国劳动》,2015年第2期。

4. 乔治·J. 鲍哈斯,《劳动经济学》,中国人民大学出版社,2010年。

5. 伊兰伯格、史密斯,《现代劳动经济学:理论与公共政策(第10版)》,中国人民大学出版社,2011年。

6. G. R. Boyer, R. S. Smith, The Development of the Neoclassical Tradition in Labor Economics, *ILR Review*, 2001, 54(2):199—223.

7. D.M. Hausman, Economic Methodology in a Nutshell, *Journal of Economic Perspectives*, 1989, 3(2):115—127.

8. Milton Friedman, The Methodology of Positive Economics, In *Essays In Positive Economics*, Chicago: Univ. of Chicago Press, 1966, pp.3—16, 30—43.

第二章 劳动供给分析

本章讨论劳动供给问题。在劳动经济学中,劳动供给被定义为劳动者提供的劳动数量,其测量指标是"人—小时数",指在一定时间内一定数量的劳动者为市场提供的劳动时数。根据该定义,在人口一定的条件下,影响劳动供给数量的因素有两个:第一,在市场上从事或正在寻找有酬工作的人数,这构成了劳动者的供给或劳动力。劳动力是劳动年龄人口中的一部分,我们将劳动力占劳动年龄人口的比例称为劳动力参与率。第二,每个劳动力愿意提供给市场的工作时数。本章首先考察劳动力范畴的分类、劳动供给的测度和影响因素,这是理解劳动供给的基础;第二节介绍工作时间的决策理论;在第三节,讨论劳动供给理论的扩展,包括家庭生产理论和劳动供给的生命周期理论;第四节分析劳动供给理论在劳动力市场政策领域的应用。

第一节 劳动力范畴的分类、劳动供给的测度及影响因素

一、劳动力范畴的分类

劳动力是人的劳动能力,即人在劳动过程中所运用的体力和智力的总和。

在现代劳动经济学体系中,劳动力又特指在一定的年龄范围内,具有劳动能力和劳动要求,愿意参加付酬的市场性劳动的全部人口。没有就业意愿或就业要求的人口不属于劳动力的范畴。

各国关于劳动力的统计和分类虽不尽相同,但基本都是根据人口普查、劳动力调查等方法来统计和估算一国劳动力数量。下面,分别以美国和中国的劳动力统计分类为例加以说明。

图2-1说明了美国劳动力市场统计和分类的一些基本定义。根据图2-1所示,美国的劳动力范畴包含以下几个基本概念:劳动力、非劳动力、就业者和失业者。

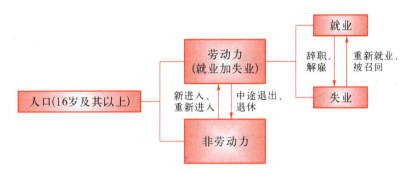

图2-1 美国成年人口的劳动力分类

在美国,劳动力指16岁以上或者在工作,或者在积极地寻找工作,或者因为暂时失业而等待被召回的所有的人;劳动力中那些没有取得有酬职业的人被称为失业者。没有工作意愿,或者有工作意愿但未寻找工作,也非因暂时失业而等待雇主召回的人,被视为非劳动力(not in the labor force)。因此,总的劳动力包括就业者和失业者。

就业者这一概念在技术上被定义为正在受雇用的那一部分劳动力,它包括:第一,正在工作者;第二,有职业但并未工作者。所谓"正在工作者"指为得到工资或利润而工作的人,或者在家庭或农场或行业中不领工资、每周工作15小时以上的人。"有职业但并未工作者"指现在不工作也不寻找工作,但本人有职业或企业,只是由于休假、疾病、劳动争议或恶劣气候而暂时缺工,或者由于其他原因而削减工时的人。

失业者这一概念在技术上被定义为在调查周内没有工作,但在此以前四周内曾做过专门努力寻求工作,而在调查周内本人又适于工作的一切人。此外,失业者范畴还包括以下两类人:第一,没有工作又适于工作的,遭临时解雇后正等待召回的人;第二,没有工作又适于工作,正在等待且等待的时间达30天后可到工资不同的新岗位上报到的人。应该注意的是"调查周"在美国特指某一给定的周,这一给定周包括该月12日的星期六和星期天的时间段。

我国对劳动力范畴的统计分类目前仍在不断完善。总的趋势是逐步参考市场经济国家的统计分类(目前已基本按照国际劳工组织的指引),建立适应我国劳动力市场发展状况的劳动力统计体系。国家统计局目前在实际统计中一般使用以下几个概念:劳动力、就业人员、城镇单位就业人员、城镇私营和个体就业人员、在岗职工、失业人员、城镇登记失业人员等。

(1) 劳动力是指16周岁及以上,有劳动能力,参加或要求参加社会经济活动的人口,包括就业人员和失业人员。

(2) 就业人员是指16周岁及以上,从事一定社会劳动并取得劳动报酬或经营收入的人员(我国也包括在职但未工作人员,例如休假和季节性歇业)。这一指标反映了一定时期内全部劳动力资源的实际利用情况,是研究我国基本国情、国力的重要指标。

(3) 城镇单位就业人员是指报告期末最后一日24时在本单位中工作,并取得工资或其他形式劳动报酬的人员数。该指标为时点指标,不包括最后一日当天及以前已经与单位解除劳动合同关系的人员,是在岗职工、劳务派遣人员及其他就业人员之和。就业人员不包括:① 离开本单位仍保留劳动关系,并定期领取生活费的人员;② 利用课余时间打工的学生及在本单位实习的各类在校学生;③ 本单位因劳务外包而使用的人员。

(4) 城镇私营就业人员指在工商管理部门注册登记,其经营地址设在县城关镇(含县城关镇)以上的私营企业就业人员,包括私营企业投资者和雇工。城镇个体就业人员指在工商管理部门注册登记,并持有城镇户口或在城镇长期居住,经批准从事个体工商经营的就业人员,包括个体经营者和在个体工商户劳动的家庭帮工和雇工。

(5) 在岗职工是指在本单位工作且与本单位签订劳动合同,并由单位支付各项工资和社会保险、住房公积金的人员,以及上述人员中由于学习、伤病、产假等原因暂未工作仍由单位支付工资的人员。在岗职工还包括:① 应订立劳动合同而未订立劳动合同人员(如使用的农村户籍人员);② 处于试用期人员;③ 编制外招用的人员;④ 派往外单位工作,但工资仍由本单位发放的人员(如挂职锻炼、外派工作等情况)。

(6) 失业人员是指16周岁及以上,在调查周没有工作,但在积极寻找工作,且没有身体或家庭等客观因素干扰,能够在一周内开始工作的人。

(7) 城镇登记失业人员是指有非农业户口,在一定的劳动年龄内(16周岁至退休年龄),有劳动能力,无业而要求就业,并在当地劳动保障部门进行失业登记的人员。

从以上美国和中国有关劳动力范畴的统计分类可以看出,劳动力是一个相对概念,与各国的法律规定有关。世界各国根据自己的经济和社会发展状况、人口状况、教育制度、劳动力自身的生理特点等因素,规定了不同的就业年龄。就业年龄的下限指的是最低就业年龄,国际劳工组织通过的第138号《准予就业最低年龄公约》规定最低就业年龄为14

周岁,而世界大多数国家都以16周岁作为劳动年龄的分界线,如美国、中国规定最低就业年龄为16周岁,而日本则是15周岁。一般来说,大多数国家规定劳动年龄下限而无上限。我国过去实行计划经济,对最高就业年龄规定有上限,即男性为60周岁,女性为55周岁。当然,规定了劳动年龄的上限,并不是说超过这一年龄就不许劳动,而是说劳动者达到这个年龄后,就具有申请退休、领取养老金的资格[①]。目前,我国劳动力统计中已对劳动年龄取消了上限。

二、劳动力供给的测度

(一) 劳动力参与率

劳动力参与率是与劳动供给相关的一个重要概念,它测量的是一个国家从事经济活动的工作年龄人口的规模。劳动力参与率是反映劳动力市场活动水平的一项总指标,它也可以以性别和年龄组分类计算,因而可以反映出一个国家经济活动人口的分布情况。

劳动力参与率的计算一般是以加入劳动力的人数占劳动年龄人口的百分比进行的。劳动力是就业人数和失业人数之和。劳动年龄人口是一定年龄之上的人口,该年龄线是为衡量经济特性而规定的。具体的计算公式为:

$$\text{劳动年龄人口的劳动力参与率} = \text{劳动力}/\text{劳动年龄人口} \times 100\% \qquad (2.1)$$

$$\text{年龄别(性别)劳动力参与率} = \text{某年龄(性别)劳动力}/\text{该年龄(性别)人口} \times 100\% \qquad (2.2)$$

就业-人口比率(有时被称为就业率)表示人口中就业的比重,具体计算公式为:

$$\text{就业} - \text{人口比率} = \text{就业者的人数} / \text{劳动年龄人口} \times 100\% \qquad (2.3)$$

失业率表示劳动参与者中失业者所占的比重,具体计算公式为:

$$\text{失业率} = \text{失业者的人数} / \text{劳动力} \times 100\% \qquad (2.4)$$

劳动力参与率指标在研究确定一个国家人力资源规模和构成因素,以及预测未来劳动力供给时具有重要的作用。这类数据可用来制定就业政策并确定培训需要。这一指标也为计算男女人口的预期工作寿命和进入、退出经济活动的比率提供了基本数据,对于制定社会保障制度的财务计划也有着重大的意义。

这一指标也可用来了解不同类别的人口群体在劳动力市场上的行为。有一种理论认

---

① 国际劳工局,《劳动力市场主要指标体系(1999)》,中国劳动社会保障出版社,2001年,第27—49页。

为,劳动力参与的水平和方式取决于就业机会的多少和收入要求,而不同的人群具有不同的收入要求。比如,研究表明妇女劳动力参与率在任何年龄都是有规律地随婚姻状况和教育水平的变化而变化。城镇和农村人口以及不同社会经济群体间的参与率也有很大的不同。

以年龄组分类的男女劳动力参与率曲线也反映出一些特殊的模式。一般来说,男性的参与率曲线呈倒U形。例如,年轻人在开始时劳动力参与率较低,随着他们离开学校进入劳动力市场而上升,在黄金年龄段到达高峰,然后在老年龄组中随着退出经济活动而下降。

对妇女而言,在每个年龄组中的劳动力参与率通常要低于男性。在黄金年龄段,妇女劳动力参与率不仅低于相应的男性参与率,而且常常表现出略有不同的模式。在妇女的生命周期内,她们倾向于离开劳动力队伍从事生育和抚养子女。当孩子足够大时,她们又回到经济活动中来,但是参与率较低。然而,在工业化国家里,妇女参与率曲线越来越和男性的相类似,并且也明显地向男性的参与率水平靠近。

(二) 工作时间

劳动供给的概念一方面包括是否参加劳动,即劳动力参与率;另一方面是指参加劳动的人的劳动供给时间,即工作时间的长短。工作时间又分为法定工作时间和实际工作时间。

实际工作时间是劳动者个体在各种因素影响下,实际提供的劳动供给的时间长短。研究表明,劳动者的实际工作时间与劳动者的意愿工作时间不尽相同,因此,也有一些文献就此展开过研究和讨论。

三、劳动供给的影响因素

影响劳动供给的因素很多,下面将从人口、教育、退休和社保等方面对此加以分析。

(一) 人口政策

一国的人口规模和人口结构是影响劳动供给的重要方面,而人口政策则对人口规模和人口年龄结构带来巨大影响。

(1) 人口政策会影响人口规模,进而影响劳动供给。在其他条件不变的情况下,比如劳动力参与率不变,高人口增长必然引起劳动力供给总量的增加。但是,人口规模的形成不是短期能实现的。高人口增长引起的劳动力供给总量的增加,是要经历一个时间过程的,原因是劳动力的定义有严格的年龄限制。只有出生后的人口达到法定劳动年龄,比如中国是16岁，才会对劳动供给总量产生影响。由于人口规模对劳动供给的影响在短期内不会马上实现，因此我们将其称为"滞后效应"。换句话说，人口规模只在长期内起作用。

人口规模取决于人口基数和总和生育率，而一国的人口政策对人口生育率的影响非常大。如我国在1980—2013年实施严格的计划生育政策，在这三十多年间，我国的人口出生率从20.91‰降至12.08‰，有统计指出，此间我国少生了四亿多人口，这极大影响了劳动力资源数量。有研究测算表明，随着2013年"单独二孩"，尤其是2015年"全面二孩"人口政策的出台，相较于继续实施原来的"独生子女"政策，会在未来显著增加人口及劳动年龄人口的数量，如图2-2所示[①]。可见人口政策对人口规模的长期影响非常巨大。

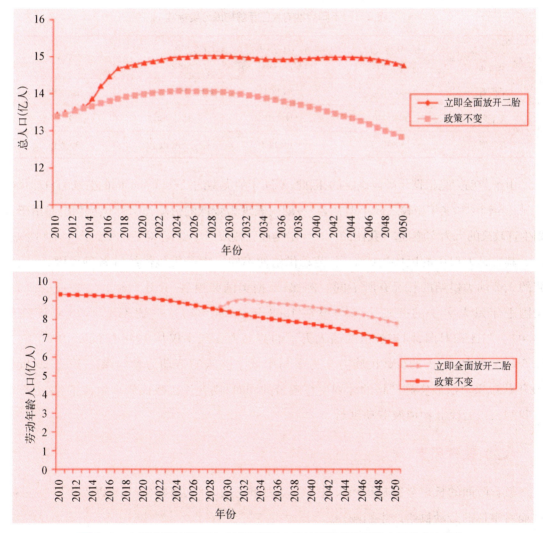

图2-2 立即全面放开二胎政策下我国人口总数和劳动年龄人口的未来变化

---

① 翟振武、张现苓、靳永爱，"立即全面放开二胎政策的人口学后果分析"，《人口研究》，2014年第2期，第3—17页。

(2) 人口政策会通过影响人口的自然结构来影响劳动供给。人口自然结构对劳动供给的影响主要包括三个方面的内容。

其一是人口性别比例不同,劳动供给便不同。从前文的内容中,我们发现男性的劳动力参与率一般要高于女性,因此,如果一国人口中男性比例过高就会形成较高的劳动供给。如我国实施计划生育政策以来,受传统的生育男孩传宗接代的影响,男女性别比例出现失衡,对劳动力供给也构成了一定影响。

其二是人口的年龄结构不同,劳动供给便不同。国际上将人口年龄构成划分为三种类型,即年轻型、成年型和老年型,具体标准见表2-1。

表2-1 不同类型的人口年龄构成分类标准

划分标准\年龄分组	0~14岁人口占总人口的比例	65岁以上人口占总人口的比例	65岁及以上人口与0~14岁人口之比	年龄中位数
年轻型	40%以上	5%以上	15%以下	20岁以下
成年型	30%~40%	5%~10%	15%~30%	20~30岁
老年型	30%以下	10%以上	30%以上	30岁以上

由于劳动力是根据年龄段确定的,因此,不同年龄类型的社会就有不同的劳动力自然供给状况。年轻型和老年型较之成年型社会,短期内表现为较低的劳动力自然供给状况。由于计划生育政策的大力实施,迄今我国的人口年龄构成已变成老年型,已对劳动供给产生不利影响。

其三是人口中的民族构成不同,劳动供给便不同。由于民族传统等各种原因,不同民族的人劳动力供给的状况有所不同。例如,根据美国弗里曼(R.B.Freeman)教授的研究,美国中年黑人男子的劳动力参与率在1948年为94.5%,这一比率在1976年下降到83.4%。与此相对照,同年龄组的白人男子的劳动力参与率仅从1948年的95.9%下降到92.5%[①]。再如,中国的少数民族劳动力参与率低于汉族的劳动力参与率。不过,20世纪70年代以来对汉族实施严格的计划生育政策的同时,则允许少数民族多生孩子,这也影响了我国人口的民族构成及劳动供给。

(二)教育因素

教育时间的长短会影响年轻人进入劳动力市场的时间,影响年轻人的劳动力参与率,进而对整体的劳动供给产生影响。

2000年第五次人口普查期间,我国16~19岁人口劳动参与率全国为50.38%,农村高达

---

① 理查德·B.弗里曼,《劳动经济学》,商务印书馆,1987年,第232页。

60.99%,远高于大多数国家。另外,16岁以下的人口中提前下学、进入劳动领域的数量也较大。据统计我国小学入学率为98.6%,有1.4%的适龄人口没有进入学校;小学保留率为98.8%,有1.2%的学生退学;并且只有不到90%的能升入中学,能够上完三年初中的也只占初中学生的89.6%[1]。年轻人较短的受教育年限带来了较高的劳动力参与率,给当时的就业造成很大压力。我国自1998年开始推动高等教育扩招,延长受教育年限,调整进入劳动力市场参与劳动供给的人口数量,青年劳动参与率下降,导致我国青年劳动供给明显减少。

(三)退休政策

教育会影响年轻人的劳动参与,而退休政策的变化则会直接影响老年人的劳动供给,进而对未来总劳动供给产生重要影响。

在国际上,伴随着经济增长,很多国家会面临总和生育率的下降,导致人口年龄结构发生变化,年轻人越来越少,老年抚养比不断增加,进入老龄化社会。为应对老龄化,这些国家一般采取延迟退休年龄等政策。推迟法定退休年龄,提高老年人口的劳动力参与率,会对老年人口的劳动供给产生直接影响。研究测算表明,推迟法定退休年龄,会比较明显增加我国的劳动供给(见表2-2)。

表2-2 不同延迟退休情况下的劳动力变化[2]　　　　　　　　单位:万人

年 份	不延迟	延迟1年	延迟2年	延迟3年	延迟4年	延迟5年
2010	89 119.42	90 664.10	92 035.51	93 386.22	94 570.38	95 696.92
2011	89 366.43	90 921.86	92 466.55	93 837.96	95 188.67	96 372.82
2012	89 437.49	90 955.81	92 511.24	94 055.93	95 427.34	96 778.05
2013	89 251.72	90 959.99	92 478.31	94 033.75	95 578.44	96 949.84
2014	89 177.00	90 791.68	92 499.95	94 018.27	95 573.70	97 118.39
2015	89 051.05	90 570.57	92 185.25	93 893.52	95 411.84	96 967.27
2016	88 909.99	90 496.49	92 016.01	93 630.68	95 338.96	96 857.27
2017	88 920.75	90 334.87	91 921.37	93 440.89	95 055.57	96 763.84
2018	88 360.14	90 287.45	91 701.56	93 288.07	94 807.59	96 422.26
2019	87 529.22	89 703.05	91 630.36	93 044.48	94 630.98	96 150.50
2020	87 198.31	89 099.66	91 183.50	93 110.81	94 524.93	96 111.43

---

[1] 蒋选,《我国中长期失业问题研究——以产业结构变动为主线》,中国人民大学出版社,2004年。
[2] 薛继亮,"延迟退休和放开二胎对劳动力市场的影响研究",《东北财经大学学报》,2014年第2期,第74—79页。

延迟退休带来的老年劳动参与的提升,也可能对其他群体的劳动供给产生影响。比如,如果劳动力市场不能提供足够多的就业岗位,老年劳动供给的增加也可能会挤占一些年轻人的就业岗位,造成这些人劳动供给的减少。当然,如果老年人和年轻人的岗位间存在互补关系,老年劳动参与的增加可能会提高年轻人的劳动供给。总之,法定退休年龄推迟与否,以及推迟时间长短,应综合考虑整个社会的人口年龄结构和市场供需的情况来定。

法定退休政策的变化,除了对个人及其他相关群体的劳动供给产生直接或间接影响之外,还会对政策影响方的子女生育及教育决策产生影响,进而影响未来的劳动供给数量和质量。在我国存在养儿防老这样的家庭养老观念,延迟退休年龄对子女劳动供给的影响,还受到父母重视子女数量还是质量的影响。如果相对于质量,父母对子女数量的重视程度较小,那么家庭养老的生育动机对数量影响就会相对较大,此时延迟退休年龄将降低劳动力供给数量的增长率,提高劳动供给质量的增长率[1]。由此可见,退休政策不仅影响当前劳动力的劳动供给,还会通过影响当前劳动力的生育决策,对未来的劳动供给数量和质量产生影响。

(四) 其他因素的影响

劳动者个人的身体条件也是影响劳动供给的重要因素。实证研究表明,在一些发展中国家,劳动者的身体条件是影响生产效率的关键因素。例如,在缅甸、厄瓜多尔这样的国家里,由于疾病而造成的工时损失占到可利用工时的13%~15%;而在美国,这一比例仅为3%[2]。

此外,从社会制度因素来看,一国的休假制度、社会保险制度等也是影响劳动供给的重要因素。

(1) 休假期限制度,包括工作周、工作小时、节假日等制度安排对劳动供给具有很大的影响。例如,不同的国家由于社会传统和经济发展水平不同具有不同的节假日,有的国家多而有的国家较少。在美国等发达国家一般都有"定期休假制度",这种制度规定工作年限长,并符合一定条件要求的工人,除了正常休假外,每五年还可以享受一次为期三个月的带薪休假[3]。我国尽管迄今一般企业都没有带薪休假制度,但近年来,随着传统节假日增多,休假期限制度也开始对劳动供给产生重要的影响。

(2) 社会保险制度也是影响劳动力供给的重要因素。研究表明,一段时间以来,我国

---

[1] 郭凯明、颜色,"延迟退休年龄、代际收入转移与劳动力供给增长",《经济研究》,2016年第6期,第128—142页。
[2] 理查德·B.弗里曼,《劳动经济学》,商务印书馆,1987年,第232页。
[3] 同上书,第34页。

55~64岁高年龄组的经济活动人口数量保持上升,这与养老保险覆盖率和替代率低密切相关[①]。随着养老保险水平的提高,以及延长退休制度的实施,养老保险对劳动供给的影响日趋明显。

总而言之,影响劳动供给的因素是多方面的。当我们分析某一具体劳动者或者某一国的总的劳动供给问题时,必须结合以上多个方面的角度加以分析,才能得到比较科学的结论。

第二节 工作时间决策理论

劳动供给可以从不同角度加以分析。一种方法是集中研究不同工资率下劳动者愿意工作多少时间,即建立一条个人劳动供给曲线。此外,也可以从一个人是否愿意提供市场劳动的角度来加以研究,即劳动力参与率的问题。我们在本节着重利用一个简单模型考察人们怎样决定工作多少小时,以推导个人劳动供给曲线,并在此基础上推导市场劳动供给曲线。

一、个人效用最大化与劳动供给曲线

(一)劳动和闲暇

劳动供给涉及劳动者对其拥有的既定时间资源的分配。劳动者拥有的时间资源是既定的,这意味着劳动者每天只有24个小时。劳动者在这固定的24个小时内,有一部分时间必须用于睡眠、吃饭以及其他维持生命的方面而不能挪为他用。为了方便起见,我们假定劳动者每天必须花费8个小时在以上的几个方面。因此,劳动者可以自由支配的时间资源每天为固定的16个小时。

由上述假定,劳动者可能的劳动时间供给只能来自这16个小时之中,也就是说,其最大的劳动供给为16个小时。设劳动供给量为6小时,则全部时间资源中的剩余部分为10个小时,我们将之称为"闲暇"时间。闲暇指可以用于各种消费活动的时间。在现实生活中,闲暇时间也可以用于市场活动的"劳动",例如,干家务活。为简单起见,这里暂不考虑这种情况。若用H表示闲暇,则$(16-H)$代表劳动者的劳动供给量。因此,劳动供给问题

[①] 曾湘泉、卢亮,"我国劳动力供给变动预测分析与就业战略的选择(续)",《教学与研究》,2008年第7期,第23—26页。

就被看成劳动者如何决定其固定的时间资源16小时中闲暇 H 所占的部分，或者说，是如何决定其全部资源在闲暇和劳动供给两种用途上的分配。

劳动者选择一部分时间作为闲暇来享受，选择其余时间作为劳动供给。前者即闲暇直接增加了效用，后者则可以带来收入，通过收入用于消费再增加劳动者的效用。因此，就实质而言，劳动者可以看成消费者，他们在闲暇和劳动两者之间进行的选择，就是在闲暇和劳动收入之间进行选择，以满足自己效用最大化的愿望。

根据消费者需求理论，对特定商品和服务的需求受许多变量的影响，其中最重要的是受到商品和服务的价格、消费者的收入以及消费者对商品和服务的偏好的影响。根据此理论我们有如下预期：第一，在保持所有其他情况不变的条件下，某种商品的价格越高，则消费者对该商品的需求就越低；第二，在该商品为正常品的情况下，如果消费者的收入增加，消费者对该商品的需求增加；第三，当消费者的偏好发生变化的时候，消费者对该商品的需求也会随之发生变化。

消费者需求理论可以用来分析劳动者的工作时间决策。在这里，"闲暇"被视为一种商品，闲暇就像任何其他的商品和服务一样可以为消费者提供效用和满足，因此闲暇也有其自身的价格。我们在下面首先分析偏好在形成劳动—闲暇选择过程中的作用，然后考察价格和收入在这一决策中的约束。

（二）偏好和无差异曲线

偏好代表了消费者对某种商品相对其他商品的心理愿望强度。偏好从性质上说属于主观的东西，受到个人种族、社会经济地位、职业以及个人性格等因素的影响。虽然偏好随不同的人而不同，但是研究者证明了人们在某个时间内对于他们所需求的商品和服务具有排序的能力，并且能够用尽量少的某种商品去交换其他的商品。

我们假定消费者必须在以下两种商品之间进行排序和选择：闲暇和从工作中赚得的收入。闲暇可以带来直接效用，而收入可以通过购买商品消费而间接获得效用。由于闲暇和收入都能带来效用，那么它们在某种程度上可以相互替代。如果消费者被迫放弃一些收入，如缩短工作时间，那么闲暇时间的增加可以替代这部分失去的收入，并且仍然能够保持原有的总效用不变。事实上，消费者常常有着不同的闲暇与收入的组合，这些组合能够给他们带来相同的满足程度。如图 2-3 所示，图中曲线代表了消费者在闲暇和收入不同组合之间进行的排序和选择。

图 2-3 中的横轴 H 表示闲暇，纵轴 Y 表示收入。假定消费者每天能够用来工作和闲暇的时间资源为 16 个小时，点 A 为任意一个闲暇和收入的组合点，则在点 A 消费者的闲暇和收入组合为 8 个小时的闲暇和工作 8 个小时的收入 100 元人民币，该组合点可以形成

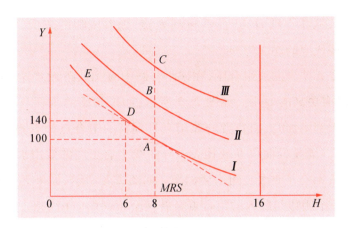

图 2-3　无差异曲线

某一特定的效用水平。效用理论的一个基本假设就是,在给定的初始组合点 A 的情况下,任何其他的组合(例如组合点 B,该点提供了更多的收入或闲暇)将会导致更高的满足水平。因此,消费者将更加偏好于 B。同理,消费者对组合点 C 的排序要优于组合点 B。

无差异曲线是指能够给消费者带来相同满足程度或效用的所有闲暇和收入的组合点的轨迹。如图 2-3 中标有 I 的曲线即为一条无差异曲线。无差异曲线具有以下几个特征:

第一,无差异曲线具有负的斜率。原因是如果消费者想要获得某种新的闲暇与收入的组合,并保持在同样的效用水平上,那么他必须在获得更多的闲暇(或收入)的同时需要放弃一定数量的收入(或闲暇)。如图 2-3 中 D 点,其闲暇为 6 个小时,但收入增加到 140元。D 点与 A 点仍然在同一条无差异曲线上。

第二,无差异曲线凸向原点。在点 A,必须要给消费者多少收入补偿才能弥补 8 个小时的闲暇损失呢?点 A 的答案是 100 元。为了保持效用不变,必须要给消费者多少收入补偿才能让他放弃另外 8 个小时的闲暇损失呢?他还愿意用 100 元的收入交换 8 个小时的闲暇吗?答案很可能是"不"。消费者更可能是用更多的收入来交换 8 个小时的闲暇,换句话说,闲暇变得更加值钱了。因此,要劝说消费者再放弃 8 个小时的闲暇,很可能需要将补偿的收入增加到 150 元。如图 2-3 中无差异曲线 I 的 E 点。

这种凸形无差异曲线反映了闲暇与收入相互替代的边际替代率(MRS)递减的性质。边际替代率衡量的是消费者愿意用一定收入交换一单位闲暇的比例。递减的边际替代率意味着消费者仅仅愿意用递增的收入来交换等量的闲暇递减。反之,则反是。从图形上来看,边际替代率等于无差异曲线的任一点的斜率。可用以下式子表示:

$$MRS_{HY} = -\Delta Y/\Delta H \tag{2.5}$$

$$\lim_{\Delta H \to 0} MRS_{HY} = -dY/dH \tag{2.6}$$

如图 2-3 所示，从 A 点到 D 点，然后再到 E 点，随着闲暇的减少，斜率变得越来越陡峭，这说明了边际替代率的递减性质。

第三，存在一个无差异曲线组合图，在该组合图中有无数条无差异曲线。离开原点越远的无差异曲线具有更高的效用。如图 2-3 所示，如果初始的闲暇与收入的组合点在 A 点，则当闲暇和收入都增加时，消费者的效用上升到新的组合点如 B 点，此时得到了一条新的无差异曲线 II。无差异曲线 II 要比无差异曲线 I 有更高的效用水平。

第四，任意两条无差异曲线之间不会相交。如图 2-4 所示，如果无差异曲线相交于某个点 X，这说明同一个闲暇与收入的组合点会有两个不同的效用水平，这意味着消费者的偏好是非理性的。因为在同一个组合点上，消费者得到了相互矛盾的效用水平，这说明消费者不了解自己的真实偏好，所以消费者是非理性的。在微观经济学中，我们一般假定消费者是理性的消费者，因此不存在两条无差异曲线相交的情况。

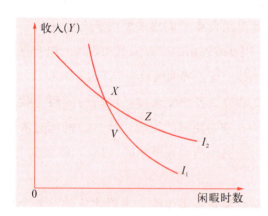

图 2-4　具有不一致性偏好的无差异曲线

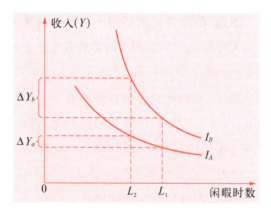

图 2-5　具有不同偏好的两个消费者

第五，针对不同的消费者来说，无差异曲线具有不同的形状。如图 2-5 所示，无差异曲线 I_A 和 I_B 的形状不同，它们分别代表两个消费者对闲暇和收入的不同态度。对于消费者 A 而言，无差异曲线相对平坦；而对消费者 B 而言，其无差异曲线相对陡峭。这表明消费者 A 要比消费者 B 更重视收入，或者说更重视工作；而消费者 B 要比消费者 A 更重视闲暇。因为，要想使消费者 A 放弃与消费者 B 相同的闲暇只需少量的收入，而要使消费者 B 放弃等量的闲暇则需较多的收入。

这些偏好上的差异至少来源于以下三个方面的原因：第一，个人性格的差异。消费者 A 可能从个人天性来看是个喜欢工作的人，不需要有多少货币收入上的诱惑就可以使他增加工作时间。相反，消费者 B 可能是一个喜欢轻松悠闲的人，因此他更看重闲暇的价值。我们把消费者 A 称为工作型的人，而把消费者 B 称为闲暇型的人。第二，人们所做工作类型的差异。无差异曲线负斜率的假定说明工作具有负的效用,也就是说,当某个人接受工作时必须要予以某种性质的补偿,即支付其一定的报酬。而与工作相联系的负效用的大小受到该当事人所从事的工作类型的制约。对于消费者 B 而言,他可能从事的是一项不太满意的工作,例如装配线上的工人或看门人;而消费者 A 可能从事的是一项愉悦的工作,例如飞行员或大学教授。由于消费者 B 从事等量的工作时间中所获得的负效用更大,因此他希望在放弃等量的闲暇之前能够获得更多收入增量予以补偿。这使得消费者 B 的无差异曲线相对消费者 A 而言更加陡峭。第三,闲暇的相对价值不同。如果消费者 B 利用闲暇的价值大于消费者 A,例如上学或照看孩子等,这也将使得消费者 B 的无差异曲线比消费者 A 的无差异曲线陡峭。

(三) 工资、收入和预算线

对商品和服务的需求不仅受到偏好的影响,也受到价格和收入等经济因素的影响。我们首先考察闲暇的价格问题。

闲暇的成本通常是不明显的,你很可能把一小时的闲暇花在坐在树下或睡上一觉而无须支付任何成本。然而,这一小时闲暇从机会成本的角度来看却存在着实质性的成本。因为,你可以将这一小时的闲暇用来从事市场工作而获得收入。从这个意义上来看,一小时闲暇的机会成本就等于工作一小时的工资率。工资率越高,闲暇的机会成本即价格也就越高。

工资率与工作时数的乘积就等于工作所获得的收入。工资率、工作时数和总收入之间的关系就是所谓的预算约束。它表明在既定的市场工资率条件下,单个消费者所能够提供的收入和工作时数的各种组合。

图 2-6 给出了一个预算约束图。横轴 H 表示闲暇,纵轴 Y 表示收入。假定闲暇和提供市场工作时数的总资源为 16 个小时。须注意的是,在这里横轴既代表闲暇的时间,又代表了提供给市场的工作时间。闲暇的时间是从左到右,而工作的时间是从右到左。当闲暇时间为零时,工作时间为 16 个小时;反之,当闲暇时间为 16 个小时时,工作时间为零。

每个消费者根据其所受的教育、经验和从事的职业等在市场上能够赚到某一特定的小时工资。我们将工作时数和收入的各种组合在上述的二元坐标体系内描述下来,就可以得到预算约束线。如果工作时数为零(闲暇为 16 个小时),并假定消费者没有其他的收入来源,则总收入为零,即图 2-6 中的 A 点。如果每小时工资率为 8 元人民币,消费者每天工作 16 个小时,则总收入为 128 元人民币,即图 2-6 中的 B 点。AB 线代表了可能的收入和工作时数的各种组合,我们将之称为预算约束线(简称预算线)。

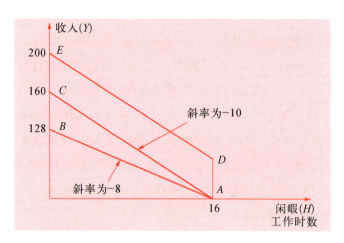

图 2-6 预算约束线

预算线有以下四个重要性质：第一，其斜率为负。预算线的负斜率表明随着闲暇的增加收入会下降。第二，预算线的斜率等于负的工资率。在图 2-6 的例子中，该斜率等于 −8，即为增加一小时闲暇所放弃的收入。第三，当工资率变化时，预算线也将随之发生变化。当工资率上升，预算线将绕着 A 点向上移动，这使得预算线更加陡峭；当工资率下降时，预算线绕着 A 点向下移动，这使得预算线更加平坦。第四，当存在非劳动收入时，预算线将沿着 Y 轴平行向上移动。假定工资率为每小时 10 元人民币，非劳动收入为零时的预算线如图 2-6 中的 AC 线。当消费者每天获得 40 元人民币的非劳动收入时，AC 预算线将会沿着 Y 轴向上平行移动到新的 DE 线，两条预算线的垂直距离为 40 元人民币。DE 线与 AC 线的斜率仍然相等。

（四）均衡的工作时数

劳动者关于工作时数的决策是偏好、工资率和收入相互作用的结果。为了证明这一点，我们将表示偏好的无差异曲线同表示工资率和收入的预算线放在同一个坐标体系内，以便分析劳动者的工作决策（如图 2-7 所示）。

假定劳动者的目标是效用最大化，换句话说，就是要尽可能地达到最高的无差异曲线。达到的效用水平受到工资率和非劳动收入的影响。例如，显然在无差异曲线 I_3 上的 Z 点是劳动者无法达到的收入和闲暇的组合点，因为该点位于预算线的右边。相反，V 点是可以达到的点，却没有实现效用最大化。通过沿着预算线向下移动，有可能成功地达到更高的无差异曲线，一直到 X 点为止。在 X 点上，无差异曲线 I_2 与预算线 AB 刚好相切。因此，X 点是效用最大化的组合点，在该点均衡的工作时数为 8 小时，闲暇为 8 小时，收入为 64 元。

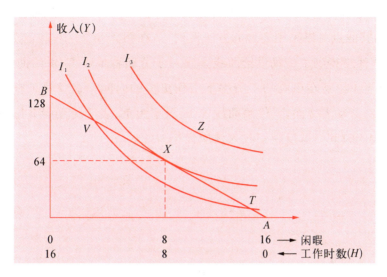

图2-7 均衡的工作时数

在均衡点X,预算线的斜率等于无差异曲线的斜率。由于无差异曲线的斜率等于边际替代率,预算线的斜率等于工资率(忽略负号),均衡的工作时数由以下条件给出:

$$MRS_{HY} = W \tag{2.7}$$

这一等式的经济含义解释了为什么X点是最优的工作时数点。预算线的斜率衡量的是工资率,即工作额外一小时所获得的报酬。无差异曲线的斜率衡量的是劳动者从心理上感受到的每小时闲暇的价值。为了使效用最大化,劳动者的决策规则是只要工作额外一个小时的收入超过从心理上感受的每小时闲暇的价值就继续工作;当两者相等时,效用就达到最大化。在T点,MRS(无差异曲线的斜率)低于工资率,即劳动者心理上的时间价值低于劳动者时间的市场价值。因此,可以通过增加工作时数而增加效用。当效用持续增加到X点时,两个斜率恰好相等。在V点,劳动者心理上的时间价值大于市场工作的时间价值($MRS > W$)。因此,减少工作时数可以增加效用。

(五) 个人劳动供给曲线

个人劳动供给曲线代表了工资率与个人供给市场的劳动时数之间的关系。劳动供给曲线的推导见图2-8中的(a)和(b)的描述。每个图中的纵轴代表工资率(W),横轴代表每天工作时数(H)。后文中图2-10和图2-11中的点V表明在每小时工资率为W_1时的劳动供给为每天H_1时数。这一工资率和工作时数组合由图2-8(a)和(b)中的V点表示。如果工资上升到W_2,工作时数会发生什么变化呢?图2-10和图2-11中的点X和X'给出了答案:对劳动者1而言,工作时数上升到每天H_2小时;对于劳动者2而言,工作时数下

降到每天 H_2'。在图 2-8（a）中，确定点 X 并连接点 V 所形成的一条直线就得到了劳动供给曲线 S_1（S_1 上的其他点可以采用类似的方法得到）。在图 2-8（b）中，确定点 X' 并连接点 V 所形成的一条直线就得到了劳动供给曲线 S_2。对于劳动者 1 而言，供给曲线 S_1 向右上方倾斜，表明劳动者 1 愿意在更高的工资率下工作更多的时间。这反映了替代效应大于收入效应。然而，对劳动者 2 而言，供给曲线 S_2 的斜率为负，表明劳动者 2 愿意在更高的工资率下工作较少的时间。这反映了收入效应大于替代效应。

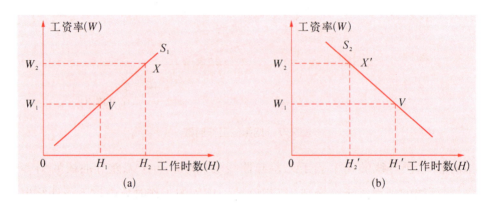

图 2-8　不同斜率的劳动供给曲线

虽然我们在这里没有完整地描述一条供给曲线，但是劳动供给曲线很可能是一条既包含有正斜率部分又包含有负斜率部分的曲线。例如，经济学家常说的向后弯的劳动供给曲线。向后弯的劳动供给曲线在工资率较低的时候有正的斜率，在工资率较高时有负的斜率。这种向后弯的劳动供给曲线隐含的假定就是，在低工资率下，劳动者希望额外增加收入的愿望很大，以至于替代效应超过了收入效应。然而，当工资率超过某一数值以后，劳动者的收入足够高，以至于他对更高工资率采取的反应是愿意购买更多的闲暇而减少工作时数，即收入效应超过了替代效应。

所有这一切，用一般的语言来说就是：当工资的提高使人们富足到一定的程度以后，人们会更加珍视闲暇。因此，当工资达到一定高度而又继续提高时，人们的劳动供给量不但不会增加，反而会减少。

二、影响个体劳动供给的相关因素

（一）工作时数与非劳动收入变化

预算线和无差异曲线的切点形成劳动者的效用最大化点，它确定了最优的工作时数。下一步需要考虑的问题就是当非劳动收入或者市场工资率变化时，提供给市场的劳动时数如何变化。我们首先考察非劳动收入的变化对劳动时数的影响。

如图2-9所示,在非劳动收入没有增加以前,预算线为AB,均衡的工作时数为每周H_1个小时,即X点。如果该劳动者现在得到ΔY的非劳动收入,则预算线变成CD。由于预算线向上移动,有可能达到更高的无差异曲线和效用水平。闲暇和收入的最优组合点由Z点给出,在Z点新的预算线恰好与更高的无差异曲线I_2相切。

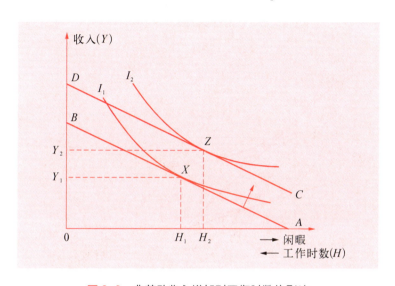

图2-9　非劳动收入增加对工作时数的影响

随着非劳动收入的增加,工作时数发生了什么样的变化呢?像大多数商品和劳务一样,闲暇被假定为正常商品,即当其他条件不变时,随着收入的上升,人们对闲暇的需求也上升。在图2-9中,表现为从点X到点Z的运动。在点Z闲暇的时间更多了,而工作时数从每周H_1下降到H_2。

收入变化和工作时数变化之间的关系引出了劳动供给理论中的最重要的概念之一,即收入效应。收入效应被定义为在保持工资不变(W)的条件下,收入变动(ΔY)所引起的工作时数变动(ΔH)的比例。如果闲暇是正常品,收入效应的符号为负:

$$收入效应 = \Delta H / \Delta Y < 0 \qquad (2.8)$$

收入效应试图描述收入变化所产生的净影响(收入可能来自各种可能的途径),排除因闲暇价格变化所产生的影响。从图2-9中看,收入效应是由收入变化而导致的预算线的平行移动形成的新均衡点与原有均衡点之间收入的变化量,即预算线从AB移到CD。因此,当某人的无差异曲线从一条移动到另一条时,收入效应就会引起效用水平发生变化。在图2-9中,收入效应为H_1-H_2(点X到点Z)。为了更加准确地测量收入效应对工作时数的净影响,当预算线从一个位置移动到另一个位置时,预算线的斜率不能发生变化。

斜率变化不仅将引起收入变化,也将引起工资变化,从而违反了收入效应的定义。

(二) 工作时数与工资率变动

我们下面考察工资率的变化对工作时数的影响。图2-10和图2-11描述了两个不同劳动者的情况。

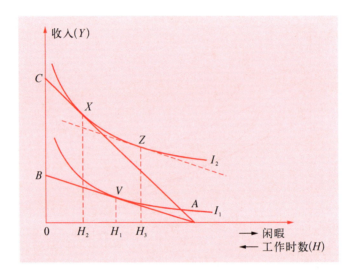

图2-10 工资率变化导致工作时数递增

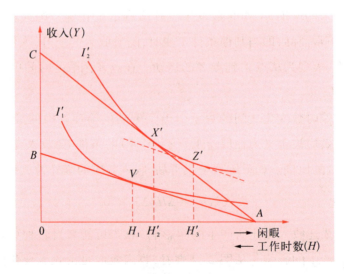

图2-11 工资率变化导致工作时数递减

假定工资率为每小时 W_1,预算线为 AB,两个图中的均衡工作时数为每周 H_1(点 V)。如果工资率从每小时 W_1 上升到 W_2,工作时数会发生什么样的变化呢?对于劳动者1和2而言,预算线会绕着 A 点向上旋转至新的位置,即 AC。如同前述,新的效用最大化点位于

新的预算线 AC 与最高的无差异曲线相切的点。在图 2-10 中，新的均衡点为无差异曲线 I_2 的 X 点。在图 2-11 中，新的均衡点为无差异曲线 I'_2 的 X' 点。

工资率增加会导致工作时数发生什么变化呢？在图 2-10 中，新的均衡点 X 表明工作时数从每周 H_1 上升到 H_2。相反，在图 2-11 中，新的均衡点 X' 表明工作时数从每周 H_1 下降至 H'_2。图示的结果表明，工资率变化的结果有可能使得工作时数上升或者下降。我们在下面考察为什么会导致这种情况。

这种行为差异的原因是工资率的变化对闲暇的需求形成两个相互冲突和对立的影响。第一，工资率的上升意味着如果劳动者工作与以前同样的工作时数，每周总收入将更高一些。收入的上升又刺激劳动者增加对闲暇的需求并降低工作时数，这就是收入效应。第二，存在与第一点相反的力量，即工资率的上升不仅导致收入的增加，也导致机会成本或者闲暇的价格上升。需求理论预言，当闲暇的价格上升时，人们对闲暇的需求应该下降，导致劳动者每周工作更多的工作时数，这被称为替代效应。

替代效应的实质是当闲暇的价格上升时，劳动者将会用较昂贵的闲暇消费转向工作更多的工作时数。因此，替代效应的符号必然为正。为了衡量替代效应，有必要在保持其他条件不变的情况下改变闲暇的相对价格（工资），尤其要保持劳动者的收入水平不变，或者更准确地说是与收入相关的效用水平不变。因此，替代效应可以定义如下：

$$替代效应 = \Delta H / \Delta W > 0 \tag{2.9}$$

在这里，Y 表明所有其他的方面保持不变，如影响劳动者效用水平的收入等。从图形来看，替代效应由工作时数的变动表现出来，这一变动源于预算线绕着既定的无差异曲线旋转。

工资率的变动既会产生收入效应又会产生替代效应。在更高的工资率下，收入也更高，导致劳动者愿意购买更多的闲暇而从事较少的工作。然而，更高的工资率也意味着每小时闲暇成本更加昂贵，这导致劳动者减少闲暇、增加工作时数。来自工资上升的收入效应使劳动者减少工作时数，而替代效应却使劳动者增加工作时数。工作时数实际上是增加还是减少依赖于替代效应与收入效应的相对强度或大小。

（三）收入效应和替代效应的图形推导

在图 2-10、图 2-11 中，由于工资率的上升，工作时数从 H_1 变化到 $H_2(H'_2)$。我们可以从图形上把工作时数的变化分解成两个部分：由收入变化所引起的收入效应，由相对价格变化所引起的替代效应。

为了在这两个图中把收入效应隔离出来，可以建立一条假想的补偿性预算线。从点 V

到初始预算线 AB 开始,增加每个人的收入并恰好达到与无差异曲线 I_2 或者 I'_2 相联系的更高的效用水平。这样做就会导致图 2-10、图 2-11 中的预算线平行向上移动到恰好与 $I_2(I'_2)$ 相切于 Z 点(Z' 点)为止。从本质上说,所提的问题是:如果工资率保持不变而收入增加到足以使劳动者达到如同在 X 点和 X' 点的效用水平时,工作时数会发生什么变化? 图 2-10 的回答是:工作时数会从 H_1 下降到 H_3 (点 V 到点 Z),图 2-11 是从 H_1 下降到 H'_3 (点 V 到点 Z')。这种工作时数的下降衡量的是纯收入效应。

点 Z 和 Z' 还不是实际的收入和闲暇的效用最大化组合点,点 X 和 X' 才是。这种不一致的原因是什么呢?是替代效应。

工资从每小时 W_1 上升到 W_2 既增加了收入又提高了闲暇的价格。两图中由点 V 到点 Z 和 Z' 的移动代表了收入效应,其条件是保持工资率在 W_1 不变。替代效应可以通过返回到 Z 和 Z' 点并通过保持劳动者能够购买的效用水平不变条件下提高闲暇的价格(工资率)而分离出来。我们通过以下作图方式得到替代效应:在点 Z 和 Z' 开始,使得补偿性预算线绕着无差异曲线 I_2 和 I'_2 旋转,一直到斜率从 $-W_1$ 减小到 $-W_2$ 为止。这会在点 X 和点 X' 形成新的切点(当补偿性预算线的斜率为 $-W_2$ 时,该预算线将与 AC 线的斜率是一致的)。在图 2-10 中工作时数从 H_3 上升到 H_2 (点 Z 到点 X),而在图 2-11 中工作时数从 H'_3 上升到 H'_2 (点 Z' 到点 X'),这恰好将纯替代效应从工资率的变动中分离出来了。

在图 2-10 中,更高的工资率导致了劳动者 1 的劳动供给从每天 H_1 增加到 H_2 个小时。然而在图 2-11 中,工资率的上升导致劳动者 2 的劳动供给从每天 H_1 下降到 H'_2 个小时。对于每个劳动者而言,工资率增加的影响可以分为收入效应和替代效应。对劳动者 1 来说,正的替代效应大于负的收入效应,故工作时数增加;对劳动者 2 来说,收入效应大于替代效应,故工作时数减少。这种行为的不一致是由无差异曲线的不同造成的,无差异曲线反映了每个个体对收入和闲暇的不同偏好。由于不同的人偏好不同,因此判断一个人哪种效应会更大是很困难的。

三、市场劳动供给曲线

将所有单个劳动者的劳动供给曲线水平相加,即得到整个市场的劳动供给曲线。尽管许多单个劳动者的劳动供给曲线可能会向后弯曲,但劳动的市场供给曲线却不一定如此。在较高的工资水平上,现有的工人也许提供较少的劳动,但高工资也会吸引新的工人进来,因而总的市场劳动供给一般还是随着工资的上升而增加,从而市场劳动供给曲线仍然是向右上方倾斜的。应该注意的是,以上结论是在完全竞争的市场结构下得到的。因为在完全竞争的市场结构下,劳动者可以自由进出劳动市场。当工资率提高可能会使一部分原来就在这个市场上竞争的人减少劳动供给,但同时又会吸引一部分本来不在这个市场上的人进入这一市场,从而使劳动供给总量最终呈增长趋势,即劳动供给曲线向右上方倾斜。

如图 2-12 所示,市场整体的劳动供给曲线(S)向右上方倾斜,劳动需求曲线(D)向右下方倾斜,两条曲线综合起来可以决定均衡的工资水平和均衡的劳动数量。图中劳动需求曲线 D 和劳动供给曲线 S 的交点是劳动市场的均衡点。该均衡点决定了均衡的工资为 W_0,均衡的劳动数量为 L_0。因此,均衡工资水平由劳动市场的供求曲线决定,且随着这两条曲线的变化而变化。劳动供给曲线的变化显然有如下三个原因:第一,非劳动收入即财富。较大的财富增加了消费者闲暇的消费,从而减少了劳动供给。第二,社会习俗。例如,某些社会中不容许妇女参加工作而只能做家务,改变这个习俗将大大增加劳动供给。第三,人口。人口的总量及其年龄、性别构成显然对劳动供给有重大影响。

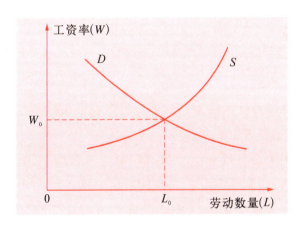

图 2-12 市场均衡工资的决定

第三节 劳动供给理论的扩展

我们在上一节主要讨论了个人在时间分配上的劳动—闲暇选择的简单劳动供给模型。经济学家认识到简单的劳动—闲暇模型在两个重要的方面存在着不足。第一,该模型忽略了家庭背景,即劳动供给决策常常是丈夫和妻子在家庭中联合作出的。丈夫和妻子并非独立地作出各自的工作和闲暇的时间配置,而是共同分享其时间资源,并联合作出劳动供给决策以最大化整个家庭的效用水平。因此,简单模型需要改善的一个地方就是要将一个家庭中某一成员的工资率和收入对其他家庭成员劳动供给决策的影响考虑进去，以拓宽模型的适用程度。

第二，劳动—闲暇模型的第二个不足就是，该模型实际上没有完全分析人们在时间资源使用上的分配决策。人们在时间的使用上除了劳动和闲暇之外，还要参加家庭劳动。换句话说，人们将时间应用于三个不同的用途：市场工作、非市场或家庭工作、闲暇。这三种时间配置方式在现代社会中已变得日益普遍。因此，要对人们的劳动供给作出恰当的解释，就有必要将简单模型扩展到不仅能分析劳动与闲暇之间的时间变动关系，而且还可以分析市场工作和非市场工作之间的时间变动关系。

本节将上一节的简单模型进行扩展，将上述两个方面的内容考虑进来。我们首先考察简单模型在第二个问题上的扩展，也就是家庭生产理论。其次，我们将简单模型扩展到考虑第一个问题，即家庭联合劳动供给决策。最后，由于劳动—闲暇模型和家庭生产模型都是静态分析，因此我们试图将这些模型动态化，以考察在生命周期内不同时期人们的劳动供给问题，这形成了本节的最后一部分，即劳动供给的生命周期理论。

一、家庭生产理论

时间分配的家庭生产理论建立在加里·贝克尔的新家庭经济学的基础之上。新家庭经济学开始于对家庭经济作用的重新解释。经济学的传统看法是生产活动只是在企业进行，而消费活动在家庭进行。新家庭经济学认为，家庭起着双重作用，它既是生产者又是消费者。与认为个人直接从物品和闲暇中获得效用不同，该理论认为家庭实际上进行着大量的生产活动，家庭将时间和各种购买的投入结合起来以生产"家庭商品"供自己使用。正是这种家庭生产商品才是家庭效用的最终源泉。一个家庭几乎变成了一个专业化的、生产自身效用的小企业。从新家庭经济学的观点来看，家庭生产的思想作为一种表述人们不易划分为闲暇或工作的那些时间用途的方法是特别有意义的。

（一）家庭等产量曲线

当我们把生产的概念扩大到家庭消费的每一样东西时，闲暇和物品不再作为效用的直接来源，我们把时间和物品都作为家庭生产的投入品来看待。家庭生产的等产量曲线就是指在生产同样家庭商品产量的家庭生产时间和购买物品的不同要素组合的轨迹。如图2-13所示，横轴从左向右计算为家庭生产时间，而市场工作时间从右向左计算。纵轴代表用收入购买的市场商品数量。

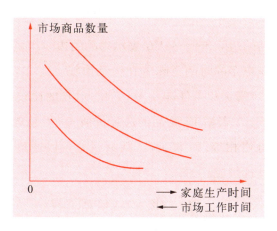

图 2-13 家庭生产的等产量曲线

(二) 效用最大化、家庭生产与劳动供给

在劳动—闲暇模型中,个人的目标是选择效用最大化的物品和闲暇的组合。家庭生产的实质也是要使整个家庭的效用最大化,唯一的区别是物品和时间通过家庭生产商品而间接提供效用。虽然效用最大化的解释发生了变化,但基本逻辑思想没有变。

我们用一个简单模型对家庭生产理论进行介绍。假定只有一种家庭商品 Z,它可以用不同数量的物品 G 和时间 T 生产出来。物品的市场价格为 P,时间的价格为个人的工资率 W。假定工资是已知的,并且个人在该工资下可以工作愿意的任意工作时数。如果一个人多工作意味着将减少用于家庭生产的时间,同时采取一个更为物品密集的生产技术。

在以上假定下,我们首先考虑增加一单位家庭生产时间对家庭效用的影响。这种影响是两个方面的:第一,家庭生产商品 Z 将会增加;第二,由于 Z 的消费增加,故总效用增加。参见下式的表述:

$$(\Delta U/\Delta T) = (\Delta Z/\Delta T) \cdot (\Delta U/\Delta Z) \tag{2.10}$$

$(\Delta U/\Delta T)$ 表示时间的边际价值,用 MVT 表示;
$(\Delta Z/\Delta T)$ 表示生产中的边际时间产量,用 MPT 表示;
$(\Delta U/\Delta Z)$ 表示家庭商品 Z 的边际效用,用 MUZ 表示。

故上式可以写为:

$$MVT = MPT \cdot MUZ \tag{2.11}$$

其次,考虑增加一单位家庭生产物品投入对家庭效用的影响。同理,其影响也是两个方面。我们类似地可以得到以下等式:

$$MVG = MPG \cdot MUZ \tag{2.12}$$

其中，MVG 表示物品的边际价值，MPG 表示物品的边际产量。

由于在家庭生产中花更多的时间意味着在劳动市场上工作较少，因而在家庭生产中使用的物品就较少，故效用最大化条件涉及 MVT 和 MVG 的比较。在完全竞争的条件下，时间的边际价值 MVT 等于工资率 W，物品的边际价值 MVG 应等于其在商品市场上的价格 P。若工资率和商品价格相等，即 $W = P$，则家庭总可以通过选择 T 和 G，使 $MVT = MVG$。在一般情况下，下式是成立的：

$$MVT/W = MVG/P \tag{2.13}$$

我们从上式可知，除了改变对问题的生产方面的解释外，这个条件与劳动—闲暇模型推出的式子是相同的。在两个模型中，对时间和物品的选择都应使效用价值与其价格成比例。

上述问题包括怎样组合时间和物品以生产 Z 以及生产多少 Z 这两个净效应。家庭生产方法的独特性在于，它使人们认识到不同家庭在如何选择生产家庭商品上有着重大的区别。我们知道效用最大化的必要条件是家庭商品生产应该按成本最小的途径进行。在现实生活中，虽然物品价格对所有消费者都是一样的，但不同家庭不同的个人时间价值不同。简而言之，个人之间的工资率不同。高工资的人一般选择更为物品密集的方式生产家庭商品，因为物品的相对价格对他们来说较低；而低工资的人则通常使用较为时间密集的技术生产家庭商品。

如图 2-14 所示，高工资的人选择 A 点生产，使用较少的时间和较多的物品；低工资的人选择 B 点生产，使用较多的时间和较少的物品。虽然高工资的人将用较少的时间和较多的物品生产任何给定数量的家庭商品，但这并不意味着他们用于家庭生产的总时间较少。高工资能使人们接受更多的时间和物品，因而高工资的人们会进入一条更高的等产量曲线，但仍使用更为物品密集的生产技术，如在 C 点生产。

（三）家庭生产的劳动供给曲线

为了推出家庭生产条件下的劳动供给曲线，我们需要考虑当时间价格变化时，用于家庭生产的时间如何变化。一般认为，企业很少使用价格上升的生产要素，而家庭生产却不同，因为当时间价值增加时增加了家庭这个"企业"的财富。如图 2-15 所示，假设某个人的起始位置在 A 点，我们来考察当工资增加时的效应。

首先，当工资增加时，时间的价格上升，这样即使生产同样数量的产出，消费者也会移向 B 点，用某些目前不太贵的市场商品替代时间，即发生替代效应。其次，工资率的增加

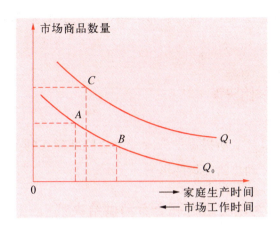

图 2-14 工资对家庭所用时间和物品的影响

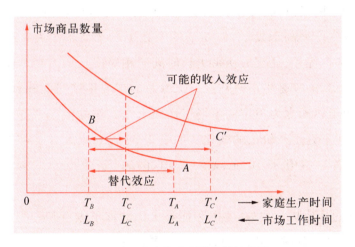

图 2-15 家庭生产和劳动供给曲线

会增加个人的收入,使消费者有可能购买更多的市场商品和更多的时间,因而增加了家庭商品的生产和消费,这是收入效应。同劳动—闲暇选择模型相比较,这里的收入效应和替代效应要复杂得多。消费者只有通过增加所有的生产要素来增加家庭商品的生产才会更加有效。故在家庭生产情况下,收入效应会使家庭增加物品和时间的数量,因而减少劳动市场工作时间,最终结果是 C 还是 C',取决于收入效应的相对强度。正如劳动—闲暇模型一样,由于收入效应和替代效应相反,家庭生产模型也没有预言工资率上升时劳动供给是增加了还是减少了。

总之,家庭生产模型与劳动—闲暇选择模型得出了相同的结论,但家庭生产模型却得出了一些更为重要的思想。家庭生产模型把时间视为一种生产性投入,得到了两个结论:其一是时间的生产率随不同的人和它本身的变化而变化;其二是技术变化可能影响家庭生产过程。例如,家用电器改变了家庭的生产过程。这两个结论不是由劳动—闲暇选择模型提出来的,这对于我们理解20世纪以来已婚妇女从事市场劳动活动的变化具有重要的意义。

二、家庭联合劳动供给决策

我们现在考察本小节开头所提出的劳动—闲暇模型存在的第一个问题,即该模型如何考虑家庭背景对个人劳动供给决策的影响。

(一)为何以家庭为单位进行联合劳动供给决策

从经济学的角度来看,两个人一旦组合成立了一个家庭,就存在家庭成员看不见的市场竞争与优势互补。比如在婚前,丈夫和妻子独自进行市场生产和家庭生产的时间分配,丈夫的市场生产率高于妻子,而妻子的家庭生产率高于丈夫。组成家庭后,丈夫和妻子可以发挥各自优势,让丈夫从事更长时间的相对擅长的市场工作,而妻子则承担对她来说生产率更高的家庭生产。在保持家庭总的市场生产时间和家庭生产时间没有变化的情况下,由于以家庭为单位的市场工作和家庭工作的生产率都显著提升,由此带来家庭市场收入和家庭生产价值的变化。如表2-3所示,家庭分工带来了明显的好处:由于丈夫和妻子各自提升了10元,总共提升了20元,家庭总收入从115元提高到135元。

由此可见,通过家庭成员丈夫、妻子和能够工作的孩子进行某种程度的专业化分工,以家庭为单位配置各自的时间资源:市场工作、非市场工作(做家务或者上学)和闲暇,可以提升整个家庭的总效用,使整个家庭的效用最大化。

表2-3 家庭分工带来的好处

独自的市场商品价值	家庭生产价值	总收入
丈夫:6小时×10元=60元	2小时×5元=10元	70元
妻子:7小时×5元=35元	1小时×10元=10元	45元
总共95元(丈夫和妻子)	总共20元	115元
市场生产专业化后的价值	家庭生产交换后的价值	总收入
丈夫:8小时×10元=80元	0小时×5元=0元	80元
妻子:5小时×5元=25元	3小时×10元=30元	55元
总共105元(丈夫和妻子)	总共30元	135元

（二）家庭成员如何进行联合劳动供给决策

家庭所获得的市场商品、非市场或家庭商品（例如家里做的饭菜、清洁的住房、抚养孩子等）以及闲暇的数量组合受到每个家庭成员的工资率、家庭的非劳动收入和家庭可以判断的每周总的时间量三个方面的约束。家庭成员在进行联合劳动供给决策时，会考虑不同成员相对生产率的差异和变化。

1. 谁会留在家中

当一个家庭决策谁留在家中，或从事工作时间不那么严格、上下班路程较短的工作，以便承担更多的照看孩子等家庭工作时，将会考虑夫妻双方各自的家庭工作效率和市场工作效率的相对差异。从成本的角度考虑，一般会选择损失较低，即让工资率较低的人留在家中；从收益角度考虑，则看抚养孩子等家庭生产所带来的欢乐和技巧水平的高低。由于多种原因，女性的工资率通常低于男性，且女性比男性更善于抚养孩子和照顾家庭。因此，当妻子的市场工资率低于她的丈夫，且家庭生产率更高时，对这个家庭最好的决策就是妻子留在家中或减少市场工作时间。

不过，随着工资、收入和家庭生产率的变化，家务劳动的安排也可能发生改变。有研究发现，如果夫妻双方都从事市场工作，每个人用于家庭生产的时间受到相对工资率的影响。

2. 工资率的变动如何影响家庭成员的劳动供给

我们先考察每个成员在市场所赚得的工资率变化如何影响每个家庭成员的时间配置。家庭成员 i 的工资率变化既影响当事人自己的劳动供给决策，也影响其他家庭成员 j 的劳动供给决策。影响的渠道有三个：第一，成员 i 的工资率（W_i）变化将导致当事人自己工作时数（H_i）的正的替代效应。第二，W_i 的变化也将通过负的收入效应部分抵消了替代效应从而影响 H_i，具体的影响要看收入效应和替代效应的相对强弱。第三，在家庭联合劳动供给模型中，还有一个影响途径就是"交叉替代效应"，这一效应在劳动—闲暇模型中是无法看到的。该效应衡量家庭成员 i 的工资率变化对家庭成员 j 的影响大小。

为了更加具体地对这一问题进行讨论，我们假定一个家庭只由丈夫和妻子构成。最初丈夫在市场上全日制地工作，而妻子在家里做家务，并假定由于经济增长妻子可能在市场上工作的工资率上升。这对家庭的时间配置有以下四个方面的影响。

（1）就妻子自己的劳动供给决策来说，工资的上升提高了在家庭工作和闲暇的机会成本，从而增加妻子参与市场劳动的欲望。然而，只有当市场工资上升到足以超过妻子的保留工资时,她才有可能离开家庭寻找就业机会。

（2）当妻子离开劳动市场时,其市场工资率的上升导致正的替代效应,这一效应使得她利用非市场工作时间和闲暇的机会成本上升。一旦她处在劳动市场,工资率的进一步提高既会产生收入效应又会产生替代效应。就既定的工作时数而言,工资的上升导致更高的收入,而负的收入效应使得她减少工作时数而增加闲暇。工资的上升也提高了非市场劳动时间的价值,导致正的替代效应,使得她增加工作时数而减少闲暇和家庭工作时间。因此,妻子的工资提高对其工作时数的净影响是不确定的,它依赖于收入效应和替代效应的相对强弱。

（3）在家庭联合劳动供给模型中,妻子工资的提高也导致第二个收入效应。当妻子决定工作时,不仅妻子的收入增加,而且能够供给其丈夫的收入也增加,这样对丈夫的劳动供给产生负的收入效应。假定丈夫的工资率仍然不变,妻子的更高收入等同于增加了丈夫的非劳动收入,导致丈夫增加对闲暇的需求,从而提供更少的市场劳动时间和家庭劳动时间。这一结论反过来对于妻子也成立：如果丈夫的收入增加,给妻子可提供的收入越多,妻子参与劳动市场的可能性就越低。这一预言是与以下的观察结论一致的：已婚妇女的劳动市场参与率趋势随着其丈夫收入的增大而下降。

（4）妻子工资的增加也导致对其丈夫劳动供给的交叉替代效应。交叉替代效应是指在保持家庭收入不变的条件下,家庭成员 i 的工资率变化所引起的家庭成员 j 的工作时数的变化。

$$交叉替代弹性 = \frac{\Delta H_j}{\Delta W_i} \times 100\% \tag{2.14}$$

交叉替代效应的符号可能为正也可能为负。正如同商品 X 的价格上升将导致消费者对商品 Y 的需求数量发生变化一样,妻子闲暇价格的上升将导致丈夫提供市场工作时数的变化,这种变化独立于家庭收入的任何变化。X 商品价格的上升对 Y 商品需求的影响依赖于两种商品是替代的（如苹果和橘子）还是互补的（如相机和胶卷）。这一原理在劳动供给理论中也是适用的。保持收入不变,妻子工资的上升,导致其通过替代效应而工作更多时间。如果妻子和丈夫的市场工作时间是替代的,即当妻子工作时丈夫工作更少,例如,丈夫将花费更多的时间做饭和打扫卫生,这将会导致负的替代效应。然而,也有可能妻子的市场工作时间与丈夫的市场工作时间是互补的,例如,当妻子在市场工作更多时间,丈夫也是如此的情况。在互补的情况下,交叉替代效应为正。

理论没有预言交叉替代效应是为负还是为正。关于这一问题的一个全面研究发现对于没有孩子的丈夫—妻子家庭而言,交叉替代效应为零；而对于有孩子的家庭而言,交叉替代效应为负,即在保持家庭收入不变的条件下,丈夫(或者妻子)的工资和劳动供给增加将会导致妻子(或者丈夫)的市场工作时间减少。

(三)非劳动收入如何影响家庭时间配置

如同以前一样,闲暇被假定是正常商品。家庭非劳动收入的增加将会导致负的收入效应,使所有的或者部分家庭成员的工作时数下降。例如,家庭获得较大的遗产或者资本财产收入,可能导致丈夫减少加班工作时间或者妻子和孩子一起退出劳动市场。同劳动—闲暇选择模型相比较,在家庭联合劳动供给模型中,非劳动收入的增加并不必然意味着市场工作时间需求的同等下降;可以通过减少家庭工作时间而不是市场工作时间来获得更多的闲暇时间。

总之,家庭联合劳动供给模型描述了现实的家庭中,一个成员工资率和收入的变化与该成员自身的工作时数以及由此导致的其他家庭成员工作时数的变化之间的复杂关系。家庭联合劳动供给模型也对劳动力参与的不同模式提供了有益的解释。

三、家庭劳动供给的生命周期理论

劳动—闲暇模型和家庭生产模型的共同缺陷就是,这些模型都是静态分析或者是"一个阶段"分析。这些模型没有考察人们在整个生命周期内从事市场劳动、闲暇和非市场活动的最优时间安排。我们知道,由于人们在生命周期的不同时期内,从事市场工作的生产率与从事家庭工作的生产率不同,所以人们在生命的不同时期对劳动市场供给的工作时数也不同。因此,近年来,经济学家已经通过建立动态劳动供给模型进一步拓宽了劳动供给理论。这些动态劳动供给模型能够预测个体在整个成年的生命周期内的最优时间配置,同时也对已婚妇女的市场劳动参与模式、退休年龄选择以及男性参与率的下降原因等问题作出了合乎常识的解释。我们在下面就这三个方面的问题作出介绍。

为什么超过65岁以后人们很少从事市场工作?在生命周期的背景下,两个有关的事实可以对之作出解释。第一,人们实际工资率的生命周期模式是一个典型的倒U形,实际工资率从生命周期的中期到后期迅速上升然后下降,原因是人们拥有的技术已经过时,并且在职培训减少。由于存在这种收入模式,在一个人的黄金工作年龄内(25~55岁),额外一小时闲暇的机会成本相对生命周期的后期要高得多。其含义是人们在生命周期的中期有强烈的动机运用市场工作替代闲暇,并将闲暇推迟到生命周期的后期。因为在生命周期的中期市场工作报酬是最大的,而在生命周期的后期闲暇的机会成本最低。第二,实际工资因为经济增长在长期是上升的,这是一个重要的事实。工资随着时间的推移而上升导致的倒 U 形的年龄/收入结构,对于下一代的同年龄组的人而言也会随着时间推移而向上移动,分离出来的对生命周期内劳动供给的收入效应和替代效应非常类似于家庭联合劳动供给模型在静态下的情况。假定工资增加的收入效应超过替代效应,那么,增加一单位闲暇的最优时间是什么时候呢?生命周期模型预言最优的时间是一个人市场工作年限结束的时候,因为那时的机会成本是最低的。因此,较早的退休是对于因收入效应而导致的闲暇需求增加的理性反应。

从生命周期的角度考察一个人的时间配置,也有助于解释 18~24 岁年龄之间的年轻人中市场劳动参与率的下降现象。对于这些人来说,较少的市场工作时间支出很少与闲暇有关,它反映了从市场工作到教育和培训投资即所谓的人力资本投资的时间配置。以美国为例,在 1998 年,21% 的人口完成了四年制或者更高以上的大学教育,而完成同样教育的人口数在 1950 年只有 6%。同 1950 年相比,现在的工作要求具有更高的教育水平才能完成。由于大学教育是一项全日制的活动,因此人们面临的问题是在生命周期的什么时候从事市场工作,以及什么时候从事市场劳动之外的教育学习。

人力资本投资的最优时间是在一个人生命周期的早期,原因有二:第一,由于一个人年轻,因此将时间资源用来投资教育的机会成本是最低的。由于工资率随着一个人的年龄而上升,因为随着年龄增加,一个人的经验和在职培训都会增加,因此当一个人年轻时,投资于人力资本的代价是最低的,因而从经济上来说是合理的。第二,在一个人的生命周期中,其投资于教育的时间越早,则教育投资的收益就越大。大学教育的直接货币支出对于一个人来说,无论他是在 25 岁还是 45 岁都是一样的。然而,年轻人有 20 年的时间可以收回教育投资,从而使得人力资本投资的收益大大上升。

第四节　劳动供给理论的政策应用

劳动供给曲线的推导、家庭生产以及收入效应和替代效应的理论,不仅可以用来分析各种劳动力市场政策,也可以为制定各种劳动力市场政策提供分析工具。本节将从两个方面探讨劳动供给理论在政策上的应用:其一,利用劳动供给理论分析社会福利制度对劳动供给的影响;其二,利用收入效应和替代效应分析所得税对劳动供给的影响。

一、福利制度对劳动力供给的影响

劳动力供给最基本的前提之一是：任何改变一个人的工资率或非劳动力收入的因素都有可能影响劳动力供给的结果。其中，特别明显的例子就是福利计划对低收入者劳动供给的效应。我们以社会保险中的工伤保险补偿计划为例说明该计划对劳动供给的影响。

我们假定工伤补偿计划规定如下：当受工伤之后，工人只要未工作就可以获得与受伤前相等的工资。如果工人找到工作，无论他工作多长时间都不再被认为是伤残，从而不能继续享受津贴。我们利用图2-16分析这一计划对工人工作的激励效应。

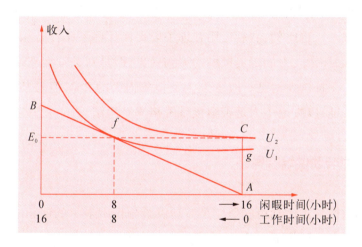

图2-16　工伤补偿计划对劳动供给的影响

如图2-16所示，假定受伤前的预算约束线是AB，工资是E_0，并且假定工人的"市场"预算约束（即无工伤补偿计划情况下的约束）不变，所以康复之后仍然能得到受伤前的工资。在上述条件下，受伤后的预算约束是$ACfB$；个人的最大效用在C点，即不工作。

预算约束包括AC段，AC段看上去像一个"钉子"，正是这个"钉子"造成了严重的工作动机问题。原因有以下两点：

第一，与工作第一个小时有关的报酬是负的，即处于C点（不工作点）的人重新工作时，发现因为工作其收入大幅度下降，工作产生的工资报酬将会被津贴的减少而抵消，造成了负"净工资"。这一计划造成的替代效应显然妨碍人们工作。

第二，假定不工作时的津贴AC等于受伤前的工资水平E_0，如果工人看重闲暇（正如标准的向下倾斜的无差异曲线U_1、U_2所假定的），那么他可以既得到原工资水平的津贴，同时又享受更多的闲暇。显然，效用增加，工人在C点比在f点（受伤前的工资与闲暇的组合)境况更好,因为他处于无差异曲线 U_2 而非 U_1 上(U_2 位于 U_1 上方)。在这种情况下,受伤者不工作时的境况比工作时更好,显然会产生强烈的收入效应,阻碍受伤人早日重返工作岗位。

由于收入补偿计划的主要目标是如何使不幸的工人摆脱困境,不太注重工作激励方面的效果,因此制定一项避免降低工作激励的计划是不易的。例如,在上例所描述的工人偏好中,略低于 Ag 的津贴既能保证最低的效用损失,又能促使受伤者在康复之后尽快返回工作岗位。因为,如果工人工伤好后继续工作,他将会获得无差异曲线 U_1,见点 f,而获得低于 Ag 的津贴却不会达到无差异曲线 U_1。但是,由于工人的偏好不同,所以个人的最优津贴(既产生工作激励效应,同时又保证最小的效用损失)也不同。

对于那些产生"钉子"的计划,政策制定者所能采取的最好的办法是将非工作津贴确定为以前工资报酬的一定比例,然后运用管理手段促使那些不工作效用更大的人去工作。例如,失业保险津贴补偿失去的工资报酬的大约一半,但是对失业者获取失业津贴的时间长度有所限制。工伤补偿大约是一般工人工资报酬损失的 2/3,但是必须有医生的证明,有时必须有法院听证,以决定工人是否继续有资格享受津贴。

二、所得税对劳动供给的影响

对所得税如何影响工作动机的研究是劳动供给分析中最早的课题之一。我们在下面考察税收预期影响劳动供给的方式。

经济学一般根据收入中被扣除的比例将所得税区分为三种不同的类型,它们分别是比例税、累进税和累退税制。比例税是税率不随征税客体总量增加而递减的一种税,即按固定比率从收入中征税,多适用于对所得收入进行征税。累退税是税率随征税客体总量增加而减少的一种税。累进税是税率随征税客体总量增加而增加的一种税。西方国家的所得税多属于累进税。这三种税通过税率的高低及其变动来反映赋税负担轻重和税收总量的关系。因此,税率的大小及其变动方向对经济活动如个人收入和消费直接会产生很大影响,并因此对劳动供给产生影响。

所得税对劳动供给影响的方式可以通过边际税率和平均税率的区别来加以理解。边际税率的含义是对个人最后增加一单位货币所征收的税率,而平均税率是总税收与总收入的比率。在比例制下,边际税率和平均税率恰好相等;而在累进制下,边际税率却总是超过平均税率,因为税率随收入而上升。

对于两个要考虑的税率,哪一个适用于劳动力供给决策呢?实际上,两者都适用但方法不同。边际税率适合于评价替代效应,因为它决定了边际处的闲暇价格,在此边际处劳动供给决策可能变化。但是,对于收入效应,我们必须确定按原来的工时一个人富了或穷了多少。因为平均税率反映了缴纳的总税额,所以正是平均税率的变化才适用于评估收入效应。这个区别是重要的。一些税收变化主要影响平均税率而非边际税率,而其他变化则主要影响边际税率。

我们考虑两个极端的情形对此加以说明。首先,假设税制是累进的,某个人的收入为30 000元人民币,30 000元以下的所有税率突然降低,但所有较高的税率不变。对这个人来说没有替代效应,因为相关的边际税率未变。然而存在着收入效应,因为这个人的总税额减少了,所以收入效应将减少劳动供给。其次,我们考虑相反的情形,30 000元以下的税率不变而以上的降低。此时没有收入效应(原点上的总税收实际没有变),但存在替代效应。由于增加的单位工资中实际收入上升,故额外闲暇的价格现在较高,这个人变得相对会愿意减少闲暇而增加劳动供给。

当然,以上两个例子是假想的,由于多数税收变化既影响边际税率也影响平均税率,因而会同时导致替代效应和收入效应。如果税收增加,替代效应减少劳动供给(闲暇比较便宜些),收入效应将增加劳动供给(因为比以前相对更穷了)。减税时的两个效应恰好相反。尽管我们似乎没有得出确定的结论,但是应该强调以下结论是重要的:减(增)税对边际税率的影响比对平均税率的影响越大,就越可能增加(减少)劳动供给。

上述结论的一个重要的意义在于,政府在设计一种税收政策时如果不考虑该政策对劳动供给的影响显然是不明智的,尤其是在设计累进税制时更应如此。对高收入者征收高的边际税率,可能会导致劳动供给的减少,从而使得一国的收入最终会受到影响,但是这并不一定说我们应该放弃累进的结构而代之以一种更能促进劳动供给的税收结构。因为国家税收在个人间分配的公平因素也是税制设计的一个重要方面。实际上人们一直认为,富人应该在税收上支付较高的收入百分比。税制设计中实际涉及的乃是公平和效率的交替使用。理解可能的效率效应是作出明智的税收政策决策的一个重要部分。

三、二孩政策对劳动供给的影响

人口政策会对一个国家的人口数量和人口结构产生长远影响,进而影响一国的劳动力供给。我国于2013年启动实施"单独二孩"政策,2015年中国共产党十八届五中全会提出"全面实施一对夫妇可生育两个孩子政策",宣告了自1980年以来的独生子女政策结束。"二孩政策"的放开主要是为了应对我国人口老龄化的加速和劳动力供给开始减少等结构性问题。二孩政策的实施对人口数量的影响具有时间上的滞后性,且受生育率、人均寿命、适龄生育女性的结构和规模等因素的制约。二孩政策对劳动供给的影响分两个阶段:一是对当前生育二胎的家庭成员劳动供给的影响,二是因二孩带来的未来劳动年龄人口的增加。

(一)二孩政策对劳动供给的短期影响

二孩政策的实施会带来适龄且有生育意愿的家庭生育二胎,子女数量的增加首先会影响家庭成员的时间分配。从家庭生产理论来看,二胎出生,父母需要分配更多的时间到家庭生产中去,用于照顾子女。为了维持家庭总生产和总效用不变或变好,家庭成员会以家庭为单位调整联合劳动供给决策,重新决定每个家庭成员的劳动参与和劳动时间。对于一个家庭来说,子女数量的变化首先会影响妻子的劳动参与决策,妻子劳动供给的变化方向还受家庭结构的影响。如果没有老人帮忙照顾子女,在当前"男主外女主内"的社会传统影响下,妻子会将更多的时间放在家庭生产上,从而减少市场工作时间,甚至不再参与市场劳动,在这种情况下,二孩政策的实施会降低妻子的劳动参与率。如果丈夫、妻子与其父母同住,老人可以承担更多的照顾小孩和家务劳动的责任,同时,子女数量的增加需要更多的市场商品来维持家庭总效用的不变,如果单靠男性可能很难维持原有的效用水平,这时需要妻子尽快重返劳动力市场,妻子的劳动参与和劳动供给时间可能会增加。对于丈夫来说,一般需要承担家庭经济责任,所以子女数量的增加会对他们的劳动供给起到积极作用,增加他们的劳动供给。

总体来说,二孩政策对育龄妇女的劳动参与的影响表现在两个方面:一方面受到家庭结构,即是否有家庭成员能够帮忙照顾子女的影响;另一方面,还与丈夫在家庭生产中是互补还是替代关系有关。丈夫的劳动供给一般会随着子女数量的增加而增加。由此可见,二孩政策对整体劳动力市场劳动供给的短期影响的方向和大小存在不确定性。

(二)二孩政策对劳动供给的长期影响

全面二孩政策的实施会释放大量生育意愿,提升总和生育率,带来人口总量和年龄结构的变化,并增加未来的劳动年龄人口。在考虑了全面二孩政策带来的生育率变化、当前育龄妇女数量和结构等因素后,研究发现,政策调整会提高人口峰值,并延缓劳动力供给的衰减速度,但对人口和劳动年龄人口的显著影响具有滞后性。到2035年"全面二孩"方案下的劳动年龄人口将比"单独二孩"方案下增长1 000万,带来劳动力资源的增加,提供更多的劳动供给。但是,二孩政策只是会起到延缓劳动供给衰减的速度,劳动年龄人口将在2030年后快速减少的趋势难以改变(见表2-4)。

表 2-4　人口政策对人口规模和人口结构的影响①

年份	全面二孩				单独二孩			
	15~64岁人口数/亿	总人口数/亿	总抚养比/%	65岁及以上人口比例/%	15~64岁人口数/亿	总人口数/亿	总抚养比/%	65岁及以上人口比例/%
2016	10.06	13.84	37.63	10.01	10.06	13.83	37.53	10.01
2017	10.03	13.94	38.95	10.52	10.03	13.91	38.69	10.54
2018	10.00	14.04	40.43	11.05	10.00	13.97	39.76	11.10
2019	9.96	14.12	41.67	11.57	9.96	14.03	40.76	11.64
2020	9.94	14.18	42.72	12.04	9.94	14.07	41.62	12.14
2030	9.66	14.43	49.47	16.69	9.66	14.16	46.67	17.01
2040	8.95	14.23	58.95	22.94	8.75	13.79	57.51	23.66
2050	8.33	13.73	64.81	24.33	7.99	13.04	63.26	25.62

二孩政策的实施会提高生育率,进而增加未来的人口数量和劳动年龄人口规模,但是人口增长可能会不如预期。随着经济发展水平的变化,生育率存在下降趋势,这在其他发达国家已经得到验证,人们生育意愿以及对待婚姻和家庭态度的转变,会冲淡二孩政策的预期效果。为了延缓劳动供给减少的趋势,应采取进一步的措施,减少生育成本,鼓励大家提高生育水平。可通过进一步放松生育限制、奖励或补贴新生儿家庭、完善生育制度、降低抚养子女的社会成本等措施,充分发挥二孩政策及未来可能采取的其他人口政策对提升劳动供给的作用。

本 章 小 结

劳动供给理论是劳动经济学的重要组成部分。在劳动经济学中,劳动供给被定义为劳动者提供的劳动数量,其测量指标是"人—小时数",指在一定时间内一定数量的劳动者为市场提供的劳动时数。劳动力是总人口中参与劳动市场活动的人口,劳动力本身又分为就业者和失业者。我们计算劳动力参与率一般是以加入劳动力的人数占劳动年龄人口的百分比进行的,该指标是衡量一国劳动市场活动的重要指标。

① 杨舸,"'全面二孩'后的人口预期与政策展望",《北京工业大学学报(社会科学版)》,2016年第4期,第25—33页。

劳动供给受到人口政策、教育、养老及其他因素的影响。人口政策会影响一国的人口规模和年龄构成，进而影响整体的劳动供给情况；教育、养老等政策则会影响人生不同阶段的劳动供给决策。此外，个人的身体素质，还有国家的休假制度、养老保险制度等都是影响劳动供给的重要因素。

分析个人的劳动供给可以从不同角度进行。一种方法是集中研究不同工资率下劳动者愿意工作多少时间，即建立一条个人劳动供给曲线。此外，也可以从一个人是否愿意提供市场劳动的角度来加以研究，即劳动力参与率的问题。我们在本章着重建立了一个简单模型以考察人们怎样决定工作多少小时，以推导个人劳动供给曲线，在此基础上推导市场劳动供给曲线。该模型就是所谓的劳动—闲暇模型。

劳动—闲暇模型对于我们理解劳动市场配置劳动要素的机理是有益的。但是，该模型也存在着两个主要的不足之处。第一，该模型忽略了家庭背景，即劳动供给决策常常是丈夫和妻子在家庭联合作出的。丈夫和妻子并非独立地作出各自的工作和闲暇的时间配置，而是共同分享其时间资源，并联合作出劳动供给决策以最大化整个家庭的效用水平。因此，简单模型需要改善的一个地方就是要将一个家庭中某一成员的工资率和收入对其他家庭成员劳动供给决策的影响考虑进去，以拓宽模型的适用程度。第二，该模型实际上没有完全分析人们在时间资源使用上的分配决策。人们在时间的使用上除了劳动和闲暇之外，还要参加家庭劳动。换句话说，人们将时间应用于三个不同的用途：市场工作、非市场或家庭工作、闲暇。这三种时间配置方式在现代社会中已变得日益普遍。因此，要对人们的劳动供给作出恰当的解释，就有必要将简单模型扩展到不仅能分析劳动与闲暇之间的时间变动关系，而且还可以分析市场工作和非市场工作之间的时间变动关系。

家庭生产模型和联合生产决策模型对劳动—闲暇选择模型的上述两个不足进行了补充。家庭生产模型以与传统理论将家庭视为消费单位不同的思路，将家庭视为一种生产单位，得出与劳动—闲暇模型相同的结论，但家庭生产模型还得出了一些更为重要的思想。家庭生产模型把时间视为一种生产性投入得到了两个结论：其一是时间的生产率随不同的人和它本身的变化而变化；其二是技术变化可能影响家庭生产过程。例如，家用电器改变了家庭的生产过程。这两个结论不是由劳动—闲暇选择模型提出来的，对于我们理解20世纪以来已婚妇女从事市场劳动活动的变化具有重要的意义。家庭联合决策模型利用交叉替代弹性，分别考察了家庭不同成员的状况如何影响其他成员的劳动供给决策，从而使得劳动供给分析建立在更加现实的基础上。此外，生命周期的劳动决策理论也对劳动供给分析作出了重要的补充。

劳动供给曲线的推导、家庭生产以及收入效应和替代效应的理论，不仅可以用来分析各种劳动力市场政策，而且也可以为制定各种劳动力市场政策提供分析工具。本章从三个方面探讨劳动供给理论在政策上的应用：其一，利用劳动供给理论分析社会福利制度对劳动供给的影响；其二，利用收入效应和替代效应分析所得税对劳动供给的影响；其三，分析二孩政策对劳动供给短期和长期的影响。

复习思考题

一、基本概念

劳动力　就业者　失业者　劳动力参与率　替代效应　收入效应　家庭生产　家庭联合劳动供给　交叉替代弹性

二、简答题

1. 影响劳动供给的因素有哪些？
2. 什么是劳动—闲暇模型？如何利用该模型推导个人劳动供给曲线？
3. 什么是家庭生产模型？
4. 比较家庭生产模型与劳动—闲暇模型有何异同。
5. 什么是家庭联合劳动供给？为什么要分析家庭联合劳动供给？
6. 什么是劳动供给的生命周期理论？
7. 我国人口政策调整对劳动供给有何影响？

附录2-1　二战后妇女劳动力参与率的上升因素分析[①]

在20世纪特别是第二次世界大战以来的时期，妇女的劳动活动已经急剧增长。其增长不仅对劳动力市场有重大影响，而且改变了传统的家庭生活结构。过去一个工作的丈夫和一个"不工作"的家庭主妇的那种家庭模式现在已远非典型的了。例如在1980年3月，美国所有已婚家庭中符合这种模式的不到1/4。在那年，首次有超过一半的已婚妇女进入劳动力的行列。

---

① 萨尔·D.霍夫曼，《劳动力市场经济学》，上海三联书店，1989年，第151—156页。

在20世纪初,妇女的劳动力参与大部分限于未婚妇女。单身妇女将近40%在工作,而已婚妇女工作的不到5%;第二次世界大战常常被认为是造成妇女劳动力参与急剧变化的原因。已婚妇女的参与率确实迅速上升了,从1940年的14%上升到1944年这个战时生产高峰年的23%。自那以后所有妇女组的参与率实际上都已上升。对所有妇女(16岁以上)而言,参与率在1950年和1983年之间增加了将近20个百分点。已婚妇女的增长则更加迅速:将近30个百分点,有学龄前儿童的已婚妇女的参与率增加了4倍。要注意,已婚妇女参与率的增长不只是20世纪70年代由于妇女运动的高涨和当时困难的经济环境引起的现象。相反,参与率在整个50年代、60年代和70年代都是不断上升的。只有对那些有幼儿的已婚妇女而言,70年代才出现了参与率的加速增长。

最后,在黑人妇女和白人妇女的劳动力参与率上一直存在着重大差别。在1954年,这个差别大约为13个百分点(46%对33%),但自那以后,由于白人妇女参与率更迅速地增加,差距已逐渐缩小。到了1983年,所有妇女参与率只有2个百分点的差别。有趣的是,有配偶的黑人已婚妇女与同样的白人妇女相比更有可能工作,但对从未结婚的妇女来说,情况却是相反的。

妇女劳动力参与的增加具有深远的影响,它的任何变化必然会吸引经济学家和非经济学家对此进行大量的研究。这里有许多不同的解释。社会学的解释强调男女双方对妇女在家庭生活和工作岗位的作用的看法发生了变化。一项调查表明,人们已逐步接受了妇女外出参加工作这一事实,认为工作不一定会与家庭生活发生冲突。社会学家也指出了生活方式的变化,例如,晚婚、离婚增加、较小的家庭规模等,都是与很高的劳动力参与率相联系的。可是,这些生活方式的变化是否为劳动力参与率变化的原因,则是不清楚的。它们可能正是它的结果,也可能像许多经济学家认为的那样,是其他基本变化的共同结果。有些统计学家指出,现代避孕方法的发展和传播使控制怀孕的数目和时间成为可能。

经济学对这种现象的分析是有所不同的。像通常一样,经济学家着重强调价格、收入和个人选择的作用而力图避免依赖于个人偏好或社会体制的变化。经济学家认为主要的影响因素是整个战后时期妇女工资率的增加。除过去的10年以外,战后时期是经济大幅度增长的时期,而且劳动生产率和工资率同时稳定而迅速地上升。即使在对通货膨胀影响作了调整之后,经济中所有工人的总平均小时收入在1947年到20世纪70年代中期几乎增加了一倍,随着工资上升,它增加了非市场时间的价格,因而刺激了来工作的妇女以市场物品(预制食品、日间托儿等)替代自己的时间。从劳动力供给的意义上说,有一个替代效应,它增加了劳动力参与的可能。因为对未在劳动力市场工作的妇女而言,不存在工资增长抵消性的收入效应,其净效应一定是增加劳动力参与率(LFPR)。

与此同时,家庭生产技术也发生了巨大的变化。想一想现在家庭生产中很容易得到的"资本设备",在以往不是根本无法获得就是非常昂贵。这其中包括电冰箱、暖炉、微波烤箱、食品加工器、洗衣机和甩干机、空调、预制食物、免烫纤维等。这些东西的引入和扩散极大地增加了替代一个人家庭生产时间的可能性,与妇女工资率的普遍上升结合在一起,这就提供了使劳动力参与增加的第二种力量。

对已婚妇女 LFPR 上升的趋势至少还有两个其他经济解释。家庭可能变得比过去要更趋消费型了,因而妻子愿意牺牲一些闲暇多做一些工作,以便共同享受较高的物质生活水平。这肯定是可能的,但这种解释存在某些问题。其一,它取决于无法观察的偏好的变化,而这种论据是经济学家所不愿接受的。第二,正像上面所言,二战后,男子的工资率一直在上升,对多数家庭来说,收入有了很大提高,因此有可能不用妻子的劳动力参与就可享受较高的物质生活水平。

这方面有一个精妙的论据叫作相对收入假说,也称伊斯特林假说。这是由经济学家理查德·伊斯特林提出的。他的论据有三个主要部分。第一,伊斯特林假定人们从其父辈家庭获得一个关于自己成年的生活标准将是如何的预期。例如,大萧条中的孩子得出最保守的收入预期,而战后初期的孩子一般有较高的预期,因为家庭收入较高并将不断增长。第二,伊斯特林注意到美国的平均家庭规模具有一种周期模式:大萧条期间很低,20世纪50年代早期到中期婴儿出生潮时达到顶峰,然后在60和70年代下降。最终,这些出生的后代将通过劳动力供给曲线影响劳动力市场。如果其他情况相同,我们便可以预料低生育率时期出生的成年人比婴儿潮时期出生的成年人在劳动力市场上会获得更大的成功(低生育率时期出生的群体面临较少的劳动力供给)。

这两个因素结合在一起往往使个人的收入预期失败。例如,考虑一下出生于20世纪50年代婴儿潮时期的孩子。按伊斯特林的观点,他们因其父辈的经济成就而获得了一个高收入预期。然而他们自己的成年收入却低于预期,这仅仅是由于婴儿潮带来了异常巨大的劳动力供给。

最后,伊斯特林把这些情况与已婚妇女的 LFPR 变化联系起来。他认为参与率增长的主要原因在于丈夫的收入低于其预期。他们的收入不是在绝对意义上降低了,而只是相对于预期降低了,因此有"相对收入假说"之名。这样一来,进入劳动力市场的妇女主要是弥补实际收入和预期之间的差距。

伊斯特林的假说是广泛而清晰的,它不仅力求说明劳动力活动的趋势,而且要说明生育行为和收入的趋势。你应该注意到它有些不够正统(至少对经济学而言),因为它是如此严重地依赖于无法观察的个人偏好的变化。虽然这个模型抓住了一些广泛的长期变化,但以个人的数据进行的检验并未明显地支持它的预言。

到此为止,我们只是解释了妇女劳动力参与的时序变化。但即使在 1985 年,所有妇女也只有一半处于劳动队伍中。哪些因素可以解释时点上妇女劳动力参与的差别呢?

几乎没有人会感到奇怪的是,婴幼儿的出现对劳动力参与有着强烈的副作用。1983

年,没有6岁以下孩子的已婚妇女的参与率为65%,而有6岁以下孩子的已婚妇女的参与率为50%。即使不是经济学家也可以了解这件事的重要性,虽然也许只有经济学家才会把看护婴幼儿描述成一种时间密集型的家庭生产活动。实际上这种时间是否一定是妻子的,那是不明显的,虽然那是最普遍的安排。但这是为什么呢?如果无论什么原因(甚至包括劳动力市场对妇女的歧视),妻子的工资都比丈夫的要低,那么有孩子的丈夫和妻子分别专门从事市场和非市场的工作就可能是明智的。如果妇女在家庭活动里比男子更有生产性,也可以实行同样的专门化。(当然,如果妇女工资较高和男子在家里更有生产性,结果恰好相反。)实际上这里的证明并不是像经济学家有时提出的那样清楚。一般说来,妇女工资低于男子,但重要的是妻子及其丈夫的相对工资。那些脱离劳动队伍照看孩子而由其高收入的妻子在外工作的男子数目仍然小到足以被视为只有新闻价值的程度。家庭时间的生产率是非常难以计算的,因而确定性别差异是否存在的任务是不能完成的。这类经济力量在决定谁的时间用于照料孩子上可能是重要的,却不可能是全部因素。几乎可以肯定,非经济因素也与此相关。

其他两个影响妇女劳动力参与的因素要特别注意。一个是丈夫的收入,它对妻子的劳动力活动有负效应。那就是在本来情况相同的妇女之间,丈夫收入较高的妇女参与的可能性较小。一个很好的例子是已婚黑人妇女的高参与率,部分原因在于黑人男子的收入一般比白人男子要少。第二个因素是已婚妇女的教育,这往往增加她进入劳动队伍的可能性。它说明教育对工资率的增加超过在家里的时间价值。然而,一个有趣的例外是,时间日志的研究表明,受教育较多的妇女比受教育较少的妇女用于照看学龄前孩子的时间较多,但用在其他家庭生产活动上的时间较少。结果,当有学龄前孩子时,不同教育水平的妇女劳动力参与率是相同的,但在生命周期的其他点上则有所不同,这可能反映出在有幼儿的情况下替代的可能性是非常有限的。或者,也意味着教育在照看孩子的时间价值上起着有利的影响。

附录2-2 非洲的村民[①]

在艾略特·伯格的论文《二元经济中向后倾斜的劳动力供给函数——非洲的情况》中曾描述了这样一个案例。当时非洲撒哈拉周围地区的特征是"二元经济"。既有一个现代的工资劳动经济(通常在城市地区),又有一个乡村的传统农业部门,其中没有工资支付。现代部门中的非技术工人往往是来自最低生活部门的移民。伯格感兴趣的正是这些人的

[①] E.J. Berg, Backward-Sloping Labor Supply Functions in Dual Economies — The Africa Case, *Quarterly Journal of Economics*, 1961, 76(4): 662-663.

劳动力供给曲线。

要记住,劳动力供给取决于工资和对物品及闲暇的偏好。伯格指出,多数村民的偏好有两个独特的特征。第一,他们有很强的留在村里的愿望。第二,村民有"一个相对低的、确定的和刚性的收入目标。他需要货币来付人头税和房屋税,用于结婚开支……或购买某种具体的耐用消费品"。在那些偏好之下,个人的劳动力供给曲线必然是向后弯曲的。一个村民将把正好足够的时间用在交易部门以获得"目标收入",然后又回到村里。所以,较高的工资会减少在现代部门中的总劳动时间。如果收入目标是绝对刚性的,工资率上升10%恰恰使工作时间减少10%。

不过,它推不出现代部门的总劳动力供给曲线必定向后弯曲的结论。虽然较高的工资会使每人工作时间较少,它却可能引起其他大量人到那个部门寻求就业。用我们的话来说,有的人有较高的保留工资,他们可以来自有比较现代部门的村庄,或有较高生活水平的村庄。净效应是不确定的。

但是按伯格的观点,个人的和总和的劳动力供给曲线会随时间而改变。关键的因素是与现代部门接触的增加对村民的物质需要增加的影响。不再有刚性的目标收入,因而在现代部门的时间不一定就随工资的上升而下降。相反,许多移民利用较高工资的好处来提高生活标准。伯格认为,到了1950年左右,现代部门的劳动力供给曲线是上倾的。

伯格的分析强调了两个重要思想。第一,只要保留工资不同,向后弯曲的个人劳动力供给曲线与向上倾斜的总劳动力供给曲线就是一致的。第二,目标获得者,无论是非洲村民还是为特定原因挣钱的青少年,总是有向后弯曲的劳动力供给曲线。但特定的消费需求刚性越小,一个人的劳动力供给曲线越可能是向上倾斜的。

附录2-3 纽约市的出租车司机[①]

纽约市的出租车司机通常必须支付固定的费用,以便在指定时期(例如一天或一周)内租赁一辆出租车。出租车司机负责购买汽油并支付汽车维修保养费用的一部分。作为租赁契约的一部分,出租车司机可以拥有他在城市街道运送乘客所挣得的所有出租车费。因此,每当他租赁一辆出租车时,就必须作出重要的劳动力供给决策:为了获得额外的出租车费,他应当在街道上搜寻多久以找到乘客?

---

① Henry S. Farber, Is Tomorrow Another Day? The Labor Supply of New York City Cabdrivers, National Bureau of Economic Research Working Paper, 2003 (9706); Colin Camerer, Linda Babcock, George Loewenstein, and Richard Thaler, Labor Supply of New York City Cabdrivers: One Day at a Time, *Quarterly Journal of Economics*, 1997 (112): 407-441.

新近的一项研究调查所提供的数据认为，曼哈顿的出租车司机的每个工作班次平均为6.9小时，其中只有4.6小时是在运送乘客。其余时间花费在到处搜寻乘客或者短暂休息。每一工作班次的总收入为161美元，因此，平均小时工资率为23美元左右。

然而，该平均工资率也许掩盖了额外工作1小时所获得回报的极大变动。出租车司机的边际工资率在很大程度上或许取决于天气状况、一天中的工作时点或一周中某一天的生意状况。例如，在一个下雨的周五下午，需要乘坐出租车的潜在乘客也许很多，因为周五下午纽约人通常会较早离开他们的办公室，以欢度周末。

跨时期劳动力替代的理论隐含着这样的假定：当预期到城市街道交通繁忙，且潜在乘客很多时，出租车司机们通常都乐意工作较长的时间；当预期到交通人流稀少时，出租车司机愿意多享受闲暇。因此，毫不奇怪的是，周一凌晨2点，几乎不会有出租车在街道上搜寻乘客。新近的一项研究表明，出租车司机会对一整天中的时点和一周内的某一天的经济情况变化作出反应，并且是以一种与经济理论相一致的方式作出反应：当边际工资率较高时，其工作时间也较长。

附录2-4　标准化和灵活性的双重挑战[①]
——转型中的我国企业工作时间研究

20世纪90年代以来，在有关工时问题并未充分讨论的情况下，缩减工时的实践行动是在某些企业中率先开始的。由于政府在这方面具有很强的影响力，全国几次工时调整都是在政府主导下进行的。为了缓解沉重的就业压力和保持经济的稳步增长，政府大力支持和积极鼓励非全日制工、弹性工时等灵活用工方式（从而导致了工时安排方式的调整），并注意到了这些用工方式在运用过程中存在的问题，逐步制定政策使之走向规范化。在很长一段时间内，我国国有企业一直采用的是"固定工""临时工"的用工方式。国有企业不能轻易解聘"固定工"，"固定工"相当于员工和企业之间存在着一种"隐性合同"，即所谓长期雇佣关系，员工能实现终生稳定的就业，并享有企业的医疗、养老、住房等福利待遇，一般来说，与这种用工形式相对应的是固定的工时安排模式。"临时工"则没有这样的待遇，他们与企业之间相当于一种短期雇佣关系，其工时安排方式根据企业经营情况而灵活多变。1986年政府颁布了在国有企业中实行劳动合同制的改革措施。1994年《中华人民共和国劳动法》出台后，劳动合同制正式成为国家的法定制度，并在所有类型的企业中

[①] 曾湘泉、卢亮，"标准化和灵活性的双重挑战——转型中的我国企业工作时间研究"，《中国人民大学学报》，2006年第1期，第110—116页。

实施。我国政府依照国际的通行做法,在合同期限上规定了无固定期限的合同、有固定期限的合同、以完成一定工作为期限的合同。在实践中,企业大多实行有固定期限合同的制度,以保持用工的稳定性。企业拥有了用工的自主权,对工时安排的变化具有一定的影响。

加班的问题一直受到社会的关注。它不仅普遍存在于私人企业和外资企业中,也存在于国有企业和其他非营利组织中。员工不仅加班时间长,还存在加班工资没有得到足额支付或根本就没有支付的情况。另外,在私人企业中还存在大量被迫加班的情况。据国家统计局中国经济景气监测中心的一项调查显示:在接受调查的北京、西安和武汉的900多位员工中,50%以上的人每天加班,60%的人没有得到足够多的报酬。2001年,中国首例"过劳死"案件引起了广泛的社会关注。尽管各地方政府出台了相关的法律和措施对此作了严格的规定,但企业的法制观念淡薄,劳动执法力度不够。更重要的是,在竞争激烈的劳动力市场中,人们怕失去工作,法规实施起来仍然有一定的困难。在市场经济条件下,劳动者与企业发生劳动关系时,往往处于弱势地位。特别是在长期劳动力供给大于需求的情况下,企业在追求效益的同时过分压低劳动条件,而劳动者在相互竞争职位时,也可能过分压低自己的要求。

随着生活水平的提高,人们开始关心自己的生活质量。为了反映城市居民的生活状况,一些社会学家以时间分配为切入点,研究城市居民的生活时间在工作、闲暇、家务、生活必需方面的分配,探讨时间利用对生活的价值与意义。他们的研究结论是:城市居民的工作时间逐渐减少,而且随地区、性别、年龄和职业的不同而变化。这种研究在我国尽管具有填补空白的重要价值,但令人遗憾的是,它没有从企业微观层次探及工作组织内部工时的变化。

从20世纪90年代中期法定工时减少以来,研究讨论的重点开始转向灵活工时制的问题。学者们认为,推行灵活工时制可以使企业减少无效工时,提高经济效益,增加社会就业数量,特别是对国有企业下岗职工再就业更具有意义。尽管如此,减少工时能在多大程度上增加就业,目前并没有明确的实证研究。

一、实践中的工时安排:来自标准化和灵活化的挑战

(一) 工时长度的变化

工作时间是劳动者为了履行劳动合同义务,在法律规定的限度内,从事本职工作的时间。一方面,雇员按照合同的规定,完成雇主所安排的工作;另一方面,雇主有权给雇员指派任务,并遵照法规,保证集体合同和雇用合同中所确定的工作条件。

在《劳动法》颁布后的10年期间,有关我国企业实际工时的研究没有引起学术界的关注,是一项空白。2003年6月至2004年6月,在国际劳工组织有关全球工时问题研究项目的支持推动下,我们对北京、长沙、广州三个城市的近300家企业进行了调查和研究。调查使用非随机抽查的方法。调查对象包括企业中的人事经理和不同类型的员工。我们分发了3 000份员工问卷,实际回收1 975份,其中1 824份是有效问卷。关于周工作时间,这次调查采用了间接的方式,即要求员工提供他们实际的日工作时间(包括加班时间)和工作天数,并没有直接问到他们周平均工作时间。调查里的参考时期是"上周"。我们采用如下的办法估计了周工作小时数:

周工作小时数=(每天平均工作的小时数+每天加班小时数)×工作的天数

应当说明的是,尽管本次调查获得关于工时的估计结果可能和其他统计来源,如劳动统计调查的估计不同,但令人欣慰的是,所获得的估计结果却和其他统计来源的结果大体相似。

从调查结果来看,全国的周工时为44.6个小时,北京的周工时是44个小时,广州为44.6个小时,而长沙的周工时达到45.7个小时,说明在中国内地城市就业人员的工作时间基本上符合《劳动法》规定的44小时的标准,但明显地超过了1995年颁布的《国务院关于修改〈国务院关于职工工作时间的规定〉的决定》中的每周工作40小时的标准。

全国第五次人口普查资料统计整理的结果显示:如果以每天8小时计算,有53.8%的员工每周工作时间在40小时以上。我们的研究结果(51.8%)说明本次调查有较高的可信度。

尽管较短工时的比例非常高,但这并不意味非全日制工在中国非常普遍。实际上,他们中的大多数人工作时间是在30~40小时之间。在本次调查中,工作时间在30小时以下的员工比例仅为2.2%,这些员工甚至很难说是非全日制员工。在中国,非全日制工是指在同一用人单位平均每日工作时间不超过5小时、累计每周工作时间不超过30小时,用这个标准来看,满足该条件的员工只占0.35%,几乎可以忽略不计。当然,这次调查主要是针对正规部门的员工,而在非正规部门里的非全日制工似乎更普遍。

从调查情况来看,随着受调查员工个人特性的不同(性别、户籍和婚姻),每周工作时间也不同,而且均值比较的结果表明,这种差异也很显著(在0.05的水平内)。

另外,学历与员工周工作时间存在负相关关系,即学历越低,周工时越长。初高中学历的员工(51.6小时)和研究生及研究生学历以上的员工(42.5小时)的工时差距特别大。在中国,如果高学历主要是和高收入联系在一起的话,那么,低学历的员工工作更长的时间则是一条获得"体面"收入的途径。

调查还显示,年龄与员工周工作时间存在负相关关系,即员工的年龄越低,周工作时间越长。

岗位的变化也值得注意。调查显示,生产岗位员工的周工作时间最长,达47.3小时;其次是其他类员工(主要是一些后勤支持人员,如司机或不便归类的人员),白领员工诸如财务职员和办公室人员工作的时间相对较短。

就行业而言,电力、煤气及水的生产供应业的员工工作时间最长,达49.4小时。建筑业次之,有47.9小时。形成对比的是,通信部门和社会服务部门的工作时间更短。然而,比较这三个城市的平均值没有太大的意义,因为这些城市的差距非常大,如在广州建筑部门中工作的员工的工时很短,这种地区的差异值得进一步研究。

在不同所有制的企业里,工时数是不同的。在参与本次调查的各种性质的企业中,尽管国有企业超过了40小时工作周的原则,但每周只有43.2小时。私营企业的工时看起来更长一些(除了北京),集体企业的周工作时间是最长的。集体企业的组成很复杂,据了解,参与本次调查的有62.5%的集体企业是属于由私人出资组建的股份制企业,并挂靠在国有企事业单位下。

加班被广泛使用在调查中已经得到了确认。调查证实,有41.4%的员工在上周工作日加班,有38.1%的员工在上月休息日(双休日)加班,有34.5%的员工在去年法定节假日加班。需要指出的是,由于《劳动法》规定的是在一般情况下,员工每天加班的最高小时数是1个小时,如果按照每周5天工作日来看,在本次调查中加班的员工每周平均加班的工作时间为7.9个小时,已经超过了法律的最高限定。员工在双休日和法定节假日加班的次数相对较少,因为在这些节假日,雇主要支付更高的加班费。

员工也不总是反对加班。调查显示,绝大多数员工都愿意加班,至少不反对。加班之所以能被接受,是因为加班是员工收入的重要来源,或者他们认识到加班的必要性,因此,他们不认为加班是被迫的或者强迫的。从第二个原因来看,员工加班的原因是很有意思的。他们选择"临时任务"(53.8%)和"工作负担重"(33.9%)而不选"工时安排不合理"(4.6%)为主要原因。

如果把加班费的支付和员工对于加班的偏好联系在一起,就会发现一个有趣的现象:调查表明,愿意加班的员工更可能得到加班费。例如,41.8%的员工愿意在正常工作日加班但没有得到加班费,而那些不愿意加班的也没得到加班费的员工比例更高,达到了64.9%。如果加班员工被支付适当的加班费的话,那么,员工对于加班会持有更积极的态度,从而在加班时间内可能导致更高的生产效率。

除此之外,我们还对企业工作时间安排方式做了调查。我国法定的工时制度有:标准工时制、不定时工时制和综合工时制、缩短工时制(轮班制和夜班制)。一般说来,不定时工时制和综合工时制、缩短工时制(轮班制和夜班制)属于灵活工时安排的范畴。调查中也出现了以弹性工时制①为代表的新型的、非标准的工时安排形式。

（二）标准工时安排和灵活工时安排的对比

为了发现员工在什么样的工作安排模式下工作,我们要求每个接受调查的员工确定最适合目前他们工作情况特征的工作时间安排模式。选项包括标准工时制、综合工时制、不定时工时制、弹性工时制和家中上班制。就弹性工时的例子而言,由于没有包括在北京和长沙的调查中,因此在这三个城市之间我们无法作出严格的比较。

从调查结果可以看到,尽管标准工时安排很普遍,但也应该注意到非标准工时安排,例如,综合工时制和不定时工时制也是相当多的。调查结果显示,12.2%的员工在综合工时制安排下工作,长沙的比例更高,为16.7%。

北京和长沙有超过30%的员工实行不定时工时制。和广州相对较低的数字比较,北京和长沙的不定时工时制似乎包括了弹性工作的员工。一些按照不定时工时制工作的员工可以自行决定自己的工作时间,以便于更好地协调自己的工作和家庭生活。同时,还有一些实行过此类工时制的员工肯定深受其苦,因为当工时的不确定性通常由雇主来决定时,雇主就可能没有考虑到员工个人的需要。某些企业可能会任意地延长员工的工时以减少加班工资的支付,下面的例子即为明证。《宁波日报》2004年3月1日发表了一篇报道,提到一名送奶工向市职工维权中心投诉,称他所在的单位以实行不定时工作制为名,任意延长工作时间,每天长达12~14小时。他在这家公司整整干了一个月,没有休息过一天,且从未领到加班工资。据了解,类似的情况时有发生,尤其是在部分服装、纺织等劳动密集型企业,情况更为严重。

调查显示,弹性工时制在中国并不常见,尽管调查的结果只局限在广州一个城市（13.5%）。随着社会的发展、经济水平的提高和城市化所带来的严重后果（交通拥挤）,作为能较好协调员工工作与生活关系,提高管理效益的一种灵活的工时安排,人们对弹性工时制开始逐渐重视起来。北京市就计划在商业部门的员工中试行该工时制度,以错开上下班的高峰期。可以推测,在北京和长沙,按照弹性工时制工作的员工也具备了一定的比例。但是,弹性工时制在中国推行有一定的难度,因为目前国内大多数企业的管理者很难真正做到"以人为本",劳动力市场供大于求的局面也使得一般企业觉得没有必要去"迎合"员工的需要。企业的整体管理水平还有待提高。国内企业仍以传统制造行业为主,对于在生产、装配等流水线上的工作人员是不允许采用弹性工时制的;而政府机关等传统企

---

① 弹性工时制把工作时间分为两段,一段是核心工作时间,在此期间,员工必须在工作现场工作;另一段时间是非核心工作时间,员工自己选定上下班时间,由员工根据自己的工作情况来安排。为了保证工作时间的充足,一般规定员工日平均工作时间不得少于法定标准8小时。从目前情况看,弹性工时制已经存在,但目前我国的各项法规里并没有对弹性工时制给出确切的规定。

事业单位的工作环境同样不适合这种工时制度,这些人的工作都与组织内外的其他人有关。

(三)缩短工时制和周末工作的安排

轮班在中国非常普遍。调查显示,36.1%的员工实行轮班制,最常见的轮班是两班制。轮班制具有行业特性,主要运用于制造业、批发零售商贸业和社会服务业。我们也注意到,两班制在批发零售商贸业中的运用比制造业更普遍,这个比例达到27.9%。

夜班的运用比率低于轮班制。在接受调查的员工中,大约有17.5%的员工至少每个月有上一次夜班的经历。地区差别非常明显,从北京的12.3%到长沙的22.5%,这反映了地区间的产业结构差别。88.9%的夜班工作者每个月夜班次数在1~10次,男性的平均月夜班工作时间(47.8小时)比女性的月夜班工作时间(30.6小时)要长。

和夜班、轮班的高比率一样,周末工作在我国也是非常普遍的。调查中有22.5%的员工报告说他们在周末工作。夜班工作的运用取决于地区、企业所有制的形式和产业。长沙对周末工作运用的比率相对较高,尤其是在私营和批发、零售企业。但是,周末工作制在性别上不存在显著差异。

二、工时变化的原因和对员工的影响

如何理解工时的这种变化?这种变化给工作时间的供给者——员工究竟带来了什么影响?对于前者的解答,有利于我们了解工时将来的发展趋势,并通过和国家标准工时以及国际劳工组织的标准对比,维护劳工的合法权益,与世界惯例接轨。而且,全面、准确的工时信息是国家对劳动力市场进行宏观调控的依据,它有利于国家制定正确的劳工政策和人力资源开发战略,从而提高劳动力市场运行效率,实现劳动力资源的优化配置,为企业、个人、国家提供基础性服务。在中国企业的管理模式从传统型、人际关系型向人力资源型过渡的时候,对后者的解答,可以了解到员工个性化需求,缓解员工与生活的矛盾,提高员工的生活与工作满意度,有利于企业完善人性化管理。

对工时长度和工作时间安排方式变化的这种趋势,我们认为,从宏观的社会经济法律背景的变化上加以关注,可能会得到更清晰的认识。

(一)宏观背景变化

20世纪90年代以来,随着以社会主义市场经济体制为取向的改革措施的实施,中国劳动力市场逐步形成并不断规范。新型所有制形式企业的出现,市场竞争的加剧,使得过去的终生雇用演变成为现在的多种形式的雇用形式。同时,中国经济的转型是在全球化的背景下进行的,在全球化的背景下,在劳动法制上逐步与国际劳工标准接轨,规范劳动关系,成为中国劳动立法的趋势。自20世纪80年代以来,中国批准了19个国际人权公约和23个国际劳工公约,修改了工会法,制定了《劳动法》等法律法规。劳工标准的国际化必然要求中国对企业工作时间作出相应的调整,通过限制工时的长度和制定合适的规章框架来安排工时,推行标准化工时的措施。这在我国《劳动法》中有所反映,其在工作时间方面有两个重要的规定:一是周工时数量的规定,二是限制加班加点以保护劳动者的身体健康。在《劳动法》颁布之前,国务院于1994年2月公布了《国务院关于职工工作时间的规定》,将我国已经执行了40多年的每周48小时的工作制度改为每周44小时的工作制度。《劳动法》第36条对此加以确认,规定"劳动者每日工作时间不超过8小时,平均每周工作时间不超过44小时"。1995年3月,国务院又发布了《国务院关于修改〈国务院关于职工工作时间的规定〉的决定》,指出,自1995年5月1日起,实行每周40小时的工作制度,有困难的企业可以延期至1997年5月1日施行。加班是雇主要求劳动者在正常工作日、法定节假日或者休息日从事超过标准的工作时间。由于加班要占用劳动者的休息时间,并对员工的身体健康和安全可能有消极影响,所以我国的法规对此是加以限制的,限制的意义也在于促进用人单位改进劳动组织和提高生产效率。

另外,为维护在市场中的竞争优势,在企业层面上,又需要对工时的灵活化给予更多的关注和强调。对于企业来说,必须根据激烈的竞争导致的市场需求变化,灵活地作出用工调整,既要充分地利用企业的机器设备,又要提高企业的经营效率,从而对企业的生产组织形式提出了更高的要求。与此相适应的是,借助劳动力成本参与竞争的中国企业要么通过延长工作时间,要么采用更灵活的用工安排,如使用小时工、派遣工来节约成本。在调查中,许多员工的工时超过了法定标准。对于这个问题的解释,有56.5%的经理认为,这主要是市场竞争加剧的结果。对于加班的员工,还应该注意到员工并没有完全拿到加班费。调查显示:在工作日加班的员工有51.1%的人没有拿到加班费,在法定节假日加班没有拿到加班费的员工达到32.3%,在双休日加班没有拿到加班费的员工达到44.2%。企业采用其他标准(工时安排方式的调整,如轮休、倒休)来补偿员工加班,在很大程度上是为了减少加班费用的支付。由此可见,为维持竞争优势,延长员工的工作时间或者调整工时安排是一条有效的途径。

(二) 工时安排对员工的影响

目前的研究中,关于企业现行工时安排对于员工的影响不多见。企业人性化的管理要求我们关注员工对于某项管理实践的反馈情况,以及企业围绕工时安排应该作出何种调整。为此,我们设计了以下几个简单的问题,通过分析,可以看出员工在这方面的需要。在询问员工关于目前工时对于工作生活和工作效率几个重要方面的影响时,表1提供的回答是各种各样的。对于工时积极的影响和消极的影响的回答所占比例大体相似(22.7%~34.5%),这意味着员工对于他们的工时有着不同的理解。例如,只有30.1%的答案赞成工时能使他们的生活"更便利",28.8%的答案却说工时导致他们的工作积极性下降。另外,34.5%的答案认为目前的工时有助于提高工作效率,然而26.2%的答案却给出了相反的答案——"降低工作效率"。

表1 员工对于目前工时安排所带来影响的看法(多选)　　　　单位:%

你认为目前工时安排会导致下面哪些影响?						
使您心情舒畅	提高工作效率	使生活更便利	减少缺勤和迟到	工作积极性下降	导致经常性加班	降低工作效率
22.7	34.5	30.1	32.0	28.8	29.2	26.2

然而,当涉及工作和家庭社会生活的平衡时,答案出现了一致的情况。当被问到工作时间和家庭社会生活是否协调的时候,员工的答案分为积极(53.3%)和消极两部分(42.0%)。回答"很好"和"根本不行"的员工比例非常低(参见表2)。而且,员工的回答根据他们目前工时数量的变化而变化。例如,绝大多数员工(63.4%)每周工作40小时,他们认为自己的工时在很大程度上和家庭社会生活相协调,但对于那些每周工作超过60小时的员工而言,他们赞成这种看法的比例却不到30%(27.6%)。

我们也可以对周末工作做类似的观察。正如表2展示的那样,周末工作增加了工作生活平衡的可能性。大约40%的周末工作人员报告他们的工作时间和家庭社会生活是协调的。很显然,较短的工时有利于改善工作与生活之间的平衡。

表2 不同工时数的员工对于工作时间和家庭社会生活的协调性的看法　　　单位:%

目前的工作时间和你的家庭社会生活协调吗?						
周工时数目	很好	不错	不是很好	根本不行	不知道	总计
少于40小时	17.6	49.0	25.6	3.6	4.2	100.0
40小时	15.8	47.6	28.3	1.8	6.5	100.0
41~50小时	8.0	40.8	41.9	5.2	4.1	100.0
51~59小时	7.3	29.1	51.8	7.7	4.1	100.0
60小时以上	6.9	20.7	51.0	16.6	4.8	100.0
周末工作						
周末工作的员工	8.8	31.1	45.0	10.7	4.4	100.0
周末不工作的员工	13.3	43.6	34.5	4.1	4.5	100.0
总计	12.1	41.2	36.7	5.3	4.7	100.0

最后，员工对灵活工时的安排持有浓厚的兴趣。当问到员工们对于固定工时制和灵活工时制的偏好时，大多数员工选择了后者(63.5%)。如表3所示，在不考虑目前工时制度安排的情况下，对灵活工时制的强烈的偏好就说明了这个问题。按照标准工时制工作的61.0%的员工选择灵活工时制，同时绝大多数按照灵活工时制工作的员工仍旧选择灵活工时制。

表3 员工对灵活工时制与固定工时制的偏好　　　　　单位:%

	固定工时制	灵活工时制	总　计
目前的工时模式			
标准工时制	39.0	61.0	100.0
综合工时制	38.5	61.5	100.0
不定时工时制	35.9	64.1	100.0
灵活工时	22.5	77.5	100.0
家中工作	26.7	73.3	100.0
生活的协调性			
很好	53.1	46.9	100.0
不错	42.0	58.0	100.0
不是很好	33.8	66.2	100.0
根本不行	35.7	64.3	100.0
所有的工人	36.5	63.5	100.0

由于员工的"主观"性质，我们通常很难解释他们对于灵活工时偏好的原因。同时，灵活工时制对于每个员工有不同的理解和含义，而且受调查的性质所限，我们也不能够对这个问题给出任何假设性的答案。然而，这次调查结果传递了一条很重要的信息，那就是：中国的员工希望获得工时的灵活性以改善他们的工作生活。例如，当员工的偏好与他们对于工时和家庭生活协调性的评价相匹配时，大多数(53.1%)员工认为工作时间和自己的家庭社会生活协调得很好，并愿意选择固定工时制。然而，那些认为工作时间和自己的家庭社会生活不协调(33.8%的员工选择"不是很好"，35.7%的员工选择"根本不行")的员工选择固定工时制就少一些。

三、结论和展望

通过对人力资源经理和员工的调查，本文提供了一份不多见的、关于中国工时的系统分析报告。我们的分析显示，中国的工时正日益多元化和复杂化。从一定意义上说，如同

《劳动法》里反映的那样,对于工时灵活化逐渐增多的需要伴随着工时的标准化而产生,在中国向市场经济转型的同时,这两种趋势都需要关注。

报告发现了工时标准化和灵活化的双重趋势正在中国演进,反映了过渡到市场经济的转型特点。通过规定日工时和周工时的数量,中国采用了大量的法规使工时标准化,尽管看起来两种工时标准(44小时和40小时)引起了一定的困惑。在实践中,这些标准工时被广泛实施的同时,还有相当一部分的工人工作很短的时间(在40小时之下)或者很长的时间(在50小时之上)。与此同时,各种法规鼓励运用更具灵活性的工时安排。在企业里,各种不同的工时安排已经被采用,而且调查显示,在某些场合,标准工时已不再"标准"。本报告另一个非常重要的发现是:中国员工对灵活工时模式更感兴趣,关于这种态度和偏好的原因需要作进一步的分析,因为关注标准化和灵活化的动态变化和它们对于实际工时模式的影响非常重要。

在中国,工时过长的现象特别值得关注。可以肯定地说,引发工时过长的关键原因在于频繁和长时间的加班,并且本次调查也确认了加班现象很普遍。员工加班也不是全都能获得全额加班费。我们应该评估这种现象,因为它和大多数工人不反对加班以及能拿到加班费的工人接受加班的事实形成对比,这说明了工人中存在强烈的收入动机以及确保对加班支付加班费的需要。

目前,在中国对于企业工作时间还缺乏深入的研究,原因在于官方没有这方面的完整数据。企业层面的研究也非常困难,因为缺乏现场工地的工时记录或雇主对工时调查并不欢迎,私有企业尤为如此。虽然我们对员工关于现有工时制度的安排评价做了一个初步的描述,但是对于现有工时安排与员工生活的关系,员工的职业安全感及工作满意度等问题的分析在中国还是一个全新的领域,需要做更进一步的研究。

推荐阅读文献和书目

1. 蔡昉、王美艳,"中国城镇劳动参与率的变化及其政策含义",《中国社会科学》,2004年第4期,第68—79页。

2. 魏下海,"人口老龄化及其对劳动力市场的影响——来自G20的经验证据",《社会科学辑刊》,2015年第2期,第106—113页。

3. G.S. Becker, A Theory of the Allocation of Time, *Economic Journal*, 2012, 75(299): 493-517.

4. Gronau R. Leisure, Home Production, and Work — The Theory of the Allocation of

Time Revisited, *Journal of Political Economy*, 1976, 85(6): 1099-1123.

5. A. Orley, D. Kirk, S. Bruce, A Shred of Credible Evidence on the Long-run Elasticity of Labour Supply, *Economica*, 2010, 77(308): 637-650.

6. M.S. Kearney, Is There an Effect of Incremental Welfare Benefits on Fertility Behavior?: A Look at the Family Cap, *Journal of Human Resources*, 2002, 39(2): 295-325.

7. Lan Liu, Xiaoyuan Dong, Xiaoying Zheng, Parental Care and Married Women's Labor Supply in Urban China, *Feminist Economics*, 2010, 16(3): 169-192.

8. J. Heckman, Shadow Prices, Market Wages, and Labor Supply, *Econometrica*, 1974, 42(42): 679-694.

第三章

劳动需求分析

　　劳动需求是一种"派生需求"。换句话说,雇主之所以需要雇用工人,是为了生产和销售产品以获得收益。因此,从这个意义上来说,雇主对劳动的需求不是直接需求而是间接需求,它依赖于产品市场上消费者对最终产品和服务的需求。

　　在本章中,第一,我们从产品市场的角度考察劳动需求的派生性,在此基础上,探讨影响企业对劳动需求的各种因素。第二,考察企业在完全竞争条件下的劳动需求行为,这奠定了企业决策过程的微观基础。在此基础上,我们考察行业水平的劳动需求曲线的主要特点。第三,我们将完全竞争模型扩展到不完全竞争的市场结构下企业的劳动需求分析。因为即使在企业利润最大化目标不变的条件下,不同的市场结构也会导致企业的劳动需求发生变化。另外,当市场结构不变时,企业目标发生变化,也将导致企业的劳动需求发生变化。第四,考察劳动需求的弹性问题,这是简单模型的又一个扩展,它表现在定量上的变化。第五,我们将劳动需求理论应用于政策领域,考察劳动需求理论的实用性。

第一节　派生需求与影响劳动需求的因素

一、派生需求原理

劳动是一种生产要素,对劳动的需求是在生产要素市场进行的。由于生产要素市场与产品市场具有不同的性质,因此对劳动的需求不同于对产品的需求。在产品市场上,需求来自消费者。消费者购买产品的目的是为了直接满足自己的吃、穿、住、行等需要。因此,对产品的需求是所谓的直接需求,即满足"效用"的需求。与此不同,在生产要素市场上,需求不是来自消费者,而是来自厂商。厂商购买生产要素如劳动不是为了自己直接需要,而是为了生产和出售产品以获得收益,即满足"利润"的需求。例如,厂商增加雇用劳动者并不能提高厂商的效用,而是增加生产的产品数量,从而增加厂商的利润。因此,从这个意义来说,对生产要素的需求不是直接需求,而是一种间接需求。

从企业购买生产要素的目的来看,企业是希望利用所购买的生产要素进行生产,并将所生产的产品出售给消费者而从中获得收益。企业实现其收益的目的显然部分地要取决于消费者对其所生产的产品的需求。如果不存在消费者对产品的需求,则厂商就无法从生产和销售中获得收益,从而也不会去购买生产资料并生产产品。例如,如果没有人去购买汽车,就不会有厂商对汽车工人的需求。由此可见,厂商对生产要素的需求是从消费者对产品的直接需求中派生出来的。从这个意义上说,对生产要素的需求有时被称为"派生需求"或"引致需求"。

对生产要素的需求还有个特点,就是所谓的"共同性",即企业对各种生产要素的需求具有相互依赖的特点。这个特点是由于技术上的原因,即企业在生产过程中使用的生产要素往往不是单独发生作用的,而是协同生产的。一个人赤手空拳不能生产任何东西;同样,光有机器本身也无法创造产品。只有人与机器(以及原材料等)相互结合起来才能达到目的。对生产要素需求的这种共同性特点使得企业对某种生产要素的需求,不仅取决于该生产要素的价格,而且也取决于其他生产要素的价格。因此,企业对生产要素的需求理论应当是关于多种生产要素共同使用的理论。但是,由于同时处理多种要素的需求问题将使分析过于复杂,为了简化起见,一般的经济分析都集中于分析一种生产要素的情况。本章也集中于分析一种同质劳动要素的情况。

二、影响劳动需求的因素

影响劳动需求的因素很多,主要包括厂商所使用的技术、厂商的经济目标、时间的长短以及社会制度环境等。下面将分别对之进行论述。

(一) 技术对劳动需求的影响

从上一节中我们可以看到,厂商对生产要素的需求具有共同性,即生产要素必须共同使用才能生产商品。在经济学中,我们一般用生产函数表示这种共同性关系。与此同时,生产函数也表明在技术不变的条件下企业生产一定量的产品所必需的最低劳动数量。我们常常用劳动和资本两种生产要素的生产函数来分析技术对劳动需求的影响。生产函数可以用下式表示:

$$Q = f(L, K) \tag{3.1}$$

生产函数表明了生产中的投入量和产出量之间的相互依存关系;同时,不同的生产函数也反映了各种投入之间的配合比例关系。我们通常用技术系数的概念来反映生产 1 单位产品所需要的各种投入之间的配合比例关系。一般来说,技术系数可以划分为固定技术系数和可变技术系数。固定技术系数是指生产某 1 单位产品所需要的各种生产要素彼此之间不能替代。例如,某些工厂工人数与机器数之间的比例是固定的,人少了机器就不能正常运转;人多了也不能增加产量,因为没有相应的机器设备使用。可变技术系数是指生产某 1 单位产品所需要的各种生产要素的配合比例是可以变动的。例如,农民在收割稻子时既可以使用手工收割也可以使用割稻机收割,有可能的情况是 1 台割稻机和 6 个农民组合的收割量与 2 台割稻机和 4 个农民组合的收割量是相等的。在这里,割稻机与农民数量是可以替代的。显然,如果某一企业使用的生产函数具有固定技术系数的特征,那么该企业在使用生产要素时无法相互替代;如果某一企业的生产函数具有可变技术系数的特征,那么该企业在生产中就可以根据生产的成本状况进行替代,以最经济的方式生产产品。

(二) 时间长短对劳动需求的影响

时间长短对劳动需求的影响是通过其对技术即生产函数的影响体现出来的。事实上,生产函数在短期和长期可能是不同的,不同的生产函数就会导致对劳动需求的不同。如表 3-1 所示,资本、劳动和技术变动都需要一定的时间,其中,资本调整所花费的时间要比劳动调整更多,而生产技术(即生产函数)变动所需要的时间与资本和劳动调整所花的时间相比就更多了。为此,经济学家通常将短期定义为只能改变劳动投入数量的时间范围,在这个时间阶段里资本数量是不变化的;将长期定义为可以改变劳动和资本投入数量的时间范围,但在这时间范围内还不足以改变生产技术;将超长期定义为不仅可以改变各种生产要素投入数量,而且可以改变生产技术的时间范围。表3-2对各种时间范围的划分做了分类。

表3-1 资本和劳动调整的时间滞后

劳 动	资 本
1. 改变劳动数量的决策时间	1. 改变资本数量的决策时间
2. 广告(以及其他的搜寻方式)搜寻时间	2. 搜寻时间
3. 面试时间	3. 生产者的制造时间
4. 培训时间	4. 安装和调试时间

表3-2 短期、长期和超长期分类

时间范围	变化的要素	固定不变的要素
短 期	劳 动	资本和技术
长 期	劳动和资本	技 术
超长期	劳动、资本和技术	

事实上,在短期和长期之间的简单划分可能是不现实的。原因如下:第一,不同的生产要素是以不同的比例发生变化的,例如,改变手工工人的数量可能比改变机械操作工人的数量更容易;第二,来自某一特殊要素的服务流以不同的比例发生变化,例如,工作时数可能比工人人数更容易改变;第三,某一特定要素变动的速度在不同的时点可能变化不同,例如,当劳动市场需求相对疲软时,可能更容易改变劳动的投入。然而,尽管有多方面的因素在决定时期的长短中起了重要的作用,但为了集中分析问题,我们首先在一个简化的理论模型中做了如下三个假定:第一,只存在着两种投入,劳动和资本;第二,两种投入各自都是同质的,即每一个工人与其他工人都是一样的;第三,劳动投入在短期内是可以变化的,而资本只在长期内变化,生产技术在超长期内才能发生变化。这些假设逐步放松,并在随后的章节中加以分析。

我们在下一节中首先考察短期生产函数中劳动投入变化的限制,然后考察长期生产函数中劳动投入变化如何受资本投入变化的影响。

(三)企业目标对劳动需求的影响

企业目标对劳动需求具有很大的影响。一般来说,经济学将企业目标确定为利润最大化,在这样的目标下,企业试图在既定的成本下尽可能生产最大的产量,或者是在既定的产量下尽可能采用最小的成本进行生产。因此,在生产技术既定的条件下,企业的劳动需求还受到企业目标的影响。如果企业不是以利润最大化作为其目标,而是以就业作为目标,则情况就大不相同。例如,中国在改革之前的就业体制是采用计划分配,企业目标也不是利润最大化行为,企业行为很大程度上受到计划分配的制约。其结果是,企业的实际劳动雇用量大大超过了与按利润最大化行为目标所要求的雇用量,因而出现了人们常说的"隐性失业"现象。再如,如果企业以管理效用最大化和销售收入最大化,其所要求的劳动需求量也与利润最大化目标所要求的劳动需求量之间有很大的差异。我们在本书中主要考察企业在利润最大化目标下对劳动需求的影响。

(四)社会制度安排对劳动需求的影响

劳动需求除了受到技术、企业在经济上的考虑、时间长短的影响之外,还受到社会制度安排的影响。在新制度经济学中,制度被定义为"一系列被制定出来的规则、守法程序和行为的道德伦理规范,它旨在约束追求主体福利或效用最大化利益的个人行为"。约束劳动需求的制度因素可分为两组:其一是正式制度,即一定的经济体制及其相应的就业制度、用人制度、工资制度、福利制度等各项制度安排;其二是非正式制度,即对人们的意识和行为有潜在规范作用的社会意识形态、伦理道德、习惯等。我们这里所指的制度约束,主要指前者。

在我国传统的计划经济体制下,政府通过计划安排劳动者就业,确定企业的招工人数、招工对象、工资标准、就业岗位等,整个社会的劳动力资源配置是按行政配置规则进行的,并通过固定工制度、户籍制度、固定工资制度、企业福利保障制度等相应的制度安排予以保证。企业只有接受和服从国家劳动计划的义务,没有自主决定劳动用工的权利,它们无法严格按照企业技术特征的要求来确定劳动力需求数量和结构,也无法根据外部经济环境的变动严格按效率原则裁减职工。因此,在计划经济体制下,劳动需求所受到的制度约束使企业劳动需求的大小往往无法顾及劳动边际生产率与边际成本相等的原则和技术要求,远远偏离微观效率目标。

在市场经济条件下,企业需要何种类型的劳动力、需要多少劳动力或解雇劳动力,都是企业为实现利润最大化目标的自主行为。劳动力需求曲线是一条向右下方倾斜的曲线,工资率越高,劳动需求量越小。企业根据技术要求和经济状况变动,按照边际劳动收益与边际劳动成本相等的原则决定劳动力的最佳需求量。显然,劳动力市场制度与计划经济制度相比,是一种有利于企业按技术的和经济的界限配置劳动力的制度。然而,现实中的劳动力市场也是在一定制度结构的规范下运行的,因而企业的劳动需求不可避免地要在既定的制度约束下确定,这些制度约束可能有利于企业在当时的环境下去追求利润最大化,也可能使企业行为(包括企业的劳动需求行为)偏离利润最大化或至少是短期内偏离利润最大化。在劳动力市场上,政府通过法律形式确立的制度结构主要包括以下四个方面:

(1) 最低劳动标准。在企业经营状况变动导致劳动需求减少和人口过剩的压力下,非熟练工人在劳动力市场上处于劣势,往往工资被压得很低,劳动条件十分恶劣,以致不得不进入"低工资—多就业"的恶性循环。针对这一情况,各国政府普遍利用立法手段通过禁止未成年的儿童工作、禁止女工夜间作业、规定最低工资标准和最长工作时间等措施,以保证必要的劳动条件,保护劳动者的身心健康和安全。比如,英国最早于1802年制定了《工场法》,20世纪初又将煤矿劳动条件、工伤事故补偿、最低工资标准等规章制度以法律形式确定下来,最终形成了英国最低劳动标准制度的基本框架。美国政府于1938年制定了《劳动标准法》。日本于1947年制定《劳动标准法案》,内容涉及劳动合同、就业制度、工资、劳动时间、休息公休日、带薪休假、妇女和儿童的劳动、工伤事故补偿等方面。我国在《劳动法》中也有此相关规定,各地区目前制定了不同的最低工资标准。

(2) 最低生活保障。最低生活保障,包括国家救济、养老保险、免费医疗等社会保障制度,确保人们维持基本生活所需要的最低生活标准,即排除了劳动者在最低限度的生存和安全无保障时可能产生的不合理的劳动合同。例如,美国、德国、日本分别建立了以《社会保险法》《社会保障法》等法律为核心的社会保障制度结构,成为本国劳动力市场的重要组成部分。

(3) 对工会组织和雇主权力在法律上的确认。在劳动力市场上,供需双方的力量对比往往不对等,在承认工会作为合法组织这样一种制度下,工会有权参与有关劳动条件等方面问题的决策,并在监督企业雇用工人、遵守最低劳动标准等方面发挥作用,这就在一定程度上限制了雇主的权力,使力量的对比有利于劳动者。如果政府对工会的活动加以限制,就会增大雇主权力,使力量对比有利于雇主。今天,多数国家都确认了工会组织的合法地位和权力,并将其作为一项社会制度固定下来。不过,随之而来也出现了一些关于这类制度安排是否有利于经济效率的问题。

(4) 对市场垄断和市场歧视的限制或利用。这些建构于劳动力市场之中的制度安排,对企业的劳动需求行为具有很大影响,对企业劳动需求的数量、结构及行为本身构成约束。这些约束中的某些方面,本书将在第七章专门论述。

新技术革命对就业数量的影响

近年来,互联网作为销售渠道的普遍出现,催生了大量的就业。电子商务给受过良好教育的年轻人创造了大量的就业机会。低成本甚至零成本地生产知识和贸易信息,扩大了贫穷地区劳动年龄人口的就业。"中国仅网络创业带动的直接就业规模就接近1 000万,而在网络创业中,九成以上为个人网店。全国个人网店带动网络创业就业人数达600万人。"互联网创业和就业的动人故事正在中国每天发生。刘鹏飞,2007年大学毕业,选择到中国的义乌创业。第一个月的工资付了房租以后,手里还剩400元钱。刘鹏飞用手头仅剩的400元钱批发了一些孔明灯,白天在网络平台上发布供应信息,晚上到公园销售。刘鹏飞通过阿里巴巴出口通和谷歌搜索引擎不断地把"会飞的中国灯笼"介绍给国外客商,让孔明灯拥有了大批外国"粉丝"。从创业至今,刘鹏飞把生产基地建在中国浙江宁都县的田头镇、长胜镇和黄石镇,为当地老人、妇女创造了超过1 000个就业机会。但与此同时,中国各地大量的实体店经营困难而纷纷倒闭,这些行业由此出现大量失业和半失业状态的人员。值得注意的是,受到冲击的这些实体店人员,大都年龄较大、教育水平较低、知识结构老化,因此在劳动力市场上缺乏再就业能力。

资料来源:曾湘泉、徐长杰,"新技术革命对劳动力市场的冲击",《探索与争鸣》,2015年第8期。

第二节 完全竞争下的劳动需求分析

本节试图构建一个完全竞争条件下的企业劳动需求模型,并运用该模型推导企业的劳动需求曲线。我们假定完全竞争的企业是指企业所处的产品和要素市场都是完全竞争的。也就是说,在产品市场和要素市场上供求的双方人数都很多,产品与产品之间、要素与要素之间没有任何区别,产品和要素的供求双方都具有完全的信息,产品和要素可以充分自由地流动,等等。显然,完全满足这些要求的产品和要素市场在现实生活中是不存在的。但为了考察劳动市场如何配置劳动资源的机理,我们可以利用完全竞争模型对之加以说明。

我们首先考察完全竞争企业在短期对劳动的需求,然后考察长期劳动需求,最后对短期和长期劳动需求进行比较。

一、完全竞争下的短期劳动需求

(一) 完全竞争企业使用劳动要素的原则

我们假定,在短期内只有劳动要素是可变的,资本和其他生产要素固定不变。企业被假定是在产品和要素市场上的利润最大化追求者。因此,企业使用劳动要素的原则就是利润最大化,即增加一单位劳动的使用所带来的**边际收益**和**边际成本**必须相等。我们在下面考察完全竞争企业使用劳动要素的边际收益和边际成本。

(1) 使用劳动要素的**边际收益**。企业的收益函数等于产品产量与产品价格的乘积,用公式可以表示如下:

$$R(Q) = Q \cdot P \tag{3.2}$$

在式(3.2)中,R、Q 和 P 分别为企业的总收益、产量和产品价格。在上述公式中,产品价格 P 是既定的常数。这是因为,在完全竞争条件下,产品买卖双方数目很多且产品没有差别,故任何一家企业单独增加或减少其产量都不会影响产品价格。换句话说,产品价格与单个企业的产量多少无关。由于产品价格固定不变,企业的收益便可以看成决定于另一个因素,即产量。因此,总收益 R 被看成产量 Q 的函数。由收益函数求收益对产量的一阶导数即得所谓的"边际收益"。边际收益表示企业增加一单位产量所增加的收益。

现在把讨论从产品市场向要素市场方面再深入一步。在产品市场分析中,收益只被看成是产量的函数而与生产要素无关。一旦转入要素市场,则应进一步看到,产量本身又是生产要素的函数。设完全竞争企业在短期内只能变动的生产要素是劳动 L,其他生产要素都无法变动,则产量为劳动的函数,即生产函数为劳动的一元函数。要素与产量之间的这种数量关系,我们用如下的生产函数表示:

$$Q = Q(L) \tag{3.3}$$

将上式代入式(3.2),则可以将收益看成劳动要素的复合函数:

$$R(L) = Q(L) \cdot P \tag{3.4}$$

由于仍然是局限于讨论完全竞争的情况,上式中的产品价格仍然是固定不变的常数。

下面考虑收益函数的一阶导数。在产品市场理论中,收益是产量的函数。因此,收益可以对产量求导数。收益对产量的导数就是产品的边际收益 MR。而在完全竞争条件下,这个边际收益等于产品价格,即 $MR = P$。现在研究的是劳动要素的使用问题。在劳动市场上,收益成了劳动的复合函数。因此,为了求得劳动的边际收益,必须以劳动为自变量

求取导数,即对(3.4)式进行求导,得到如下等式:

$$dR(L)/dL = dQ(L)/dL \cdot P \tag{3.5}$$

在式(3.5)中,$dQ(L)/dL$ 为劳动的边际产品 MP,表示增加使用一个单位的劳动所增加的产量。劳动的边际产品 MP 与既定产品价格 P 的乘积 $MP \cdot P$ 表明增加使用一单位劳动所增加的收益。这就是完全竞争企业使用劳动要素的边际收益,我们用 VMP 表示。为了与产品的边际收益概念相区别,我们通常把使用劳动的边际收益叫作劳动的边际产品价值。于是有下式成立:

$$VMP = MP \cdot P \tag{3.6}$$

需要再次强调的是,应特别注意劳动的边际产品价值 VMP 与产品的边际收益 MR 的区别:产品的边际收益(简称边际收益)通常是针对产量而言,故称为产品的边际收益;边际产品价值是对劳动要素而言,是劳动的边际产品价值。

由于劳动的边际产品 MP 是产量对劳动的导数,故也是劳动的函数。根据"边际生产率递减规律",劳动的边际产品为一条向右下方倾斜的曲线,即随着劳动使用量的增加,劳动的边际产品会逐步下降。根据式(3.6)可知,劳动的边际产品价值也是劳动的函数,由于产品价格 P 为常数,边际产品价值曲线显然也与边际产品曲线一样向右下方倾斜。并且,当 P 大于 1 时,边际产品价值曲线在边际产品曲线的上方;当 P 小于 1 时,边际产品价值曲线在边际产品曲线的下方;当 P 等于 1 时,边际产品价值曲线与边际产品曲线重合。

(2)使用劳动要素的**边际成本**。成本函数是企业的成本与产量水平之间的各种关系,或者说成本仅被看成产量的函数,即下式:

$$C = C(Q) \tag{3.7}$$

由于产量又取决于所使用的劳动要素数量,故成本也可以直接表示为劳动的函数。这一函数即成本方程。根据成本方程可以得到劳动要素使用的成本概念。若设劳动要素的价格为工资 W,则使用劳动要素的成本就可以表示为:

$$C = W \cdot L \tag{3.8}$$

上式表明成本等于劳动价格和劳动数量的乘积,并且在完全竞争的劳动市场上,劳动价格 W 是既定不变的常数。换句话说,要素价格与单个企业的劳动使用量之间没有关系。由于劳动价格为既定的常数,使用劳动要素的**边际成本**(即成本函数对劳动的导数)就是劳动价格:

$$dC(L)/dL = W \tag{3.9}$$

它表示完全竞争企业增加使用一单位劳动所增加的成本。(3.9)式的含义是,如果假设劳动价格为固定的每小时5元人民币,则企业每增加使用一小时劳动就需要且仅需要付出5元的成本。因此,使用劳动要素的边际成本为5元。

由于使用劳动的成本被看成劳动数量的函数,故它对劳动的导数即使用劳动要素的边际成本亦是劳动数量的函数。不过在完全竞争条件下,这个函数采取了最为简单的形式:它实际上是一个常数。因此,该函数曲线在图形上表现为一条水平直线(如图3-1所示)。图中横轴为劳动的数量,纵轴为使用劳动的边际成本。假定劳动价格即使用劳动的边际成本为 W_0,则 W_0 不随劳动使用量 L 的变化而变化。

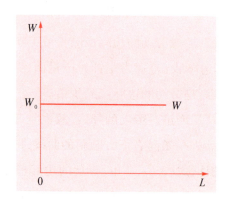

图3-1 完全竞争企业劳动的边际成本曲线

(3)完全竞争企业使用劳动要素的原则。企业使用劳动要素的原则是利润最大化目标在劳动使用上的具体体现,也就是使边际成本等于相应的边际收益。根据上述讨论,我们得知:在完全竞争条件下,企业使用劳动的边际成本等于劳动的价格 W,而使用劳动的边际收益是边际产品价值 VMP。因此,完全竞争企业使用劳动要素的原则可以表示如下:

$$VMP = W$$

或者
$$MP \cdot P = W \tag{3.10}$$

如果完全竞争企业在使用劳动要素时实现了上述条件,那么该企业就实现了利润最大化,此时使用的劳动数量就是最优的数量。

我们也可以使用数学方法推导上述结论。假设 π 代表完全竞争企业的利润,它是劳动需求量 L 的函数,则由利润的定义有:

$$\pi(L) = P \cdot Q(L) - W \cdot L \tag{3.11}$$

为了达到利润最大化,必须使下式成立:

$$\mathrm{d}\pi(L)/\mathrm{d}L = P[\mathrm{d}Q(L)/\mathrm{d}L] - W = 0 \qquad (3.12\mathrm{a})$$

即
$$P[\mathrm{d}Q(L)/\mathrm{d}L] = W \qquad (3.12\mathrm{b})$$

上式即为：
$$VMP = W \qquad (3.12\mathrm{c})$$

该式即为完全竞争企业使用劳动要素的原则条件。

（二）完全竞争企业的劳动需求曲线

劳动的需求函数反映的是企业对劳动需求的数量与劳动的价格之间的关系。完全竞争企业的劳动需求曲线是指，在其他条件不变时，完全竞争企业对劳动的需求量 L 与劳动价格 W 之间的关系。根据我们在前面所推导的结论，我们知道，完全竞争的企业要想实现利润最大化，必须满足式（3.10）所列的条件，即

$$MP \cdot P = W$$

由于边际产品 MP 可以看成劳动数量的函数，因此

$$MP = MP(L) \qquad (3.13)$$

故式（3.10）可以写成
$$MP(L) \cdot P = W \qquad (3.14)$$

由于产品价格 P 为常数，上式实际上确定了从劳动价格 W 到劳动数量 L 之间的一个函数关系，即确定了完全竞争企业对劳动的一个需求函数。

我们来考察这个函数的特点。假定一开始时，企业使用的劳动数量为最优数量，即（3.14）式已经满足。现在让劳动价格 W 上升，于是有 $MP(L) \cdot P < W$。为了重新恢复均衡，企业必须调整劳动使用量 L，使 $MP(L)$ 从而 $MP(L) \cdot P$ 上升。根据边际生产率递减这一性质，只有通过减少劳动使用量才能达到这个目的。这样便得到结论：随着劳动价格的上升，企业对劳动的最佳使用量即需求量将下降。因此，完全竞争企业的劳动需求曲线与其边际产品价值曲线一样向右下方倾斜。

我们进一步考察式（3.14）发现，在完全竞争的条件下，企业在短期内对单一可变的劳动要素的需求曲线将与其边际产品价值曲线完全重合。

首先，根据式（3.6）我们可以知道，$VMP = MP \cdot P$，由此我们可以获得一个有关劳动量与边际产品价值的函数关系，即有一个劳动量就会有一个相应的边际产品价值与之对应。因此我们得到了一条向右下方倾斜的 VMP 曲线。

其次，根据劳动市场完全竞争的假设，单个企业改变其劳动使用量不会影响劳动价格变化。这说明单个企业面临的是一条水平的劳动价格即工资率曲线。只要给定一个工资率 W，就有一条水平线 W。

最后,根据劳动要素的使用原则 $VMP = W$,如图 3-2 所示,我们就可以得到一个 VMP 曲线与 W 曲线的交点 A。A 点表明,当劳动价格为 W_0 时,劳动需求量为 L_0。换句话说,边际产品价值曲线 VMP 上 A 点也是劳动需求曲线上的点。同样地,如果给定另外一个劳动价格,则有另外一条水平直线与 VMP 相交于另外一点。根据同样的分析可以知道,新的交点也是需求曲线上一点。因此,在短期内,完全竞争的企业如果不调整其他生产要素,仅调整劳动要素,则劳动需求曲线与劳动的边际产品价值曲线恰好重合。

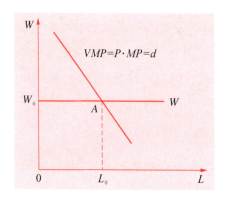

图 3-2 劳动需求曲线与劳动的边际产品价值曲线重合

应该注意的是,以上结论的成立需要两个潜在的假定:第一,劳动的边际产品曲线不受劳动价格变化的影响;第二,产品价格不受劳动价格变化的影响。这两个假定是与边际产品价值曲线的两个组成部分相关的,即边际产品 MP 和产品价格 P。如果劳动价格变化时,劳动的边际产品曲线和产品的价格发生变化,劳动需求曲线必将脱离其边际产品价值曲线。那么,在什么情况下劳动价格发生变化而边际产品曲线和产品价格不发生变化呢?如果其他生产要素不变,仅改变劳动要素的使用量,则劳动的边际产品曲线不会发生变化。如果我们仅讨论一个企业的生产发生变化,而不考虑其他企业的调整,则由于完全竞争条件下企业产量的变化对市场影响不大,故产品价格也不会发生变化。由此可以看出,只要不考虑其他生产要素的改变或者多个企业的调整行为,上述结论就会成立,否则上述假定就是不合理的。我们会在下面探讨市场劳动需求问题。

(三)完全竞争市场的劳动需求曲线

从上面论述中我们已经知道了完全竞争企业的劳动需求曲线,它是与边际产品价值曲线重合的。但是,当我们把分析从企业扩展到整个市场的时候,由于条件发生了变化,故单个企业的劳动需求曲线也有了变化。这种变化就是,原来仅考察一家企业的调整,现在需要考察同类产品企业在市场上的同时调整。因此,当劳动价格发生变化时,会影响到单个企业的需求曲线脱离其边际产品价值曲线。因此,我们首先必须考察市场所有企业发生调整时单个企业的劳动需求曲线发生了什么变化?

在研究短期生产中,完全竞争企业仅调整劳动要素,这时由于其他生产要素的数量保持不变,故劳动价格的变化不会影响到劳动的边际产品曲线,即 MP 曲线不发生变化。如果不考虑其他企业的调整活动,则劳动价格变化也不会影响产品价格,从而不会改变劳动的边际产品价值曲线。其原因是由于劳动价格发生变化,如果其他企业均不调整,则劳动价格变化只引起该调整企业的劳动需求量的变化,从而只引起该调整企业的产品数量的变化。由于该企业是产品市场上的完全竞争者,故其产量的变化并不能改变产品价格。当其他企业都发生调整时,则情况将完全不同。劳动价格发生变动引起所有企业都调整其劳动使用量和需求量时,市场的最终行为结果将与单个企业调整而引起其产品数量变动的情况大为不同。劳动价格变动所引起的全体企业的产量变动将改变产品的供给曲线的位置,从而在产品市场需求量不变时,将改变产品的市场价格。产品价格的改变反过来又使得每个企业的边际产品价值发生改变,从而使得企业的需求曲线与其边际产品价值曲线不再重合。

我们利用图 3-3 来推导多个企业同时调整情况下其中某个企业的劳动需求曲线。如图所示,横轴为劳动数量,纵轴为劳动价格。假定企业 m 在一个初始工资率为 W_0、产品价格为 P_0 的完全竞争的劳动要素和产品市场中,此时有一条边际产品价值曲线 $MP \cdot P_0$。根据该曲线可确定 W_0 下的劳动需求量 L_0。因此,点 $H(W_0, L_0)$ 即为需求曲线上的一点。如果没有其他企业调整,则整条需求曲线就可以看成 $MP \cdot P_0$。假定工资率下降到 W_1,则劳动需求量增加到 L_2。如果其他企业都进行调整(增加劳动需求和产品供给),于是工资率下降使劳动的边际产品价值曲线向左下方移动,例如移动到 $MP \cdot P_1$,从而在工资率 W_1 下,劳动的需求量不再是 L_2,而是更少一些的 L_1。于是又得到劳动需求曲线上的一点 $I(W_1, L_1)$。

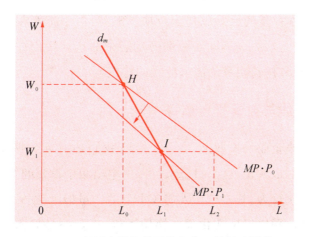

图 3-3 经过市场调整后的企业 m 的劳动需求

重复上述过程，我们可以得到其他与 H、I 性质相同的点。将这些点连接起来，即得到多个企业调整情况下企业 m 对劳动的需求曲线 d_m。该需求曲线表示经过多个企业相互作用的调整，即经过行业调整之后得到的第 m 个企业的劳动需求曲线，可简称为行业调整曲线。一般来说，该曲线仍然是向右下方倾斜的，但比边际产品价值曲线要陡峭。

我们将上述经过行业调整后的单个企业的劳动需求水平加总，就可以得到整个市场的劳动需求曲线。假定完全竞争的劳动市场中存在 n 个企业，每个企业经过行业调整的劳动需求曲线分别为 d_1，d_2，$\cdots$，d_m，整个市场的劳动需求曲线 D 可以看成所有企业的劳动需求曲线的简单水平加总，即

$$D = \sum d_m$$

如果假定这 n 个企业都是一样的话，市场的劳动需求曲线则为：

$$D = \sum d_m = n \cdot d_m \tag{3.15}$$

在式（3.15）中，d_m 可以是任何一个企业的劳动需求曲线。在上面的推导市场的劳动需求曲线过程中，应当注意的是，被简单水平加总的是每个企业经过调整的劳动需求曲线 d_m，而不是边际产品价值曲线 $MP \cdot P_0$。

二、完全竞争下的长期劳动需求

我们在分析短期劳动需求时，假定企业有一定数量的资本，而且这个数量不能随工资率的变化而变化。这种简化分析对推导短期劳动需求曲线是有用的。当我们转向长期分析时，我们发现企业应对劳动价格上升不仅可以通过调整其使用的劳动数量的方式，而且也可以通过调整其资本存量的方式以作出反应。显然，由于企业在长期可以调整资本存量，故企业的长期劳动需求曲线不同于短期劳动需求曲线。我们在本部分将考察企业的长期劳动需求曲线，并分析长期劳动需求曲线的特点。

（一）等产量曲线与要素投入选择

为了理解完全竞争企业的长期劳动需求曲线，我们必须对企业行为作出考察。我们知道企业的目标是利润最大化，这一目标又可以引申出两个重要的企业行为：其一是在既定产量下的成本最小化行为，其二是在既定成本下的产量最大化行为。当工资率变化时，企业的这两个行为如何随之发生变化呢？换句话说，工资率是如何影响这两个决策从而影响企业使用劳动力数量的呢？

我们引入等产量曲线工具对上述问题进行考察。等产量曲线是在技术水平不变的条件下生产同一产量的两种生产要素投入量的所有不同组合的轨迹。以常数 Q_0 表示既定的产量水平,则与等产量曲线相对应的生产函数为:

$$Q = f(L,K) = Q_0 \tag{3.16}$$

显然,这是一个两种可变生产要素的生产函数。图 3-4 给出了一组典型的等产量曲线。

如果我们从经济学的角度把技术理解为生产某一产量的生产要素数量的投入组合,那么在一条等产量曲线上只有一点表示使用该技术生产那一产量所需要的劳动和资本数量。对于每一企业能够生产的可能产量来说,都存在一条等产量曲线代表可行的劳动和资本组合。在同一等产量曲线上,不同的组合点表明不同的生产技术。例如,对同一产量的产品生产,既可以使用较多的资本和较少的劳动生产,也可以使用较多的劳动和较少的资本生产。我们将前者称为资本密集的技术,后者为劳动密集的技术。

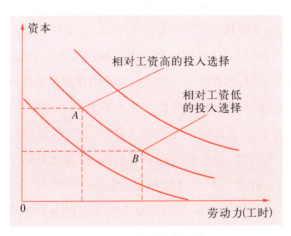

图 3-4 等产量曲线图

不同企业的等产量曲线具有不同的形状,等产量曲线的形状取决于企业特定产品所存在的各种不同技术的性质。但是等产量曲线的某些特征具有共同性,这与边际收益递减规律所描述的劳动、资本和产量之间的短期关系非常相似。如图 3-4 所示,这组等产量曲线具有四个重要特征:第一,等产量曲线的斜率为负。在同一条等产量曲线上,替代性生产方法包括一种投入多,另一种投入就少,不能两者都多或都少。第二,位置较高的等产量曲线具有较高的产量,因为生产较大产量至少需要一种投入更多些,但常常是两者同时增加。第三,等产量曲线是连续的。其经济含义是,企业有无限种生产技术可以生产任何数量的产品。尽管这种描述与现实不符,但是这样做有利于理论分析,并且这种描述包含了现实的各种可能情况。第四,等产量图中的等产量曲线没有常数斜率,在左边较陡直,而在右边较平坦。这意味着在等产量曲线的左边,企业一般采用资本密集的技术;而在等产量曲线的右边,企业一般采用劳动密集的技术。例如,图中的 A 点表示资本密集的生产技术方法。我们可以将其具体化为一个使用工人很少的大货栈。一方面,如果要增加更多的工人而又不减少资本量,产出也许会由于专业化的生产率高而迅速上升;另一方面,大大降低货栈规模和增加适当数量的工人也可以生产同样的产出。所以,等产量曲线在 A 附近较陡峭。但是,在 B 点则情况相反。在 B 点,相对于货栈规模来说已经有较多的工人,以使产量保持不变,对货栈规模的任何进一步减缩,都必须用大幅度地增加使用的劳动数量来抵消。因此从图 3-4 上看,曲线在 B 点附近平缓下来。

(1) 如果只从技术角度考虑,同一等产量曲线上的任一点与其他点没有实质的区别。决定哪种生产技术是否最好取决于经济上的考虑,即企业生产既定产量的最小成本组合。然而,如果不考虑其他因素,仅从等产量曲线本身考虑是无法找到成本最小组合点的。我们还必须结合工资率的高低来考虑最小成本组合点。当工资率相对较低时,采用劳动密集技术就比资本密集技术便宜;如果工资率较高,所有技术都会比以前昂贵,但资本相对密集的技术相对会更便宜一些。所以,一个使其生产成本最小的企业,在工资率相对较高时,将选择 A 点这样资本密集型的投入组合,而相对较低的工资率则会使它选择 B 点这样的组合。对等产量曲线上表示的每种生产技术而言,都存在工资率和资本价格在那里是最便宜的某种组合。

(2) 工资率也影响到一个追求利润最大化企业将生产多少产量。为了使利润最大化,企业应该把生产一直扩大到最后一个生产单位的边际收益恰好等于生产它的边际成本的那一点上。当工资率高时,企业的边际成本也高,这样边际收入等于边际成本的那一点在相当小的产量水平上就会达到。与此相反,当工资率低时,如果其他条件相同,利润最大化产量将会更大一些。图 3-5 表示的是竞争性企业的这种情况。利润最大化产量在工资率相对高时为 Q_1,在较低时为 Q_2。所以工资率以两种明显不同的方式影响就业:一方面,影响利润最大化的产量;另一方面,影响这种产量得以实现的方式。

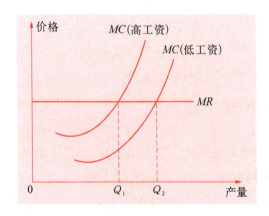

图 3-5 竞争性企业的产量决定

(二)完全竞争企业的长期劳动需求曲线的推导

(1)替代效应和规模效应。我们利用上述工具说明完全竞争企业如何对长期中工资率变化作出调整,并推导其长期劳动需求曲线。如图3-6(a)所示,我们假定企业处在初始点A,在该点企业恰好处于利润最大化点,此时的工资率为W_0,劳动数量为L_A,资本数量为K_A。现在假定资本价格和产品价格不变,工资率从W_0上升到W_1。我们考察企业针对工资率的变化如何作出调整。

一方面,企业如果仍然在原有的产量水平上生产,则将会采用更加资本密集的生产方法,以使得总成本下降。例如,企业可能在B点进行生产。这种调整使得企业的劳动使用量从L_A降低到L_B,而资本的使用量从K_A上升到K_B,即企业用资本替代劳动,我们将这种效应称作替代效应。

另一方面,由于工资率的提高,企业使用劳动的边际成本将上升,从而导致企业生产更少的产量,产量的下降将会导致使用的劳动数量下降。我们将这种效应称为规模效应,在图3-6(a)中表现为从B点到C点的移动。此时,劳动数量从L_B下降到L_C。

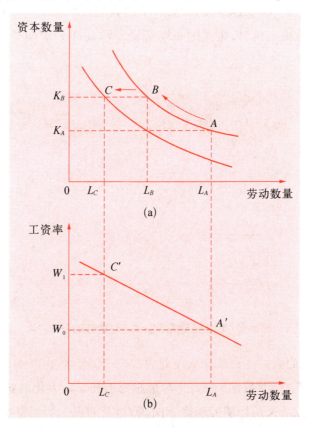

图3-6 长期劳动需求曲线的推导

从上面的分析可知,工资率的上升导致企业调整的两个效应,即替代效应和规模效应。企业因工资率上升所引起的劳动需求的减少也是这两种效应的变化之和。

(2)推导长期劳动需求曲线。在图3-6(b)中,横轴是劳动数量,纵轴是工资率。A'点和C'点与图3-6(a)中的A点和C点是相对应的。从上面的讨论中,我们发现长期劳动需求曲线是由A'和C'这样的点组合而成。在这些点上企业既实现了生产成本最小化,又实现了利润最大化。组合点(W_0, L_A)和(W_1, L_C)都是长期需求曲线上的点,连接这两个点我们就可以大致得出长期需求曲线,如图3-6(b)所示。应该注意的是,这是一条向右下方倾斜的劳动需求曲线。到此为止,我们已经推导出完全竞争企业的长期劳动需求曲线。长期劳动需求曲线与短期劳动需求一样也是向右下方倾斜的。

三、长期劳动需求曲线与短期劳动需求曲线的相互作用

如图3-7所示,长期劳动需求曲线D_L同许多短期劳动需求曲线D_{S1}、D_{S2}、D_{S3}等相交。短期劳动需求曲线相对更为陡峭,而长期劳动需求曲线则较为平坦。换句话说,长期劳动需求曲线具有更大的弹性。这是长期劳动需求曲线与短期劳动需求曲线的重要区别。现在的问题是当劳动价格变化时,企业的长期劳动需求曲线和短期劳动需求曲线之间的关系是怎样的呢?

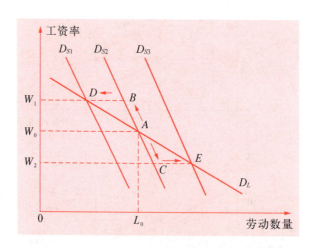

图3-7 长期劳动需求曲线与短期劳动需求曲线

在图3-7中,我们假定A点的工资率是W_0,在产品价格和资本价格既定时,企业选择使用的劳动数量为L_0,资本数量为K_0,此时企业处于利润最大化的状态。A点既是长期劳动需求曲线D_L上的点,又是短期劳动需求曲线D_{S2}上的点。当工资率从W_0上升到W_1时,短期内企业将从短期劳动需求曲线D_{S2}上的A点调整到B点,此时企业将因调整产量规模

而调整劳动使用量;长期内企业将会从短期劳动需求曲线 D_{S2} 上的 B 点移动到 D_{S1} 上的 D 点,原因是企业有充分的时间调整其资本的使用量以替代劳动。同样,当工资率从 W_0 下降到 W_2 时,短期内企业将从短期劳动需求曲线 D_{S2} 上的 A 点调整到 C 点,此时企业将因扩大产量而增加劳动使用量;长期内企业将会从短期劳动需求曲线 D_{S2} 上的 C 点移动到 D_{S3} 上的 E 点,原因是企业有足够的时间调整其资本使用量,用劳动替代资本。以上两种情况下,一旦企业调整完毕,就再次处于新的短期劳动需求曲线上。

应该注意的是,工资率变动对劳动需求的长期调整幅度要大于短期调整。换句话说,企业的长期劳动需求曲线总是要比作为其基础的短期劳动曲线更平坦。

为什么在外生冲击发生后,企业的劳动需求调整可能存在滞后性?

静态模型没有考虑调整成本。调整成本产生于工时变化或员工新旧替换,主要包括雇佣成本(如广告费用、与面试相关的支出)、入职后的成本(如培训支出)、解雇成本(如遣散费、声誉影响、士气影响)等。劳动调整成本越高,劳动力调整速度越慢(R. Layard and S. Nickell, 1986)。以法国为例,Abowd 和 Kramarz(2003)的研究发现,法国,平均解雇成本为年雇佣成本的56%,平均雇佣成本为年雇佣成本的3.3%。而相应的,美国平均雇佣成本高于解雇成本。宁光杰使用《中国统计年鉴》和《中国劳动统计年鉴》1997—2002年的数据实证研究发现:在此经济不景气期间,我国雇佣调整速度较西方国家慢。比较不同所有制企业的雇佣调整差异时发现:国有企业的调整速度慢于集体企业。这是因为集体企业更加注重自负盈亏,对解雇的限制也相对较少。

资料来源: R. Layard and S. Nickell, Unemployment in Britain, *Economica*, 1986,53(210): 121-169;John M. Abowd, Francis Kramarz, The Costs of Hiring and Separations, *Labour Economics*, 2003, 10(5): 499-530;宁光杰,"需求下降、企业调整成本与雇佣波动",《中南财经政法大学学报》,2008年第4期,第127—140页。

第三节 不完全竞争市场结构下的劳动需求分析

本节讨论不完全竞争市场结构下企业和市场的劳动需求曲线。不完全竞争包括垄断、寡头和垄断竞争三种情况。为了简单起见,本节只考察垄断市场中的劳动需求问题。根据企业在产品和劳动市场上的不同情况,垄断企业可以分为三种类型:其一是作为产品市场上的垄断卖方;其二是作为劳动市场上的垄断买方;其三是作为产品市场上的垄断卖方和劳动市场上的垄断买方。我们重点讨论前两种情况,因为后者是前两种的简单综合,所以可由前两种情况推导出来。

一、卖方垄断企业的劳动需求分析

卖方垄断企业是指企业在产品市场上是垄断者,但在劳动市场上是完全竞争者。我们知道,任何一个以利润最大化为目标的企业使用劳动要素的原则是使用劳动的边际成本和相应的边际收益相等。在完全竞争条件下,企业使用劳动要素的边际成本就等于劳动价格,即工资率。这一点在卖方垄断情况下仍然成立。由于卖方垄断企业在劳动市场上仍然假定为完全竞争者,故劳动价格仍然是既定的常数,使用劳动要素的边际成本仍然等于不变的工资率。但是,由于企业在产品市场上不再是完全竞争者,而是垄断者,它所面临的产品价格不再是固定不变的常数,而是取决于产量和销售量的一个变量。因此,垄断企业使用劳动要素的边际收益不再等于其边际产品价值。我们在下面首先考察卖方垄断企业使用劳动要素的原则,然后考察其对劳动需求的影响。

(一) 卖方垄断企业使用劳动要素的原则

卖方垄断企业使用劳动要素的边际收益是其收益函数对要素的导数,即增加一单位劳动所增加的收益。企业的收益则取决于产量,产量又取决于要素。假定所讨论的卖方垄断企业的收益函数和生产函数分别为 $R = R(Q)$ 和 $Q = Q(L)$,则收益可以看成是劳动的复合函数:$R = R[Q(L)]$。根据复合函数求导法则即有:

$$dR/dL = (dR/dQ) \cdot (dQ/dL) \tag{3.17}$$

在式(3.17)中,等式右边第一项 dR/dQ 为收益对产量的导数,即产品的边际收益 MR,它反映了增加一单位产品所增加的收益;第二项 dQ/dL 为产量对劳动的导数,即劳动的边际产品 MP,它反映了增加一单位劳动所增加的产品。因此,在卖方垄断条件下,企业使用劳动的边际收益等于产品的边际收益 MR 和劳动的边际产品 MP 的乘积 $MR \cdot MP$。这个乘积通常被称作劳动的边际收益产品,并用 MRP 来表示,即:

$$MRP = MR \cdot MP \tag{3.18}$$

式(3.18)实际上是一般企业使用劳动要素的边际收益。在完全竞争条件下,企业是产品价格的接受者,企业所面对的需求曲线是一条水平线,产品价格为常数 P,故产品边际收益 MR 等于产品价格,从而边际收益产品 MRP 等于边际产品价值 VMP;但在卖方垄断条件下,企业的需求曲线就是向右下方倾斜的市场需求曲线,产品价格会随着产量的变动而变动,故产品的边际收益不再等于产品价格。事实上,随着产量的增加,卖方垄断企业必须降低价格才能把所有的产品销售出去。不仅最后一单位的产品必须低价销售,之前的产品也必须以一个同样低的价格出售,所以企业的边际收益小于最后一单位产品的价格,即 $MR < P$。因此,边际收益产品(MRP)曲线位于边际产品价值(VMP)曲线的下方。如图 3-8 所示,劳动的边际收益产品曲线是一条向右下方倾斜的曲线,且倾斜的程度大于边际产品价值曲线。

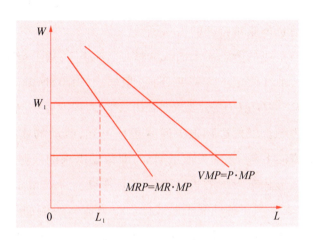

图 3-8　卖方垄断企业劳动边际收益产品曲线及劳动需求曲线推导

由于卖方垄断企业使用劳动的边际收益为要素的边际收益产品,使用要素的边际成本为要素价格,故卖方垄断企业使用劳动要素的原则可以表示如下:

$$MRP = W$$

或

$$MR \cdot MP = W \tag{3.19}$$

如果劳动的边际收益产品大于劳动价格,则增加使用劳动要素带来的收益就大于支付的成本,于是企业便倾向于扩大劳动使用量。随着劳动要素使用量的扩大,一方面劳动的边际产品下降,另一方面产品的边际收益也下降,从而劳动的边际收益产品将下降,最终下降到与劳动价格相等;反之,如果劳动的边际收益产品小于劳动价格,则减少使用劳动所损失的收益就小于所节省的成本,于是企业便倾向于缩小劳动使用量。随着劳动使用量的缩小,一方面劳动的边际产品将上升,另一方面产品的边际收益也上升,从而劳动的边际收益产品将上升,最终上升到也与劳动价格相等。

(二) 卖方垄断企业的劳动需求曲线

根据卖方垄断企业的劳动要素使用原则,我们可以推导其劳动需求曲线。我们将式

(3.19)所表示的劳动要素使用原则改写成下式：

$$MR \cdot MP(L) = W \tag{3.20}$$

在式(3.20)中，$MP(L)$是劳动的边际产品函数。在既定的产品需求函数和企业的生产函数下，我们可以得到产品的边际收益MR和劳动的边际产品函数$MP(L)$，从而上式确定了从劳动使用量L和劳动价格W之间的一个函数关系，即给定一个工资率W就有唯一的一个最优劳动使用量L与之对应。这个最优的劳动使用量就是劳动需求量。因此，式(3.20)确定了卖方垄断企业对劳动的需求函数。

我们考察卖方垄断企业的劳动需求曲线的特征。假定最初工资率和劳动数量使得劳动要素使用原则成立。现在假定工资率W下降，根据式(3.20)所确定的要素使用原则，劳动的边际收益产品$MR \cdot MP(L)$必然要求下降。下降的程度受产品的边际收益和劳动的边际产品两个因素的影响。根据边际报酬递减规律可知，劳动的使用量L增加才有可能达到目的。随着工资率的下降，劳动需求量增加，即劳动需求曲线是一条向右下方倾斜的曲线。对劳动需求曲线形状有影响的另一个因素是垄断企业产品的边际收益曲线，由于该曲线也是递减的，故也影响了劳动需求曲线向右下方倾斜并增加了下降的程度。因此，劳动需求曲线向右下方倾斜是由于边际报酬递减和卖方垄断企业边际收益递减共同造成的，而且比完全竞争条件下的劳动需求曲线更加陡峭。此外，我们可以进一步得到这样的结论：卖方垄断企业的劳动需求曲线与劳动的边际收益产品曲线完全重合。值得注意的是，卖方垄断企业的劳动需求曲线也是行业劳动需求曲线。

我们接下来考察其他行业多个企业共同调整的情况。当工资变动时，其他行业多个企业的共同调整会导致卖方垄断企业的劳动需求曲线脱离其边际收益产品曲线吗？我们只要考察垄断企业的边际收益曲线MR是否会因为劳动价格变动而发生变化即可，因为边际产品曲线MP显然是不变的。由于企业的产品的边际收益曲线完全由它所面临的产品需求曲线决定，故只要看劳动价格变化是否会改变企业所面临的产品需求曲线就可以了。但是，劳动价格的变动不会引起卖方垄断企业的产品需求曲线发生变动。原因有二：其一是由于整个行业就一个企业，卖方垄断企业自己的产量变化不会改变其所面临的产品需求曲线；其二是其他企业的产品与该卖方垄断企业的产品不同，如果不考虑不同商品之间的间接影响（产品的相互替代），那么其他企业产量的变动也不会改变该卖方垄断企业所面临的产品需求曲线。由此可以得到以下结论：如果不考虑某些较小的间接影响，则劳动价格的变化不会影响卖方垄断企业的产品需求曲线，从而不能影响它的边际收益产品曲线。换句话说，如果假定只使用劳动，则无论是否考虑其他行业多个企业的调整，卖方垄断企业的劳动需求曲线都等于其边际收益产品(MRP)曲线。

(三) 卖方垄断企业的市场劳动需求曲线

我们在上面考察了卖方垄断企业所面临的劳动需求曲线,下面我们考察卖方垄断企业面临的市场劳动需求曲线。假定在劳动市场上有 n 个企业,如果这 n 个企业均是各自产品市场上的垄断者,则它们的行业调整曲线也就是各自的边际收益产品曲线。在这样的情况下,市场的劳动需求曲线就是 n 个卖方垄断企业的边际收益产品曲线的简单水平相加,即:

$$D = \sum MRP_r \tag{3.21}$$

上述情况是将劳动市场所有企业简化为卖方垄断企业的情形。如果在劳动市场上的企业并非都是卖方垄断企业,而是有的企业有可能是各自产品市场上的卖方垄断者,另外一些可能构成了某几个产品市场上的寡头结构等。在这种情况下,整个劳动市场的需求曲线不再等于所有企业的边际收益产品曲线的简单水平相加,因为,许多企业的边际收益产品曲线并不就是它们在行业调整下的劳动需求曲线。为了得到市场的劳动需求曲线,仍需要求得每一个企业在各自行业调整情况下的劳动需求曲线,然后再将它们相加。换句话说,仍然要对每一个劳动价格分别求出每一个企业的劳动需求量,再将它们相加求和。

二、买方垄断企业的劳动需求分析

买方垄断企业是指企业在劳动市场上是垄断者,而在产品市场上是完全竞争者。我们从使用劳动要素的原则来看,买方垄断企业使用劳动要素的边际收益应该等于产品的边际收益与劳动的边际产品的乘积,即 $MRP = MP \cdot MR$。由于买方垄断企业在产品市场上是完全竞争者,故产品的边际收益等于产品的价格,因而劳动的边际收益就等于劳动的边际产品价值:$VMP = MP \cdot P$。从使用劳动的边际成本来看,由于买方垄断企业在劳动要素市场上是不完全竞争者,故劳动价格不是固定不变的,因而使用劳动的边际成本不再等于劳动的价格。我们在下面讨论买方垄断企业使用劳动的边际成本问题。

企业使用劳动的成本等于其所使用的劳动数量与劳动价格的乘积,而劳动价格通常又是劳动数量的函数,即企业所面临的劳动供给曲线。因此,只要知道了企业的劳动供给曲线就可以求得企业的劳动的边际成本函数。我们假定劳动的供给函数为 $W(L)$,则成本函数为 $L \cdot W(L)$,故使用劳动的边际成本函数(MLC)如下:

$$MLC = [L \cdot W(L)]' = W(L) + L \cdot dW(L)/dL \tag{3.22}$$

从上式可见，劳动的边际成本由两部分组成：第一部分是要素的价格 $W(L)$，表示企业为增加使用劳动所必须支付给新增加的劳动数量的价格，这是由于劳动数量增加而引起的成本增加；第二部分为 $L \cdot dW(L)/dL$，其中 $dW(L)/dL$ 反映了由于增加使用劳动而引起的劳动价格的变动，故第二部分表明企业所雇用的总劳动数量因价格变动而导致所支付的成本变动。我们知道，买方垄断企业与完全竞争企业的不同之处就在于其必须支付的工资取决于它所想要雇用的劳动数量。如果增加使用劳动就必须采取提高工资的办法，从其他的地方吸引工人，而这种工资的增加必须针对所有的工人，因为企业不大可能只对新雇用的工人支付高工资，而对原来已雇用的工人支付低的工资。买方垄断企业必须支付给所有工人相同的工资，才能保持工人的积极性。因此，增加劳动使用量的边际成本就应该包括支付给新增工人的工资和支付给所有其他工人比原来高的工资两个部分。

在构成劳动的边际成本的两个部分中，$W(L)$ 是企业所面临的劳动供给曲线。在买方垄断的条件下，由于买方垄断企业是劳动市场上的唯一购买者，因此它所面临的劳动供给曲线与市场的劳动供给曲线是一致的。由于市场的劳动供给曲线通常是向右上方倾斜的，即劳动的市场供给量随劳动价格的上升而增加，于是，$W(L)$ 向右上方倾斜，从而其导数 $dW(L)/dL \geqslant 0$。再由 MLC 的表达式可知：

$$MLC \geqslant W$$

即劳动的边际成本曲线位于劳动的供给曲线之上。如图3-9所示，横轴表示劳动数量，纵轴表示劳动的边际成本和工资率。其中，劳动供给曲线 $W(L)$ 表示吸引特定劳动数量所必须支付的工资，劳动的边际成本曲线 MLC 表示吸引最后一个工人的成本。由于 $MLC \geqslant W$，故 MLC 曲线总是位于供给曲线之上。两条曲线间的垂直距离代表对那些本来愿意在较低工资下工作的工人所多支付的工资。注意两条曲线是不平行的，MLC 曲线始终比供给曲线更加陡峭。

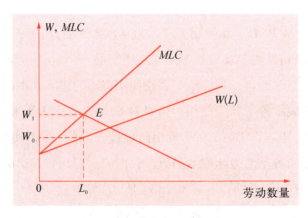

图3-9　买方垄断企业使用劳动要素的原则

根据买方垄断企业使用劳动的边际收益和边际成本相等的原则，我们将上述结论归纳成下式：

$$VMP = MLC \tag{3.23}$$

上式同完全竞争企业的劳动使用原则相比较，差别在于买方垄断企业的劳动的边际成本 MLC 不再等于劳动价格 W。正是由于这一差别，使得买方垄断企业的劳动需求理论大大不同于其他市场结构下的企业类型。

如图 3-9 所示，劳动的边际产品价值 VMP 曲线与劳动的边际成本 MLC 曲线的交点确定了买方垄断企业的最优劳动使用数量。当企业的劳动需求量确定为 L_0 时，劳动的价格如何决定呢？显然，它应该由劳动供给曲线 $W(L)$ 决定，即为 W_0。一方面，如果劳动价格低于 W_0，则企业不能吸收到足够的劳动量；另一方面，劳动价格也不会高于 W_0，因为既然企业能以 W_0 的价格吸收到足够的劳动量 L，故其不会支付更高的价格。

根据劳动需求函数的定义，显然，(L_0, W_0) 是需求曲线上的一点。如果我们通过式 (3.23) 再找到类似于 E 的点，那么，就可以推导买方垄断企业的需求曲线。然而，我们无法通过改变劳动价格找到另一个最优的劳动数量。如图 3-9 所示，我们任意确定一个工资率 W_1，只要它不等于 W_0，则不存在对应于该价格下的最优劳动使用量，因为在该工资率下，企业不可能找到某个劳动数量 L_1，使企业使用劳动要素原则 $VMP = MLC$ 成立。事实上，在这种情况下，工资率不可能为 W_1。因为假如一开始工资率为 W_0，则买方垄断企业为了利润最大化仍然决定使用的劳动数量为 L_0。一旦决定使用劳动数量为 L_0，则根据劳动供给曲线，买方垄断企业恰好能支付等于 W_0 的工资率。因此，式 (3.23) 模型本身只能决定一对劳动数量与劳动价格（即工资率）(L_0, W_0)，无法得到更多的需求曲线上的点，除非劳动的供给曲线发生变化。但是，当劳动供给曲线发生变化时，劳动的边际成本曲线也发生了变化，因而其与边际产品收益曲线的交点也发生变化，从而得到不同的工资率与劳动数量的组合点。那么按照这种方法能否得到买方垄断企业的劳动需求曲线呢？我们在下面进行分析。

如图 3-10 所示，劳动供给曲线 $W(L)$ 和劳动的边际成本曲线 MLC 为初始的状况，它们与边际产品价值曲线 VMP 一起共同决定了劳动价格 W_0 和劳动需求数量 L_0。现在假定劳动供给曲线变动到 $W_1(L)$，从而引起劳动的边际成本曲线变动到 MLC_1，它们与 VMP 曲线一起决定了新的劳动价格 W_0 和劳动需求数量 L_1。现在的情况是，相同的劳动价格有两个不同的最优劳动需求量，这样劳动价格与劳动需求量之间不存在一一对应的关系。由此我们可以得到结论，买方垄断企业的劳动需求曲线是不存在的。

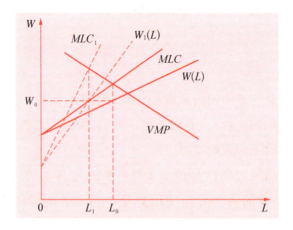

图 3-10 既定劳动价格下的多种需求量

尽管买方垄断企业的劳动需求曲线不存在，我们仍然可以通过其他的方式对其劳动需求问题进行分析。一般来说，买方垄断对劳动价格和劳动需求数量的影响很大程度上受制于劳动供给曲线的形状。如果劳动供给曲线越陡峭，那么买方垄断对劳动价格所产生的影响就越大。尤其当劳动供给曲线垂直时，买方垄断企业甚至可以用比竞争性市场均衡工资率低得多的劳动价格雇用到同样数量的劳动力。

第四节　劳动需求弹性

我们知道，当劳动价格即工资率发生变化时，劳动的需求量会发生变化。例如，工资率上升会导致劳动需求量下降。但是，我们这样的分析仅仅是从定性的角度作出的。本节将从定量的角度，分析工资率的变化到底会引起劳动需求数量发生多大的变化。

劳动需求对应于工资率变化的反应幅度通常是用**弹性**的概念来考察的。我们在本节首先考察弹性的一般性含义；其次，考察劳动需求的工资弹性；最后，考察影响劳动需求工资弹性的因素。

一、弹性的一般含义

弹性概念是经济学中的一个重要概念，是定量分析的一种重要方法。一般来说，只要两个经济变量之间存在着函数关系，我们就可以用弹性来表示因变量对自变量的反应的敏感程度。我们一般用自变量变动的百分比所引起的因变量变动的百分比来表示。在经

济学中,弹性的一般公式用下式表述:

$$弹性系数 = 因变量的变动比例 / 自变量的变动比例$$

假定两个经济变量之间的函数关系为 $Y = f(X)$,具体的弹性公式为:

$$e = (\Delta Y/Y)/(\Delta X/X) = (\Delta Y/\Delta X)/(X/Y) \tag{3.24}$$

在式(3.24)中,e 为弹性系数,ΔX 和 ΔY 分别为 X 和 Y 的变动量。

如果经济中自变量的变化量趋于无穷小,即当 ΔX 趋向于零,ΔY 也趋向于零时,则弹性公式为:

$$e = \lim[(\Delta Y/Y)/(\Delta X/X)] = (dY/dX) \cdot (X/Y) \tag{3.25}$$

我们通常将(3.24)式称为弧弹性公式,将(3.25)式称为点弹性公式。需要指出的是,弹性概念是一个比值,是一个具体的数字,它和自变量和因变量的度量单位无关。我们在下面探讨劳动需求的工资弹性以及影响该弹性的各种因素。

二、劳动需求的工资弹性

劳动需求的工资弹性是指当工资率变化一个百分率所引起的劳动需求变化的百分率的比值。用以下公式表述:

$$e_d = -(\Delta L/L)/(\Delta W/W) = -(\Delta L/\Delta W)/(W/L) \tag{3.26}$$

在式(3.26)中,e_d 为劳动需求的工资弹性,ΔL 和 ΔW 分别是劳动需求数量 L 和工资率 W 的变动量。由于劳动需求曲线是一条向右下方倾斜的曲线,因此,劳动需求数量和工资率的变动方向相反,即工资率上升,劳动需求数量下降,故劳动需求的工资弹性为负,但为了计算的方便,一般弹性的定义公式中加上负号。

对劳动经济学家而言,劳动需求的工资弹性的绝对值是以 1 为临界点来衡量的。弹性的绝对值一般在 0 和 ∞ 之间,即 $0 < |e_d| < \infty$。当劳动需求的变化率小于工资的变化率,即 $0 < |e_d| < 1$ 时,我们通常称劳动需求曲线缺乏弹性。当劳动需求的变化率大于工资的变化率,即 $1 < |e_d| < \infty$ 时,我们通常称劳动需求曲线富有弹性。当劳动需求的变化率等于工资的变化率,即 $|e_d| = 1$ 时,我们称劳动需求曲线具有单位弹性。当劳动需求的变化率等于零,即 $|e_d| = 0$ 时,我们称劳动需求曲线完全缺乏弹性。当劳动需求的变化率趋向于无穷大,即 $|e_d| = \infty$ 时,我们称劳动需求曲线完全富有弹性(如图 3-11 所示)。

劳动需求的工资弹性与需求曲线的斜率有关,但不完全相同。一般的经验规律是,

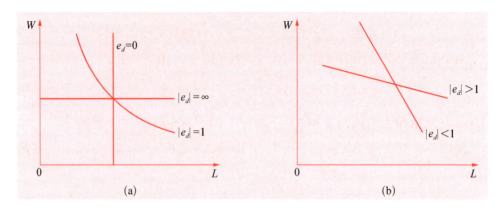

图 3-11　五种类型的劳动需求的工资弹性

陡直的需求曲线弹性较小,而平坦的需求曲线弹性较大。但是,劳动需求的工资弹性与需求曲线的弹性是不同的,劳动需求曲线的斜率是工资和劳动需求数量变动量的比值关系,而弹性公式则是两者变动率的比值关系。工资弹性与斜率的这种关系应引起我们的注意。

三、希克斯—马歇尔派生需求定理

我们考察影响劳动需求的工资弹性的因素。在劳动经济学中,对影响劳动需求的工资弹性的因素的讨论可以归结为所谓的"希克斯—马歇尔派生需求定理"①。该定理认为在保持其他条件不变的情况下,下述情况将使得某类劳动需求曲线具有很高的劳动需求的工资弹性:第一,劳动投入与其他生产要素之间的可替代性越大;第二,对利用该类劳动要素所生产的最终产品的需求弹性越大;第三,其他生产要素的供给弹性越大;第四,该类劳动成本占总生产成本的比重越大。从经验命题的角度来看,上述定理一般是正确的,并且前三条总是成立的,最后一个命题只是在有些情况下不成立。

根据本章的第二节的分析我们知道,工资率提高对劳动需求的影响分为两个部分:第一,工资率上升将提高使用该类劳动的相对成本,雇主将减少使用该类劳动,增加使用其他要素投入,我们将之称为替代效应;第二,工资上升将引起生产的边际成本上升,提高产品价格和削减产量的压力会随之出现,导致劳动需求下降,我们称之为规模效应。我们在下面就运用这两个效应来解释以上四个命题。

---

① 该定理首先由英国经济学家阿尔弗雷德·马歇尔提出,后由英国经济学家约翰·希克斯作了重大的发展。可参见:Alfred Marshall, *Principles of Economics* (8th ed.), London: Macmillan, 1923, pp.518-538;John R. Hicks, *The Theory of Wages* (2th ed.), New York: St. Martin's Press, 1966, pp.241-247。

（一）要素之间的替代弹性

希克斯—马歇尔第一定理是：在其他条件相同的情况下，其他生产要素对劳动要素的替代越容易，则劳动需求的工资弹性就越高。我们知道，当某类劳动的工资率上升，企业倾向于使用其他相对便宜的生产要素对之进行替代。我们可以从等产量曲线的形状很容易地得到这一结论。在其他情况相同的条件下，等产量线越是平坦，工资率的一个给定变化引起的替代效应就越大。图3-12和3-13说明了劳动需求的不同弹性对于一个受产量约束的成本最小化者的效应。在每一幅图中，实线表示等产量线，而两条虚线表明了可供选择的两种要素价格比率，在其他条件相同的情况下，较大的斜率意味着比较小的斜率具有一个更高的劳动—资本价格比。图3-12表明，在完全互补的情况下，由于企业只能以单一的资本与劳动比率的技术进行生产，这意味着劳动与资本在技术上是不能替代的，故相对价格变化对要素选择没有什么影响。图3-13表明，资本和劳动两种生产要素在技术上是可以替代的，因此，某种生产要素的价格发生变化时，企业将用较便宜的生产要素对之进行替代。在图3-13中，当工资率下降时，企业将用劳动替代资本，故企业使用要素的变化是从 e 到 f 的移动，即劳动要素从 L_1 增加 L_2，资本要素从 K_1 减少到 K_2。

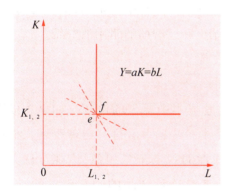

图3-12 完全互补下相对价格变化对要素选择的影响

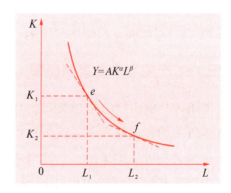

图3-13 完全替代下相对价格变化对要素选择的影响

应该注意的是，对替代可能性的制约不仅限于技术，还存在一些制度上的有关规定，这些规定使得企业无法通过资本对劳动进行替代。例如，在西方国家的劳资协议中工会有时强加的一些特殊工作规定就会限制对劳动的替代。再例如，政府出于安全的考虑，以法律的形式对某些工作规定最低的雇用量或最高雇用量等。比如，美国纽约州规定每个公共游泳池必须时刻有一名救护人员，因而提高了救护人员的需求。此外，由于企业一般在长期可以灵活地调整资本存量，使得有些短期内不可行的替代在长期内却变得可行。例如，当游泳池救护人员的工资上升，城市有可能减少游泳池的数量，同时扩大单个游泳池的规模。但是,这种调整只能在长期中发生,这也是长期劳动需求比短期更富有弹性的原因。

(二) 最终产量需求的价格弹性

希克斯—马歇尔第二定理指出,当产品需求的价格弹性越大,那么用来生产这种产品的劳动需求的工资弹性也就越大。这一命题直接来自这样的事实:劳动需求是一种派生需求,因此,在其他条件不变的情况下,劳动数量直接取决于产品市场所需要的产出量。这样,第二条定理就同规模效应而不是替代效应联系在一起。当工资率下降时,生产产品的成本和价格也下降,从而导致产品市场的需求增加。如果产品的需求曲线越富有弹性,在其他情况相同的条件下,则产品价格下降所引起的总需求水平的提高就越大;如果产品需求完全无弹性,那么工资的下降只会通过替代效应导致行业整体对劳动需求的增长,此时规模效应为零。因此,在其他条件相同的情况下,产品需求越富有弹性,价格的任何一点下降都将使市场提供更多的额外产品。在这种情况下,存在一个较大的产量效应使劳动需求大量地上升。应该注意的是,产品需求的价格弹性在长期比在短期更大,从而劳动需求的工资弹性也是如此。这是因为,在长期中,产品市场需求的价格弹性高;在短期中,某种产品或者没有很好的替代品,或者消费者只使用已有的耐用消费品,但是,经过一段时间后,用以替代的新产品被生产出来,消费者开始更新已磨损的耐用消费品。

(三) 生产成本中要素的份额

希克斯—马歇尔第三定理关系到劳动要素在总成本中所占的份额。如果总成本中劳动成本所占的比例越高,那么,劳动需求的工资弹性就越大。这一定理受到人们广泛的接受是因为它可能同运用于产品需求的价格弹性的观点十分相似,该观点认为消费者收入中用于某种产品支出的比例越小,则消费者对这种产品的需求就越缺乏弹性。例如,某种劳动成本占总成本的最初比例是 20%,在其他条件不变时,若工资率上升 10%,总成本将增加 2%;如果最初的比例不是 20% 而是 80%,那么当工资率同样上升 10% 时,总成本将增加 8%。由于在后一种情况下,企业被迫更多地提高产品价格,则产量和劳动需求量下降的幅度将更大。因此,劳动需求的工资弹性受其在总成本中所占份额的影响很大。

然而,马歇尔当初提出这一命题时,没有注意到这一定理在某些条件下是不成立的。希克斯后来通过运用一个更复杂的包括一个替代弹性条件在内的公式,证明这一命题的有效性取决于这种产品需求价格弹性的相对范围 ξ_p,以及各种投入之间的替代弹性 σ。当产品需求弹性大于各种投入之间的替代弹性,$\xi_p > \sigma$,马歇尔命题就是正确的;但是,当

$\xi_p < \sigma$ 时相反的命题也是正确的。实际上,相反的情形是由个人能够调整其消费商品组合(用 ξ_p 表示)的相对容易程度以及生产者使用的各种投入要素之间的替代程度所决定的。

(四)其他要素的供给价格弹性

希克斯—马歇尔第四定理指出,如果与某一特定要素协同生产的其他生产要素的供给越富有弹性,那么对该特定要素的需求就越富有弹性。假定劳动和资本两种要素是替代品,那么在其他情况相同的条件下,工资率的下降将会使企业在生产过程中倾向于利用劳动替代资本。如果假定忽略产量的规模效应,替代效应最终将会减少对资本的需求。如果行业的资本供给曲线高度富有弹性,那么资本的价格将大致保持不变,我们可以充分观察到替代效应。然而,如果资本供给曲线是缺乏弹性的,相同的替代弹性就会导致资本价格相对较大的下降,并且等成本线的斜率变化不是太大。这一观点同样适用于存在产量扩张的规模效应情况。任何由工资率的下降所引起的对资本的替代,都或多或少被产量扩张而引起的资本增加效应所抵消。如果对资本的替代导致资本价格产生较大的下降,这将强化产量扩张的规模效应,并且其净效应是使得劳动需求更富有弹性。

第五节 劳动需求理论在政策上的运用

在本节中,我们把劳动需求理论运用到两个重要的政策领域以说明其有用性。其一,运用劳动需求理论对最低工资立法的劳动市场效应进行分析;其二,利用劳动需求理论分析劳动市场中互补性要素和替代性要素之间的相互影响。

一、最低工资立法的经济学分析

最低工资立法是各国政府保护劳动者的一项重要法律,其中心目的是以法律形式来保证工薪劳动者通过劳动所获得的最低工资能够满足其自身及其家庭成员的基本生存需要。19世纪末,新西兰和澳大利亚最早开始实行最低工资立法。其后,英国、法国、美国等国家也根据本国实际,分别从保障非熟练工人、女工、童工得到最低工资出发,以立法形式建立了各自的最低工资制度。例如,美国在1938年颁布了《1938年公平劳动标准法》,其条款中规定了最低工资率、加班工资津贴和禁止使用童工等内容①。20世纪工人运动的高涨使得资本主义国家很快普遍实施了最低工资立法。二战后,发展中国家也开始制定最低工资立法。我国的最低工资立法始于1992年,当时深圳和珠海分别颁布了《关于公布深圳地区1992年度企业最低工资的通知》和《关于公布珠海地区1992年度企业最低工资的通知》。迄今为止,尽管我国各地都制定了不同的最低工资标准,但还没有完善的最低工资立法。

自最低工资立法出现以来,经济学家一直担心这项政策是否会减少就业量,尤其是担心减少那些受最低工资立法保护的阶层的就业量。那么,最低工资立法究竟对劳动市场产生什么影响呢?我们在下面运用劳动需求理论对之进行分析。

为了便于理论分析,我们假定劳动需求曲线向右下方倾斜,同时经济中存在着许多不同类别的工人,这些工人根据技术的熟练程度排列,每一类技术工人都存在着一个均衡工资。如果经济中存在着最低工资的规定,那么最低工资至少会超过某些类别的工人的均衡工资,否则最低工资就不会起作用。

如图3-14所示,横轴代表劳动数量L,纵轴代表不同类别工人的均衡工资率W。假定市场均衡工资是W_0,法定最低工资是W_1。只要劳动需求倾斜向下,最低工资立法一方面提高了工资率,另一方面减少了就业数量。这一结论虽然简单,但很重要。因为,有效的最低工资立法减少就业机会。就业损失的大小既取决于W_0和W_1之间的差,又取决于劳动需求曲线的弹性。劳动需求曲线越富有弹性,工资差别就越大,造成的就业损失就越大。因此,我们可以得到如下结论:最低工资立法的就业效应对于那些在没有立法情况下工资会最低的工人来说,恰好是最大的。对这些人来说,最低工资立法是一把双刃剑,虽然减少了就业的可能性,但增加了那些保持就业的工资率。

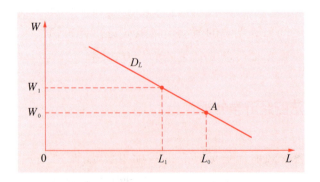

图3-14 最低工资的就业效应

---

① 伊兰伯格、史密斯,《现代劳动经济学——理论与公共政策(第六版)》,中国人民大学出版社,1999年,第107页。

我们在上面考虑的是那些实行最低工资立法的部门。事实上,在一个经济中,还有一些与法律规定不一致的地方,即经济中存在着一些没有实行最低工资立法的部门。我们也对此作出分析。如图3-15所示,分别为实行最低工资立法的部门和未实行工资立法的部门。最初,两个部门的工资率是相同的,都为W_0,因为在引入最低工资之前,两个部门之间没有区别。以后实行最低工资的部门工资上升到W_1,但就业下降到L_1。那么,该部门中没有找到最低工资职业的工人有两种选择:第一,如果他们愿意在W_0或更低工资处工作,他们可以到未实行最低工资的部门去寻找职业。但是,这样做将会使劳动供给曲线右移,减少了未实行最低工资法的部门的工资率。如图3-15(b)所示,劳动供给曲线从S_0外移到S_1,工资从W_0降低到W_2,就业从L_0上升到L_2。第二,如果它们不愿意在W_0或更低工资率下就业,就会形成自愿失业。从上面的分析可知,总体来看工人的平均工资率是否上升、总就业是否下降都是不清楚的。因为,在未实行最低工资立法的部门,可能会降低工资率而提高就业量;而在实行最低工资立法的部门,由于工资率上升,可能减少了就业量。总体来看,整个经济是增加还是减少就业量、平均工资率是上升还是下降,是不完全清楚的。

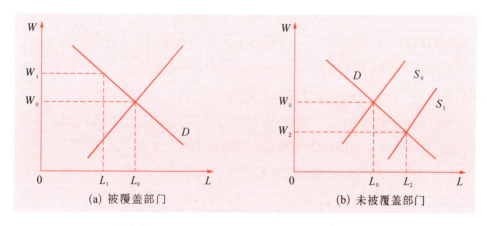

图3-15 经济中不完全覆盖最低工资的就业效应

有些学者对上述分析存有异议。其中有些学者认为劳动市场可能是非竞争性的,即是垄断性的。在这种情况下,最低工资立法引起的工资增加实际上会造成就业上升。而有些学者认为,最低工资立法可能对劳动市场产生了所谓的冲击效应,即如果确定了一个最低工资,工资率上升了,受影响的企业将被迫变得更有效率,以补偿较高的劳动成本。因此,最低工资立法被认为是一件好事。但是,这种观点存在以下问题:它假定企业基本上是无效率的,而又未能说明为什么是没有效率的。事实上,大多数经济学家的结论恰恰相反,他们认为竞争迫使企业有效率。如果是这样的,冲击效应的论据就失去了意义[1]。

---

[1] 萨尔·D.霍夫曼,《劳动力市场经济学》,上海三联书店,1989年,第80—84页。

此外，许多学者对最低工资立法如何影响劳动市场的过程进行了实证研究。应该说，运用劳动需求理论对最低工资立法如何影响劳动市场的定性分析结论是清楚的，但具体的影响程度却不清楚。然而，这些影响的定量分析对于评价最低工资政策又是极端重要的。就对美国经济的实证研究来说，其基本结论是：最低工资对减少失业或使家庭收入分配比较平等的作用是很小的。有两个主要原因造成了这样的结果。第一，如果最低工资试图以向家庭的主要收入获得者提供足够的工资以减轻贫困，那最低工资就规定得太低了。即使他们按最低工资全日工作，也会使家庭处于官方规定的贫困线以下。第二，最低工资使一些工人能够得到比以前更高的工资，从这个意义上说，不仅帮助了低收入家庭的成年人，也帮助了许多留在家庭的青少年。这说明在低收入家庭，通常成年人是唯一的收入获得者，而在较高收入家庭，最低工资工人几乎总是青少年。结果，最低工资的增加对缩小贫困家庭的收入差距不可能起多大作用[①]。

二、生产要素的替代性和互补性与需求分析

在经济中，我们常常发现如下一些问题：技术工人数量发生变化会影响非技术工人的工资、妇女参加工作影响男性工人的工资等。这些问题都被称为劳动之间的替代或者互补的问题，我们可以利用劳动需求理论对之进行分析。

为了分析以上问题，我们引入两个新概念作为分析的基础，即互补性生产要素和替代性生产要素。我们根据增加或减少一种生产要素是否使另一种生产要素的生产率增加或减少的关系，将不同的生产要素划分为互补性生产要素和替代性生产要素。所谓互补性生产要素是指，当生产要素 A 的数量增加时，生产要素 B 的边际生产率上升，则称生产要素 A 与生产要素 B 是互补的，或者称生产要素 A 是生产要素 B 的互补性生产要素。相反，替代性生产要素是指，当生产要素 A 的数量增加时，将会导致生产要素 B 的边际生产率下降，则生产要素 A 是生产要素 B 的替代性生产要素。如果生产要素 A 的增加对生产要素 B 的边际生产率没有任何影响，那么，这两种生产要素就被称为独立的生产要素。

利用上述假设，我们分析当一种生产要素的价格发生变化时，作为互补性生产要素和替代性生产要素的价格如何发生变化。在互补性生产要素的条件下，当生产要素 A 的价格下降，则会增加对 A 的需求；由于生产要素 A 的增加，则提高生产要素 B 的边际生产率。生产要素 B 的边际生产率的提高将会促使企业增加对 B 的需求，从而在其他情况相同的

[①] 伊兰伯格、史密斯，《现代劳动经济学——理论与公共政策（第六版）》，中国人民大学出版社，1999 年，第 112—115 页。

条件下生产要素 B 的价格将会上升。在替代性生产要素的条件下,生产要素 A 的价格的下降将会导致生产要素 B 的边际生产率下降,从而导致企业减少对生产要素 B 的需求,使得生产要素 B 的价格下降。

我们运用生产要素的互补性和替代性可以分析本部分开头提出的问题。首先分析技术工人数量变化对非技术工人的影响。一般来说,技术工人同非技术工人是互补性生产要素的关系,因此,当技术工人的工资率下降时,企业将增加雇用技术工人,因而对非技术工人的需求也将增加,导致非技术工人的工资率上升。

其次,我们分析女性进入劳动市场对男性工资率的影响。如果男女在不同的经济部门工作,男性劳动者和女性劳动者就是独立生产要素,故女性对劳动市场的参与不会对男性的工资率造成影响。如果男女劳动者在同一工作中,其中男性劳动者处于管理地位,女性劳动者受到男性劳动者的管理和指挥,男性劳动者和女性劳动者为互补性生产要素。此时,女性劳动者的进入将增加对男性劳动者的需求,因而提高了男性劳动者的工资率。一般来说,由于女性劳动者与男性青年劳动者和非熟练工人是替代性生产要素,因此,女性劳动者的市场参与将降低男性青年劳动者和非熟练工人的工资率。

最后,我们考察政府规划增加资本投资对工资率的影响。我们对劳动需求理论中的分析前提进行扩展,将生产函数中的两个生产要素(劳动和资本)扩展为三个生产要素,即资本、熟练劳动和非熟练劳动。如果非熟练劳动和资本是替代性生产要素,和熟练劳动是互补性生产要素,那么增加资本投资将会减少非熟练劳动者的工资,增加熟练劳动者的工资。由于非熟练劳动者的工资一般都低于熟练劳动者,故政府增加资本投资会使得熟练劳动者与非熟练劳动者之间的收入分配更加扩大。

总之,生产要素间互补性和替代性关系理论本身没有为政府政策提供一个标准答案,但它却为政策分析提供了一个有用的分析框架。

三、就业保护在劳动力市场中的作用

就业保护是为了构建稳定的劳动关系而制定的关于雇佣和解雇的限制性规定。例如,在雇佣方面,对固定期限劳动合同的使用进行限制;在解雇方面,要求雇主提前发布解雇通知或支付解雇费。就业保护制度的核心目标,是增加工作的安全性,以减少经济不确定性给劳动者带来的负面影响。在现实经济中,劳动立法在就业保护制度中扮演着重要的角色。

自 20 世纪 70 年代以来,经济学界倾向于用宏观经济理论来解释劳动力市场的现象。然而,进入 21 世纪后,劳动力市场制度研究取代了宏观经济政策成为研究的重点问题。

其中,就业保护制度与劳动力市场灵活性密切相关,其核心内容是对就业的影响,尤其是对企业劳动需求方面的影响。分析就业法律保护对劳动力市场的影响,主要可以从积极效应和消极效应两个方面展开。

(1) 从积极效应角度看,就业保护法律的出现主要是为了纠正市场失灵和不公正。具体包括以下四个方面:第一,限制不公平的劳动市场权力。一方面,在劳动合同执行的过程中,劳动者须服从雇主的指示与管理,由于雇主与劳动者的从属关系,劳动者处于更为弱势的地位;另一方面,在普通的诉讼过程中,雇主往往掌握更多的经济、政治和法律资源,劳动者容易处于不利的位置。因此,政府制定就业保护法律,通过立法限制雇主随意解除和终止劳动合同的行为,对劳动者的权益进行倾斜性保护[1]。第二,促进企业专用人力资本投资。在缺乏就业保护、劳动关系不稳定的情况下,失去工作的风险会降低工人进行专用人力资本投资的积极性,导致专用人力资本投资低于社会最优水平。就业保护水平比较低的时候,增加解雇成本有利于增加专用人力资本投资,就业保护有利于提高专用人力资本投资的回报率,从而提高生产率[2]。第三,增强员工满意度和劳资合作。稳定的劳动关系为员工信任企业、忠诚于企业提供了重要的基础,增加工作稳定性的就业保护法律有利于提高工人的满意度,促进工人与企业更好地合作。有安全感的员工更愿意接受企业引进的新技术和业务重组,有利于促进新技术形成,从而增加企业内部的灵活性,增强企业的核心竞争力,提高生产率。第四,提供保险机制和改进社会福利。劳动力市场的不确定性使劳动者的收入也面临着不确定性,就业保护提供了一种保险机制,有利于改进社会福利,雇主和劳动者都可以从中获益[3]。由于信息不对称,企业难以甄别解雇风险较高的劳动者,所以公司提供私人合同的就业保护期望收益会下降。因此,需要就业保护立法对劳动合同进行统一规范[4]。

(2) 从消极效应方面看,就业保护法律的实施,增加了企业的劳动力调整成本,限制了劳动力市场的灵活性。第一,劳动力调整成本会减缓企业的劳动力调整速度,当发生外部经济冲击时,企业应对经济波动的劳动力调整数量会有所减少[5]。已有研究表明,高就业保护显著降低了一个国家的劳动力调整速度,在就业保护较为严格的德国、法国和比利

---

[1] G. Betcherman, A. Luinstra, M. Ogawa, Labor Market Regulation: International Experience in Promoting Employment and Social Protection, Social Protection Discussion Papers, 2001.

[2] M.Belot, J.Boone, J.V.Ours, Welfare-Improving Employment Protection, *Economica*, 2007, 74(295): 381-396.

[3] S. Nickell, R. Layard, Chapter 46 Labor Market Institutions and Economic Performance, *Handbook of Labor Economics*, 1999, 3(99): 3029-3084.

[4] Christopher A. Pissarides, Employment Protection, *Labour Economics*, 2001, 8(2): 131-159.

[5] S.J.Nickell, Dynamic Models of Labour Demand, *Handbook of Labor Economics*, 1986, 1: 473-522.

时,制造业部门的劳动需求应对产出变化的调整速度远低于管制宽松的美国①。还有的学者认为,就业保护法律的一个重要效应是影响公司的进入和退出,就业保护带来劳动力调整成本的增加,会同时降低就业创造和就业毁灭,因而减少工作流动②。第二,就业保护法律也可能对生产率产生影响。这是因为,就业保护规定阻碍市场资源的有效配置,降低了劳动力市场灵活性,不利于新技术和产品的研发和改进。同时,劳动者解雇成本的提高,会带来劳动力边际收入产品和边际成本的差异,扭曲资源配置,造成效率损失③。第三,就业法律保护对长期失业产生影响。就业保护法律减少了流入失业群体的劳动者数量,但也使失业劳动者更难找到工作,流出失业群体的劳动者数量也减少了,这就会造成长期失业问题。一些学者通过跨国数据分析,发现就业保护法律降低了劳动力市场流动,显著增加了长期失业④。然而,就业保护法律对整体就业水平的影响目前尚未得出一致结论,有的学者认为,就业保护法律可能对不同劳动者群体的影响不同,使得青年、女性、移民和非技术工人就业更加困难,获得长期工作也更加困难⑤。

事实上,很多研究都指出,就业保护制度通过规定雇佣和解雇规则,增加了企业的劳动力调整成本,从而减缓劳动需求调整速度,导致劳动力市场的僵化。在我国,随着2008年《劳动合同法》的实施,对企业的雇佣和解雇行为进行管制,就业保护制度逐渐成为社会关注的热点。《劳动合同法》颁布后,在社会上引起了激烈的争论,经济学家和法学家围绕就业保护是否过于严格、相关规定是否有损经济效率、如此的保护标准能否从实质上改善劳动者的境遇等问题提出了不同的看法。一方面,用人单位随意解除和终止劳动关系已经成为引发劳动争议的一大重要原因,而劳动关系不稳定又容易加剧其他方面的劳资冲突,因此,规范用人单位的雇佣和解雇行为是构建和谐劳动关系的必要举措;另一方面,严格的就业保护制度,可能给劳动力市场带来负面影响,降低经济效率,导致与欧洲国家类似的僵化和高失业问题。在我国,就业法律应该对劳动者保护到什么程度? 又是通过何种机制对劳动力市场产生作用的? 对这些问题的回答,需要结合我国的实际情况,从理论和经验的研究视角,全面评估就业保护制度对劳动力市场的影响。

---

① K. G. Abraham, S. N. Houseman, Does Employment Protection Inhibit Labor Market Flexibility? Lessons from Germany, France, and Belgium, *Digestive Diseases & Sciences*, 1993, 40(11): 2481-2486.

② P. Garibaldi, Job Flow Dynamics and Firing Restrictions, *Economic Journal*, 1995, 117(521): 279-301.

③ A. Petrin, J. Sivadasan, Job Security Does Affect Economic Efficiency: Theory, a New Statistic, and Evidence from Chile, NBER Working Paper No. 12757, Issued in December 2009.

④ O.Blanchard, P.Portugal, What Hides behind an Unemployment Rate: Comparing Portuguese and U.S. Labor Markets, *American Economic Review*, 2001, 91(91): 187-207.

⑤ L.M.Kahn, The Impact of Employment Protection Mandates on Demographic Temporary Employment Patterns: International Microeconomic Evidence, *The Economic Journal*, 2007, 117(521): 333-356.

四、贸易与劳动力需求

从20世纪初期开始学者们就开始探讨贸易与就业的关系问题,该领域的焦点之一是探讨贸易自由化对劳动需求数量的影响。

20世纪70年代,安妮·克鲁格主持研究了10个发展中国家的贸易情况,她通过系统分析后认为,实行出口导向的国际贸易战略可以促使发展中国家在国际市场上获得廉价劳动力等资源的比较优势,扩大生产和出口资本比率低的商品,从而加快国内产业发展,吸纳更多的劳动力[1]。进入20世纪90年代,发展中国家纷纷开始了市场化和贸易自由化改革,这段时间的研究发现贸易自由化能促进国内就业,而设置贸易壁垒将会对就业数量产生副作用[2]。关于作用机制,主要包括以下三个方面:(1) 促进劳动密集型产业较快增长的国际贸易战略会有助于整个社会就业机会的增加,同时,选择以出口为主的开放性的贸易战略将会更有助于发展中国家的就业增长;(2) 如果一种贸易政策使所有产业和企业采用劳动密集型的技术,这将会影响到所有产业的资本比率,从而相应提高整个经济的就业水平;(3) 贸易对一个发展中国家就业水平的影响程度还与国内生产要素市场的扭曲有关,而汇率是连接国内外商品市场和金融市场的一条重要纽带,一国汇率贬值对产业和就业有扩张性作用,会增加国外市场对本国产品的需求,从而刺激本国生产规模的扩大和就业率的提高。

国内有关贸易或贸易自由化对就业影响的实证研究发现,除了产成品角度,中间品贸易自由化显著促进了制造业企业的就业净增长,并且是通过"提高就业创造"与"降低就业破坏"两个渠道同时起作用的[3]。

根据经济学理论,劳动需求弹性增加意味着同一外生冲击将带来劳动力市场上较大的工资和就业波动,所以劳动需求弹性的分析对理解贸易对就业的影响非常重要。Rodrik (1997)的研究发现[4]:第一,贸易开放度提高将使本国厂商获取进口中间投入品的种类增加、成本降低,从而对国内劳动要素产生更强的替代性。生产要素替代弹性上升将导致行业劳动需求弹性提高。第二,更为自由的国际贸易将会增大国内各行业最终产品的需求弹性,这将进而提高行业劳动的需求弹性。上述第一种影响机制常被称作"替代效应",第二种机制则被称作"规模效应"或"产出效应"。国内的实证研究也发现贸易自由化提高

---

[1] 安妮·克鲁格,《发展中国家的贸易与就业》,上海世纪出版股份有限公司,2015年。
[2] 尹希果、印国樱、李后建,"国际贸易对就业影响研究述评",《经济学动态》,2009年第8期,第135—139页。
[3] 毛其淋、许家云,"中间品贸易自由化与制造业就业变动——来自中国加入WTO的微观证据",《经济研究》,2016年第1期,第69—82页。
[4] D. Rodrik, Has Globalization Gone Too Far, Washington, D.C.: Institute for International Economics, 1997.

了中国劳动力市场的需求弹性。但是,劳动需求弹性的变化方向及程度存在行业差异,贸易提高劳动需求弹性主要通过增强其他生产要素与劳动力之间的替代效应发生作用[①]。

此外,FDI 流入与外包也提高了中国制造业劳动需求弹性[②],这意味着劳动供给方的地位被相对削弱,劳动需求的冲击将会带来更大的工资和需求波动。

上述分析表明在分析贸易开放或贸易自由化对劳动力就业产生的影响时,单纯考虑对劳动力产生的数量冲击是远远不够的,还要考虑贸易开放及 FDI、外包等对劳动力市场需求弹性的影响。

本 章 小 结

本章考察了劳动市场的一个重要方面,即劳动需求问题。与产品市场需求不同,劳动需求是一种派生需求。劳动需求受到许多因素的影响,其中最重要的是厂商所使用的技术、厂商的经济目标、时间的长短以及社会制度环境等。

企业对劳动的需求取决于企业使用劳动要素的原则,即增加一单位劳动所增加的边际成本与该单位劳动所带来的边际收益应该相等。然而,企业在不同的市场结构下对劳动的需求是不同的,原因是不同市场结构下使用劳动要素的边际成本和边际收益不同。在完全竞争的条件下,企业使用劳动要素的边际成本等于劳动的价格即工资率 W,边际收益等于劳动的边际产品价值。企业对劳动的需求曲线恰好与劳动的边际产品价值曲线重合。

在完全竞争的条件下,企业在长期和短期的劳动需求曲线是不同的。短期劳动需求曲线相对更为陡峭,而长期劳动需求曲线则较为平坦。换句话说,长期劳动需求曲线具有更大的弹性。这是长期劳动需求曲线与短期劳动需求曲线的重要区别。

本章也对企业在不完全竞争的市场结构下的劳动需求进行了探讨。在卖方垄断的条件下,企业使用劳动的边际成本为劳动的价格即工资率 W,使用劳动的边际收益为边际收益产品。根据卖方垄断企业使用劳动要素的原则,我们最终可以推导出企业对劳

---

① 李娟、万露,"贸易自由化加剧就业市场波动了吗?——基于劳动需求弹性角度的实证检验",《世界经济研究》,2014年第6期,第35—42页。

② 周申、易苗、王雨,"外商直接投资、外包对中国制造业劳动需求弹性的影响",《经济经纬》,2010年第1期,第38—41页。

动的需求曲线,并且企业的劳动需求曲线与市场需求曲线重合。但是,在买方垄断的条件下,根据买方垄断企业使用劳动要素的原则,我们无法推导出买方垄断企业的需求曲线,因而也无法得出市场的需求曲线,原因是劳动价格与需求数量之间不存在一一对应的关系。

劳动需求的工资弹性主要从定量的角度对企业的劳动需求问题进行了考察。影响劳动需求的工资弹性问题可以归结为所谓的"希克斯—马歇尔派生需求定理"。该定理认为在保持其他条件不变的情况下,下述情况将使得某类劳动需求曲线具有很高的劳动需求的工资弹性:第一,劳动投入与其他生产要素之间的可替代性越大;第二,对利用该类劳动要素所生产的最终产品的需求弹性越大;第三,其他生产要素的供给弹性越大;第四,该类劳动成本占总生产成本的比重越大。从经验命题的角度来看,上述定理一般是正确的,并且前三条总是成立的,最后一个命题只是在有些情况下不成立。

本章最后对劳动需求理论在政策上的运用作了分析。第一,运用劳动需求理论对最低工资立法的劳动市场效应进行分析;第二,利用劳动需求理论分析劳动市场中互补性要素和替代性要素之间的相互影响;第三,从社会制度的视角分析了就业保护立法可能对劳动力市场带来的积极和消极效应;第四,从对外贸易的角度分析了对劳动力数量需求的影响机制。

复习思考题

一、名词解释

派生需求　　　　　　劳动的边际成本　　　　　劳动的边际收益
使用劳动要素的原则　　短期　　　　　　　　　长期
竞争性劳动市场　　　　卖方垄断企业　　　　　买方垄断企业
劳动的边际产品价值　　替代效应　　　　　　　规模效应
劳动需求的工资弹性　　派生需求定理　　　　　互补性生产要素
替代性生产要素

二、简答题

1. 什么是派生需求?
2. 影响劳动需求的因素有哪些?

3. 试推导完全竞争企业的劳动需求曲线和市场需求曲线。
4. 试比较短期劳动需求和长期劳动需求的异同。
5. 试比较完全竞争企业、卖方垄断企业和买方垄断企业的劳动需求曲线的异同。
6. 什么是派生需求定理。
7. 试运用劳动需求原理分析最低工资对劳动市场的影响。
8. 试运用生产要素的互补性和替代性分析女性参与劳动市场对男性劳动者工资率的影响。

附录3-1　中国各地最低工资标准

我们在本章第五节已经进行了最低工资立法的经济学理论分析,认识到最低工资标准应随时间推进而有所调整、随地区差异而有所变化,现在则有必要了解中国当前各地不同的最低工资标准。

经济增长趋势放缓时,企业的压力和劳动者利益的保护,让最低工资标准的调整出现了分歧。2016年以来,北京、上海、天津、重庆、河北、山东、江苏、辽宁和海南9个省份提高了最低工资标准(见表1)。与往年情况相比,今年调整最低工资的省份个数和增长的幅度都下降了。且广东省还明确,为企业减负,冻结最低工资标准。

从最低工资金额看,2016年4月1日起,上海月最低工资标准从2 020元调整到2 190元。调整后,成为全国月最低工资标准最高的省份。2016年1月1日起,重庆第一档地区月最低工资标准由1 250元调整为1 500元;辽宁第一档月最低工资标准由1 300元增加至1 530元;江苏一类地区月最低工资标准涨至1 770元。此外,山东第一档月最低工资标准从2016年6月1日起提高到1 710元;海南省一类地区月最低工资标准自2016年5月1日起调整为1 430元。天津自2016年7月1日起,将月最低工资标准提高到1 950元。河北7月1日起将最高档月最低工资标准提高到1 650元。

从调整省份数量看,2015年达到24个,2014年有19个。2016年,只有9个。根据国家《最低工资规定》,最低工资标准每两年至少调整一次。而2016年,广东省也在《广东省供给侧结构性改革降成本行动计划(2016—2018年)》中明确规定,建立与经济发展水平相适应的最低工资标准调整机制,2016年、2017年最低工资标准暂按2015年5月发布的标准执行,并适当降低最低工资标准增幅,原则上不超过当地同期城镇单位就业人员平均工资增长幅度。

有专家表示，最低工资标准对于劳动者收入可以起到立竿见影的效果，但同时也会直接增加企业成本。

人社部原副部长信长星曾于2016年就最低工资标准表示，人工成本上升，中国劳动力成本的优势不像过去那么明显。如果要企业保持一定的竞争优势，可以适度放缓工资调整的频率和涨幅，因此未来最低工资标准的上涨应趋于"保守"。不过，也有专家表示，越是经济增长趋势放缓越要考虑劳动者利益。北京大学财经法研究中心主任刘剑文认为，最低工资标准的一个重要目的是保障劳动者利益。在经济增长趋势放缓过程中，既要考虑资方的利益，也要考虑劳动者利益。中国人民大学财政金融学院副院长赵锡军则表示，"物价在上涨，消费水平在上升，最低工资标准如果长期不调整就会出现劳动力流失，将进一步影响发展。"

表1 2016年最低工资标准

序号	省份	实施日期	月最低工资最新标准(元)	上轮月最低工资最新标准(元)	增加额(元)	涨幅
1	上海	2016.04.01	2 190	2 020	170	8.4%
2	天津	2016.07.01	1 950	1 850	100	5.4%
3	广东	2016.02.29	1 895	1 895	0	0.0%
4	浙江	2015.11.01	1 860	1 650	210	12.7%
5	江苏	2016.01.01	1 770	1 630	140	8.6%
6	北京	2016.09.01	1 890	1 720	170	9.9%
7	山东	2016.06.01	1 710	1 600	110	6.9%
8	新疆	2015.07.01	1 670	1 520	150	9.9%
9	内蒙古	2015.07.01	1 640	1 500	140	9.3%
10	山西	2015.05.01	1 620	1 450	170	11.7%
11	河南	2015.07.01	1 600	1 400	200	14.3%
12	贵州	2015.10.01	1 600	1 250	350	28.0%
13	云南	2015.09.01	1 570	1 420	150	10.6%
14	湖北	2015.09.01	1 550	1 300	250	19.2%
15	辽宁	2016.01.01	1 530	1 300	230	17.7%
16	江西	2015.10.01	1 530	1 390	140	10.1%
17	安徽	2015.11.01	1 520	1 260	260	20.6%
18	福建	2015.08.01	1 500	1 320	180	13.6%

续 表

序号	省份	实施日期	月最低工资最新标准(元)	上轮月最低工资最新标准(元)	增加额(元)	涨幅
19	重庆	2016.01.01	1 500	1 250	250	20.0%
20	四川	2015.07.01	1 500	1 400	100	7.1%
21	河北	2016.07.01	1 650	1 480	170	11.5%
22	吉林	2015.12.01	1 480	1 320	160	12.1%
23	黑龙江	2015.10.01	1 480	1 160	320	27.6%
24	陕西	2015.05.01	1 480	1 280	200	15.6%
25	宁夏	2015.11.01	1 480	1 300	180	13.8%
26	甘肃	2015.04.01	1 470	1 350	120	8.9%
27	海南	2015.01.01	1 430	1 270	160	12.6%
28	广西	2015.01.01	1 400	1 200	200	16.7%
29	西藏	2015.01.01	1 400	1 200	200	16.7%
30	湖南	2015.01.01	1 390	1 265	125	9.9%
31	青海	2014.05.01	1 270	1 050	220	21.0%

资料来源:《新京报》,2016年12月5日。

A.《最低工资规定》[①]

2003年12月30日经劳动和社会保障部第7次部务会议通过,现予公布,自2004年3月1日起施行。

2004年1月20日

第一条 为了维护劳动者取得劳动报酬的合法权益,保障劳动者个人及其家庭成员的基本生活,根据《劳动法》和国务院有关规定,制定本规定。

第二条 本规定适用于在中华人民共和国境内的企业、民办非企业单位、有雇工的个体工商户(以下统称用人单位)和与之形成劳动关系的劳动者。

国家机关、事业单位、社会团体和与之建立劳动合同关系的劳动者,依照本规定执行。

第三条 本规定所称最低工资标准,是指劳动者在法定工作时间或依法签订的劳动合同约定的工作时间内提供了正常劳动的前提下,用人单位依法应支付的最低劳动报酬。

---

① 资料来源:劳动和社会保障部令第21号,颁布日期:2004年1月20日;实施日期:2004年3月1日;颁布单位:劳动和社会保障部。

本规定所称正常劳动,是指劳动者按依法签订的劳动合同约定,在法定工作时间或劳动合同约定的工作时间内从事的劳动。劳动者依法享受带薪年休假、探亲假、婚丧假、生育(产)假、节育手术假等国家规定的假期间,以及法定工作时间内依法参加社会活动期间,视为提供了正常劳动。

第四条 县级以上地方人民政府劳动保障行政部门负责对本行政区域内用人单位执行本规定情况进行监督检查。

各级工会组织依法对本规定执行情况进行监督,发现用人单位支付劳动者工资违反本规定的,有权要求当地劳动保障行政部门处理。

第五条 最低工资标准一般采取月最低工资标准和小时最低工资标准的形式。月最低工资标准适用于全日制就业劳动者,小时最低工资标准适用于非全日制就业劳动者。

第六条 确定和调整月最低工资标准,应参考当地就业者及其赡养人口的最低生活费用、城镇居民消费价格指数、职工个人缴纳的社会保险费和住房公积金、职工平均工资、经济发展水平、就业状况等因素。

确定和调整小时最低工资标准,应在颁布的月最低工资标准的基础上,考虑单位应缴纳的基本养老保险费和基本医疗保险费因素,同时还应适当考虑非全日制劳动者在工作稳定性、劳动条件和劳动强度、福利等方面与全日制就业人员之间的差异。

月最低工资标准和小时最低工资标准具体测算方法见附件。

第七条 省、自治区、直辖市范围内的不同行政区域可以有不同的最低工资标准。

第八条 最低工资标准的确定和调整方案,由省、自治区、直辖市人民政府劳动保障行政部门会同同级工会、企业联合会/企业家协会研究拟订,并将拟订的方案报送劳动保障部。方案内容包括最低工资确定和调整的依据、适用范围、拟订标准和说明。劳动保障部在收到拟订方案后,应征求全国总工会、中国企业联合会/企业家协会的意见。

劳动保障部对方案可以提出修订意见,若在方案收到后14日内未提出修订意见的,视为同意。

第九条 省、自治区、直辖市劳动保障行政部门应将本地区最低工资标准方案报省、自治区、直辖市人民政府批准,并在批准后7日内在当地政府公报上和至少一种全地区性报纸上发布。省、自治区、直辖市劳动保障行政部门应在发布后10日内将最低工资标准报劳动保障部。

第十条 最低工资标准发布实施后,如本规定第六条所规定的相关因素发生变化,应当适时调整。最低工资标准每两年至少调整一次。

第十一条 用人单位应在最低工资标准发布后10日内将该标准向本单位全体劳动者公示。

第十二条　在劳动者提供正常劳动的情况下，用人单位应支付给劳动者的工资在剔除下列各项以后，不得低于当地最低工资标准：

（一）延长工作时间工资；

（二）中班、夜班、高温、低温、井下、有毒有害等特殊工作环境、条件下的津贴；

（三）法律、法规和国家规定的劳动者福利待遇等。

实行计件工资或提成工资等工资形式的用人单位，在科学合理的劳动定额基础上，其支付劳动者的工资不得低于相应的最低工资标准。

劳动者由于本人原因造成在法定工作时间内或依法签订的劳动合同约定的工作时间内未提供正常劳动的，不适用于本条规定。

第十三条　用人单位违反本规定第十一条规定的，由劳动保障行政部门责令其限期改正；违反本规定第十二条规定的，由劳动保障行政部门责令其限期补发所欠劳动者工资，并可责令其按所欠工资的1~5倍支付劳动者赔偿金。

第十四条　劳动者与用人单位之间就执行最低工资标准发生争议，按劳动争议处理有关规定处理。

第十五条　本规定自2004年3月1日起实施。1993年11月24日原劳动部发布的《企业最低工资规定》同时废止。

B. 最低工资标准测算方法

一、确定最低工资标准应考虑的因素

确定最低工资标准一般考虑城镇居民生活费用支出、职工个人缴纳社会保险费、住房公积金、职工平均工资、失业率、经济发展水平等因素。可用公式表示为：

$$M = f(C、S、A、U、E、a)$$

其中，M 表示最低工资标准；

C 表示城镇居民人均生活费用；

S 表示职工个人缴纳社会保险费、住房公积金；

A 表示职工平均工资；

U 表示失业率；

E 表示经济发展水平；

a 表示调整因素。

二、确定最低工资标准的通用方法

1. 比重法，即根据城镇居民家计调查资料，确定一定比例的最低人均收入户为贫困户，统

计出贫困户的人均生活费用支出水平,乘以每一就业者的赡养系数,再加上一个调整数。

2. 恩格尔系数法,即根据国家营养学会提供的年度标准食物谱及标准食物摄取量,结合标准食物的市场价格,计算出最低食物支出标准,除以恩格尔系数,得出最低生活费用标准,再乘以每一就业者的赡养系数,再加上一个调整数。

以上方法计算出月最低工资标准后,再考虑职工个人缴纳社会保险费、住房公积金、职工平均工资水平、社会救济金和失业保险金标准、就业状况、经济发展水平等进行必要的修正。

举例:某地区最低收入组人均每月生活费支出为 210 元,每一就业者赡养系数为 1.87,最低食物费用为 127 元,恩格尔系数为 0.604,平均工资为 900 元。

1. 按比重法计算得出该地区月最低工资标准为:

$$月最低工资标准 = 210 \times 1.87 + a = 393 + a(元) \tag{1}$$

2. 按恩格尔系数法计算得出该地区月最低工资标准为:

$$月最低工资标准 = 127 \div 0.604 \times 1.87 + a = 393 + a(元) \tag{2}$$

公式(1)与(2)中 a 的调整因素主要考虑当地个人缴纳养老、失业、医疗保险费和住房公积金等费用。

另外,按照国际上一般月最低工资标准相当于月平均工资的 40%~60%,则该地区月最低工资标准范围应在 360~540 元。

小时最低工资标准 = [(月最低工资标准÷20.92÷8)×(1+单位应当缴纳的基本养老保险费、基本医疗保险费比例之和)]×(1+浮动系数)

浮动系数的确定主要考虑非全日制就业劳动者工作稳定性、劳动条件和劳动强度、福利等方面与全日制就业人员之间的差异。

各地可参照以上测算办法,根据当地实际情况合理确定月、小时最低工资标准。

附录 3-2 2016 年第三季度就业形势分析[①]

中国就业研究所与智联招聘联合发布 2016 年第三季度《就业景气报告》,进入 2016 年第三季度,就业景气稳中有升。具体来看,2016 年第三季度随着"供给侧改革"的政策落地,以及新经济行业的发展助力,宏观经济指标有所回升,也带动了劳动力市场中企业招聘人数有小幅的上涨,与此同时,受周期性因素的影响,同期的求职申请人数有一定程

---

① 中国就业研究所网站,www.cier.org.cn。

度的回落,使得 CIER 指数变动为 2.22,与上一季度预测的 CIER 指数变化趋势相符。就业形势总体趋稳向好。分行业来看,互联网/电子商务、保险、基金/证券、交通运输以及中介服务等行业的就业景气指数相对较高,本季度互联网/电子商务的 CIER 指数为 7.28,仍处于领先地位;受当前经济增速放缓的下行压力以及企业改革转型挑战的影响,能源/矿产/采掘/冶炼、检验/检测/认证、印刷/包装/造纸等行业的就业形势依然相对严峻。

分职业来看,销售业务等基础性服务职业的工作性质或内容较单一,有明显的职位需求缺口,反映为就业景气指数相对较高;同时新经济行业的迅速发展,带动了相关物流、互联网金融从业人员需求数量的增加,交通运输服务、证券/期货/投资管理等职业也显现出较好的就业形势。然而,环境科学/环保、化工、生产管理/运营等职业的就业形势相对严峻。

分区域来看,东、中、西部地区样本城市的 CIER 指数均在 1.5 以上,表明在这些地区企业招聘需求人数略多于求职申请人数,就业形势相对较好;而东北地区 CIER 指数仍然相对较低,但随着煤炭、钢铁重工业行业"去产能"政策的落地,以及经济增速逐渐回升的双重助力,东北地区的就业形势有望进一步转好。分城市等级来看,新一线、二线和三线样本城市的就业景气指数平均值要高于 1,尤其在二、三线城市,平均约有 2 个岗位对应 1 个求职者,就业形势相对较好。

在企业规模方面,随着国企改革的深入推广和"供给侧改革"政策落地的逐渐见效,大型企业的就业形势转好迹象明显;与此同时,在新经济推动之下,微型企业也表现出较好的就业形势。在企业性质方面,受部分地区的外企撤资影响,外商独资的申请和需求人数与同期相比均有所下降,就业形势相对严峻;而国企、股份制企业和民营企业的就业形势转好迹象明显。

一、2016 年第三季度就业景气稳中有升

从 CIER 指数变动趋势可以看出,2015 年以来,新常态下经济增速的放缓对就业市场造成一定的影响,整体就业形势呈现趋冷迹象,CIER 指数总体上处于下降趋势。虽然在 2015 年的第四季度随着企业的招聘需求上升和求职申请人数的下降给就业形势带来短暂的好转,CIER 指数回升至 2.09,但这种季节性的变化未能持续太久。

2016 年第一季度,企业需求人数基本持平,然而求职申请人数明显增加,使得 CIER 指数有所下降;2016 年第二季度之后迎来高校应届生毕业季,需求人数与申请人数都在上升,但需求人数增幅明显高于申请人数,因此 CIER 指数上升至 1.93;进入 2016 年第三季度,随着"供给侧改革"的政策落地,以及新经济行业的发展助力,宏观经济指标有所回升,也带动了劳动力市场中企业招聘人数有小幅的上升,与此同时,受周期性因素的影响,同期的求职申请人数有一定程度的回落,使得 CIER 指数变动为 2.22,与上一季度的 CIER 指数预测趋势相符(见图 1)。

图1 季度申请、需求人数和CIER指数变动趋势

根据对CIER指数的分解分析,剔除季节成分和趋势成分之后,CIER指数的周期成分已有明显企稳迹象。根据以往的分析,CIER指数的周期成分则与宏观经济景气程度密切相关。而CIER指数的趋势成分主要源于劳动力市场的长期结构变化的影响,即由于人口结构的变化,近年来,我国劳动力市场总体上已从"供给大于需求"反转为"需求大于供给",因此CIER指数有一个长期的向上趋势(CIER指数趋势成分)。综合来看,本季度CIER指数比上一季度有明显回升,就业形势总体趋稳向好(见图2)。

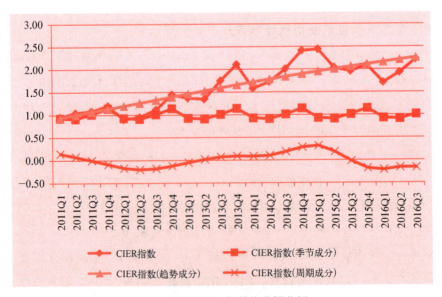

图2 季度CIER指数的分解分析

根据对 CIER 指数的预测,第四季度,CIER 指数将呈现上升趋势,这种上升趋势源于三个方面的因素:季节因素的影响(从季节成分来看,第四季度有一个明显的翘尾现象)、长期趋势的影响以及周期成分企稳的影响(见图 3、图 4)。

图 3　季度 CIER 指数的预测

图 4　季度 CIER 指数(周期成分)的预测

二、不同行业及职业就业形势分析

（一）就业形势较好和较差的行业

表 1 中列出了就业景气指数最高和最低的行业排名。由排名结果显示,2016 年第三季度与 2016 年第二季度的行业 CIER 指数排名变动不大。总体来看,在国内经济结构转型的进程中,不同行业间的就业景气两极分化现象依然明显。就业景气最好的行业仍然为互联网/电子商务,CIER 指数为 7.28,仍然处于各行业的领先位置。而能源/矿产/采掘/冶炼行业的 CIER 指数仍然最低——0.20,表明随着煤炭、钢铁行业"去产能"政策的实

施,相关行业的就业形势仍然相对严峻。

表1 2016年第三季度就业形势较好和较差的行业排名

排名	就业景气较好的十个行业	CIER指数	就业景气较差的十个行业	CIER指数
1	互联网/电子商务	7.28	能源/矿产/采掘/冶炼	0.20
2	保险	4.90	检验/检测/认证	0.26
3	基金/证券/期货/投资	4.76	印刷/包装/造纸	0.33
4	交通/运输	4.28	环保	0.35
5	中介服务	3.83	石油/石化/化工	0.41
6	农/林/牧/渔	3.76	物业管理/商业中心	0.44
7	计算机软件	2.95	办公用品及设备	0.44
8	媒体/出版/影视/文化传播	2.79	电气/电力/水利	0.47
9	物流/仓储	2.67	跨领域经营	0.48
10	专业服务/咨询(财会/法律/人力资源等)	2.61	医疗设备/器械	0.55

具体来看,互联网/电子商务、保险、基金/证券/期货/投资、交通/运输以及中介服务等行业的就业景气指数相对较高,表明在这些行业就业形势相对较好,就业市场对于人才招聘的需求要高于当前的求职申请人数。随着企业与互联网结合的迅速发展,以及互联网利好政策的大力扶持,互联网/电子商务、基金/证券/期货/投资、交通/运输等行业在新经济的推动下,体现出较好的就业形势。虽然2016年8月份以来,交通/运输行业的申请人数有明显下降,但由于需求人数变动较小,使得交通/运输行业的就业形势仍然较好。此外,保险、中介服务行业的CIER指数较高则是由于申请人数较少,这些行业工作条件及工资报酬对求职者吸引力较小,求职申请人数供给不足因而体现出就业景气指数较高。

就业景气较差的行业主要包括能源/矿产/采掘/冶炼、检验/检测/认证、印刷/包装/造纸、环保和石油/石化/化工,这些多属于传统制造业,受当前经济增速放缓的下行压力以及企业改革转型挑战的影响,使得这些行业对于人才的招聘需求大幅度减小,因此形成就业景气较差的紧张局面。

(二)就业形势较好和较差的职业

由表2中的分析结果显示,2016年第三季度就业市场景气指数较高的职业主要有交通运输服务、销售业务、翻译和证券/期货/投资管理/服务等。随着新经济行业的迅速发展,带动了相关物流、互联网金融从业人员需求数量的增加,这些职业也体现出较好的就业形势。然而,销售业务和翻译多为基础的服务职业,这些职业的工作性质或内容较单一,或科技含量不高,工作条件对于求职者的吸引力较小,因此出现明显的职位需求缺口,反映为就业景气指数相对较高。

表2 2016年第三季度就业形势较好和较差的职业排名

排名	就业景气指数最高的十个职业	CIER指数	就业景气指数最低的十个职业	CIER指数
1	交通运输服务	14.25	环境科学/环保	0.53
2	销售业务	11.50	化工	0.65
3	翻译(口译与笔译)	7.97	生产管理/运营	0.69
4	证券/期货/投资管理/服务	7.32	广告/会展	0.70
5	软件/互联网开发/系统集成	7.18	项目管理/项目协调	0.71
6	影视/媒体/出版/印刷	6.63	公关/媒介	0.73
7	农/林/牧/渔业	5.88	物业管理	0.80
8	行政/后勤/文秘	5.71	质量管理/安全防护	0.80
9	房地产开发/经纪/中介	5.45	能源/矿产/地质勘查	0.84
10	销售管理	4.98	服装、纺织、皮革、设计/生产	0.91

就业市场景气指数较低的职业为环境科学/环保、化工、生产管理/运营、广告/会展和项目管理/项目协调等,其中,环境科学/环保、广告/会展和项目管理/项目协调等职业劳动力市场人才供给充足,但企业招聘需求数量有限,因此就业形势相对紧张;而化工、生产管理/运营等职业受到传统制造业和重工业结构转型的压力以及改革升级的影响,对这些职业人才的招聘需求量整体下降,就业市场景气指数较低。

三、区域及一二线城市就业形势分析

（一）不同行政区域

按照行政区域划分对55个样本城市①进行分类,得到不同行政区域2016年第三季度CIER指数。图5和表3中分别列出了不同行政区域的CIER指数以及环比变动情况。

由图5的结果显示,2016年第三季度的CIER指数呈现东部、中部、西部以及东北地区依次递减的趋势。其中,东、中、西部地区样本城市的CIER指数相对较高,均在1.5以上,表明在这些地区企业招聘需求人数略多于求职申请人数,就业形势相对较好;而东北地区

---

① 在55个样本城市中,东部地区城市为34个,占61.8%;中部地区城市为7个,占12.7%;西部地区城市为9个,占16.4%;东北地区城市为5个,占9.1%。

的样本城市的 CIER 指数平均值为 1.40，与其他地区相比仍然相对较低。随着煤炭、钢铁重工业行业"去产能"政策的落地以及经济增速逐渐回升的双重助力，东北地区的就业形势有望进一步转好。

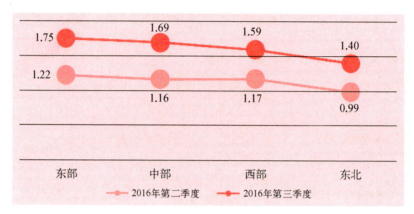

图5　不同行政区域 CIER 指数

表3　按行政区域环比变化情况①

区域划分	需求人数环比变动	申请人数环比变动	CIER 指数环比增幅
东　部	24.2%	-7.7%	0.53
中　部	26.6%	-13.0%	0.52
西　部	32.6%	-10.0%	0.42
东　北	35.4%	-12.0%	0.41

从表3中行政区域劳动力市场的环比变动情况来看，与2016年第二季度相比，在需求人数方面，各个地区的需求人数均有明显上升，尤其是西部和东北地区，需求量上升达30%以上；在申请人数方面，各行政区域的申请人数均有一定程度的下降，除东部地区下降7.7%之外，其余地区降幅均达10%以上。由此体现在各个地区的 CIER 指数上为环比均有所上升。

表4列出了不同行政区域的同比变化情况。与2015年第三季度的同期数据相比，不同行政区域的 CIER 指数均有大幅度的提升。在需求人数方面，各个地区的同比增加均超过90%，尤其是西部地区，同比增幅接近130%，表明西部地区的就业形势回暖现象较为明显。在申请人数方面，东部地区对人才吸引的区域优势明显，申请人数增幅最多；而东北

---

① 注：需求人数环比变动=100%×(本季度需求人数-上一季度需求人数)/上一季度需求人数；申请人数环比变动=100%×(本季度申请人数-上一季度申请人数)/上一季度申请人数；CIER 指数环比增幅=本季度 CIER 指数-上一季度 CIER 指数。

地区由于经济增长乏力,与上一年的同期相比为负增长。

表4　按行政区域同比变化情况①

区域划分	需求人数同比变动	申请人数同比变动	CIER指数同比增幅
东　部	94.8%	11.7%	0.91
中　部	112.9%	0.2%	0.86
西　部	128.2%	3.9%	0.84
东　北	117.9%	-6.8%	0.84

(二) 不同城市等级

按照城市划分对55个样本城市②进行分类,得到不同城市等级2016年第三季度CIER指数。图6和表5中分别列出了不同城市等级的CIER指数以及环比变动情况。

图6　不同城市等级CIER指数

由图6的结果显示,2016年第三季度的CIER指数呈现一线、新一线、二线以及三线城市依次递增的趋势。其中,一线样本城市的CIER指数平均值要低于1,表明在目前一线城市中企业招聘需求人数要少于求职申请人数,就业形势相对严峻;而新一线、二线和三

---

① 注:需求人数同比变动=100%×(本季度需求人数-去年同季度需求人数)/去年同季度需求人数;申请人数同比变动=100%×(本季度申请人数-去年同季度申请人数)/去年同季度申请人数;CIER指数环比增幅=本季度CIER指数-去年同季度CIER指数。

② 按照《第一财经周刊》公布的城市等级划分标准,在55个样本城市中,一线城市为4个,占7.3%,包括北京、上海、广州和深圳;新一线城市为17个,占12.7%,包括成都、大连、福州、杭州、济南、南京、宁波、青岛、厦门、沈阳、苏州、天津、无锡、武汉、西安、长沙、重庆;二线城市为24个,占43.6%,包括常州、东莞、佛山、贵阳、哈尔滨、合肥、惠州、嘉兴、昆明、洛阳、南昌、南宁、南通、泉州、石家庄、太原、潍坊、温州、徐州、烟台、扬州、长春、郑州、珠海;三线城市为10个,占18.2%,包括包头、大庆、呼和浩特、淮安、临沂、秦皇岛、威海、咸阳、镇江、中山。

线样本城市的CIER指数平均值要高于1,表明在这些城市中企业招聘需求人数要多于求职申请人数,尤其在二、三线城市,平均约有2个岗位对应1个求职者,表明二、三线城市的招聘需求缺口较大,就业形势相对较好。

表5 按城市等级环比变化情况

城市等级	需求人数环比变动	申请人数环比变动	CIER指数环比增幅
一线城市	19.2%	-4.8%	0.19
新一线城市	32.8%	-13.9%	0.48
二线城市	31.1%	-12.6%	0.50
三线城市	25.5%	-9.5%	0.62

在表5中,从不同城市等级的环比变化情况来看,与上一季度相比,除一线城市的CIER指数上升0.19之外,其余城市的CIER指数均有明显上升,平均增幅超过0.50。在劳动力市场的需求变化方面,新一线和二线城市的需求人数的环比增幅较为一致,其次为三线城市,再次为一线城市;在申请人数方面,一线城市的下降幅度较低为4.8%,而新一线、二线和三线城市的申请人数下降幅度约为10%,因此导致这些城市中CIER指数出现明显的上升。

表6 按城市等级同比变化情况

城市等级	需求人数同比变动	申请人数同比变动	CIER指数同比增幅
一线城市	76.3%	19.1%	0.32
新一线城市	130.4%	-0.8%	0.76
二线城市	121.9%	-1.0%	0.84
三线城市	118.2%	-3.0%	1.26

表6为不同城市等级的同比变化情况。与2015年第三季度相比,不同城市的CIER指数均有明显的增加,并且三线城市的增幅最明显,表明在新经济的驱动下,三线城市的就业形势有明显好转。从需求和申请人数的同比变动来看,新一线城市的需求量增幅最大,其次为二线和三线城市;与此同时,除一线城市的申请人数同期增幅约为20%,其余城市等级申请人数均有略微的下降。由此说明,随着经济发展趋于稳定,在生活成本、生活环境、政策等多重因素的影响下,新一线、二线和三线城市对企业和人才的需求量和吸引力也在逐步提升。

四、不同企业规模

图7和表7中分别列出了不同企业规模2016年第三季度的CIER指数和环比变化情况。

由图7的结果显示,2016年第三季度,中小型企业的CIER指数接近于1,表明中小型企业的需求人数与申请人数相近,招聘需求与求职申请供需较为匹配,就业形势较稳定。而大型企业和微型企业的CIER指数要高于1,表明在大型和微型企业中,招聘需求人数要高于申请人数,就业形势相对较好。随着国企改革的深入推广和相关"供给侧改革"政策落地的逐渐见效,大型企业的就业形势转好迹象明显;与此同时,在新经济推动之下,微型企业的迅速发展对于人才的需求量也急剧增多,体现出较好的就业形势。

图7 不同企业规模CIER指数

表7 按企业规模环比变动情况

企业规模	需求人数环比变动	申请人数环比变动	CIER指数环比增幅
微 型	29.5%	-8.7%	1.50
小 型	25.5%	-8.6%	0.23
中 型	15.1%	-9.2%	0.21
大 型	46.1%	-4.9%	0.50

从表7中不同企业规模的环比变动来看,与上一季度相比,各种规模类型企业的需求人数有明显的上升,尤其是大型企业和微型企业,需求人数环比增幅明显,分别增加了46.1%和29.5%。从申请人数的环比变化来看,除大型企业环比申请人数下降约5%之外,其余规模的企业降幅达9%,因此CIER指数有一定程度的增长。表8为不同企业规模同比变动情况。与2015年第三季度相比,各种规模企业的CIER指数均有一定程度的上升,其中微型企业的CIER指数增幅明显,为3.44。从需求的同比变动来看,微型企业的需求人数同比增幅最多,为241.2%,而大、中型企业的需求同比增幅其次,中型企业同比增幅最小;从申请人数的同比变动来看,不同企业规模的申请人数同比均有所增加,但增幅要小于同期需求人数的变化水平。

表8　按企业规模同比变动情况

企业规模	需求人数同比变动	申请人数同比变动	CIER指数同比增幅
微　型	241.2%	10.4%	3.44
小　型	82.5%	9.3%	0.34
中　型	63.8%	2.0%	0.38
大　型	86.5%	11.4%	0.57

五、不同企业性质

选取股份制企业、国企、合资、民营、上市公司以及外商独资企业作为分析对象,以分析不同企业性质的就业形势。图8和表9中分别列出了不同企业性质2016年第三季度的CIER指数和环比变化情况。

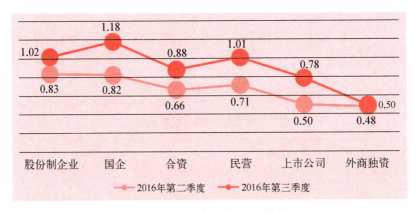

图8　不同企业性质CIER指数

表9　按企业性质环比变动情况

企业性质	需求人数环比变动	申请人数环比变动	CIER指数环比增幅
国　企	12.1%	−8.2%	0.18
股份制企业	29.2%	−10.2%	0.36
民　营	19.9%	−9.6%	0.22
合　资	30.3%	−8.2%	0.30
上市公司	49.5%	−5.0%	0.29
外商独资	−8.5%	−11.9%	0.02

由图8的结果显示,在选取的企业类型中,本季度国企、股份制企业和民营企业中CIER指数略大于1,表明企业招聘需求人数与申请人数较为匹配;而其余类型的企业

CIER 指数均小于1,表明在这些性质的企业中,招聘需求人数要小于申请人数,就业景气指数相对较低。

从表9中环比变动情况来看,与上一季度相比,除外商独资的需求人数有所下降之外,其余性质的企业需求人数均有一定程度的上升。外资企业的招聘需求下降,可能与本季度8月份以来,广州、深圳等地部分电子加工制造业的外企撤资有关,进而对劳动力市场的用人需求减少。从申请人数的变化来看,各类型企业的申请人数的环比均有所下降。

表10 按企业性质同比变动情况

企业性质	需求人数同比变动	申请人数同比变动	CIER 指数同比增幅
国 企	91.3%	12.6%	0.42
股份制企业	112.3%	13.7%	0.55
民 营	65.8%	4.8%	0.32
合 资	88.8%	6.6%	0.44
上市公司	138.6%	23.7%	0.38
外商独资	-1.2%	-10.6%	0.05

从表10不同企业性质的同比变动情况来看,与2015年第三季度相比,各类型企业的 CIER 指数均有一定程度的增加,其中股份制企业、国企和合资企业的 CIER 增幅较大,而外商独资企业的 CIER 指数基本持平。从需求人数和申请人数的同比变动来看,除外商独资企业的需求和申请人数同比下降之外,其余企业的需求和申请变动均有明显的上升。其中,上市公司、股份制企业和国企供需变化幅度为前3位,表明在这些企业中招聘需求量的增加较多,同时也吸引了较多人才进行求职申请,由于同期的需求人数增幅要远大于申请人数的增幅,因此,上市公司、股份制企业和国企的 CIER 指数也呈现较明显的增长,表明这些企业中的就业形势转好迹象明显。

推荐阅读文献和书目

1. 陶纪坤、张鹏飞,"社会保险缴费对劳动力需求的挤出效应",《中国人口科学》,2016年第6期,第78—87页。
2. 王跃堂、王国俊、彭洋,"控制权性质影响税收敏感性吗?——基于企业劳动力需求的检验",《经济研究》,2012年第4期,第52—63页。

3. R.E. Hall, Measuring Factor Adjustment Costs, Social Science Electronic Publishing, 2004, 119(3): 899–927.

4. C. Brown, Chapter 32 Minimum Wages, Employment, and the Distribution of Income, *Handbook of Labor Economics*, 1999, 3(2): 2101–2163.

5. T. J. Sargent, Estimation of Dynamic Labor Demand Schedules under Rational Expectations, *Journal of Political Economy*, 1978, 86(6): 1009–1044.

6. H.O. Duleep, X. Liu, How the Demand for Labor May Adapt to the Availability of Labor: A Preliminary Exploration with Historical Data, Social Science Electronic Publishing, 2015.

7. D. S. Hamermesh, Labor Demand and the Structure of Adjustment Costs, *American Economic Review*, 1988, 79(79): 674–689.

8. K. Burdett, E. J. Cunningham, Toward a Theory of Vacancies, *Journal of Labor Economics*, 1998, 16(3): 445–478.

第四章 人力资本投资

新增长理论的创始人之一美国经济学家罗默曾说:"一块铀石,对于普通人就是一块石头;对于一位科学家,就是一颗原子弹。"同样的物质资本,在掌握了专业技术与能力的人的重新组合与再造下,就可以发挥完全不同的影响,这就是人力资本的价值。在前面章节的讨论中,为了简化分析,我们都假定所有劳动力都是同质的,在劳动力市场上工人可以相互替代。但实际上,个人的健康状况、能力、专业技术知识和职业技能等方面都存在着很大的差异,从而劳动者会获得差异化的报酬,劳动力显然是异质性的。本章将首先介绍人力资本和人力资本投资的概念和特征。在此基础上,本章将探讨个人与企业是如何进行人力资本投资决策,以及这种决策是如何影响劳动者在劳动力市场上收入水平的。接下来,本章在传统的以教育为核心的人力资本理论的基础上,重新考察了能力的作用,提出一个基于能力的新人力资本理论框架。最后,本章将介绍我国人力资本投资的现状。

第一节 人力资本投资理论与基本模型

一、人力资本的含义与特征

(一) 人力资本的内涵

有一个例子可帮助我们描述物质资本与人力资本的相对价值。第二次世界大战末期，广岛所遭受的原子弹袭击使得该城市70%的建筑物被摧毁，30%的人口在爆炸中死亡。幸存者在爆炸的余波中纷纷逃离城市，然而，仅仅在24小时内，一些人就开始返回该城市；据《美国战略轰炸调查》的估计，生产量占广岛工业生产3/4的工厂可能在30天以内就已经恢复正常运行了。同样，德国汉堡在经过为期10天的狂轰滥炸之后，城市大约有一半的建筑物被摧毁，3%的人口被炸死。尽管该城市的供水系统受到严重破坏，但是在最后一次的空袭过后，电力和煤气供应就全面恢复了，电报系统在4天内恢复了运营，邮政服务在空袭后12天也恢复了工作。《美国战略轰炸调查》报告说，仅仅在5个月内，汉堡的生产力就已经恢复到轰炸前的80%。从这些城市的恢复速度我们就可以得知，在一个国家或地区的实际财富中，人所积累的知识、技能要比物质资本重要得多。

人力资本是一种非物质资本，它是体现在劳动者身上并能为其带来永久收入的能力，在一定时期内主要表现为劳动者所拥有的知识、技能、劳动熟练程度和健康状况。美国经济学家加里·贝克尔(Gary Becker)将人力资本定义为："能够在劳动力市场获得物质或精神收入的能力，包括先天禀赋和后天获取所得。"它具有以下五个特征：(1) 人力资本是一种无形资本；(2) 人力资本具有时效性；(3) 人力资本具有收益递增性；(4) 人力资本具有累积性；(5) 人力资本具有无限的潜在创造性。

(二) 人力资本投资的含义与内容

劳动者在向市场供给劳动力之前必须作出初始投资，投资从其本身含义来说，是指通过投入一笔初始成本，预期在一定时期后从中得到回报。人力资本投资与一般投资行为十分相似，以个体的知识和技能为对象，以生命周期作为预期回报的周期。引用贝克尔在《人力资本》一书中的描述来介绍人力资本投资的含义。"这一学科研究的是通过增加人的资源而影响未来的货币和物质收入的各种活动。这种活动就叫做人力资本投资。"也就是说，凡是能够有利于形成与改善劳动力素质结构、提高人力资本利用效率的费用与行为,都可以纳入人力资本投资的范畴。

一般认为,人力资本投资包括以下六个方面:(1)各级正规教育;(2)在职培训活动;(3)健康水平的提高;(4)对孩子的培养;(5)寻找工作的活动;(6)劳动力迁移。

在以上六项活动中,前四项是关于如何增加一个人所掌握的人力资本数量,后两项则涉及怎样最有效率地利用一个人的人力资本。

二、人力资本理论形成简史

人力资本的概念最早由亚当·斯密提出,他在《国富论》中写道:"学习是一种才能,须受教育,须进学校,须做学徒,所费不少,这样费去的资本,好像已经实现并固定在学习者的身上。这些才能,对于他个人自然是财产的一部分,对于他所属的社会,也是财产的一部分。工人增进的熟练程度,可以和便利劳动、节省劳动的机器和工具同样看作社会上的固定资本。学习的时候,固然要花一笔费用,但这笔费用可以得到偿还,赚取利润。"[①]由此看到,斯密认为人力资本投资、劳动者的技能影响个人收入。

20世纪五六十年代以来,人力资本理论开始迅速发展。一些经济现象引起了经济学界的高度关注。例如,在西方发达国家中出现了总产出的增长率大于资本积累率与劳动力增长率之和的情况,德日两个战败国在实物资本饱受战争破坏的条件下迅速崛起,而伊朗、利比亚等一些发展中国家所实行的以资本积累为导向的工业化战略未取得预期的成效。经济学家们发现:产生这些问题的原因在于相对于物质资本而言,人力资本在经济增长中发挥了更大的作用。在人力资本理论体系的完善发展过程中,加尔布雷斯(Galbraith)、雅各布·明塞尔(Jacob Mincer)、西奥多·舒尔茨(T.W.Schultz)、加里·贝克尔(G.S.Becker)、爱德华·丹尼森(D.Edwards)、罗默(Michael Roemer)、卢卡斯(Robert E. Lucas)等人都作出了自己的贡献。一般来说,以西奥多·舒尔茨、加里·贝克尔和雅各布·明塞尔为典型代表,但是他们是分别从不同的角度展开对人力资本的研究。舒尔茨是在结合经济增长问题的研究时提出人力资本的概念。贝克尔将新古典的分析方法应用于人力资本投资研究,并提出了一套理论分析框架。明塞尔则是在收入分配和劳动力市场行为等问题的研究过程中开创了人力资本的方法。

(一)西奥多·舒尔茨

其代表作为《论人力资本投资》。舒尔茨在1960年美国经济学年会上发表了题为"论

---

① 亚当·斯密,《国富论》,商务印书馆,1972年,第257—258页。

人力资本投资"的演说,系统、深刻地论述了人力资本理论,开创了人力资本研究的新领域,并由此而荣获了1979年诺贝尔经济学奖。舒尔茨的人力资本理论有以下五个主要观点:(1)人力资本存在于人的身上,表现为知识、技能、体力(健康状况)价值的总和,一个国家的人力资本可以通过劳动者的数量、质量以及劳动时间来度量。(2)人力资本是投资形成的。投资渠道包括营养及医疗保健费用、学校教育费用、在职人员培训费用、择业过程中所发生的人事成本和迁徙费用五种。(3)人力资本投资是经济增长的主要源泉。舒尔茨说,人力投资的增长无疑已经明显地提高了投入在经济起飞过程中的工作质量,这些质量上的改进也已成为经济增长的一个重要的源泉。(4)人力资本投资是效益最佳的投资。人力投资的目的是为了获得收益。舒尔茨对1929—1957年美国教育投资对经济增长的关系作了定量研究,发现各级教育投资的平均收益率为17%,教育投资增长的收益占劳动收入增长的比重为70%,教育投资增长的收益占国民收入增长的比重为33%;也就是说,人力资本投资是回报率最高的投资。(5)人力资本投资的消费部分实质是耐用性的,甚至比物质的耐用性消费品更加经久耐用。

舒尔茨的观点对经济学界产生了深远的影响。有的专家认为舒尔茨的人力资本理论与知识经济思想如出一辙,学习和研究人力资本理论对于深刻认识和理解已见端倪的知识经济大有裨益。舒尔茨的人力资本理论也有它的不够完善之处,也有人对他的计算方法提出过质疑。但是,我们还是应该肯定其贡献,因为"难的是从旧的观念中跳出来"(凯恩斯语)。

(二)加里·贝克尔

其代表作为《人力资本》《家庭经济分析》。他的《人力资本》是被恰当地描述为"经济思想中人力投资革命"的起点,其人力资本的观念在该书中得以体现,主要有以下六方面内容:(1)人力资本投资的目的既要考虑到将来的收益,也要考虑到现在的收益;(2)在职培训是人力资本的重要内容;(3)提出了人力资本投资收益率计算公式;(4)提出了年龄—收入曲线;(5)说明了高等教育收益率,同时也比较了不同教育等级之间的收益率差别;(6)信息的搜集也是人力资本的内容,同样具有经济价值。同时,贝克尔还把人力资本研究框架扩展到"家庭经济学",把家庭的许多行为诸如父母养育孩子、婚姻以及家庭内部分工看成与人力资本有关。

(三)雅各布·明塞尔

严格而论,明塞尔对于人力资本的研究要早于以上两人,1957年时他在自己的博士论文《人力资本投资与个人收入分配》中最早运用人力资本投资的方法研究收入分配。他对人力资本的理论贡献有以下四点：(1) 他最早建立了人力资本投资收益率模型；(2) 最先提出了人力资本挣得函数；(3) 将人力资本理论与分析方法应用于劳动市场行为与家庭决策；(4) 提出了"追赶"时期的概念，并用于分析在职培训对终生收入模式的影响。

三、人力资本投资：基本模型

从以上分析可以看到，人力资本中最重要的组成部分是劳动者的知识存量和技能存量，而它们又主要通过接受教育与培训获得。与其他类型的投资一样，人力资本投资也包含着这样一种含义，即在当前时期付出的成本有望在将来带来收益。在决定是否进行投资时，人们必须把付出的成本与得到的收益进行比较，比较的基础是将未来的收益值按某一贴现率折现。因为货币具有时间价值，现在的一元钱与将来的一元钱是不等值的。

一般来说，有两种方法可以评估人力资本投资决策。

（一）净现值法

所谓净现值法就是把未来收益与成本按预定的贴现率进行折现后，比较两者的差额，如果差额为非负值，那么作为追求效用最大化并抱有终身观点的决策主体而言，就有继续投资的意愿；如果差额为负值，则投资中止。

假设某项人力资本投资，在未来一段的时期内（t 年）为投资者带来收益为 $B_1, B_2, \cdots, B_t$，贴现率为 r，t 年内折现的收益为 PV，那么，人力资本投资收益的现值（PV）为：

$$PV = \frac{B_1}{(1+r)^1} + \frac{B_2}{(1+r)^2} + \cdots + \frac{B_t}{(1+r)^t} = \sum_{i=1}^{t} \frac{B_i}{(1+r)^i} \quad (i=1,2,\cdots,t) \quad (4.1)$$

同时，假设该项人力资本投资的成本为 C，在 n 年之内完成，且每年的投资成本为 $C_1, C_2, \cdots, C_n$，n 年内投资成本的现值为 PVC，那么：

$$PVC = \frac{C_1}{(1+r)^1} + \frac{C_2}{(1+r)^2} + \cdots + \frac{C_n}{(1+r)^n} = \sum_{j=1}^{n} \frac{C_n}{(1+r)^j} \quad (j=1,2,\cdots,n) \quad (4.2)$$

有了上面收益和成本的现值，就可比较它们的净现值。假设净现值为 Q，那么：

$$Q = PV - PVC = \sum_{i=1}^{t} \frac{B_i}{(1+r)^i} - \sum_{j=1}^{n} \frac{C_n}{(1+r)^j} \geq 0 \quad (4.3)$$

由此我们可以看到，人力资本投资的原则应该使净现值为非负值。

（二）内部收益率法

这种方法所要回答的问题是："如果要使得投资有利可图，那么贴现率应该是多大？"

显然,内部收益率是个人所能接受的最低利息率,它大于或等于其他投资的报酬率。在实际中,人们在计算这种内部收益率时,首先是通过使收益的现值与成本相等,即根据 $\sum_{i=1}^{t} \frac{B_i}{(1+r)^i} = \sum_{j=1}^{n} \frac{C_n}{(1+r)^j}$ 求出内部收益率r,然后再将这种内部收益率与其他投资的报酬率s加以比较。如果人力资本投资的内部收益率r超过了其他投资的报酬率s,则人力资本投资计划就是有利可图的。

对不同的人来讲,存在着两种情况:一是个人之间的边际成本不同而导致的人力资本投资数量不同;二是个人之间的同一单位的人力资本投资收益不同而导致的人力资本投资数量不同。如图4-1所示,其中,MC表示追加每一单位人力资本投资的边际成本,MB表示边际收益的现值。图4-1(a)描述了第一种情况,MC'表示较高的边际成本,由此导致人力资本投资数量由HC^*减少至HC';图4-1(b)描述了第二种情况,MB''表示预计从追加的人力资本投资中获得的未来收益较少,由此导致人力资本投资数量由HC^{**}减少至HC''。

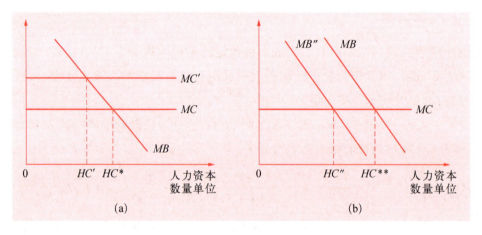

图4-1 导致人力资本投资数量不同的两种情况

第二节 教育投资的分析

一、教育投资的成本与收益

在市场经济条件下,人们在接受完义务教育之后,将面临多种选择,可以立即进入劳动力队伍,也可以继续学习深造,如上大学等,进行更高层次的人力资本投资。人们在做这种选择时有多种因素需要考虑,其中经济因素是值得考虑的最重要的因素。总体说来,当上大学的总收益超过其总成本时,人们才选择继续进行教育投资。由于人力资本投资的主体是个人,所以我们在分析其成本与收益时,并没有考虑社会的投资与收益。

(一) 成本

上大学的总成本包括货币成本与非货币成本。货币成本由两部分组成:直接成本与间接成本或机会成本。直接成本是学杂费、书本费等,是接受大学教育直接发生的费用。间接成本,也称为机会成本,是由于上学而无法去工作而放弃的收入。一般说来,非货币成本是指由于上大学所承受的心理成本,由于读书是一件很艰苦的事,枯燥乏味,考试还要面临很大的压力,所以有人把它当作一种负效用。当然,不排除有些人将学习视为一种享受。由于非货币成本是一种主观感受,所以很难进行量化,在下面的分析中我们将省略对非货币成本的分析。直接成本与间接成本分布于整个大学时期,是一个预期值。

(二) 收益

上大学的总收益也包括经济收益和非经济收益。经济收益就是从终生收入来看,上大学的人一生得到的收入总量高于没有上大学的人一生得到的收入总量的部分。但是,这种收入的超出部分建立在对未来的预期的基础上,也是一个预期值。而这种预期又是以已经发生的事实作为基础的,因为一个人并不知道大学毕业以后或者没有读大学的收入如何。非经济收益包括由于上大学而得到的社会地位的提高、知识面的扩展所带来的生活兴趣的广泛等。由于非经济收益很难准确地计量,我们同样将省去对它的分析。

(三) 模型分析

图 4-2 清楚地显示了两类人的收入流的差异。其中,收入流 A 反映了未上大学的终

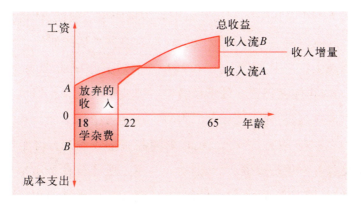

图 4-2　教育程度不同的人的收入流

生收入流,也就是代表这部分人18岁高中毕业后不去上大学,立即工作;收入流 B 反映了 18 岁上大学的人到65 岁退休的终生收入流。我们看到,上大学的总成本为放弃的收入和学杂费,收入增量表示接受大学教育和不接受大学教育的收入流的差额。经过折现后,只有收入增量大于或等于上大学的总成本,人们才继续选择接受大学教育。值得注意的是,这里仅反映了经济收益,没有反映非经济收益。

从以上分析中,我们可以提出以下四点与大学教育决策有关的结论:

(1) 其他条件不变,上大学的总成本降低,对上大学的需求将增加;反之,总成本上升,对大学教育的需求下降。

(2) 其他条件不变,大学毕业生与无大学学历劳动者的收入差别扩大,则要求上大学的人数增加。即收入流的规模会对教育决策产生影响。

(3) 年龄是影响决策的因素之一。由于年轻人未来工作时间长,因而其总收益的现值要大于老年人。因此,多数大学生是年轻人。即收入流的长度也会对教育决策有影响。

(4) 其他条件不变的情况下,贴现率高的人上大学的可能性小。贴现率水平的高低体现了个体对未来收益的偏好(time preference)。在获得同等未来收益的情况下,目光短浅者的折现值会小于目光长远者,因此选择上大学的可能性就低。

二、教育投资分析的评论

(一) 个人教育投资的评论

当一个人决定进行大学教育投资的决策后,那么他能收回自己的投资成本吗? 美国学者的研究结论是:该国教育投资的收益率是 5%~15%(扣除物价因素之后),这个比例和其他类的投资收益率大体在同一范围内。中国的教育回报率在 3% 左右(Li et al., 2012),这主要是因为高中及以下的学历基本没有市场回报。然而,值得指出的是,专家们都认为在评估教育的收益时,一些因素可能会使得收益被高估或低估。

第一种情况是现实生活中,能力与学校教育在获取高报酬时都能发挥作用。这是因为,精明能干的人越有可能获得更多的学校教育。即使他们没有获得更多的教育,他们的生产率也可能比其他人高,从而获得更高的报酬。在能力指标不能被观察时,研究人员就有可能将高报酬归之为高学历的功劳。因此,教育投资的收益就有可能会被高估。

第二种情况是教育不仅是投资,也是消费。并不是所有教育费用都是投资,有一部分是消费支出,产生的是消费收益而不是投资收益。诸如音乐欣赏课程、外语学习课程在获取新的知识技能的同时也使投资主体产生了效用。因此,完全忽略教育的消费属性,会高估教育投资成本并低估了其收益。

第三种情况是现实生活中存在很多非工资收益，人们时常忽略了构成报酬的福利部分，或者没有考虑某些工作的心理收益，而这些工作往往能给人愉悦的感受。如果是这样的话，仅考察大学生与高中生的工资收入差异会低估教育的收益。

第四种情况是收入的实现依赖于现实中职业的选择，从而使收入与教育之间的关系存在不确定性。假设某个人上大学是为了将来毕业后从事医生的职业，但是多种因素使他不得不从事护士的工作，那么在这种情况下，他拿的报酬就有可能比没有读大学而专职从事护士工作的其他人的报酬低。同样的道理，即使一个没有读大学的人完成了从事医生所修的各项课程，他获得的报酬可能并没有那些专门读完医学课程的大学毕业生的报酬高，这些情况的存在既有可能低估那些决定上大学的人的教育收益，也可能高估那些不上大学的人放弃的教育收益。

(二) 文凭的信号功能

关于教育的作用，人们一般认为有两种功能。第一种功能是接受高等教育能提高人们的生产效率，因此高学历的人能获得高报酬。然而，有些研究人员却认为接受高等教育不是提高员工生产效率的手段，或者说接受高等教育能提高生产效率并不是高学历与高报酬之间存在正向关系的唯一解释，他们认为学历只是一种发现哪些员工具有高生产效率的手段。这就是教育的第二种功能：信号功能。

在招聘员工时，雇主并不完全知道求职人员的实际生产效率。雇主所能观察的只是与雇员的生产率相联系的一些特征如年龄、性别、工作经验和受教育水平，按照教育信号功能假说，员工的受教育水平对企业决定雇用哪些工人有重要影响。

假设在雇主面对两类求职人员，一类人员生产率为1，另一类人员生产率为2，雇主在不能甄别这两类人员的情况下，只好假定所有求职人员的平均生产率为1.5，从而用1.5的工资水平雇用员工。但是，如果雇主有一种手段可以排除生产率为1的人仅雇用生产率为2的人，企业利润就会增加。市场上的每个企业都这样做的结果是，生产率为2的劳动者的工资为2，生产率为1的劳动者的工资为1，教育年限可以起到这种甄别的作用。

如果雇主认为 e^* 年限的教育可以作为甄别手段，那么高于 e^* 教育年限的人员得到的工资率为2，低于 e^* 的人员得到的工资率为1（如图4-3所示）。

但是，如果不要任何成本都能得到 e^* 年教育，每个求职者都会这样做，那么，e^* 也就失去了其甄别的信息功能。然而，教育是要付出成本的，对于不同的个人来说，心理成本的差异也是巨大的，并且付出的心理成本与个人的劳动生产率往往是有关系的。如果那些善于学习、能够用较低成本达到一定教育水平的人员也是在工作中更有效率的人员，那么，教育年限的信号功能就可以体现出来了（参见图4-3中的两条教育成本线）。低生产

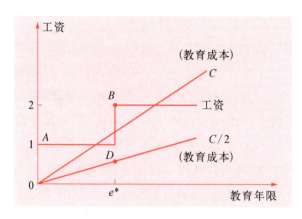

图 4-3　教育信息的收益和成本

率者,由于不善于学习,其教育成本曲线为 C,高生产率者则为 $C/2$。在这种情况下,员工选择的原则是:工资报酬的贴现值与其教育成本之间的差距最大时为最佳。对于教育成本为 C、工资率为 1 的员工来讲,教育年限为 0 的差距最大;对于教育成本为 $C/2$、工资率为 2 的员工来讲,教育年限为 e^* 的时候差距最大。所以,只有教育成本为 $C/2$ 的人才会选择接受 e^* 的教育。e^* 也就成为劳动力市场上甄别劳动力的信息标志。

当然,这种办法也有弊病。因为有些有学历的人并无相应的能力,而有些有能力的人并无学历,这些都会使劳动力市场的供求双方遭受损失。然而,使用这种筛选工具却使企业大幅度降低了雇佣成本。

第三节　在职培训

从理论上说,严格意义上的正规学校教育的决策仅仅是人力资本积累和技能发展的一部分。正规学校的教育后,投资并没有停止,它恰恰是在另一种意义上的开始。正规学校教育只是为劳动者积累特殊技能和通过在职培训从具体的工作环境中学习配置了舞台布景。人力资本文献非常广泛地解释了"在职培训"这个术语,整个概念只有一小部分被包括在正式的培训计划、学徒期限和诸如此类的情况中,而较大的部分则与从经验中学习有关。目前,在职培训受到越来越多的重视和研究,这主要存在三方面的原因[①]:

（1）国际竞争加剧使全球的厂商都在寻找提高其员工生产率的办法,培训以及相应的员工生产率提高被视为增强竞争力的关键。

（2）技术方面的快速变化,特别是信息产业的发展,已经导致了大规模的员工再培

---

① 朱舟,《人力资本投资的成本收益分析》,上海财经大学出版社,1999 年,第 133 页。

训,以及对员工的技能结构进行调整的需求。这一变化在各个产业领域都体现出来。开发、提供乃至使用此类技术和产品的企业都必须通过培训提升员工的劳动技能和能力。

(3)员工在各类岗位间的轮换变得普遍。因而,他们通过在职培训来适应更广泛的技能要求。扁平化组织的出现使更多的决策权被下放给直线部门,为了使员工有效地承担新的决策责任,要求其具备更高的知识和能力。

一、在职培训的成本与收益

(一)成本

企业的在职培训的成本因为培训的性质、内容等不同而不同。培训的成本主要包括直接成本和机会成本。直接成本包括雇员在培训期间的工资和举办培训活动所需要的费用,如聘请培训师和租用场地的费用。机会成本由两部分组成:一部分是受训人员参加培训要花一定的时间和精力,致使自己的生产率会受到影响;另一部分是利用有经验的员工和机器从事培训活动的成本,这两者都会给企业正常的经营活动造成一定的损失。

(二)收益

在职培训的最终收益是企业员工的劳动生产率得以提高。假设员工在培训前的边际产品价值是 VMP_1,培训后的边际产品价值是 VMP_2,那么,培训的收益就是 VMP_2-VMP_1,但这还不够,雇主还必须把培训受益与成本折成现值进行比较,即 $\sum_{i=1}^{n}\left[\frac{VMP_{bi}-VMP_{ai}}{(1+r)^i}\right]>C$ ($i=1,2,\cdots,n$),而且培训的收益不是一次性回收,只要员工培训完后继续留在该企业里服务,收益就存在。除了企业得到收益外,员工的收益表现为收入以及福利的增加、择业能力的增强。图4-4说明了员工在培训前后的劳动边际产品的差异。

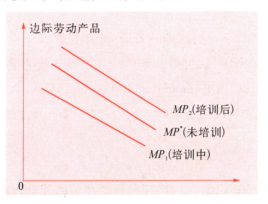

图4-4 培训对边际产品曲线的影响

二、在职培训投资的主要模式

与在职培训相关的投资决策比学校教育决策远为复杂，其涉及的主体、投资成本的支付方式和影响因素都更复杂。在对企业培训投资模式进行的跨国比较研究中，林奇（Lynch，1992）按在职培训投资的成本承担主体划分，把发达国家的在职培训分为以下五种主要模式。

（一）德国模式

德国模式表现为所谓的双重学徒制（Dual Apprentice-ship），即由企业和员工个人共同投资（企业和政府共同承担直接培训成本，个人以接受较低工资的方式承担间接成本），共同作出投资决策（工会与雇主在一般培训和特殊培训中寻求平衡，前者倾向一般技能的取得，后者倾向提供特殊培训）和取得培训证明（个人在培训期满参加考试并取得全国通用的培训证明，这使员工有培训动力）。德国式的企业特殊培训和一般培训都在学徒期内完成。

（二）日本模式

与德国模式不同，日本模式基本不存在学徒制培训员工。企业重视建立员工对企业的忠诚度，而非对某一特定职业的忠诚度，学徒制不是很有利的形式。由于日本企业的员工周转率很低（约40%的日本企业员工为终身雇用），企业因此甚至能够取得一般培训的投资收益。因此，与德国模式不同，日本的培训根植在生产制造系统内部，并在员工加入本企业后进行。

（三）美国模式

美国存在四种正规教育后进行培训的渠道：企业提供的正式和非正式培训；以营利为目的的私人职校提供的脱产培训，包括商务/技术、美容等职业学校课程；学徒制（主要在建筑业）；政府培训项目（如 Job Training Partnership Act，JTPA）。其中，政府培训项目涉及的人数极少，主要目的在于帮助最困难的劳动力就业；其他项目都是由私营部门提供的。

（四）北欧模式

政府提供技能培训。在美国，政府培训项目意在帮助劳动力市场中最为不利的人群。而在北欧国家，尽管最可能受到培训资助的仍是失业工人，但接受培训资助项目的工人远大于美国的范围。尽管这种模式有助于解决一般培训中的市场失灵(投资不足)问题,但这种模式的成本较高。此外,这些项目的实际收益率也存在很大争议。

(五)澳大利亚模式

自20世纪90年代初开始,澳大利亚职业教育与培训部门推行"行业驱动的能力标准"基础上的"能力本位的培训"(Competency-based Training,CBT)。为推进培训改革,包括加强职业教育教师与培训者对此的理解与实践,澳大利亚国家培训局于1997年开始推行两个全国性的师资培训项目:"学习视野"项目和"重塑未来"项目。这两个项目采用的师资培训模式即"基于工作的学习"(Work-based Learning,WBL)。前者侧重于推进"澳大利亚弹性学习框架",致力于促进教师在培训中使用灵活的学习方法和新技术的能力;后者则注重将职业教育的概念与原则融入日常工作中,从而使教师跟上培训体系的发展与革新。

三、普通培训与特殊培训

在职培训有两种基本类型:一类是普通培训,即培训所获得的技能对多个雇主同样有用,如教授基本阅读技能、指导秘书如何打字及如何使用文字处理软件等;另一类是特殊培训,即培训所获得的技能只对提供培训的企业有用,或者说能使提供培训的企业的生产率比其他企业要高得多。关于在职培训,企业需要作出两个相关的决策:(1)投资多少用于培训;(2)如果投资于培训,如何设计培训期间和培训后的工资,才有可能收回投资。关于投资多少前文已有说明,这里主要讨论培训期间和培训后的工资设计。

(一)普通培训

假设员工在接受培训之前,其边际劳动产品价值为VMP_1,按照边际劳动产品价值(VMP)等于工资率(W)的原则,该员工的工资率应为W_1。经过一段时间培训后,该员工的边际劳动产品价值提高为VMP_2,那么应支付的工资率为W_2。可问题是由谁来支付培训成本?如果企业为了补偿培训期间所付出的培训成本,在培训结束后,支付给员工的工资率小于VMP_2,但由于普通培训的技能可以适用于所有的企业,那么受训员工就会离开所在的企业,而流向愿意付给他W_2的企业。假定所有其他就业条件相同,培训之后,企业为了能留住工人,支付的工资必须等于VMP_2。正因为如此,企业不愿意为员工提供适用性很强的普通培训,这一类培训任务往往交给各类职业技术学校完成。

假设现在企业提供普通培训,按照上面的分析,受训员工应承担培训成本,那么他们以怎样的方式支付呢?比较合理的一个办法是员工在接受培训期间接受一个低于本来能

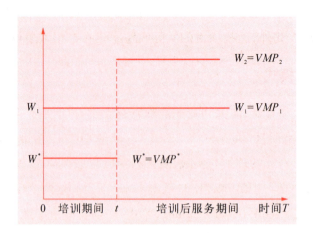

图 4-5 普通培训的成本与收益

获得的工资更低的起点工资。可用图 4-5 来说明这一问题。

在图 4-5 中，W_1 为员工没有接受培训时的工资率。培训期间 t 内，员工的边际劳动产品价值为 VMP^*，此时由雇主支付工资率为 W^*，W_1-W^* 的差额部分为培训的成本，即由员工承担的培训成本。培训完后的服务期 $(T-t)$ 内，雇主支付给员工的工资率为 W_2，因为此时员工的边际劳动产品价值为 VMP_2，W_2-W_1 的差额部分为培训的收益。

（二）特殊培训

由于接受特殊培训的员工只能在本企业发挥更大的作用，一旦他们被雇主解聘或辞职而去其他企业任职，那么他们能拿到的工资率就和接受培训前没有什么区别，所以，员工是不愿意为特殊培训支付费用的。如果员工在培训后能留在企业工作很长时间，那么以下的工资设计就是可行的：雇主可以在培训期间和服务期间给员工支付 W_1 的工资，在这种情况下，由雇主来承担特殊培训的成本以及获得收益。如图 4-5 所示，在培训期间，企业支付的工资高于受训员工的 VMP^*，这就相当于特殊培训的成本；在 $(T-t)$ 的服务期内，企业支付的工资低于受训员工的 VMP_2，从而补偿了培训成本。但是，如果员工在培训完出现流动情况，或者说只为企业服务很短的时间就辞职了，去其他企业拿 W_1，这显然对员工没有任何损失，可是企业的特殊培训的成本就收不回来了。因此，有必要重新设计成本承担和收益获得。这种解决途径可以通过图 4-6 加以说明。

如图 4-6 所示，在培训期间可以向员工支付 W_4 的工资，尽管按照 $VMP=W$ 原则，员工只能拿 W^* 的工资。W_4-W^* 的差额部分就是企业承担的培训成本，W_1-W_4 的差额部分就是员工个人承担的培训成本。在雇用期间可以向员工支付 W_3 的工资，W_3-W_1 的差额部分是员工个人预期的培训收益，W_2-W_3 的差额部分是企业个人预期的培训收益。在特殊培训

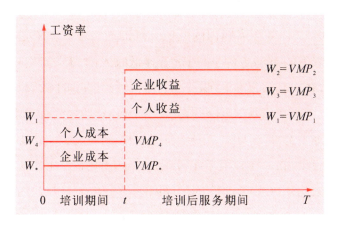

图 4-6　特殊培训的成本与收益

的条件下,员工的辞职率要低于普通培训条件下的员工的辞职率,因为受训员工承担了一部分培训成本,而且由此得到的特殊技能还不被其他企业所接受。同样,企业也不愿意解聘员工,因为此类员工的离去会给企业带来损失。至于双方各自承担多少成本与分享多少收益,可通过双方协商解决。

特殊培训的成本与收益结构的分割也只是形式上的,实质上,特殊培训的成本和普通培训成本都是劳动者自己支付的。

四、在职培训分析的评论

综合以上的研究,在职培训具有以下特性:

(1) 一般训练和特殊训练都涉及成本和收益。在一般训练下,一个人既负担成本又在以后获得收益;而在特殊培训下,成本和收益由提供训练的企业和获得训练的工人分享。

(2) 在两种情况下,人们对训练的支付都是通过在培训期间接受一个比市场均衡工资更低的工资来进行的,这种成本是接受培训的机会成本。

(3) 在有特殊训练的工作中,人们的所得在训练期间大于其 VMP,此后则少于 VMP。在有一般训练的工作中,工人的所得总是等于 VMP,但其 VMP 随着训练时间增加而上升。

(4) 风险的存在。人力资本投资的收益存在不确定性,如在受训期间及之后,人力资本投资的受体可能会发现志趣不合,或因技术改变,而未长期从事与所学相关的工作,则自然会降低人力资本投资收益。

对在职培训进行科学分析时,还要考虑一些现实世界的问题。首先,伴随着年龄与经验上升的"学习曲线"必然会因知识的贬值和陈旧而影响其上升趋势;其次,并非所有的员工都是在完全竞争的市场条件下,通过选择低收入的、有"工作中学"的潜力的职业进行人力资本投资,并在其后漫长的职业生涯中取得其早期投资的回报。对于这个很基本的问题,雅各布·明塞尔在"学校教育、工作经验和收益"一文中,提出了与贝克尔在《人力资本》中基本一致的意见:"关于'在干活中学'作为一个基本无成本的提高劳动生产率的方法的假设,在一个广泛存在劳动力流动的劳动力市场上并非是一个良好的描述。"考虑到劳动力市场的流动性,所有的职业间,甚至是职业内部的劳动力流动是否能简单地被描述为对在职培训进行播种与收获的行为是值得怀疑的。更为复杂的是,人力资本理论中假定所有进行过一定人力资本投资的个人都是以使其终生收入的净现值相等(简单地忽视不同职业在非货币因素上的差异)为职业选择和在职培训决策的依据,但这一假定对很多职业选择都是不恰当的,一个典型的例子是进行基础研究的科学家。此外,员工生产力不只决定于他们的能力,也决定于员工的动机或工作的努力程度,人力资本理论的研究忽视了对劳动者劳动过程中非能力因素对生产率进而对收入的影响的研究。

第四节　新人力资本理论[①]

一、新人力资本概念的提出

过去的半个多世纪,人力资本概念已经渐渐融入经济学乃至其他社会科学的理论框架和经验研究中,以至于政策制定者也经常采用这个概念,并利用其进行政策讨论。然而,在大量科学研究和公共政策表述中,我们将这个概念简化为最容易理解和计算的外壳。例如,在实证研究中,我们常常毫不解释地就将在学校的教育年限(有时加上经验)作为人力资本的代名词。

此外,出于测量和验证假设的便利,人力资本投资常常被研究人员简单地衡量为在"学校或其他培训中花费的时间"。在数据和测量技术给定的情况下,采用这种狭义的人力资本概念视角,不失为一种明智的策略。然而,近年来越来越多的经验研究证据显示,

---

[①] 李晓曼、曾湘泉,"新人力资本理论——基于能力的人力资本理论研究动态",《经济学态》,2012年第11期,第120—126页。

狭义的人力资本观点和视角已经在某种程度上扭曲了人力资本形成的过程。以下四个特征的存在要求我们重新审视传统人力资本的概念框架。

（一）"能力"在人力资本经验研究中的再发现

早期经济学文献认为，人力资本是存在于人体之中的具有经济价值的知识、技能和体力（健康状况）等质量因素之和。由于不易测量，人的能力被视为天生给定的。基于此，在大量的实证研究中，教育被简单地作为潜在能力的代理变量。随着现代心理学技术的发展，能力的测量技术逐渐成熟。近年来的研究发现，被传统人力资本理论视为先天给定的能力，在决定个人社会和经济表现上发挥着核心作用。丰富的实证研究表明，对教育水平、工资、犯罪行为和其他社会和经济生活方面的成果而言，认知能力是一个强有力的决定因素（Murnane et al.，1995；Heckman, Stixrud and Urzua，2006），甚至是影响个人健康水平的重要因素（Auld and Sidhu，2005）。

忽略能力只考虑教育水平只会带来对人力资本效应有偏的估计。能力才是人力资本概念的核心。从人力资本等价教育观转向基于能力的人力资本概念框架，对于我们讨论人力资本的形成、投资（干预）与对个人行为表现的影响显得十分必要。

（二）从单维能力到多维能力

即便在关注到能力概念的人力资本研究中，许多文献将能力片面理解为认知能力，忽略了非认知能力的存在，鲜有经济学文献关注个人偏好、性格特点等非认知能力对个人经济和社会行为的影响。例如，Becker(1964)将基于认知能力的收入模型与基于教育的人力资本模型进行对比，而完全忽略个人的非认知技能的作用；信号理论（Michael Spence，1974）强调教育水平是单维能力（one-dimension）的信号，这种能力被普遍认定为认知能力。在教育回报率的估计中，我们常常讨论由于遗漏潜在能力变量产生能力偏差（ability bias）而造成有偏的估计，此时我们将这个遗漏的能力直接看作认知能力，并试图通过认知测验的成绩作为这个遗漏变量的代理变量。

随着现代心理学技术的发展，心理学家利用量表对动机、偏好、自尊感、自控能力这样典型的非认知技能进行有效测量，使得以经济学方法研究非认知能力成为可能。Heckman 和 Rubinstein(2001)以美国高中毕业同等学历认证（General Educational Development，GED）[①]参与者为样本，研究发现了非认知能力对个体教育和工资的重要性，此后的一系列

[①] 这是美国高中辍学的学生自愿参与的一项认知能力测试，这项测试为参与者提供了获得等同于高中学历认证的机会。

研究发现,对于在以低技能为特点的劳动力市场上务工的个体,非认知能力显著影响个体的工资、职业稳定性和社会行为,甚至超越认知能力对其的影响。可见,为了更好地理解个体经济社会表现形成的原因,传统人力资本的概念和内涵有待扩充。

(三)能力形成的单一时期到多时期

以往的人力资本理论模型中都将孩子的成长期看作一个单一的阶段(Becker and Tomes, 1976; Aiyagari, Greenwood and Seshadri, 2002; Bénabou, 2002)。这样做的一个隐含的假设前提是,针对个人技能发展的每个不同阶段的投入相互之间是完全可以替代的。然而研究发现,人的能力的形成过程包含了多个阶段,每个阶段对应着生命周期中的一个时期。Knudsen、Heckman 和 Cameron 等(2006)发现人类与动物一样,在成长过程中有能力形成的敏感期和关键期。一些技能在人生的某一些阶段比其他技能更容易获得,这个阶段就被称为技能形成的"敏感期"。如果一种技能只能在一个独有的时期才能有效地形成,这个时期就被称为"关键期"。例如,如果在 12 岁之前学习外语,就可以避免出现口音。如果没有在早期学会外语中的语法和句法,在往后的生命周期中就难以习得(Newport, 1990)。智商得分在 10 岁左右就保持稳定不再发生变化了,即 10 岁以内是 IQ 形成的敏感时期(Hopkins and Bracht, 1975)。相比认知技能,非认知技能的可塑期跨越的生命周期更长。神经系统科学的证据显示,青春期的干预可以有效影响非认知技能的形成,因为负责控制情绪和自我管理的脑前额皮质在 20 多岁以内都具有可塑性(Dahl, 2004)。每个阶段形成的能力也密切相关,一个技能的形成可以增加下一时期获取技能的能力。Duncan、Dowsett 和 Claessens(2007)发现,早期培养的稳定的情绪特征会开发后期孩子的探索能力和更加旺盛的学习精力。

基于能力的人力资本概念为我们提供了一个从生命周期的角度来进行人力资本投资的视角,由此,传统的人力资本投资策略有必要按照能力形成的规律进行更新。

(四)环境与基因交互作用的证据

早期的人力资本文献将基因决定的能力禀赋(ability)与后天习得的技能(acquired skills)以二分法的形式进行严格的区分,Becker(1993)在对比了能力收入模型与人力资本模型中的收入分布后认为,后者与收入的实证估计结果具有一致性。在他的分析以及以后一系列基于此的文献中,一个隐含的假设前提是能力禀赋是天生的,是基因遗传的结果,完全不受家庭投资策略的影响。然而,最新的遗传学进展和环境与基因之间的交互作用(gene-environment interactions)的发现使这种二分法显得不再适用(Gluckman and Hanson, 2005; Rutter, 2006)。即使是能力禀赋也是培养出来的,即基因的表现受到外在环境影响和控制（Rutter，2006），这种环境甚至包括了在母体内的经历和出生时的环境（Shonkoff，Phillips，2000）。个体的能力既包含基因的成分，也受到环境的影响，从而使得其后天行为综合了先天遗传和后天环境特征。Turkheimer、Haley 和 Waldron（2003）提出了环境影响基因表现的理论模型；Cunha、Heckman 和 Schennach（2010）发现先天的禀赋与父母的后天投入之间有很强的交互作用，因此引发了对传统的将先天与后天进行二分法，运用线性估计模型的质疑。传统相加模型（additive model）将方差分配到先天与后天两个独立的部分去，基因与环境对个人后天行为与结果的影响运用传统模型已经无法进行有效的识别。

因此，在基于能力的人力资本概念框架下，研究人力资本效应就必须采用新的技术方法，来有效识别个体能力的形成和其对后天行为表现的影响。

二、新人力资本的理论框架

以上四种特征事实表明，传统的人力资本理论框架存在种种局限性。无论是其对于能力尤其是非认知技能的忽视，还是其方法上的相对陈旧，都需要被重新加以审视和考量。由此，在引入最新的经验研究成果基础上，有必要发展一种新的人力资本理论框架（见图 4-7）。

与传统人力资本理论相比，新人力资本理论打开了以前被视为"黑箱"的能力形成的过程，构建了一个基于多维能力的广义人力资本的理论框架。新人力资本内容包括能力（认知和非认知技能）、技能（教育或在职培训）以及健康（身体健康和心理健康）等要素。其中能力是新人力资本理论中的核心概念，而传统人力资本理论中强调的教育、健康等被视为个人基于自身能力和外部环境进行选择的结果。反之，教育、健康水平也会影响能力的后期形成。

在进一步分析新人力资本的形成机制时，个体能力分布会受到以下因素的影响：基因禀赋、环境质量与各种早期干预的措施。最终，在参与劳动力市场不同工作和社会生活时，个人的能力变量又按照不同的权重发挥作用，形成了个体特征的最终差异。

可见，新人力资本理论是一个贯穿生命周期囊括了从先天禀赋、后天环境直到个体发展等因素的框架体系。基于能力的新人力资本理论，可以成为我们探讨个人经济社会表现的理论图示，用于解释个体选择（教育程度、健康等）、结果（职业选择、就业与工资等）的原因及它们之间的关联性，为我们解释个人发展的多样性以及不平等提供思路。如图4-7所示，在现有新人力资本理论的框架中，主要存在两条互为补充的研究主线：一是探讨能力的形成与开发的机制；二是研究个人能力对个人最终经济社会行为、产出的影响。以下的综述按照这两条主线展开，我们同时也会讨论到服务于以上两类问题的研究方法与技术。

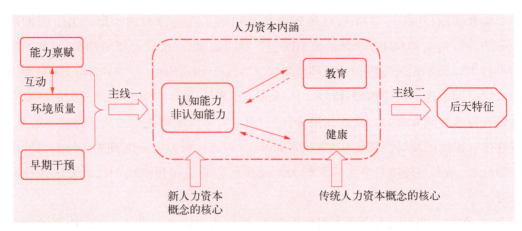

图 4-7 新人力资本的理论框架

三、能力的形成与新人力资本投资

在有关新人力资本形成与开发的研究中,能力如何形成与最优开发策略构成了该领域最主要的议题。围绕这一主线,众多研究从三个方面展开,探讨了能力的自我生产与动态补充机制、最优的新人力资本投资策略,以及更为宏观的公共政策层面上的新人力资本投资策略。

(一) 能力的自我生产与动态补充

遗传学、心理学和神经系统科学的文献研究可以有效识别技能开发的多个阶段(Erikson,1950),传统的经济学却对此无能为力。最近,经济学家开始从跨学科的综合视角重新研究这一问题。Cunha 和 Heckman(2010)根据多个学科的经验证据提出了一个描述投入与技能产出的技术框架。在这个模型中生命周期中的不同阶段可以有不同类型的投入,并且在不同的能力形成阶段所运用的技术也有所不同。一是技能的自我生产,即一个技能的形成可以增加下一时期获取技能的能力。这不仅意味着上一期所得技能产出可以持续到下一期,也体现了技能的自我增强和技能与技能之间的互相促进效应。早期认知能力的获得会促进后期积累更高的认知能力存量,不仅如此,一个阶段非认知技能的形成也有助于提高下个阶段的认知技能。例如,孩子早期集中注意力的能力培养会影响他们青年时期的学习测验成绩。

另一项重要的技术是技能动态补充。生命周期中一个时期技能的形成能够提升以后其他时期投资的生产率,即对孩子的边际投资的生产率取决于早期投资形成的能力水平。于是,我们就能够理解为什么对于那些早期具有更多能力存量的孩子来说,对他们进行后期教育投资的收益率更高。从本质上来看,能力的自我生产和动态补充描述的是投资的乘数效应,因此也意味着为充分发挥早期投资的效果,必须在以后的阶段实行追加投资。能力的自生产及动态补充效应的提出不仅考虑了生命周期中能力形成的特点,还超越了之前其他学科对此的讨论——兼顾了经济上的效率衡量,于是成为我们分析家庭和公共人力资本投资的最优策略的理论基础。

(二) 人力资本投资策略

基于能力形成的规律,我们就可以进一步探讨如何针对这一规律进行最有效率的人力资本投资。

1. 家庭的人力资本投资

父母与家庭环境在认知与非认知技能的形成过程中扮演重要角色,能力强和参与程度高的父母有助于孩子这两种技能的培养,从而使得个人之间的能力差异在早期已经形成(Carneiro, Cunha and Heckman, 2003; Cunha, Heckman, Lochner et al., 2006)。Carneiro、Cunha 和 Heckman(2003)的研究发现,孩子能力差异与其家庭背景以及母亲的能力水平高度相关,当控制了这两个变量时,孩子之间的能力差异也基本消除。在另一项研究中,通过对弱势儿童进行早期实验性干预和长期跟踪研究发现,改变他们孩童时期家庭的资源水平可以显著提高他们在成年后的经济社会生活表现(Blau, Currie, 2006)。此外,还有研究表明,学校资源与教育质量对个人能力缺陷的影响相对较小,对不同社会群体中孩子的不同年龄段的认知能力测试成绩基本没有影响(Heckman, Larenas, Urzua, 2004; Stephen, 2006)。

在考虑到家庭进行人力资本投资的预算约束时,不完全的信贷市场条件下,信贷约束会成为影响家庭人力资本投资的重要因素。然而,大量的实证研究发现,大学入学率只在极小程度上取决于入学时期的家庭的收入约束情况(控制了能力要素),而在一定程度上取决于孩子成长早期家庭的收入情况。家庭早期的预算约束对于孩子成年后的能力和学业表现具有持续效应(Duncan, Brooks, 1997; Dahl, Lochner, 2005; Morris, Duncan, Kauffman, 2005),因为早期的家庭预算情况会通过影响父母对其的投资造成环境差异最终影响孩子早期能力(认知和非认知能力)的形成。而教育程度的多寡实质上体现的是青少年能力(认知技能)与上学动机(非认知技能)的差异。可见,信贷约束对儿童成年后的经济社会表现的作用取决于家庭受预算约束的时期。

这一研究结果也给人们以政策上的启示,只在上大学时给予弱势家庭进行经济支持对个体未来表现收效甚低,从而降低了早期人力资本投资的效果。我们需要设计一个针对个体生命周期合理分配投资比例的最优投资策略。

2. 公共的人力资本投资

公共人力资本投资主要以弥补私人投资不足和缓解社会不平等为主要目的,因此集中于对于弱势群体的早期干预。以往的公共投资策略忽略了技能形成的特点,因此造成政策投资效果差而成本高的困境。通过对能力形成过程的再发现,新人力资本理论为解决这一问题提供了以下三个有效的政策视角。

首先,针对弱势群体进行早期投资。一些研究发现,对于弱势儿童的整个生命周期来说,越晚对其进行人力资本投资的干预,其效果越差,成本越高。O'Connor、Rutter 和 Beckett(2000)专门对罗马尼亚孤儿院中的幼儿进行了追踪研究,那里的孤儿处于社会隔离与情绪孤立的不良环境中,越晚被接出来获得收养的孩子,他们在后期表现出来的认知能力成绩就越低。许多公共职业培训项目和成人读写教育项目,都旨在弥补那些早期经历了教育和情感上被忽视的弱势个体,但收益很低并对绝大多数参与者来说效果不大,如美国的 GED 项目。换句话说,对于许多先天能力和后天技能来说,对弱势个体后期的弥补性投资是可行的,但若设定某种能力的一个特定水平(如 IQ 得分),为达到这个水平后期弥补比早期进行干预的花费要巨大得多(Cunha,Heckman,2010)。因此,对于公共人力资本投资政策,公平与效率的抉择只存在于那些后期干预措施中(如职业培训、成人教育)。对弱势个体进行早期人力资本的干预政策(如学前教育、弱势幼儿家庭的经济支持),既有助于弥补其早期能力不足,缓解社会不平等,又是最具投资回报率的人力资本投资策略,因此对弱势家庭的儿童进行早期政策支持应该是国家人力资本投资政策的重点。

其次,为使之前的投资效益达到最大化,必须进行追加投资。相对于能力的多阶段性,基于能力的人力资本投资干预也必须是多阶段的。如果针对弱势儿童的早期投资没有进行后期的追加投资,那么之前投资的效果就会减弱。因为生命周期中不同阶段的投资具有补充效应,必须持续投资才能保持有效。基于这种技能的动态补充框架,我们就可以解释 Currie 和 Thomas(1995)发现的经验证据,即若不进行追踪投资,对弱势儿童进行早期启蒙教育投资对其以后的发展效果不佳。在此之前,Becker(1991)对学前教育投资效果不佳的解释是由于公共投资对家庭投资产生了挤出效应。这种分析是基于一个时期投资前提下的替代效应的分析。

最后,对于人力资本的后期干预投资策略来说,非认知技能应该是投资的重点。Cunha 和 Heckman(2010)发现从前后两时期的能力投资的可替代性来看,非认知技能投资的可替代性更高,与此相对应的是,认知能力在早期就已经稳定下来了(IQ 在 10 岁左右就稳定了)。因此,后期政策的重点是非认知能力,通过非认知能力的提升,个体成年后的社会经济表现同样会获得显著的提升。

四、新人力资本对个人的经济社会表现的影响

(一) 基于能力的人力资本对个体劳动力市场表现的影响

1. 能力与工资

当控制教育水平不变,能力的增加对工资的纯效应如下:总的说来,认知技能对工资的效应与非认知技能相同,其中,非认知技能对女性工资效应稍强一些。但针对高智商群体来说,非认知能力对女性的工资效应微乎其微(Gensowski, Heckman, Savelyev, 2012)。对男性来说,非认知能力在以低技能为特点的劳动力市场上显得更有价值,而在高技能的劳动力市场上认知能力是个体工资的最重要的决定因素(Vestman, Lindqvist, 2011)。Heckman 等(2006)分别对 GED 参与者、高中毕业但未继续读大学群体和高中辍学者进行比较研究之后发现,GED 的获得者们与高中毕业但未继续读大学的学生群体有相同的认知能力,但仅获得与高中辍学者相当的工资水平。这种反常的劳动力市场表现主要源于他们较低的非认知能力水平,甚至低于高中辍学并未参加 GED 的人。由此可见,认知能力与非认知能力不仅在劳动力市场上都具有价值,而且对劳动力市场表现具有相对独立的影响,即 GED 获得者高出高中辍学者的认知能力并不能弥补他们非认知能力的不足,并且当研究者控制了 GED 参与者高出辍学者的那部分教育水平和智商测试成绩后,他们的收入显著低于高中辍学者。

2. 能力与教育

能力对个体选择教育程度的效应体现在个体能够获得的最高学历水平和选择在哪个阶段停止接受教育。总的来说,认知能力比非认知能力更重要,在认知能力上更优秀的学生倾向于获得更高的教育水平。研究发现,这种效应并非是单调的,它会随着不同学历水平和个体的能力水平发生变化。Heckman、Stixrud 和 Urzua(2006)发现,在认知与非认知能力水平都很低的群体中,提高任何一类能力都能增加他们高中毕业的可能性。在能力较高的群体中,这种效应就表现为增加他们进一步接受高等教育的概率。这两种能力对个体从社区大学毕业的效应很弱,却对从大学本科毕业具有很强的效应。能力对教育选择的效应还受到性别的影响。Gensowski 等(2012)利用 Terman(1921)对高能个体(智商高于 140 的儿童)70 年间的追踪数据,研究了能力对教育水平选择的效应。他们发现男性的 IQ 水平越高教育水平越高,但对于女性来说,IQ 只对具有博士学位的女性才有显著影

响,而且是一个负向影响。当选取"大五人格测试"作为衡量非认知能力的主要指标时,开放性和谨慎性对教育的效应为正;外倾性对女性的教育影响是反向的,对男性是轻微正向的;宜人性对女性的影响是反向的,对男性没有显著影响;神经质对女性的影响为负,对男性的影响是轻微正向。

此外,能力对个体教育的回报率的影响,通过教育对自身收入和对配偶收入(通过婚姻市场的匹配)两种不同的作用机制表现出来。具有博士学位的女性教育回报率最大,表现为自身的收入效应;具有学士学位的女性教育回报率表现为婚姻市场上的匹配效应,即丈夫的收入效应;而硕士学位的回报率为零或负。

(二) 基于能力的人力资本对社会行为的影响

早期一些文献研究了种族智商对其社会行为的影响,发现智商差异是引起黑人犯罪行为的主要原因(Wilson,Herrnstein,1985;Herrnstein,Murray,1994)。随着心理学测量技术的日趋成熟,近年来大量的实证研究表明,比起认知能力,非认知能力对个体后天行为的影响更大。Heckman 等(2006)发现,在样本群体中,增加非认知技能所带来的不良行为(如吸食大麻、参与犯罪等)的改变要比增加同等单位的认知技能带来的行为变化大得多;非认知技能在解释妇女成为单亲妈妈时比认知技能效应更大。

非认知能力对个体职业的选择(白领或蓝领)也具有显著影响。Heckman 等(2006)发现,处于中等智商程度的个体选择白领工作的概率是低智商群体的 2 倍多,而非认知技能分布中处于中等水平的个体选择白领工作的概率是低水平个体的 5 倍多。

非认知技能同时也促进健康的行为选择。大量的文献证明了个人的脾气和态度,可以在一定程度上解释他们对战胜疾病的行为,从而延长寿命和生活状态。时间偏好①作为非认知能力会影响个人的健康行为的选择(Grossman,2000),情绪因素对成人的健康也造成影响(Ryff,Singer,2005)。此外,Smith(2007)认为,非认知技能对教育选择的解释可以阐释随着经济社会阶层增高,疾病发生的概率递减的现象。

五、新人力资本理论的政策启示

在理论上,新人力资本理论框架的逐渐成熟一方面扭转了以教育为核心的人力资本观,另一方面改变了传统社会学者认为收入主要由认知能力决定的理论(Herrnstein,Murray,1994)。此外,它还丰富了传统信号理论(Spence,1974)中单技能的信号模型。传统信号理

---

① 经济学中时间偏好指人们对现在的满意程度与对将来满意程度的比值。

论认为,教育本身并不直接提高劳动生产率,而是作为一个代表能力水平的信号。潜在求职者通过接受教育获得学历认证,从而向雇主释放一个关于自己能力的强信号,因为雇主假设能力与学历是正向相关的。此处的能力被认为是单一维度的能力,而上文提及的美国高中毕业同等学力认证(GED)挑战了传统信号理论。与高中辍学者相比,GED获得者有更高的认知技能和较低的非认知技能。因此,这个文凭所传达的个体能力信号互相冲突,这就意味着,在能力从单维走向多维的背景下,人力资本信号理论也需要进行相应的更新和调整。

在政策上,新人力资本理论为宏观问题寻求到一个有效的微观突破口,即可以通过基于个体的早期人力资本投资干预的手段,来解决日后经济社会中诸如贫困、失业、犯罪等宏观问题。这也为当今中国劳动力市场上的诸多现实问题,提供了新的政策思路。针对我国长期面临的结构性失业问题,非认知技能的提升应该作为政策重点。因为从跨时期能力投资的可替代性来看,非认知技能投资的可替代性更高,进行后期投资的效果更好,应该作为应届大学生就业培训的核心。再加上非认知能力在以低技能为特点的劳动力市场上对工资的解释作用更强,因此,非认知能力也可以成为提升农民工就业能力的突破口。

新人力资本理论也让我们重新审视国家的教育投资策略和整个教育体制的改革方向。教育应该是基于个体生命周期,着眼于社会整体福利的一项长期投资。基于能力形成的特点,政府参与、调节私人教育投资的时间应该提前,并将重点放在对早期基础教育加大投资,以及持续给予弱势家庭在幼儿教育上的扶持。此外,早期教育投资需要注重多维能力的培养。我国基础教育中,过分强调体现认知技能的考试成绩而忽视像毅力、自我激励和自尊感这样的非认知技能的开发,是产生"高分低能"的主要原因。不仅如此,基于能力的自我生产特性,非认知技能的缺乏,也会影响后期认知技能的进一步积累,从而影响成年后个体的整个人力资本存量和经济社会表现。

最后,新人力资本理论提供了一个兼顾公平与效率的政策视角,来缓解不平等的代际传递。也就是说,政府可以采取补助措施对经济资源不足的弱势家庭儿童进行早期干预,让他们得到公平的受教育机会,并为他们储备后期能力自我生产所需的早期认知与非认知能力存量,从而打破弱势家庭孩子成年后在社会上也必然是弱势群体的恶性循环,同时从投资效率上来看,早期干预比后期干预的收益更高、成本更小。

第五节 中国的人力资本投资

2000年的诺贝尔经济学奖得主詹姆斯·海克曼[①]说:"我认为,中国在人力资本投资

[①] 詹姆斯·海克曼,"诺奖专家分析:中国应重视人力资本投资",《21世纪人才报》,2003年7月1日。

方面应该警醒。各国统计显示,中国对人进行投资的支出远远低于各国平均数;而每年物质资本投资和人力资本投资的比率大大高于世界上大多数国家。""随着中国进入世界市场,它将接触到新的技术和组织结构,对熟练劳动力的需求会上升。目前偏重物质资本投资、排除人力资本投资的投资战略,不能获得一个相对平衡战略的潜在收益。如果按照西方经济学通常评估教育回报率的方法,将会发现中国21世纪初期的教育回报率大约是4%。这是较低的回报率,这远远低于工业中物质资本的回报率(据估计大约是20%)。"

一、人力资本测算方法

要描述我国人力资本存量的现状,首先需要梳理一下现有的测量人力资本存量的方法。长期以来,中外学者在人力资本价值的估算和定价方面进行了大量的深入研究,提出了许多可供借鉴的方法,归纳起来有以下三类:教育指标法、成本法与收入法。掌握这些方法的原理与优劣势有助于我们选择合适的指标来描述我国的人力资本现状。

(一)教育指标法

教育处于人力资本概念中的核心地位。无论对个人还是对国家,更高的教育水平意味着更高水平的教育投资,由于教育投资是促进人力资本积累的最主要方式,那么教育水平就可以衡量个人和国家层面的人力资本存量。正因为这个原因,许多基于教育水平的指标常用来描述人力资本存量,如劳动人口平均受教育年限、入学率等。该指标的优点是简单易行,缺点也显而易见。将受教育程度作为人力资本的衡量指标,忽视了培训、工作经验、健康以及生命周期等影响人力资本的重要因素,不能涵盖人力资本所包含的内容。

(二)成本法

成本法的本质是核算人力资本形成过程中的所有支出,并假设付出的成本越高,积累的人力资本越高。具体计算方法是依据投资于人身上相关支出的累积量来确定人力资本的价值水平,因此个人或一个国家的人力资本存量就等于花费于人(或劳动者)身上的相关支出的总和。具体可以包括教育费用、培训费用、迁移费用和医疗卫生保健费用。由于人力资本与物质资本的积累方式具有显著差异,因此运用成本法测算人力资本存量也存在明显的缺陷。人力资本积累是一个长期而复杂的过程,其中既包含公共部门的投资也包含个人的投资,公共部门的投资相对可得,而私人投资部分难以获得却又对人力资本的积累起到至关重要的作用。因此,现有数据很难支撑研究者们运用成本法来对人力资本存量进行详细核算。

（三）收入法

收入法将人力资本积累视为一项长期投资，用个人终生受益现值来测度当前的人力资本存量。这方面有许多代表性研究（Farr, 1853; Dublin and Lotka, 1930; Weisbrod, 1961; Graham and Webb, 1979; Jorgenson and Fraumeni, 1989, 1992）。其中具有代表性的J-F终生收入法，以个人预期生命期的终生收入的现值来度量人力资本存量，能够更加准确合理地反映出教育、健康等长期投资对人力资本积累的作用。该方法假设个人预期未来收入是由估算年份中更年长个体的当期收入决定，我们按照年龄将生命周期划分为五个阶段，即不上学也不工作阶段、上学阶段、可能上学也可能工作阶段、完全工作阶段以及退休阶段。通过使用生存率、升学率和就业率，并考虑不变劳动收入增长率和折现率，运用倒推的方式估计预期未来收入的现值。需要注意的是，运用收入法测度人力资本需要预先假设一些重要的参数，如收入增长率和贴现率。而转型期的中国，各年龄组的收入增长率会受到很多制度因素的影响，使用现有数据无法准确推断未来收入的增长情况。因此，测算结果会在很大程度上受到研究者主观因素的影响。

二、中国教育投资的现状及问题

增加对教育的投资是增加我国人力资本存量水平和提高人力资本质量的基本途径，这一人力资本开发方式的有效性也将影响到其他人力资本投资方式的效率。我国已明确了"实施科教兴国战略、可持续发展战略"的目标，并已经认识到："只有大力发展教育和科技事业，把经济发展切实转到依靠科技进步和提高劳动者素质的轨道上来，才能加快现代化进程，缩小与发达国家的差距。"基于这一认识，我国对各级教育进行了大量投资，到2015年，我国的初中毕业生升学率为94.1%，全国各类高等教育总规模达到3 647万人，高等教育毛入学率达到40%。但是，当我们集中分析教育这一人力资本投资的最重要方式上时，就会发现，我国的教育既有总量问题，也有质量问题，还有结构方面的问题。

（一）总量问题

我们分别用教育指标法和成本法来描述我国人力资本总体存量。总量问题主要表现在我国劳动力整体受教育年限偏低和国家层面人力资本投资不足。

如表4-1所示，Barro-Lee数据库提供了我国1950—2010年各教育层次的平均教育年限。新中国成立以来,我们劳动年龄人口的平均受教育年限大幅提升,特别是义务教育阶段,平均小学教育年限达到了5年左右,平均中学教育年限达到2.9年左右。1999年高校扩大招生人数的教育改革政策推行以来,平均大学教育年限也大幅提升,从1950年的0.01年提升到2010年的0.28年左右,增长了28倍。即使如此,当我们横向比较各国(地区)各教育层次平均受教育年限时,我国人力资本存量偏低的状况依然很严重。

表4-1 1950—2010年中国15岁以上人口平均教育年限 单位:年

年 份	平均教育年限	平均小学教育年限	平均中学教育年限	平均大学教育年限
1950	1.534 5	1.316 3	0.207 9	0.010 3
1955	1.825 2	1.559 9	0.250 2	0.015 1
1960	2.281 2	1.931 8	0.328 3	0.021 1
1965	2.778 9	2.340 5	0.412 7	0.025 7
1970	3.431 5	2.875 2	0.530 8	0.025 5
1975	3.965 4	3.281 5	0.657 4	0.026 5
1980	4.748 3	3.825 4	0.895 8	0.027 2
1985	5.247 7	4.091 7	1.110 3	0.045 7
1990	5.624 4	4.226 5	1.338 6	0.059 2
1995	6.406 7	4.552 1	1.753 2	0.101 4
2000	7.105 9	4.808 1	2.153 7	0.144
2005	7.621 5	4.915 8	2.507	0.198 7
2010	8.167 4	4.998 8	2.883 9	0.284 7

数据来源:Barro-Lee数据库,http://www.barrolee.com/。

如表4-2所示,我国的平均受教育年限仅为8.17年,显著低于加拿大、日本等发达国家,仅比同为"金砖四国"的巴西和印度高。如果聚焦在平均小学教育年限上,我国2010年4.99年的平均教育年限甚至低于巴西。作为一个将创新驱动作为核心发展战略的国家,高科技人才是确保战略实施的关键点。而现有的高等教育人力资本存量让这个增长引擎显得动力不足。对比表4-1与表4-2,我国的平均大学教育年限显著低于发达国家,仅为日本的23%,加拿大的25%,新西兰的18%。

表4-2　2010年各国(地区)15岁以上人口平均教育年限　　　　单位：年

国家/地区	平均教育年限	平均小学教育年限	平均中学教育年限	平均大学教育年限
澳大利亚	9.535 3	3.839 7	5.298 2	0.397 4
比利时	10.545 3	5.532 9	4.147 6	0.864 9
丹　麦	10.056 6	6.312 4	3.076	0.668 2
加拿大	12.082 7	5.874 4	5.037 9	1.170 4
法　国	10.532 9	4.705 4	5.234 4	0.593 1
德　国	11.823 1	3.810 7	7.439 2	0.573 3
意大利	9.509 6	4.689 4	4.491	0.329 2
日　本	11.582	5.874 4	4.500 8	1.206 7
新西兰	12.689 6	6.930 7	4.242 6	1.516 3
巴　西	7.539 1	5.187 6	2.115 7	0.235 8
俄罗斯	11.520 3	5.116 1	4.817 2	1.587
印　度	5.129 7	3.314 8	1.638 2	0.176 8
中国香港	10.366 2	5.195 9	4.719 6	0.450 8

数据来源：Barro-Lee数据库，http://www.barrolee.com/。

此外，教育投资占GDP的比重长期在低水平徘徊。改革开放以来，我国各级政府大幅增加了对教育的投入量，财政性教育经费从1978年的81.24亿元上升到2015年的26 420.58亿元，37年来增长了300倍，财政性教育支出的年均增长率约为15%（见表4-3）。国家财政性教育经费支出占国内生产总值4%的指标是世界衡量教育水平的基础线。我国早在1993年就提出了这一目标，但直到2012年才实现。根据世界银行的统计，早在2001年，澳大利亚、日本、英国和美国等高收入国家，公共教育支出占GDP的均值就已达到4.8%，哥伦比亚、古巴等中低收入国家，公共教育支出占GDP的均值达到5.6%。可见在财政资金安排上，教育经费支出并不是被放在优先地位上。同时，相对于物质资本投资项目而言，教育投资的收益具有时滞性和间接性，且不易于测定和考核，因而，出于追求政绩或本地区、本部门经济利益的考虑，各级政府往往更注重那些见效快且效果同本地区、本部门直接相关的经济建设投资，对教育大量投资的意愿不足。

表 4-3 1992—2015 年国家财政性教育经费占 GDP 比重

年 份	国家财政性教育经费(亿元)	占 GDP 比重	年 份	国家财政性教育经费(亿元)	占 GDP 比重
1992	728.75	2.74%	2004	4 465.86	2.79%
1993	867.76	2.51%	2005	5 161.08	2.81%
1994	1 174.74	2.51%	2006	6 348.36	3.01%
1995	1 411.52	2.41%	2007	8 280.21	3.32%
1996	1 671.70	2.46%	2008	10 449.63	3.48%
1997	1 862.54	2.49%	2009	12 231.09	3.59%
1998	2 032.45	2.59%	2010	14 670.07	3.66%
1999	2 287.18	2.79%	2011	18 586.70	3.93%
2000	2 562.61	2.87%	2012	23 147.57	4.28%
2001	3 057.01	3.19%	2013	24 488.22	4.30%
2002	3 491.40	3.41%	2014	24 488.22	4.10%
2003	3 850.62	3.28%	2015	26 420.58	4.26%

数据来源:《中国教育经费统计年鉴》(1993—2016)。

(二) 质量问题

质量的问题表现在教育投资效率偏低,培养的学生就业能力不足,无法满足社会需求。自 2003 年开始,大学生就业难问题日渐凸显,根据中国人民大学中国就业研究所对 2009 年高校毕业生就业状况调查,至 7 月 1 日大学生就业比重为 55.4%,仍有 21.6% 的人处于失业状态。就业难的原因一方面是扩招导致大学生供给增加,但是,更为重要的是,毕业生素质难以满足企业需求。咨询公司麦肯锡的一份报告(基于对 83 位人力资源高管的访谈)称,中国缺乏训练有素的大学毕业生,这可能阻碍中国的经济增长以及发展更先进的产业。这些高管认为,中国毕业生中只有不到 10% 拥有为外企工作的技能,而相比之下,印度的该比例则达到 25%。据麦肯锡称,中国每年新培养出约 160 万名工程师,是美国的 9 倍。然而,在中国 160 万名年轻工程师中,只有约 16 万名具备为跨国公司工作所需的实用技能和语言技能。盖洛普公司的一项调查也显示,目前我国大学生的就业能力满足程度只能达到 70%,企业最为看重的个人素质恰恰是当前毕业生所欠缺的。如表 4-4 所示,企业最为看重的"敬业精神、沟通协调能力、基本解决问题能力"等几项能力指标,也是大学生最为欠缺的几项。

表4-4 大学生所欠缺的就业能力

就业能力指标排序	用人单位最看重的能力指标排序	大学生最欠缺的能力指标排序
敬业精神	2	1
沟通协调能力	4	5
基本解决问题能力	5	2

当前我国高等教育效率不高,主要是由于高校培养目标不清晰、没有明确就业能力目标、重视概念、忽视实践等导致的。对国内文献进行的计量分析发现,当前我国高等教育发展方面存在的主要问题包括:高等教育发展定位不清、教学方法老套、教师本身能力不足、专业设置与市场相脱节、专业设置缺乏针对性、课程设计不合理、课程内容陈旧、重理论轻实践情况突出等(见表4-5)。这些问题导致在我国这种许多专业人才缺乏的国家,由于学生的就业能力缺乏,存在专业人才缺乏、学校培养出来的学生找不到工作的现象,这大大影响了人们对人力投资的积极性。同时,它造成的危害还有:人力资本利用效率不高,教育投资形成的人力资本在知识运用能力和对知识进步的适应能力上都存在欠缺。

表4-5 当前我国高等教育发展问题的文献提及频数

职业教育发展存在的问题		频 数
高等教育发展定位	定位不清,与实际脱节	17
教 师	教师本身能力不足	12
	教师队伍的评定不力	2
	教学方法老套	1
专业设置	专业设置与市场相脱节	16
	专业设置缺乏针对性	12
	专业设置混乱	3
课程设置	课程设计不合理	11
	课程内容陈旧	5
	课程整体结构不合理	4
	重理论轻实践	10
实习制度	缺乏规范的实习制度	15
	实习效果不理想	3

首先,我国高校培养目标不清晰,片面追求研究型大学的办学思路,与社会实际需要

人才相脱节。联合国教科文组织1997年修订的《国际教育分类法》中,本科教育分为两种类型:一是按学科分设专业,为进一步研究做准备的教育;二是按大的技术领域(或行业、产业)分设专业,适应高科技要求的应用教育。20世纪90年代以来,我国高等教育往大众化方向迅速发展。2015年,全国共有普通高等学校和成人高等学校2 845所。其中,普通高等学校2 553所,成人高等学校292所。但是,我国许多高等学校定位不明,一味追求发展研究型大学,忽视劳动力市场需求更大的是应用性技能人才的培养,导致一方面许多大学生找不到工作;另一方面,企业招不到具备应用性技能的人才。

其次,高校很少关心大学生的素质和能力培养,特别是一个大学生在求职前究竟应当具备什么素质和能力,高校并不清楚。很多国家高等教育机构都与企业合作,对工作胜任能力的基本要求进行了分析,成为大学生提升能力的目标。但是,在我国缺乏相应的研究,导致高校与企业对大学生就业能力的认知存在差异,所培养出来的学生自然也无法满足企业需要。

最后,高校教育重视概念,缺乏实践。一方面,师资队伍总量和构成不合理。据专家论证和国外一些高校的实际情况,高校师生比一般不应当突破1∶13(如美国斯坦福大学师生比约1∶10),否则会增加教师负担,影响教育质量与教师创新精神的培养。但是,2015年我国普通高等学校专任教师数量为157万人,平均师生比已达到1∶16.2,部分学校的师生比更突破1∶40,如此低的师生比例严重影响教学质量,不利于学生的培养。另一方面,高校教师大多直接来自高校,缺乏实践经验,教学方法与教学内容难以满足实际工作的需要。同时,学生缺乏应有的社会实践和实习经历,影响了他们对于社会所需能力的判断和相应技能的提高,2009年中国就业研究所对北京中关村地区企业大学生就业能力的调查表明,66%的人认为"无工作经验"是大学生求职的主要障碍。

(三)结构问题

除了人力资本总量偏低,我国的人力资本还存在着城乡、区域结构不均衡和职业技术教育发展滞后的问题。

1. 城乡与区域结构

李海铮等(2014)运用改进的J-F终生收入法以1985年为基期的消费物价指数作为平减指数估算了1985—2010年间全国层面分城乡人力资本水平。

如表4-6所示,1985—2010年我国实际人力资本存量持续增长,由28.60万亿元增加至168.98万亿元,增长了4.91倍,总体人力资本存量均呈现上涨趋势;农村人力资本从16.88万亿元增长至43.57万亿元,城镇人力资本从11.73万亿元增长至125.41万亿元。可见,人力资本存量的城乡分布呈现城镇人力资本后来者居上且城乡间差距逐步扩大的发展态势。人均人力资本存量是指人力资本总量与非退休人口的比率,它能够剔除人口因素,更好地反映一个地区人力资本的发展状况。

表4-6 1985—2010年我国及分城乡人力资本存量与人均人力资本存量

年份	实际人力资本存量 (万亿元,1985年为基年)			实际人均人力资本存量 (千元,1985年为基年)		
	全国	城镇	农村	全国	城镇	农村
1985	28.604	11.727	16.877	29.770	51.570	23.010
1990	33.683	15.108	18.575	32.630	55.460	24.450
1995	33.216	15.241	17.975	30.960	49.640	23.500
1996	34.593	16.623	17.970	31.940	50.750	23.770
1997	37.994	19.114	18.880	34.790	54.940	25.290
1998	43.085	22.640	20.445	39.180	61.560	27.980
1999	49.315	27.129	22.186	44.670	70.180	30.950
2000	56.052	31.800	24.252	50.130	78.120	34.090
2001	62.451	36.580	25.871	55.710	86.100	37.160
2002	71.180	43.170	28.010	63.490	97.700	41.200
2003	79.780	50.170	29.610	71.300	109.650	44.750
2004	86.540	56.060	30.480	77.640	119.380	47.240
2005	98.030	65.570	32.460	88.240	136.410	51.520
2006	107.840	72.910	34.930	96.870	146.000	56.960
2007	120.120	84.020	36.100	107.970	161.600	60.880
2008	130.570	93.470	37.100	117.540	175.120	64.200
2009	150.720	109.850	40.870	135.930	200.100	72.960
2010	168.980	125.410	43.570	150.520	218.440	79.280

数据来源:李海峥、李波、裘越芳、郭大治、唐棠,"中国人力资本的度量:方法、结果及应用",《中央财经大学学报》,2014年第5期。

人均人力资本也一并呈现增长态势,其中,总体的人均人力资本存量从2.977万元增至15.052万元,增长4.06倍。城镇人均人力资本高于农村人均人力资本且增幅远大于农村,城镇人均人力资本从5.157万元增长至21.844万元,农村仅从2.301万元增至7.928万元,城乡间人力资本存量差距逐渐扩大。此外,值得指出的是1995年之前,人力资本总量年均增长率快于人均人力资本的增长;而1995年以后,两者的年均增长率几乎相等,原因在于这个时期人口增长呈现明显下降。我们可以推测近年来中国人力资本总体存量的增长,主要不是由人口增长导致,而是由教育及其他因素所推动。

收入法还可以用来描述我国人力资本存量在区域间的失衡现状。李海铮、唐棠(2015)运用J-F终生收入法和当期收入差别法两种方法构建了我国西部、中部和东部地区的基于人力资本的劳动力质量的指数度量。其中,J-F终生收入法用来构造分城乡的劳动力质量的面板数据,反映了短期和长期的人力资本回报,而当期收入差别法则是利用东、中、西三个地区的农民工在同一个市场工作的情况,构造了分区域的劳动力质量指数。

如表4-7所示,从城镇角度看,西部—东部与中部—东部的劳动力质量差异都在不断扩大,1985年西部和中部的劳动力质量分别为东部的91%和69%,而到2010年西、中、东的人均人力资本分别为15.3万元、14.2万元和25.4万元,西部和中部的劳动力质量分别是东部的60%和56%,下降了31%和13%。可见西部与东部差异在加速扩大,而中部与东部的差异扩大速度相对较慢。并且截至2010年,西部与中部的人均人力资本存量已非常接近。

表4-7　1985—2010年分区域分城乡人均人力资本

年份	城镇人均劳动力人力资本(千元)			年份	农村人均劳动力人力资本(千元)		
	西部	中部	东部		西部	中部	东部
1985	58	43	63	1985	26	27	47
1986	61	46	67	1986	27	28	49
1987	63	48	68	1987	29	29	51
1988	59	44	63	1988	27	28	46
1989	55	43	60	1989	25	26	43
1990	60	47	65	1990	26	28	47
1991	62	49	67	1991	28	30	49
1992	62	49	67	1992	29	32	51
1993	59	46	63	1993	28	31	48
1994	52	41	55	1994	25	28	42
1995	48	38	53	1995	23	26	40
1996	48	38	54	1996	23	27	40
1997	50	41	59	1997	24	28	42
1998	55	45	66	1998	26	31	46
1999	61	51	74	1999	28	34	51

续 表

年份	城镇人均劳动力人力资本(千元)			年份	农村人均劳动力人力资本(千元)		
	西部	中部	东部		西部	中部	东部
2000	66	55	81	2000	31	37	55
2001	71	61	89	2001	33	40	59
2002	77	67	101	2002	35	44	65
2003	83	73	113	2003	38	48	71
2004	88	77	123	2004	39	50	76
2005	96	84	134	2005	42	54	82
2006	106	94	158	2006	47	60	93
2007	113	101	178	2007	49	64	102
2008	120	108	197	2008	51	67	110
2009	138	126	234	2009	56	75	126
2010	153	142	254	2010	60	81	138

数据来源：李海峥、唐棠，"基于人力资本的劳动力质量地区差异"，《中央财经大学学报》，2015年第8期。

从农村角度看，中部与东部的差异略有缩小，从1985年的57%上升到2010年的59%，其中差异最大的是2001年，人力资本分别为4万元与5.9万元。然而，西部与东部的差异却在明显扩大，从1985年的56%降到2010年的44%。在1985年，中部与西部农村的劳动力质量非常接近，分别为2.7万元与2.6万元，然而在2010年，两个地区的农村出现了明显的分化，人均人力资本差异显著，分别为8.1万元与6万元。

2. 职业教育发展滞后

关于职业教育对经济增长的推动作用毋庸置疑，美国学者伯纳德·L.温斯坦博士在研究西方国家发展的普遍规律时得出如下结论："西方的经验有力地证明，一个健全的中等教育和职业教育体系，是一个比高等教育还要关键的因素。"特别是在我国这样一个劳动力数量密集、技术水平相对较低的国家，发展职业技术教育应该是非常迫切的。可现实情况是，我国中等职业教育相对高等教育的发展速度而言，没有得到较快发展，甚至一度出现绝对下降的现象。如表4-8所示，1998年以来，随着国家强力推进职业技术教育，职业学校在校生人数有所增加，但从2010年开始，中等职业教育在校生人数逐年下滑，到2015年仅为1 656.7万人，仅相当于2005年的水平。总体来说，我国的职业教育发展现状离《现代职业教育体系建设规划（2014—2020年）》提出的实现"2020年中等职业教育在校生2 350万人，高等职业教育在校生1 480万人"的目标还有很大的距离。

表4-8 1998—2015年中等职业教育在校生人数 单位：万人

年 份	职业高中	普通中专	技工学校	成人中专	总 数
1998	454.92	498.08	173	341.87	1 467.87
1999	443.84	515.50	156.05	302.12	1 417.51
2000	414.56	489.52	140.1	240.28	1 284.46
2001	383.10	457.98	134.7	189.16	1 164.94
2002	428.13	456.35	152.99	153.34	1 196.52
2003	455.76	502.37	193.14	105.45	1 256.72
2004	516.92	554.47	234.5	103.35	1 409.24
2005	582.43	629.77	275.3	112.55	1 600.05
2006	655.64	725.84	320.82	107.59	1 809.89
2007	725.25	781.63	367.15	112.98	1 987.01
2008	750.32	817.28	398.85	120.65	2 087.1
2009	778.42	840.43	415.32	160.99	2 195.16
2010	726.33	877.71	422.05	212.40	2 238.50
2011	680.97	855.21	430.42	238.73	2 205.33
2012	623.05	812.56	423.81	254.27	2 113.69
2013	534.22	772.18	386.59	229.98	1 922.97
2014	472.82	749.14	338.97	194.36	1 755.28
2015	439.86	732.72	321.46	162.67	1 656.70

数据来源：教育部发展规划司，《全国教育事业发展统计公报1998—2015》，教育部网站。

表4-9 2008—2013年我国职业教育经费及占比

年 份	2008	2009	2010	2011	2012	2013
职业教育经费投入(亿元)	1 852	2 120	2 409	2 889	3 205	3 405
占全国教育经费总量比例	12.77%	12.85%	12.31%	12.10%	11.99%	11.36%
其中：财政性教育经费(亿元)	1 017	1 211	1 460	1 934	2 392	2 543
占职业教育经费比例	54.93%	57.13%	60.61%	66.93%	72.05%	73.71%

数据来源：《中国教育经费统计年鉴》(2009—2014)。

与此相对应的是，职业教育经费投入总量虽然逐年增长，但在整个教育经费中的比重并不高，而且近些年来有递减趋势。如表4-9所示，2013年职业教育经费占全国教育经费的比例仅为11.36%。从经费来源上来看，由于职业教育成本较高，发达国家投入职业教育的生均经费要普遍高于普通教育。例如，在中等职业教育培训领域，OECD国家和欧盟国家的生均经费年均分别为4 717美元和5 920美元。

反观我国，虽然伴随国家对职业教育公益性认识程度的提高，国家财政性职业教育经费投入也在不断增长，但对比同层次的普通教育，其经费投入仍然不足。2013年，中等职业学校生均教育经费投入为3 578.25元，仅为同期普通高中生均教育经费的45%。职业教育经费投入的相对不足，会严重影响职业教育的发展速度和质量。

本 章 小 结

人力资本投资是影响国家经济发展和劳动者个人工资收入的一个重要因素，其作用已日益为人们所认同。人力资本投资成为劳动经济学的重要研究领域主要是20世纪60年代以后的事情。本章从人力资本投资的概念入手，回顾了人力资本投资理论的形成和发展简史，介绍了舒尔茨等人的人力资本理论的主要观点，并提出了人力资本投资决策的基本方法，即净现值法和内部收益率法。净现值法是直接对比贴现后的未来收益与成本；而内部收益率法则是通过计算收益与成本现值相等时的内部收益率，并将其与其他投资的报酬率进行比较，最终作出人力资本投资决策的一种方法。

在人力资本投资的多种形式中，教育是最为重要的形式之一。是否上大学取决于成本和未来的预期收益，以及两者之间的比较。上大学的成本降低以及大学毕业生与无大学学历劳动者的收入差别扩大，会增加上大学的需求。收入流的长度也会影响教育决策，其在现实中的体现就是多数大学生是年轻人。教育除了能提高个体生产率之外，还具有信号功能。教育的信号功能理论认为能力越高的人，接受教育的心理成本越低，越容易获得较高学历，因此，以学历作为选人信号有利于降低企业的雇佣成本。

学校正规教育仅仅是人力资本早期积累和技能发展的一部分，随着国际竞争的加剧、高新技术的发展以及岗位轮换管理理念在实际工作中的运用，企业对员工技术水平和生产率的要求不断提高，因而，在职培训作为人力资本投资的一种重要手段得到实践界和理论界的高度重视。与其他人力资本投资决策类似，培训的决策也取决于成本和收益的对比，但培训形式的选择又有其自身特色。根据成本—收益分割原则的不同，在职培训分为一般培训和特殊培训两种形式。一般培训的成本和收益都由个人承担，而特殊培训则是由企业和个人共同承担。对在职培训进行科学分析时，还应该考虑"学习曲线""工作中学""终生收入预期"等一些现实问题的影响。

教育一直以来被视为人力资本理论的核心。但近期有关人力资本的系列经验研究表明，能力包括非认知能力会显著影响个体经济社会表现。同时，能力的形成是多时期的；先天与后天因素并不能简单进行二分法，而是具有交互影响的。以上的特征事实引发了传统人力资本理论的变革，基于能力的新人力资本理论的概念框架逐步确立。新人力资本理论的主要内容包括基于能力的人力资本形成机制以及投资策略；能力对个体经济社会表现的影响。这一系列的研究不仅为我们提供了新的研究方向，而且对于制定有效的人力资本投资政策有着重要意义。

人力资本投资的重要性在我国逐渐得到广泛认同，重视程度也不断提升，但是仍然存在人力资本投资效率偏低、教育投入地区不均衡、教育结构不合理等问题。其中，高等教育与现实相脱节，导致大学生就业能力不能满足企业需求，表现为一方面大学生就业难，另一方面企业雇不到合适的人才。近几年，职业技术教育得到较大发展，但是当前我国职业技术教育的培养模式所培养的毕业生存在着实际职业技能较低的情况。企业培训虽然得到单位重视，但是培训费用、培训内容的针对性和培训效果等方面还需要进一步的提高。

复习思考题

一、名词解释

人力资本　人力资本投资　净现值法　特殊培训　一般培训　新人力资本理论　人力资本测算方法

二、简答题

1. 简述人力资本投资的概念与类别。

2. 舒尔茨人力资本投资理论的主要观点是什么？人力资本投资的基本模型表示的是怎样的经济含义？

3. 在教育投资的成本收益率分析中，应注意哪些问题？

4. 普通培训和特殊培训的经济含义是什么？应怎样安排它们的成本和收益？

5. 新人力资本理论的主要观点有哪些？

附录4—1　自费攻读硕士研究生的成本收益分析
——基于北京地区部分高校的实证研究①

一、研究背景

2005年，全国报考硕士研究生的人数首次超过百万。据教育部2004年统计显示，从1999年研究生开始扩招至今，招生规模年均递增26.9%，到2004年全国硕士研究生招生人数已达33万。

随着研究生的扩招，研究生教育资源日趋紧张，自1999年以来一直有"明年将对研究生全面收费"的说法，人们对研究生收费的争论也日渐激烈。目前的看法大致有三类：赞成收费、反对收费和维持现状。赞成收费者认为，研究生教育不属于国家义务教育范畴，由公费转向自费是大势所趋；从教育成本分摊的角度看个人应该参与分摊，等等。反对收费者的理由是，读研本身就存在机会成本；收费会将众多成绩优异而家庭贫寒的学子拒于门外，有悖教育公平；即便已经入学的研究生，也会花费大量精力为钱奔波，无暇顾及学业；也易使研究生"向钱看"，缺少为国奉献的精神，等等。认为应维持现状的人认为目前我国人均收入还不高，民众支付能力有限，研究生教育目前还不宜采取全面收费政策；问题的关键在于研究生教育的公平化，应改变以分数决定差别收费的不合理现状，将有限的资源向贫困和优秀学生倾斜、向基础学科倾斜②。

目前我国东西部发展差距较大，东部沿海地区经济发达，不论在平均工资水平、福利待遇方面，还是在发展机会、工作环境方面相对于西部地区都有绝对优势。从个人效用最大化角度考虑，研究生择业时，"孔雀东南飞"的现象比较普遍。为了开发西部，实现区域平衡，需要更多高层次人才到西部去，以知识和教育带动经济的繁荣，为此，怎样引导人才流向西部成了一个亟待解决的问题。

另外，劳动力市场对不同性别的研究生有着不同的偏好，导致不同性别的研究生的收益也不同。目前大学生就业时女生就业难问题比较突出，女生在求职和工作待遇方面处

---

① 赵瑜、刘梅英、肖湘、巫强、彭鹏，"自费攻读硕士研究生的成本收益分析——基于北京地区部分高校的实证研究"，《中国人民大学学报》，2006年第2期。

② 参见网易新闻中心的讨论，http://news.163.com/special/t/000113B0/tuition050120a.html。

于相对劣势,那么女生自费读研是否有收益呢?

有关研究生是否收费、怎样收费的争论仍在继续,虽然相关政策尚未浮出水面,事实上研究生收费早已部分执行。人大、北大、北师大等高校相继出台了"自费研究生"的收费方案,学费额每年5 000~10 000元不等。那么,花几万元读研到底值不值?是选择读研还是就业?选择读基础学科还是应用学科?研究生毕业后选择在哪里工作?显然,对自费读研的成本和收益进行分析,计算投资收益率,并比较影响人力资本投资收益率的一些因素,可以帮助我们作出一些相对理性的判断。

二、相关研究回顾

1. 国外的相关研究

西方学者从20世纪60年代开始,就对教育投资收益率进行了估算。加里·贝克尔(1964)经研究认为:美国白人男大学生的私人收益率1939年为14.5%,1949年则为13%。在美国,高等教育的私人收益率一直比较高,通常在10%~15%之间,高于物质资本投资的平均收益率。多数研究表明,随教育水平不断提高,收益率呈递减趋势。

Williams和Gordon(1981)在英国对2 000多名学生进行了调查,利用收入函数法估计出男性的教育收益率为13.0%,女性为9.9%。

Bosworth和Ford(1985)在英国拉夫堡(Loughborough)技术大学对261名学生进行调查,估计出男性的教育收益率为22.0%~28.0%,女性为21.0%~26.0%。

世界银行教育与培训部经济学家Psacharopoulos对数十个国家和地区的教育内部收益率进行了长期研究,其1994年研究的主要结论为:(1)教育收益率随教育层次的增加而递减;(2)教育收益率随国家经济发展水平提高而下降(参见表1)。

表1 教育收益率的国际比较

国家或地区	社会收益率(%)			私人收益率(%)		
	小学	中学	高等教育	小学	中学	高等教育
撒哈拉非洲	24.3	18.2	11.2	41.3	26.6	27.8
亚洲	19.9	13.2	11.7	39.0	18.9	19.9
欧洲/中东/北非	15.5	11.2	10.6	17.4	15.9	21.7
拉丁美洲/加勒比海国家	17.9	12.8	12.3	26.2	16.8	19.7
经合组织国家	14.4	10.2	8.7	21.7	12.4	12.3
世界平均	18.4	13.1	10.9	29.2	18.1	20.3
低收入国家(低于610美元)	23.4	15.2	10.6	35.2	19.3	23.5

续 表

国家或地区	社会收益率(%)			私人收益率(%)		
	小学	中学	高等教育	小学	中学	高等教育
中低收入国家(低于2 449美元)	18.2	13.4	11.4	29.9	18.7	18.9
中高收入国家(低于7 619美元)	14.3	10.6	9.5	21.3	12.7	14.8
高收入国家(高于7 620美元)	NA	10.3	8.2	NA	12.8	7.7
世界平均	20.0	13.5	10.7	30.7	17.7	19.0

注：NA 为数据无法取得项。
资料来源：Psachaopoulos, Returns to Investment in Education: A Global Update, *World Development*, Volume 20, Issue 9, 1994, p.1328。

2000 年诺贝尔经济学奖得主海克曼(James Heckman, 2003)在对我国的教育投资进行研究后认为,中国教育投资的真实经济回报率可能高达 30%~40%。

此外,大学教育在不同学科中存在明显的投资收益率差异。在美国,大学主修自然科学、工程和商务的学生与主修教育、人文及社会科学(经济学除外)的学生相比,前者的收入水平大大高于后者。根据大学安置委员会的调查,1991 年,与人文和社会科学(经济学除外)的学生相比,工程学专业的大学生初始工资高 45%~70%,计算机科学专业高 38%,自然专业高 24%,商务管理专业高 10%①。

但是也有学者认为,测算出的教育投资收益率容易出现高估或者低估的问题,微观经济研究得出的高回报率缺乏宏观经济支持,私人收益率易被夸大(Weale, 1993)。还有学者认为,由于在发展中国家无法获得足够的数据,比如除教育以外影响个人收入的其他因素等,所以用传统方法计算出的收益率并不可靠(Bennell, 1998)。

2. 国内的相关研究

我国学者从 20 世纪 80 年代开始研究教育投资收益率。例如,朱国宏(1992)估算出我国的初等教育、中等教育和高等教育的收益率分别为 15.1%、9.02%和 6.71%。

赖得胜(1998)对 1 万多名城镇职工的收入与其教育水平间的关系进行估算,结果表明平均个人收益率为 5.73%。

陈晓宇、闵维方(1998)采用国家统计局城调队和北京大学高教所联合调查得到的结果,估算出各级教育的个人收益率分别为初中 3.59%、高中 4.19%、中专 6.76%、大专 4.67%、本科 6.58%。

---

① 朱舟,《人力资本投资的成本收益分析》,上海财经大学出版社,1999 年,第 122—124 页。

李实和丁赛(2003)使用中国社科院经济研究所课题组的两次住户抽样调查数据,发现简单明瑟收益率①从1990年的2.4%上升至1999年的8.1%。

岳昌君(2003)采用国家统计局"中国城镇住户调查"的数据,计算出我国城镇职工的简单明瑟收益率从1991年的2.76%上升至2000年的8.21%。随着受教育程度的提高,年均教育收益率一致变大,分别为初中3.74%、高中5.24%、中专5.40%、大专6.24%、本科8.84%。

近几年随着高等教育的一系列改革,国内学者对教育投资的关注日益增加,而且已经有一些专门对研究生教育投资收益的研究。

钟宇平、陆根书(2001)应用1998年对北京、南京、西安三地14所高校13 511名大学生的调查数据,估计出学生期望的高等教育回报率平均为3.69%,研究生教育回报率平均为17.03%。

裴劲松、袁伦渠和赵忠义(2002)计算出我国研究生投资收益率达38.6%。

李元春(2003)基于2000年中国城市工资价位抽样调查数据,对全国及地区间的各级教育收益率进行了估算。结果如表2所示。

表2 中国城市劳动力各级教育收益率

类别	高中	专科	大学	硕士
受教育年限	0.24	0.37	0.28	0.21
工作经验	0.02	0.051	0.014	0.003

注:所有变量的系数估计值都在0.01的水平上显著。

孟东军、褚超孚(2004)估算出2003年本科生、硕士生、MBA、博士生教育的收益率分别为73%、72%、109%、-5%。

另外,近几年研究生教育收费问题也是理论界讨论的热点。大多数文章主要讨论研究生教育属于公共物品还是私人物品、研究生的生均教育成本、该不该收费、如何建立收费制度等问题,对研究生教育的投资收益率的研究相当少。

3. 小结

西方学者大多数的研究都表明:总体上看,教育投资在各国的收益率都比较高,但随着教育水平不断提高,收益率呈现递减的趋势。并且,高等教育在不同学科中存在明显的投资收益率差异。我国学者估算出的教育收益率各异,很难具有可比性。这很大程度上

---

① 明瑟收益率(Mencerian Rate of Return),是衡量教育与经济收入相关度的重要指标,表示社会成员每多接受一年教育,在经济收入上提高的百分比。

是由于不同研究者采用了不同的估计方法和抽样数据所造成的。

理论和实践都证明,高等教育不单是一种十分耐用的消费品,更是一项具有较高回报的个人投资。从目前的文献中可以看出,国内对教育投资收益率的研究基本上以研究国家、地区、行业、企业层面为主。大部分的教育投资研究几乎都没有涉及专门针对自费研究生个人的分析,也较少涉及不同地区、不同专业、不同性别的投资收益比较问题。因此,对自费读研这种人力资本投资进行深入研究十分必要。

三、研究命题与研究方法

1. 研究命题

本研究考察自费读研的成本和收益,我们分别从总体、学科、地域和性别四个角度,来分析自费读研这一人力资本投资方式。本文提出以下四个命题。

命题一:自费读研是一项值得选择的人力资本投资,其个人收益率大于物质资本投资的平均收益率。

北京大学中国经济研究中心宋国青教授认为,中国目前物质资本投资的平均回报率为 8%~9%[①]。本文仅从微观个体的角度,考察自费读研这种人力资本投资行为的个人成本与收益。假设自费读研的个人收益率要大于市场上物质资本投资的平均收益率。

命题二:应用学科自费读研的个人收益率大于基础学科。

学科差异直接影响到毕业生关于工作行业的选择,进而导致了收益的差异。一般认为,基础学科(包括理学、文学、哲学等)的研究生毕业去向主要为政府机关或事业单位,这些单位的薪酬水平普遍不是很高;应用学科(包括工学、管理学等)的研究生毕业去向主要为各大企业,这些单位的薪酬水平相对较高。

命题三:读研前后工作地区的差异会影响个人收益率的大小。

地区经济发展的不平衡影响了平均工资水平,进而影响到人力资本投资个人收益率的大小。事实表明,东部沿海地区硕士毕业生和大学毕业生的起薪要高于西部地区相应学历毕业生的起薪。这样就有四种情况:(1)读研前后都选择在西部地区工作;(2)读研前选择在西部地区工作,读研后选择在东部沿海地区工作;(3)读研前选择在东部沿海地区工作,读研后选择在西部地区工作;(4)读研前后都选择在东部沿海地区工作。初步判断,第二种方式的个人收益率最高,第三种方式的个人收益率最低,甚至为负值。

---

① 陈建军,"上市公司投资回报率走高",《上海证券报》,2004 年 11 月 2 日。

命题四：男生读研的收益率要大于女生。

劳动力市场对不同性别的研究生有着不同的偏好，这使得不同性别的研究生的收益也不一样。一般来说，男生在劳动力市场上具有明显的优势，不论是工作机会还是工资收入，都要远大于女生。这可能影响到男女生读研的收益。

2. 研究方法

为证实上述四个命题，本文主要采用了以下三种研究方法。

方法一：文献分析

我们除了认真阅读舒尔茨、贝克尔和明塞尔等人的经典论著之外，还广泛搜集了国内外有关教育收益率测算和其他相关的文献数十篇，进行梳理和比较分析，了解国外教育投资收益率的大小以及不同学历、学科之间收益率的差异，总结中外学者关于国内教育投资成本收益的研究方向和主要成果。

方法二：问卷调查及分析

为进行实证研究，我们设计了读研成本调查问卷并于 2004 年 12 月—2005 年 1 月在北京市部分高校中进行发放。本次调查覆盖了包括清华大学、中国人民大学、北京航空航天大学、北京师范大学、北京科技大学、中国地质大学、中央民族大学、北京工商大学、北京物资学院这 9 所高校中 20 多个专业的研究生。共发放问卷 900 份，实际回收有效问卷 707 份，问卷有效回收率 78.56%。问卷涉及了在读研究生的现(原)学校、现(原)专业、入学时间、不读研可能的就业城市和就业类型、是否辞职考研等相关信息。与本文直接相关的成本部分主要包括：学费，住宿费，考研时购书、参加培训班及购买其他考研用品的费用，入学后购置电脑费用，购书及其他学习费用等。由于本次调查采取了调查员直接入校，被调查者现场填写问卷并立即回收的方式，可以保证调查数据的质量。通过问卷调查，我们获得了自费读研直接成本，以及不同学科、不同地区、不同性别之间差异的第一手数据。

方法三：网络调查数据引用及分析

关于自费读研的收益部分，我们采用国内领先人力资源网站中华英才网(www.ChinaHR.com)所发布的第 9 期薪酬调查报告相关信息，如不同工作经验、不同教育层次、不同学科、不同性别以及不同城市的薪资平均值等。该报告每半年发布一期，是目前涉及行业、职业最多，地区范围最广的网上薪资调查，具有一定的参考价值。基于此，我们希望得到：(1)研究生和本科生之间随工作经验增加的工资差距变动趋势；(2)基础学科和应用学科自费读研预期收益间的差距；(3)在东部沿海城市就业和在西部城市就业这两种不同的选择对自费读研的机会成本和预期收益的影响；(4)男女生读研预期收入的差异。

四、研究结果与讨论

1. 自费读研的成本收益分析

关于教育收益率的计算方法,目前学者们所广泛采用的主要有边际收益率(明塞尔收益率)和内部收益率(internal rate of return)两种方法。本研究是在对读研的成本进行问卷调查的基础上展开的。从本次调查来看,在读研究生大部分是应届考研的学生,有工作经验的比较少,而且大多不足一年。因此,在计算自费读研人力资本投资的个人收益率时,我们所采用的是加里·贝克尔的内部收益率公式,即将投资限于期初,而将收益扩展为全部工作年限来计算,其公式表达为:

$$C + K = \sum_{j=1}^{n} \frac{Y_j - X_j}{(2 + r)^j} \tag{1}$$

其中,C 表示接受完研究生教育所花费的直接成本;K 表示受过本科教育的劳动者因接受研究生教育而放弃的可能的劳动收入;X_j 表示受过本科教育的劳动者在第 j 年的劳动收入;Y_j 表示受过研究生教育的劳动者在第 j 年的劳动收入;n 表示受过研究生教育后可以用于工作赚取劳动收入的年数;r 表示接受研究生教育所带来的教育投资的内部收益率。

直接成本:学费、住宿费、书籍费、购置学习用品(如电脑、MP3)费用等。对各年费用折算为 2004 年的现值。折算的现金价值 = 实际费用 /(1+近 10 年活期存款利率平均值 1.52%[①])。表 3 列举了读研直接成本的明细表。

表3 读研费用(样本平均值)明细表 单位:元

项 目	金 额
学费总额*	20 813
住宿费(每年)	1 011
考研时购书、参加培训班及购其他考研用品费用	987
入学后购置电脑以电脑配件费用(包括 MP3、USB)	2 656
购书及其他学习费用(每学期)	298
奖学金(每学期)	98
助学金(每月)	222

---

① 根据中国人民银行网站相关数据计算得出。本文折算公式中所用的利率值均为 1.52%。

续 表

项　　目	金　　额
兼职收入（每学期）	481
其他费用（如因读研而交纳的违约金等）**	16 483

注：*本次调查中研究生的平均学制为2.8年，为方便计算，假设研究生的学制为3年。

　　**此项只有43人填写，占总数的6.1%。考虑到缺失此项的样本值不能简单推断为零，并且不少填写者在此项填写的是"生活费"（由教育成本的定义可知不计入成本），所以此项费用不便计入读研的直接成本中。

间接成本：即机会成本，是指个人由于读研而未参加工作所放弃的工资收入。机会成本可由那些没有读研的同龄人的收入来测度。

表4　具有不同工作经验年限人员的人均年薪[1]

工作经验（年）	0	1	2	3	4	5	6~9	10~15	16以上
人均年薪（元）	18 889	22 239	26 515	32 675	34 949	39 354	47 431	52 797	50 885

表5　具有不同学历人员的人均年薪[2]

学　历	大专以下	大　专	本　科	硕　士	博　士	平　均
人均年薪（元）	20 729	30 147	43 244	65 948	61 573	35 437

假设具有不同工作经验的人学历分布相同，则将表3中的相关数据分别乘以本科薪资系数 $X_{本}=1.22$（$X_{本}$=本科生平均年薪43 244元/人均年薪35 437元）、硕士薪资系数 $X_{硕}=1.86$（$X_{硕}$=硕士生平均年薪65 948元/人均年薪35 437元）[3]，可得到因读研而未参加工作所放弃的工资收入数据及其折现值。

经计算，读研的总成本如表6所示。

表6　读研总成本　　　　　　　　　　　　　单位：元

类　别	直接成本 C	间接成本 K	总　计
金　额（元）	17 545.7	81 288.9	98 834.6

读研的总收益是指因教育年限增加带来的终生收入差额，即研究生毕业后与本科毕

---

[1]　数据来自中华英才网第9期薪酬调查报告。
[2]　数据来源：同上。
[3]　此种算法参见裴劲松、袁伦渠、赵忠义，"研究生教育投资的经济学分析"，《中国软科学》，2002年第2期。

业参加工资的终生收入差距。本文中出现的收益计算结果均为折现后的现值。计算结果见表7。

表7 本科生和研究生的终生预期收入差异

年龄(岁)	本科生平均年薪(元)	研究生平均年薪(元)	年龄(岁)	本科生平均年薪(元)	研究生平均年薪(元)
23	23 044	—	42	46 609	74 349
24	26 725	—	43	45 911	73 236
25	31 387	—	44	45 224	72 140
26	38 100	35 134	45	44 547	71 060
27	40 141	40 745	46	43 880	69 996
28	44 524	47 852	47	43 223	68 948
29	52 857	58 086	48	42 575	67 915
30	52 066	61 199	49	41 938	66 898
31	51 287	67 880	50	41 310	65 897
32	50 519	80 587	51	40 692	64 910
33	55 393	79 381	52	40 082	63 938
34	54 563	78 192	53	39 482	62 981
35	53 746	77 021	54	38 891	62 038
36	52 942	84 451	55	38 309	61 109
37	52 149	83 187	56	37 735	60 194
38	51 368	81 941	57	37 170	59 293
39	48 767	80 714	58	36 614	58 405
40	48 037	79 506	59	36 065	57 531
41	47 317	78 316	60	35 525	54 162

根据加里·贝克尔的内部收益率公式,可以算出研究生教育人力资本投资的个人收益率为14.4%。

2. 基础学科与应用学科的成本收益比较分析

基于本次调查,我们选择"文史哲教"(代表基础学科)和"通信"(代表应用学科)进行比较。便于研究,特作出以下假设:(1)这两个学科的研究生毕业后从事本专业领域的工作,即文史哲教学科的研究生毕业后将在培训机构/教育/科研院所工作,而通信学科的研究生毕业后都能到通信/电信业去工作。(2)这两个学科的学生本科毕业若直接参加工作,都能在与本学科相应的行业中就业。(3)这两个学科的研究生学制均为3年。

将调查问卷的数据按照上一部分的计算方法处理,可以计算出两个学科读研的总成本、收益率和净收益折现总值,见表8。

表8 两学科成本与收益比较

类 别	平 均	应用类	基础类
总成本(元)	98 834.6	154 480.6	95 692.9
收益率 r(%)	14.4	21.3	2.2
NPR(元)	683 306.8	1 521 306.4	75 006.7

不同学科读研的净收益折现总值与平均值的对比见图1。

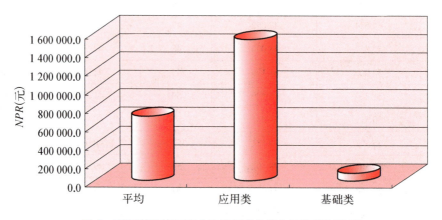

图1 不同学科读研的净收益折现总值与平均值对比图

3. 不同地区的成本收益比较分析

基于本次的问卷调查,有8.8%的学生本科时就读于西部省份,60.5%的学生本科时就读于东部省份。根据研究命题中假设的四种情况,分别计算读研的收益率,并计算出其净收益。

将调查问卷的数据按照前面所述的计算方法处理,可以计算出四种情况学生读研的总成本、收益率和净收益折现总值,见表9。

表9 不同地域就业的成本与收益比较

类 别	平 均	西到西	西到东	东到西	东到东
总成本(元)	98 834.6	83 321.6	83 321.6*	122 263.4	122 263.4**
r(%)	$r=14.4$	$r_{西到西}=14.5$	$r_{西到东}=34.9$	$r_{东到西}=-5.9$	$r_{东到东}=14.8$
NPR(元)	683 306.8	557 492.3	1 570 627.3	−160 054.5	853 080.5

注:*读研前选择在西部地区工作的学生,研究生毕业后不管是回西部工作还是留在东部,其读研的机会成本相同,显然直接成本也相同,所以读研总成本相同。
  **理由同*。

读研后在不同地区就业的净收益折现总值与平均值对比见图2。

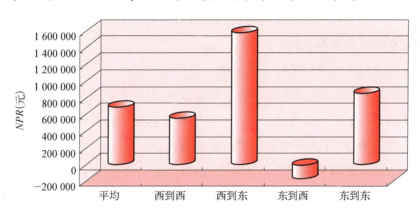

图2 不同地区就业的净收益折现总值与平均值对比图

4. 不同性别的成本收益比较分析

劳动力市场对不同性别的研究生有着不同的偏好,这使得不同性别的研究生的收益也不一样。在我们的调查样本中男生占55.3%,女生占44.7%。考虑到不同性别员工的退休年龄不同,本文假设:男性60岁退休,女性55岁退休。

将调查问卷的数据按照前面所述的计算方法处理,可以计算出男女生读研的总成本、收益率和净收益折现总值,见表10。

表10 不同性别的成本与收益比较

类别	平均	男	女
总成本(元)	98 834.6	110 788.7	89 358.1
$r(\%)$	$r=14.4$	$r_m=17.0$	$r_f=8.2$
NPR(元)	683 306.8	906 522.6	274 860.0

男女生读研的净收益折现总值与平均值的对比见图3。

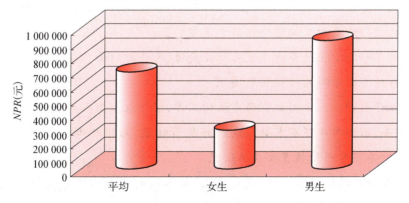

图3 男女生读研的净收益折现总值与平均值对比图

5. 对研究结果的讨论

个人一生的荣辱成败有多方面的原因,在此,我们研究的只是通常情况下由于人力资本投资所可能发生的现象和规律。

(1) 对个人平均收益率(14.4%)的分析。

从本文的研究结果来看,自费读研的个人收益率为14.4%,另外我国快速发展的经济对高层次人才的需求也将越来越大。因此,从现期实证研究的结果和对未来经济发展趋势的判断两方面来看,自费读研都是一项高回报的投资。

本文计算出的自费读研的个人平均收益率与之前一些学者计算出的结果有一定差距。如裴劲松等(2002)算出我国研究生投资收益率达38.6%,李元春(2003)计算出城市硕士生的教育收益率为21%等。其原因主要是:不少学校已经开始对某些专业的研究生收费,并逐渐扩大自费生的比例。本次调查表明,707个样本中有61%的人不同程度地交了学费。特别是一些热门专业学费更高,这就增加了读研成本,降低了收益率。另外,近年来随着大规模扩招,研究生不像以前那样"稀缺",甚至有些地方出现了"硕士诚可贵,技工价更高"的现象。研究生对预期收入普遍高估,导致研究生供给大幅增加,使得收益降低。

(2) 对不同学科间未来收益差别的分析。

本文计算出应用学科的研究生教育收益率为21.3%,基础学科的收益率为2.2%,前者比后者要高出19个百分点。与平均收益率14.4%相比可以看出,应用学科的投资收益率比平均值高近7个百分点,而基础学科的收益率比平均值低12个百分点。不同学科未来收益不同有多方面的原因:

第一,不同学科的人才在劳动力市场上供需情况不一样,供过于求时工资较低,而供不应求时工资自然升高。在经济全球化的浪潮中,从短期来看,信息技术的发展对通信类人才的需求远大于对文史哲教类人才的需求,部分解释了两类学科的收益率差异。

第二,我国市场化程度还不够,一些行业仍然存在垄断,如电信、能源等,竞争者少,还属于买方市场,使得这些行业工资一直高于正常水平。

第三,基础学科的价值更多地体现为社会价值,而这种社会价值目前并没有得到政府的公平补偿,致使基础学科的收益明显偏低。

此外,基础学科的毕业生到教育研究机构工作,经济收入虽然较低,但工作稳定,心理收益较高。例如,教师每年还有寒暑假这种非货币收益,而非货币收益难以计量,所以也使得本次研究中基础学科的教育收益率较低。

人力资本投资像其他投资一样,也有风险,收入高的职业风险波动较大,收入低的职业风险波动较小。另外,个人成就的高低也不能完全由收入来衡量。

(3) 对在不同地域就业的分析。

从研究结果看,读研前选择在西部地区工作的学生毕业后假如到东部地区工作,其收益最高。不仅收益率达 34.9%,净收益折现总值也高达 157 万元。假如他回西部工作,收益率降至 14.5%,净收益折现总值也降到 55.7 万元。作为理性人,选择留在东部工作才能使他的教育投资收益最大化。这或许可以解释为什么西部地区难以吸引、维系人才,学生毕业后不愿意回西部。

读研前后都选择在东部地区工作的学生,其收益率与读研前后都选择在西部地区工作的学生差不多,但是净收益折现总值要比后者高出 30 万元左右。这说明东部地区本科生与研究生的收入差距更大。但其毕业后如果选择去西部工作,教育投资回报率为 −5.9%,净收益折现总值为 −16 万元,显然东部地区的学生一般不会考虑去西部工作。

我国目前的经济发展很不平衡,研究生在不同地区就业后收入差距明显。究其原因,是因为东部地区经济体制改革比较早,高速发展的经济对高层次人才的需求更大。学生在东部地区工作信息来源广,发展机会多,人力资本投资能获得更好的回报,能充分体现个人价值。

不过,在西部工作也有优势。考虑到物价因素,西部地区的实际工资并不很低,生活质量不会和东部有太大差距。另外,西部地区的竞争压力较小,个人脱颖而出的机会较大。在"西部大开发"的背景下,西部地区的各项配套设施,包括政策环境、舆论环境等都将会大大改善。随着西部地区经济的发展,个人经济收益也必然逐步提高。

(4) 对不同性别收益的分析。

本文计算出女生读研的个人收益率为 8.2%,远低于男生的收益率 17.0%,也低于平均水平(14.4%)6 个百分点。从净收益折现总值来看,女生只有 27.5 万元,更是远低于男生的 90 多万元。女性研究生的收益率低于男性有以下原因:

首先,在刚开始就业时男女研究生就受到了不同的对待,男性研究生明显占优势地位,不仅待遇高,职业发展前景也相对较好。

其次,在就业过程中由于女性自身的特点导致工作时间不连续,这些都使其职业发展、收入不如男性。传统的社会性别意识仍然限制着女性的发展,职业隔离及玻璃天花板的存在,在一定程度上减弱了女性自身的进取精神,也导致女性收入低于男性。

最后,女性退休要比男性早,目前国家规定男性退休年龄为 60 岁,女性退休年龄为 55 岁或 50 岁,这样,女性的终生收入流更少。

6. 本研究的局限之处

本研究在总结前人研究成果的基础上,基于北京市部分高校的问卷调查,对自费攻读硕士研究生的成本与收益进行了分析,得出了一些新的结论。既为准备考研者提供了实际的参考,也对相关部门规范硕士研究生教育收费问题有一定的借鉴意义。本研究的局限之处主要体现为以下三点。

第一,受条件所限,本次调查的覆盖面较小。来自重点大学的样本相对较多,并且专业也较为集中,这样就会对自费读研成本的计算产生一定影响。

第二,收益部分的数据主要来自中华英才网的薪资调查,难免有偏差。此外,本次调查是在北京部分高校中进行的,不少研究[①]以及新闻报道都表明北京是在京高校毕业生的首选就业城市,而中华英才网的数据来自全国,这也会影响最终的计算结果。

第三,由于间接收益难以量化,我们未能全面估计自费读研的个人收益。事实上,读研带来的就业选择范围扩大和层次提升这一间接收益,以及教育的耐用消费品性质带来的心理收益和效用满足,也是广大自费研究生十分看重的。

五、对研究生教育的政策思考

总结以上的研究结论,我们认为可以从以下四个方面,对国家的研究生教育政策加以改进和完善。

1. 国家应加大调控、引导毕业生就业去向的力度,通过增加奖学金、减少学费,减免贷款等措施,鼓励研究生到西部地区工作

现今学生往往热衷于到东部地区接受研究生教育,并继续留下来工作;而西部省份,特别是较贫困县区的单位非常需要研究生,却很少有学生愿意来。市场在这方面的调节失灵,必须借助行政手段加以推动。今后应建立研究生到西部地区就业的经济补偿办法,给予特别资助,鼓励和引导研究生到西部地区就业。

可以设立专项奖学金,并提高金额。对于享受国家和各级政府设立的专项奖学金的研究生,让其承担一定的义务,毕业后到西部地区和艰苦行业工作若干年,或参加志愿服务项目、支援西部大开发等。

对于毕业后选择到西部地区,特别是贫困地区工作的研究生,应该部分或全部返还其学费;在贷学金方面,应考虑采取减免贷款利息、延缓贷款偿还期等措施,提高研究生到西部工作的积极性。

2. 重视基础学科,大力发展应用学科

人们普遍认为基础研究具有巨大的正外部性,因此政府应给予基础研究很大支持。如何保证基础学科能吸引优秀人才,加强我国本来就薄弱的基础研究,这是在发展我国学术型研究生教育中,应高度关注的战略性问题。我们建议,一方面,应尽可能减少基础学科研究生的学费,吸引对基础研究有兴趣的学生,确保基础学科的生源;另一方面,对基础

[①] 曾湘泉等,《变革中的就业环境与中国大学生就业》,中国人民大学出版社,2004年,第61页。

学科提供研究资助。李昂(2004)通过研究美国大学研究资助的情况,建议在国内研究生阶段增设研究资助。即根据学生过去的成绩,对将来的能力和相应工作的胜任程度作出预估,在学期初替学生缴纳学费,并在该学期按月付给生活费。基础学科研究生阶段可以借鉴这种方法。

至于应用学科,因其已有市场化的激励机制,学生可以获得相对较高的报酬,所以可以在考虑学生接受程度的基础上适当收费。在确定学费过程中,需要考虑专业特点、自身教育质量、生源竞争、学生就业状况与就业工资等因素。政府也要对应用学科类研究生学费定价提供政策指导,给予相应支持。

3. 规范研究生教育收费

一方面,个人是研究生教育的直接受益者,应承担一部分成本。相对于本科生来说,研究生就业渠道广、机会多、待遇好。本研究表明,攻读硕士研究生是值得选择的个人投资;并且从国内外的相关研究中都可以看到,高等教育的个人收益率一般要高于社会收益率。既然如此,由国家和社会全部承担研究生的学费,显然已经不合时宜。

另一方面,研究生为我国的社会发展经济发展和科技进步作出了重要的贡献,无论过去、现在还是将来,国家都是研究生教育的最大受益者,国家和社会也应承担一定的成本。因此,我们建议,应该逐步推进研究生收费改革的进程,充分考虑学生和家庭的可承受度。另外,对基础学科和应用学科要区别收费,以平衡不同学科间的个人收益率差异。

4. 逐步完善研究生奖、贷、助学金制度

近两三年来,研究生教育的学费增长甚为迅速,几万元的学费对不少学生和家庭来说都是一笔不小的负担。过重的经济负担可能使一部分优秀的学生失去深造的机会;而已经入学的研究生,也会为赚钱而四处兼职,影响教育质量。研究生阶段,要想在所研究的领域里有所发展,就要尽量排除外界的干扰,学费或者生活费不应该成为读研的制约因素。完善的奖、贷、助学金制度可以为学生们安心学习提供保障。

教育管理部门及各高校应在现有基础上,逐步完善奖学金制度,适当增加奖学金数额,扩大其覆盖面。现有普通奖学金数额较少,对研究生的激励作用不大。建议提高奖学金的额度,扩大奖学金数额的差距,使奖学金真正能够激励研究生的学习和研究工作。

做好国家助学贷款工作。贷学金制度是国际通用的助学方式,但在我国研究生教育中的影响还不够大。目前,由于贷款手续繁、额度低、还贷期短,研究生的认同度不高,银行积极性不大。应通过建立社会信用体系,提高全民诚信意识,采取放宽贷款条件、提高金额、延长还贷期等措施鼓励研究生完成学业。

此外,还可以探索加强与金融机构及大企业的联系,建立助学金制度,为同学们提供多种助学金来源，使学习优异但家庭困难的学生有深造的机会。

附录4-2　人力资本的价值：一桩医生离婚案

美国各州的离婚法一般都有规定，离婚时，夫妻双方在婚姻存续期间所获得的一切财产都要按照某种公平的方式进行分割。在这些需要分割的财产中，也包括夫妻双方中的任何一方在婚姻存续期间所进行的人力资本投资的价值。

多伊医生在刚刚取得开业医生的行医执照之后不久，就与现在的妻子结婚了。不过，他当时并未立即开业行医，而是参与了一项外科医生的特殊培训。在他接受培训期间，多伊医生和他妻子的收入所得远远低于他如果开业行医会得到的收入。在这种情况下，夫妻双方实际上都在对多伊医生的人力资本进行投资。然而，在多伊医生取得外科医生行医资格后不久，两人决定离婚了。女方要求对多伊先生的外科医生资格中所包含的财产价值进行平等分割。

多伊先生获得的外科医生资格所包含的财产价值，等于这一行医资格预期为其带来的终生工资性报酬增量的现值。对多伊医生的年工资性报酬增量进行估算的最合理的办法是，用一名典型的外科医生的年工资性报酬减去一名普通的开业医生每年获得的平均工资性报酬。2015年，一名普通的外科医生的平均年工资性报酬大约为24.7万美元，而一名普通的开业医生的平均年工资性报酬则在20.2万美元左右。假定多伊医生的工资水平在该职业的平均水平左右，根据2015年的货币价值来计算，他在婚姻期间获得的外科医生行医执照就使其每年的工资性报酬增加了4.5万美元。假设多伊医生将来还有25年的工资时间，实际利率为2%，那么多伊医生从其所接受的外科医生培训中所获得的财产的现值就等于87.75万美元。于是，法院就会根据这一数额在多伊夫妻之间来平等地分割这笔财产了。

案例来源于：罗纳德·伊兰伯格、罗伯特·史密斯，《现代劳动经济学：理论与公共政策》（第十版），中国人民大学出版社，2011年；工资性数据源自美国劳动统计局网站，http://www.bls.gov/news.release/ocwage.t01.htm。

附录4-3　神奇的派瑞学前项目

在1962—1967年间，派瑞学前项目（Perry Preschool Program）在美国的密歇根州小镇伊普西兰蒂，随机选择了65个平均年龄在3岁半左右，平均智力测试得分在75～85分的黑人低收入家庭的孩子,进行学前干预实验。为了准确获得学前干预对个体后天发展的效应,该项目参照智商得分、性别构成和家庭社会经济地位这些指标,又选定了同等规模另一组孩子作为实验的参照组。学前干预持续了两期,每期从头年10月中旬持续到第二年5月份,主要内容包括每天两个半小时教室活动(工作日的每个清晨)和每周90分钟的教师家访,教师家访在工作日任意一天的下午进行,由10位女教师参与完成。之后,该项目组的研究人员对两组儿童展开长期跟踪调查,直到当时的小孩子成为40多岁的中年人。

在刚开始的阶段,参与派瑞学前项目的孩子的认知能力确实提高了,他们在智商测试中获得了更高的成绩,不过让研究人员十分意外的是,这种"智商收益"并未持久,到了孩子们都进入三年级的时候,参与过派瑞学前项目的孩子们的智商测试成绩与对照组的孩子毫无二致。这就意味着,一段高质量的早期教育,并未对贫困孩子们的认知能力有长期的实质性的帮助,所以这个实验在当时被人们认为是失败的。

后来,来自芝加哥大学的Heckman教授和他的团队的持续研究发现,虽然派瑞学前项目的孩子们智商并未显著提升,但与对照组相比,他们的高中毕业率、成年后就业率更高,犯罪率、领取社会福利的概率更低且40岁后的年收入高于25 000美元。这证明,经过早期学期教育的孩子,确实拥有了更好的人生。不过,如果帮他们过得更好的原因不是智商提升,那是什么呢?

Heckman教授团队又对曾经的数据仔细排查,发现问题的关键在于小学老师对两组孩子"个人行为"和"社交发展"能力的评估存在差异。"个人行为"记录孩子骂人、撒谎、偷窃、缺勤和迟到的频率;"社交发展"记录孩子对事物的好奇心、与老师同学的关系。Heckman教授将这些和IQ无关的因素归纳为"非认知技能",经过后续数年的分析,研究团队可以肯定地告诉人们:正是从派瑞学前项目中提升的这些非认知技能,让那些早期出生在贫困家庭的孩子获得更成功的人生。

不仅如此,Heckman教授的团队发现像派瑞学前教育这样的早期干预项目是一项非常划算的公共人力资本投资。按照2006年的美元换算,20世纪60年代投入弱势黑人家庭学前教育的资源每名儿童每年约为17 759美元,而在国家层面产生的效果诸如降低犯罪率、减少福利和特殊教育投入等方面,政府每年能获得大约7%~10%的收益率,换句话说公共部门若在一个孩子4岁时投入1美元,到此人65岁时,会获得60~300美元不等的收益。

资料来源:Flavio Cunha, James J. Heckman, Investing in Our Young People, NBER Working Paper No. 16201, 2010,经整理。

推荐阅读文献和书目

1. 李实、丁赛,"中国城镇教育收益率的长期变动趋势",《中国社会科学》,2003 年第 6 期,第 58—72 页。

2. 李雪松、詹姆斯·赫克曼,"选择偏差、比较优势与教育的异质性回报:基于中国微观数据的实证研究",《经济研究》,2004 年第 4 期,第 91—99 页。

3. 李海峥、李波、裘越芳等,"中国人力资本的度量:方法、结果及应用",《中央财经大学学报》,2014 年第 5 期,第 69 页。

4. 詹姆士·J.海克曼、曾湘泉,《提升人力资本投资的政策》,复旦大学出版社,2003 年。

5. J.J. Heckman, Y. Rubinstein, The Importance of Noncognitive Skills: Lessons from the GED Testing Program, *American Economic Review*, 2001, 91(2): 145-149.

6. M. Grossman, The Human Capital Model, *Handbook of Health Economics*, 2000, 1(1): 347-408.

第五章 劳动力流动

  在经济全球化的趋势下,跨国人口迁移流动规模持续扩大,《国际移民报告 2015》显示[①],国际移民数量从 2000 年的 1.73 亿人增长到 2010 年的 2.22 亿人,而 2015 年创历史新高,达到 2.44 亿人。世界移民人口持续快速增长,也使得国际迁徙成为全球化的一个重要特征和国际议程中的一个核心问题。同样,在城市化推动下的国内城乡移民,迁移规模也不断高涨,成为推动城镇化建设和经济竞争力提升的支柱力量。国家统计局抽样调查结果显示,2015 年农民工总量为 27 747 万人,比上年增加 352 万人,增长 1.3%[②]。劳动力为什么要流动?影响劳动力流动的因素有哪些?劳动力流动对输入地和流出地会产生什么影响?中国劳动力流动方面存在哪些问题?本章将回答这些问题。

[①] IOM, World Migration Report 2015, www.iom.int.
[②] 国家统计局,《2015 年农民工监测调查报告》,www.stats.gov.cn。

第一节 劳动力流动决策

一、劳动力流动的概念

劳动力流动(或劳动力迁移)(migration)指劳动力以工作为目的,从一份工作转换到另外一份工作,或者从一个区域转换到另外一个区域的行为。按照流动边界来区分,劳动力流动可分为国际流动(international mobility)和国内流动(domestic mobility)。

劳动力国际流动又称国际迁移,在全球化推动下,迁移规模和数量不断扩大。从联合国发布的《国际移民报告2015》可以看出(见表5-1),全球移民数量从1990年的1.53亿增加到2015年的2.44亿,而发达国家是移民的主要接受地区,2015年接受移民数量1.40亿人,约占全球移民总量的57.4%。从洲际分布来看,欧洲、亚洲和北美洲是移民主要流入地,而美国、德国是排名前两位的国际移民接受国。

表5-1 国际移民趋势表(1990—2015) 单位:人

目的地洲和国家	国际移民数量					
	1990	1995	2000	2005	2010	2015
全球	152 563 212	160 801 752	172 703 309	191 269 100	221 714 243	243 700 236
发达国家	82 378 628	92 306 854	103 375 363	117 181 109	132 560 325	140 481 955
发展中国家	70 184 584	68 494 898	69 327 946	74 087 991	89 153 918	103 218 281
非洲	15 690 623	16 352 814	14 800 306	15 191 146	16 840 014	20 649 557
亚洲	48 142 261	46 548 225	49 340 815	53 371 224	65 914 319	75 081 125
欧洲	49 219 200	52 842 663	56 271 885	64 086 824	72 374 755	76 145 954
英国	3 650 286	4 155 293	4 730 165	5 926 156	7 604 583	8 543 120
法国	5 897 267	6 087 993	6 278 718	6 737 600	7 196 481	7 784 418
德国	5 936 181	7 464 406	8 992 631	10 299 160	11 605 690	12 005 690
拉丁美洲及加勒比海	7 169 728	6 694 640	6 578 428	7 233 098	8 238 795	9 233 989
墨西哥	695 674	458 549	538 051	712 487	969 538	1 193 155
南美洲	4 283 262	4 241 024	4 215 204	4 518 645	5 143 123	5 826 431

续 表

目的地洲和国家	国际移民数量					
	1990	1995	2000	2005	2010	2015
北美洲	27 610 542	33 341 147	40 351 848	45 363 387	51 220 996	54 488 725
加拿大	4 333 318	4 864 778	5 511 914	6 078 985	7 011 226	7 835 502
美国	23 251 026	28 451 053	34 814 053	39 258 293	44 183 643	46 627 102
大洋洲	4 730 858	5 022 263	5 360 027	6 023 421	7 125 364	8 100 886

数据来源：《国际移民报告 2015》。

全球迁移率从 1990 年的 2.9% 上升到 2015 年的 3.3%，国际移民占发达国家当地总人口的比例达到 11.2%，而发展中国家仅有 1.7%，大洋洲移民占当地总人口的比例最高，2015 年达到 20.6%，其次是北美洲和欧洲，南美洲迁移流入率最低，仅有 1.4%（见表 5-2）。

表 5-2 国际移民占输入国总人口比例表（1990—2015）

主要洲和国家	国际移民占输入国总人口比例（%）					
	1990	1995	2000	2005	2010	2015
全 球	2.9	2.8	2.8	2.9	3.2	3.3
发达地区	7.2	7.9	8.7	9.7	10.7	11.2
发展中地区	1.7	1.5	1.4	1.4	1.6	1.7
非 洲	2.5	2.3	1.8	1.7	1.6	1.7
亚 洲	1.5	1.3	1.3	1.4	1.6	1.7
欧 洲	6.8	7.3	7.7	8.8	9.8	10.3
英 国	6.4	7.2	8.0	9.8	12.1	13.2
法 国	10.4	10.5	10.6	11.0	11.4	12.1
德 国	7.5	9.1	11.0	12.7	14.4	14.9
拉丁美洲和加勒比海	1.6	1.4	1.2	1.3	1.4	1.5
墨西哥	0.8	0.5	0.5	0.6	0.8	0.9
南美洲	1.4	1.3	1.2	1.2	1.3	1.4
北美洲	9.8	11.3	12.9	13.8	14.9	15.2
加拿大	15.7	16.6	18.0	18.8	20.5	21.8
美 国	9.2	10.7	12.3	13.3	14.3	14.5
大洋洲	17.5	17.3	17.3	18.1	19.6	20.6

数据来源：《国际移民报告 2015》。

同时,劳动力国际流动还经常伴随着非法迁移现象(undocumented or illegal immigrants)。作为典型的"移民国家",美国在吸引合法移民的同时,也成为世界非法移民的主要目的国。美国移民研究中心(Center for Immigration Studies)的分析报告显示[①],通过分析人口普查数据发现,截至2015年12月,有6 100万移民和他们未成年的子女居住在美国,其中4 530万为合法进入,包括出生时不是美国公民的外国出生者、归化公民、长期临时游客和合法永久居民,另一部分占到总移民1/4的1 570万人口为非法移民和他们的子女。目前美国的非法移民中,80%来自墨西哥等拉美国家,墨西哥是美国非法移民的最主要来源国,在鼎盛时期的2000年,每年进入美国的墨西哥人达77万,其中多数为非法移民。而非法移民也成为美国社会关注的热点问题之一,美国当选总统特朗普在竞选中主张,要在美墨边境建隔离墙,并煽动美国的反移民情绪,而在当选总统后的2016年11月份接受哥伦比亚广播公司(Columbia Broadcasting System,CBS)时事节目《60分钟》访问时称[②],他将信守承诺,上任后立即驱逐非法移民出境,人数可能多达300万。同时他强调,他会遵守承诺,在美国和墨西哥边境筑围墙。但围墙不一定全是砖墙结构,会有部分是围墙,部分是围栏。而在边境变得更加安全,一切恢复原有秩序后,开始对美国境内余下的无证移民采取措施。

国内劳动力流动通常可分为城乡流动(rural urban migration)和工作流动(job mobility)。其中城乡流动主要强调在城市化推动下,农村劳动力向城市的流动,整个流动同时产生职业流动,即流动劳动力实现从农业向非农职业的转换。而工作流动主要强调在城市劳动力市场上的工作转换行为,包括以提升就业质量为目的的自愿性工作流动(voluntary mobility)和由于解雇、就业组织变更地方及破产等行为产生的非自愿性工作流动(involuntary mobility)。同时,工作流动往往伴随职业流动(occupational mobility),包括向上职业流动、向下职业流动以及水平职业流动三种类型,主要划分依据职业转换前后是否获得效用(物质或者非物质)的提升。

城乡流动是国内劳动力流动的重要形式。它是改革开放后在农村实行家庭联产承包责任制,农民从计划经济中解放出来,在城市经济重新腾飞前夕开始大量涌入城市才渐渐出现的。从全国来看,最开始的农民工主要以从事建筑业为主,接着就是制造业和服务业。改革开放以后农民工流动的规模在中国是史无前例的。流动迁徙的形式大致分为两类:一类是跨地区流动,随着沿海地区工商业的快速发展和对人力资源的一定需求,中西

---

① "美国6 100万移民人口创纪录,四分之一为非法移民",中国新闻网,http://www.chinanews.com/gj/2016/03-09/7789340.shtml。

② "川普:将遵守承诺,遣返多达300万非法移民",人民网,http://usa.people.com.cn/n1/2016/1114/c241376-28858269.html。

部地区的农民大量短期甚至长期迁移至东部经济发达地区,这种人口流动也被称为"民工潮";另一类流动则是农民就近流动到快速发展的本地城镇①。随着城市化的进一步推进,农民工城乡流动规模持续扩大,成为工业化、城镇化快速发展中成长起来的新型劳动大军,是产业工人的主体力量②,2015年农民工总量为27 747万人,比上年增加352万人,增长1.3%。2011年以来农民工总量增速持续回落,2012年、2013年、2014年和2015年农民工总量增速分别比上年回落0.5、1.5、0.5和0.6个百分点(见表5-3)。

表5-3 中国农民工规模　　　　　　　　　　　　　　　　　　　　单位:万人

	2008	2009	2010	2011	2012	2013	2014	2015
农民工总量	22 542	22 978	24 223	25 278	26 261	26 894	27 395	27 747
1. 外出农民工	14 041	14 533	15 335	15 863	16 336	16 610	16 821	16 884
2. 本地农民工	8 501	8 445	8 888	9 415	9 925	10 284	10 574	10 863

数据来源:根据历年全国农民工监测调查报告整理。

工作流动是城市劳动力市场的主要特征,在职业生涯中,劳动者往往要变换多个工作岗位。加州大学戴维斯分校(University of California, Davis)教授、经济系主任斯蒂文斯(Ann Stevens)说,在美国一个人一生要从事七份工作③。自主离职率可以衡量人们离开当前职位的意愿和能力,自主离职率越高,代表人们对劳动力市场越有信心,因而愿意辞去当前的职位。美国劳工统计局的数据显示,2016年10月份,美国劳动力市场的离职率为3.4%,而自主离职率维持在2.1%,接近10年来高位的2.2%。休闲医疗业离职率和自主离职率在所有行业中排名第一,是美国流动率最高的行业。政府部门的流动率最低,2016年10月份的总离职率为1.4%,而自主离职率仅有0.7%。

表5-4 美国劳动力市场离职率(2016年8~10月)　　　　　　　　单位:%

	总离职率			自主离职率		
	2016年8月	2016年9月	2016年10月	2016年8月	2016年9月	2016年10月
总体	3.5	3.4	3.4	2.1	2.1	2.1
政府部门	1.6	1.6	1.4	0.7	0.8	0.7

---

① Michael E. Marti, China and the Legacy of Deng Xiaoping: From Communist Revolution to Capitalist Evolution, Brassey's, 2002.
② 杨志明,"农民工是我国产业工人的主体力量",国务院新闻办公室网站 www.scio.gov.cn。
③ Carl Bialik,"美国人一生要换几份工作?" http://finance.sina.com/bg/wsj-ftchinese/wsj/su/20100914/0526139325.html。

续表

	总离职率			自主离职率		
	2016年8月	2016年9月	2016年10月	2016年8月	2016年9月	2016年10月
私人部门	3.8	3.7	3.7	2.3	2.3	2.3
采矿业	4.6	3.9	4	1.9	1.9	2
建筑业	4.9	4.4	4.6	2.1	1.9	1.9
制造业	2.2	2.3	2.2	1.1	1.2	1.3
贸易交通业	3.7	3.8	3.8	2.4	2.4	2.4
信息产业	2.6	3.2	2.5	1.4	2.1	1.4
金融业	2.2	2	1.9	1.3	1	1.2
专业和商业服务	5	5	4.8	2.9	2.9	2.8
教育和健康服务	2.6	2.5	2.5	1.6	1.8	1.7
休闲医疗	6.4	6	6.2	4.1	4.3	4.3
其他服务业	3.7	3.3	2.9	2.6	1.8	1.7

数据来源：美国劳工统计局。

近年来，工作流动也成为中国城市劳动力市场的重要特征，特别是大学生和农民工。据麦可思研究院发布的《2016就业蓝皮书》显示[1]，2015届大学毕业生毕业半年内的离职率为34%。其中，本科和高职高专院校2015届毕业生毕业半年内离职率分别为24%、43%。在本科院校中，"211"院校2015届毕业生毕业半年内的离职率为13%，非"211"本科院校离职率为26%。从大学生毕业三年后的"跳槽"状况来看，2012届大学毕业生毕业三年内平均为2.2个雇主工作过，仅有42%的本科毕业生三年内仅为1个雇主工作过；高职高专毕业生更换雇主较频繁，平均雇主数为2.5个，仅有23%的高职高专毕业生三年内没有换"东家"。频繁转换工作也成为农民工劳动力市场的普遍现象和重要特征，不仅明显高于城市从业人员，也数倍于发达的市场经济体制国家的劳动者，而且呈现出"短工化"趋势。2012年清华大学社会学系与工众网联合发布的"农民工'短工化'就业趋势研究报告"显示[2]：66%的农民工更换过工作，25%的人在近7个月内更换了工作，50%的人在近1.8年内更换了工作；农民工平均每份工作的持续时间为2年，两份工作的时间间隔约为

---

[1] 麦可思研究院、王伯庆、郭娇，《就业蓝皮书：2016年中国本科生就业报告》《就业蓝皮书：2016年中国高职高专生就业报告》，社会科学文献出版社，2016年。

[2] 清华大学社会学系课题组，"农民工'短工化'就业趋势研究报告"，《清华社会学评论》第6辑，社会科学文献出版社，2013年。

半年多;2004年开始上份工作的农民工,工作平均持续时间大约为4.3年,而2008年开始上份工作的农民工,工作只持续了2.2年,缩短了近一半。

二、劳动力流动模型

(一) 个体工作流动的经济分析

劳动力流动是以工作为目的的一种投资行为,必然就存在劳动者对其成本和收益的考虑。借鉴人力资本投资模型的构建思想,利用净现值法来体现劳动者对流动的成本、收益的权衡①。

$$净收益现值 = \sum_{t=1}^{T} \frac{B_{jt} - B_{ot}}{(1+R)^t} - C \tag{5.1}$$

其中,B_{jt}表示劳动者流动到新工作后的第t年从工作j中所获得的收益,B_{ot}表示如果劳动者没有更换新的工作,在原岗位上工作第t年从原工作o中获得的收益,R为贴现率,C为一旦发生流动将会产生的成本,$\sum$为加总符号,表示从第一年到第T年这段时间内每一年的净收益贴现值的加总。如果新工作给劳动者带来的收益的净现值大于流动产生的成本,那么流动就会发生;反之,劳动者则不会发生流动。当新工作的收益越大,原工作给劳动者的收益越小,劳动者在新工作上持续的时间越长,流动的净收益现值就越大,流动成本越低时,流动就越有可能发生。

这个模型主要关注收益和成本两个方面:劳动力流动的收益是指流动行为产生之后,新的工作给劳动者带来的各方面效用的增长,它主要包括更丰厚的收入、更优质的福利、更满意的工作条件、更高的职业声望和更有前景的发展机会等。正是因为有这些收益吸引着劳动者,拉动他们离开现在的工作岗位甚至家乡,离开熟悉的工作环境,往更好的地方流动。劳动者对预期工作收益的判断,常常会受到社会发展、经济结构转型、科学技术突破以及政府政策等多方面的影响。劳动力流动的成本是指在流动行为的过程中和流动行为产生之后,给劳动者带来的各方面的损失,它包括直接成本和间接成本。直接成本包括离职可能发生的经济赔偿、搬家费用、搜寻新工作的费用和时间成本以及离开熟悉的工作和生活环境所带来的不愉快或者不舒适的心理成本等。另外,某些工作间存在着天然或人为的流动壁垒,比如行业限制、政府特殊制度政策等。因此,在一些情况下,如果需要实现职业流动,必须先付出相当大的成本来破除这些流动壁垒。间接成本包括失去了原

---

① 杨伟国、王子成,《职业发展经济学》,复旦大学出版社,2015年。

有工作的收入和福利,变换工作导致的原工作相关的专有人力资本投资的浪费和新工作相关的专有人力成本投资的增加(如职业专有知识技能的学习、职业资格的获取、职业经验的积累等),由于对流向地的不熟悉而可能产生的各种问题的风险成本,以及失去了原来建立起来的社会关系网络。对于劳动者来说社会关系网络是一项非常重要的资源,它往往需要经过较长时间的积累,也常常能够发挥很重要的作用。由于工作流动的发生,劳动者不仅面临原工作领域的人脉关系可利用率的降低,而且需要花费成本在新的工作领域中逐渐建立新的社会关系网络。所以,社会关系网络是劳动者考虑是否流动的一个重要因素。然而,不同的成本对于不同的劳动者进行决策所产生的影响力也是不同的。它在很大程度上受到劳动者的个人特征的影响。

(二) 城乡迁移的决策模型

1. 托达罗模型

自20世纪50年代中期刘易斯提出其著名的人口流动模型后,大多数西方发展经济学家一般都肯定城乡间的人口流动对经济发展的积极作用。迈克尔·P. 托达罗(Michael P. Todaro)发现,在许多欠发达国家(特别是热带非洲),尽管农业的边际生产力为正,而且存在相当水平的城市失业,但城乡间的人口流动不仅继续存在,而且呈现出加速趋势[①]。而建立在充分就业基础上的传统人口流动模型(如刘易斯模型)无法对这一现象做出合理并令人信服的经济解释。托达罗从城市失业问题切入,拓展了新的城乡劳动力迁移模型,即托达罗模型。

托达罗模型从个人的迁移决策出发,对影响个人迁移决策的因素和人口流动机制提出了以下几点假说:一是促进人口流动的基本经济力量,是相对收益和成本的理性经济考虑,这种考虑主要是经济因素,但也包括心理因素[②];二是迁移决策取决于预期的而不是现实的城乡工资差异;三是城市就业机会的概率与城市就业率成正比,而与城市失业率成反比。即城市就业率越高(失业率越低),乡村流动人口在城市找到工作的可能性就越大;反之,若城市就业率越低(失业率越高),乡村流动人口在城市找到工作的可能性就越小。

托达罗模型十分关注城市失业问题,它将失业的存在作为分析的出发点,因此,它也应该说明均衡中失业的存在性。托达罗模型的确也提供了对失业均衡的一个合理解释。可用图形分析如下:

---

① John R. Harris and Michael P. Todaro, Migration, Unemployment and Development: A Two-Sector Analysis, *American Economic Review*, 1970, Vol. 60, p.126.

② 迈克尔·P.托达罗著,《经济发展》,中国经济出版社,1999年,第281页。

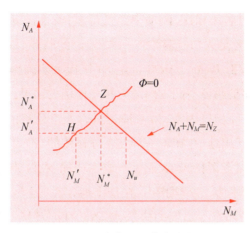

图 5-1 均衡失业的存在性

如图 5-1 所示,横轴 N_M 为城市制造业部门的就业量,纵轴 N_A 为农村农业部门的就业量。N_A 和 N_M 之间的一个隐函数,在 N_A-N_M 空间中表示为 $\Phi=0$ 这样一条曲线。这条曲线上的点都是均衡点,都表示不再有人口流动(所以可将此曲线称为均衡曲线)。图中直线 ($N_A + N_M = N_Z$)是一条充分就业线,线上各点都表示经济已达到充分就业,这条线左下方表示存在失业,而右上方的区域是不可能达到的(因为不可能有超过充分就业量的劳动力投入生产)。因此,均衡曲线位于充分就业直线右上方的那一部分可不予考虑。而两线的交点 Z 则是充分就业均衡点——既不存在人口流动又不存在失业。均衡曲线位于充分就业直线左下方的部分则表示失业均衡——虽然人口不再流动,失业却随之而来。由于托达罗模型假设城市最低工资高于充分就业工资,实际经济所处的均衡状态将类似图 5-1 中的 H 点。在该点处,城市制造业部门的就业量 N_M' 低于充分就业量 N_M^*,乡村农业部门也是如此,存在失业 $N_u - N_M'$。容易看出,由于两个部门的均衡就业量都低于其充分就业量,造成均衡产出低于充分就业均衡产出,社会福利因此遭到损失。这一切都是由过高的城市最低工资 W_1 造成的——尽管有失业的风险,农村人口在巨大的城乡收入差异的诱使下仍纷纷流向城市,但城市的吸纳能力毕竟有限(在政府不加干预,或 W_1 不降低的情况下,流入城市的大部分农村人口将只会增加城市失业)。因此,存在大量失业将是经济的常态。

2. 推—拉理论

推—拉理论的起源可以追溯到 19 世纪。最早对人口迁移进行研究的学者是英国的雷文斯坦(E. Ravenstien)。他在 1880 年的《人口迁移规律》一书中提出了 7 条人口迁移规律:人口的迁移主要是短距离的,方向是朝工商业发达的城市;流动的人口首先迁居到城镇的周围地带,然后又迁居到城镇里面;全国各地的流动都是相似的,即农村人口向城市集中;每一次大的人口迁移也带来了作为补偿的反向流动;长距离的流动基本上是向大城市的流动；城市居民与农村居民相比，流动率要低得多；女性流动率要高于男性。

雷文斯坦的观点被认为是人口迁移"推—拉"理论的萌芽。系统的人口迁移"推—拉"理论则是唐纳德·博格(D. J. Bogue)于20世纪50年代末明确提出的。其主要观点为：从运动学的观点看，人口迁移是两种不同方向的力相互作用的结果：一种是促使人口迁移的力量，即有利于人口迁移的正面积极因素；另一种是阻碍人口迁移的力量，即不利于人口迁移的负面消极因素。在人口迁出地，存在着一种起主导作用的"推力"，把原居民推出其常居住地。产生推力的因素有自然资源枯竭、农业生产成本增加、农村劳动力过剩导致的失业与就业不足、较低的经济收入水平等。必须指出，在迁出地存在"推"人口迁移的因素的同时，也存在"拉"人口的若干因素，如家人团聚的快乐、熟悉的社区环境、在出生和成长地长期形成的社交网络等。只不过比较起来，迁出地的"推"的力量比"拉"的力量大，占据主导地位。同样，在转入地，存在着一种起主导作用的"拉"力把外地人口吸引过来。产生"拉"力的主要因素是：较多的就业机会、较高的工资收入、较好的生活水平、较好的受教育的机会、较完善的文化设施和交通条件、较好的气候环境等。与此同时，转入地也存在一些不利于人口转入的"推"的因素，如迁移可能带来的家庭分离、陌生的生产生活环境、激烈的竞争、生态环境质量下降等。综合起来，转入地的"拉"力比"推"力更大，占据主导地位。

"推—拉"理论认为，从农村向城镇的迁移可能是由城镇有利的经济发展造成的，也可能是因为农村不利的经济发展而产生的。正如18世纪英国农民被圈地运动推向城镇一样，东印度农民迁往加尔各答，也主要是由于农村情况日益恶化，而不是加尔各答本身有特别多的就业机会。相反，一些发展中国家城市的迅速增长，如圣保罗和内罗毕，可能至少部分归因于城市对农民的"拉力"作用。

后来美国学者李(E.S. Lee)发表了一篇名为《移民人口学之理论》的论文，文章在巴格内理论的基础上，认为流出地和流入地实际上都既有拉力又有推力，同时又补充了第三个因素：中间障碍因素。中间障碍因素主要包括距离远近、物质障碍、语言文化的差异，以及移民本人对于以上这些因素的价值判断。人口流动是这三个因素综合作用的结果。

3. 新劳动迁移模型[①]

新迁移经济学(New Economics of Labor Migration, NELM)的基本观点如下：劳动力迁移是在不完全市场条件下，家庭为了克服资金约束或者农业收入不确定性风险而进行的劳动供给联合决策(Stark, 1991; Stark and Bloom, 1985)。新迁移经济学主要强调以下四个方面：

（1）迁移决策不是个体独立做出的最优化决策，而是由更大单元的相关群体"农户或

[①] 王子成、邓江年，"迁移与输出地经济发展关系研究进展"，《经济学动态》，2014年第9期。

家庭"做出的联合决策。与新古典主义模型不同,新迁移经济学认为个人效用最大化不再是迁移的唯一动因,而家庭成员的劳动时间在迁移和非迁移工作之间的配置是为了最小化家庭风险以及减轻由于各种市场不完善对家庭经济活动带来的负面影响,实现家庭期望效用最大化。

(2)迁移的目标是为了实现家庭风险分担和自我融资。家庭经济行为的目标不仅仅是追求收入最大化,最小化风险或者分散收入风险也是家庭决策的主要组成部分。特别是农业生产的高风险属性也使得农户把输出移民作为一种收入来源多元化策略,以分散农业生产风险。同时,输出移民也可以获得汇款等收入支持,这往往是农户投资新农业生产技术的决定性因素。

(3)欠发达地区市场的不完全性是迁移发生的主导因素。新迁移经济学强调市场的不完全性而不是新古典经济学强调的劳动力市场扭曲诱发迁移。因为在欠发达地区,信贷市场和保险市场不完善甚至基本没有,农户很难依靠市场机制来进行融资和风险分担,这使得农户只能通过一个或者更多家庭成员迁移的方式来实现自我融资和自我保险。

(4)家庭隐性契约提供了激励约束机制。外出的家庭成员和选择留在家乡的其他家庭成员之间会建立一种隐性契约,即输出家庭承担期初的迁移成本。作为回报,一旦移民在迁移地劳动力市场立足,他们会通过汇款为输出家庭经济活动提供流动性资金。而相互的利他行为更强化了这种隐性契约,如移民在输入地也会面临失业等不确定性,他们也需要来自输出家庭的支持,这将促使他们自发维护这个隐性契约。

从中我们可以看出,在研究假设上,新迁移经济学更强调家庭联合决策和输出地市场的不完全性,这与新古典主义(强调工资差异)、结构主义(强调人力资本流失)明显不同。在研究内容上,新迁移经济学也显然有别于新古典主义和结构主义,后两者侧重于探讨迁移影响的宏观效应,而新迁移经济学首次把迁移的决定因素和迁移的影响效应结合起来,更强调从微观家庭视角探讨劳动力迁移对输出家庭经济活动的影响效应,特别是迁移对农户生产、投资等活动的影响,这为进一步分析迁移对输出地经济发展的影响效应、迁移的政策干预等提供了新的视角。

第二节 劳动力流动的决定因素与影响效应

一、劳动力流动的决定因素

从选择的角度来看,一个人是否要在劳动市场流动,以及流动后应如何寻求最适合他的劳动市场,是通过评估个人自身条件、所处内在环境和外在因素后所做的决策。因此,就个人因素来看,例如年轻人及教育程度较高的人较年纪大及教育程度较低的人之流动的可能性大,主要原因是年轻人所受到的牵制和考虑因素较少,以及经流动的"投资"所能"回收"的终生利益较年长者高,而教育程度较高的人则因较擅长索取及处理劳动市场信息以及他们的劳动市场范围较大。

(一)迁出地和迁入地间的距离[①]

对于人类发展早期,距离是影响人们迁移行为的一个最重要的因素,由于经济发展水平不高和交通的不便,人们一般倾向于短距离的流动,即使是长距离的流动也仅集中在规模较大的工商业中心城市。对于吸引移民的中心来说,迁移距离越大,迁入人口越少。迁移距离与迁移成本成正比,与迁移概率成反比。随着交通越来越便利,人们迁移的距离也更远了,虽然相对于收入来说,直接支出的交通费并不算多,但无论在发达国家还是发展中国家,距离仍然是总迁移中一个最为重要的变量,距离的增加不仅导致迁移成本上升,同时由于对迁入地的信息了解更少,也增加了迁移的不确定性和迁移的风险。此外,远离家人和朋友,去适应新的环境,也需要承担很多不便和付出心理成本。

其一,距离越远,可能流动的劳动者获得工作机会的信息就越有限。处于远距离的劳动力市场的人获得其他地方的就业信息非常困难,而了解家乡附近的就业前景比距离远的地方要容易得多,如报纸容易得到、打电话的费用较低、与朋友和亲属的联系显得更为有用。

其二,与迁移本身以及迁移之后回去看望朋友和亲戚的交通问题有关的货币成本以及迁移的心理成本,显然都会随着距离的增加而上升。这样,相比之下,人们更愿意进行近距离的迁移,而不大愿意进行远距离的迁移。

美国20世纪60年代末期公布的一项研究成果表明,34%的移民迁移距离在100英里以内,51%的移民迁移距离是在200英里以内;仅仅只有17%的移民迁移距离在200~400英里,迁移距离在400~600英里之间的仅占10%,迁移距离超过600英里的移民只占全部移民人数的22%。很明显,人们远距离的迁移倾向是比较小的,主要倾向是在居住地附近寻找工作。关于距离对流动人数的影响,西方学者曾进行专门研究,在对西方市场经济国家劳动力流动情况考察后发现,流动的距离弹性为1。

$$距离弹性 = 流动量的变化 / 流动距离的变化 \times 100\% \tag{5.2}$$

由此可见,距离对劳动力流动的人数存在着直接的正比关系。在我国,由于多年来限

[①] 李立宏,"中国人口迁移的影响因素浅析",《西北人口》,2000年第2期,第36—39页。

制劳动力的自由迁徙,加之近些年来又缺乏这方面的统计资料,很难判断全国范围内的劳动力流动是否符合这一规律。一些资料表明,我国一般性劳动力的迁移流动过程,也大体符合这一规律。即流动人数随距离的延长而减少(这一点特别表现在农村劳动力向城市的经常性流动中),而高智力的劳动力的流动却往往背离这一规律。有时正好相反,出现远距离流动人数反而增加的现象。这说明,在我国不同素质的劳动力对流动距离的敏感程度是不一样的。同时也说明,不同地区的生产结构对人员素质结构有着不同的要求。

(二) 迁出地和迁入地的经济发展水平[①]

经济因素是影响人口迁移的重要原因,这一点已成为共识。根据"推—拉理论",迁出地和迁入地的经济收入因素对人口迁移产生这样的作用机制:在经济收入水平较低地区的人口向经济收入水平较高地区迁移的情况下,迁出地的经济收入因素将主要作为促使人口迁移的推力发生作用,迁出地收入水平越低,促使人口迁出的作用越强,人口迁出越多,迁出地收入因素对人口迁移的影响作用水平越强;迁入地的经济收入因素将主要作为吸引人口迁入的引力发生作用,收入水平越高,吸引人口迁入的作用越强,人口迁入越多,迁入地收入因素对人口迁移的影响作用水平也越强。然而,迁出地的经济收入因素对人口迁移还会产生另外一个作用机制,即激发机制:随着现代社会的发展,通常是区域经济发展水平(收入水平)越高,其人口流动性也将随之增大,如北京、上海、天津三大直辖市,经济发展水平居全国前列,人口迁出率也几乎都高于一般省区。在这种情况下,迁出地经济收入因素对人口迁出的作用就主要表现为激发作用。除了收入水平,经济因素的另一方面是区域经济规模水平,因为区域经济规模往往对其人口抚养能力(或人口承载力)和劳动就业容量有着决定性作用,所以区域经济规模多与其人口规模具有密切联系。如迁入地的经济规模,往往对其吸纳人口迁入的容量有很大的决定作用,经济发展水平再高,如果规模、容量有限,也难以吸纳更多的人口迁入。迁出地的经济规模,一般也与其人口规模具有比较密切的正相关关系。若经济规模较大,其人口规模也大多比较大。所以迁出地的经济规模,在一定意义上可以反映其作为供给和排放人口迁出的供排潜力效应。

(三) 失业率[②]

通常情况下,一地区经济发展水平越高,当地居民的就业率越高,在经济转型时期,工业化水平和城市化水平越高,从农村中转移出的剩余劳动力就越容易被吸收,农村中的隐

---

① 李立宏,"中国人口迁移的影响因素浅析",《西北人口》,2000年第2期,第36—39页。
② 同上。

性失业也越低。根据菲利普斯曲线,失业率与通货膨胀呈交替关系,我国目前的通货紧缩和大量工人下岗似乎证实了这一点。实际上,失业率和很多因素有关,如这一地区的经济发展水平、产业结构、投资水平以及市场化程度等。

(四) 家庭

劳动力流动成本会随家庭规模的扩大而成倍增加。

在年龄、学历相同的情况下,已婚劳动力比单身劳动力更不易流动,而且当那些已婚劳动力的配偶已有满意的工作或工作收入较高时,他们就不易流动,特别是配偶双方都有较高的工资时,举家流动就更加不容易了。

此外,家庭中的子女对劳动力的流动也是一个限制因素,父母和子女会拿预期的货币收益与流动的心理成本相比较,倘若后者太大,就不倾向于进行流动。

许多经验研究发现:未婚比已婚更容易流动;妻子就业阻碍流动;妻子就业时间越长,家庭越不容易流动;有学龄儿童的家庭不易流动。

(五) 年龄

在决定谁会迁移的问题上,年龄是最为重要的因素之一。统计表明,劳动力流动的高峰年龄是在 20~24 岁。处于这一年龄段的劳动者,每年都有一定量的人员进行跨地区流动。一个年龄为 32 岁劳动者的流动率大约只是前者的 50%,42 岁以上劳动者的流动率大约只有年龄为 32 岁人员的 25%[①]。

有两个方面的原因可以解释迁移为什么主要是年轻人从事的活动。首先,一个人越年轻,那么他从人力资本投资中所能够获得的潜在收益也就会越高。正如人力资本理论所指出的,从一项投资中获得收益的时间越长,则这些收益的现值就会越大。

其次,迁移成本中的相当大一部分是心理上的,其中主要包括由于离开朋友、失去社区联系以及丢掉因熟悉周围环境而享有的收益等所造成的心理损失。当一个人刚刚步入成年的时候,这种心理损失相对来说还比较小一些,因为他们在成年人的世界中尚未真正立足。然而,当一个人年纪大了以后,社会联系变得更为紧密,与迁移相联系的心理损失会变得越来越大,这种情况就会抑制迁移。家庭因素的作用也能说明这个情况。

(六) 教育

如果说年龄可能是预测谁将会从事迁移活动的最好标准,那么教育就是预测在同一

---

① 张抗私等,《当代劳动经济学》,经济科学出版社,2000 年,第 275 页。

群体内部哪些人会进行迁移的最好指标。图 5-2 中所显示的是 1998—2000 年我国 15~29 岁的人口分教育程度的跨县迁移率。从图中不难看出,较高的教育水平确实使得人们具有较高的迁移率。

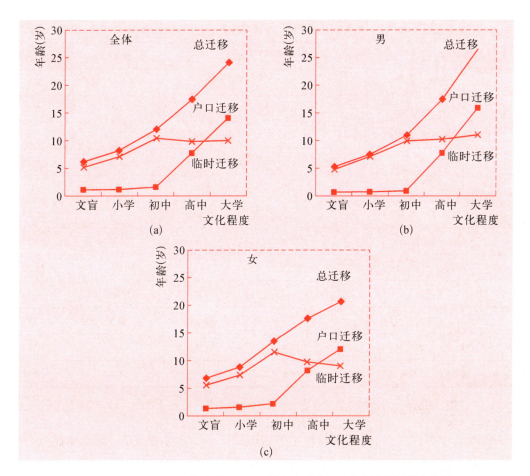

图 5-2　1998—2000 年我国 15~29 岁人口受教育程度的跨县迁移率分析

资料来源:唐家龙、马忠东,"中国人口迁移的选择性——基于五普数据的分析",《人口研究》2007 年第 5 期,第 42—51 页。

同时我们也可以看到,自中国改革开放以来,以学者或留学身份跨出国门、走向世界各地,甚至成为所在国新移民的人员占所谓"出国潮"的绝对比例,同样也说明了教育程度对劳动力流动的影响。

(七)职业与技术等级

职业也是影响劳动力流动性大小的重要原因之一。职业流动是劳动力市场上劳动供给的调整和劳动者的职业选择过程。职业流动性的高低可以用职业流动率大小来表示。

职业流动率是某两年中改变职业的就业人数与总的就业人数之比。美国 1965—1966 年、1972—1973 年按职业划分的流动情况如表 5-5 所示。

表 5-5　1965—1966 年、1972—1973 年按职业划分的职业流动率（%）

职　　业	1965—1966 年职业流动率		1972—1973 年职业流动率	
	男	女	男	女
18 岁以上的劳动力就业者总计	9.9	6.9	9.0	8.2
专业技术人员	6.4	3.6	5.5	5.6
管理和销售人员	7.4	6.0	7.6	7.4
销售人员	8.5	8.1	11.4	9.1
办事人员	14.0	8.4	9.3	9.3
工匠、工头和同类人员	8.7	10.8	8.0	9.7
操作工和同类人员	12.9	7.0	11.4	8.75
非农矿业劳工	17.3	*	15.5	13.5
私人家庭雇工	*	4.0	*	6.3
服务人员	11.7	8.0	10.5	7.4
农场主和管理人员	1.9	1.7	1.9	*
农业劳工和工头	8.6	4.5	6.6	2.1

资料来源：卢昌崇、高良谋，《当代西方劳动经济学》，东北财经大学出版社，1997 年，第 181 页。

从表 5-5 中可以看出，流动率与技术等级成反比。技术水平越高，流动率越低。管理人员和专业人员的流动率要比熟练工人的流动性小得多。然而，有某种技术的工匠也有相当大的流动性，因为他们的工作是季节性的和短期性的，他们为了保持这种技术和较高的薪金而不断变换雇主和地区。专业技术和管理人员的总流动率低于体力劳动者的流动率，专业技术人员的职业流动率仅高于农场主，低于其他职业集团。专业技术人员之所以变换职位很频繁，但很少改变职业是因为变换职位可以更好地发挥职业特长，而改变职业则会丧失专业优势。

从劳动供给方面来看，专业技术特长的形成需要长期的教育和训练，劳动者投入了大量的"人力资本"，改变职业不仅使"人力资本"投资不能回收，而且也无法"获利"；从劳动需求来看，对专业技术人员的需求量大，较高的报酬和较高的职业稳定性等职业优越性明显，使劳动力一般不放弃自己的专业，因而专业流动率低。但专业技术人员的地区流动率可能会高一些，这是因为专业技术人员的家乡观念一般来说也比体力劳动者淡薄；同时，由于专业技术人员越来越专门化,有可能在地方劳动市场找不到需要服务的雇主,在其他一些地区又需要,所以专业技术人员为寻找更好的工作岗位而进行跨地区之间的流动率就要比体力劳动者高一些。由于向远距离的地方迁移,需要一笔可观的费用,体力劳动者的工资收入低,一般也承受不起,只有高工资的专业技术人员才有能力进行这种长距离的迁移。

劳动力流动不单受个人因素影响,劳动市场总体因素亦占一重要角色。因此,若从劳动市场总体因素来考量,劳动市场能否留住本市场的工人或吸引别的劳动市场的人力资源,重要的决定因子也包括诸如劳动市场的人口数(可代表市场之潜在经济规模)、就业成长率、失业人口数及失业率、都市化程度、产业结构形态、所得水准和环境品质等众多因素。

二、劳动力流动的影响效应

劳动力的影响主要体现在对劳动力流出地和流入地的经济效应上。

(一)移民对流入地的影响①

移民在流入国(host country)劳动市场的贡献是影响该国经济发展的因素之一。图5-3为1970年在美国的移民与本地人的收入曲线。移民在初达时收入比本地人少17%。由于移民经历快速的工资增长,其收入将在抵美15年后超过本地人,在抵美30年后高于同特征本地人11%。

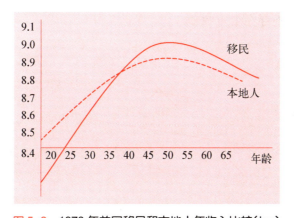

图5-3 1970年美国移民和本地人年收入比较(log)

---

① 参考王媛媛,"人口流动的全面分析",胡景北个人网站,www.hujingbei.net/。

有两种观点解释这些现象。移民初达时缺乏在美国劳动市场所必需的技能(如熟练的英语)因而收入较低;当获得这些技能后,其人力资本高于本地人,因而工资增长较快。但这一观点不能解释为何移民的人力资本高于本地人,进而产生了另一种观点:移民比本地人"有能力也更积极",且"工作时间较长也更努力"。只有高技能和有雄心的人才会有必要的资本移入另一个国家。

然而,图5-3是以对部分移民的分析来推断总体移民的收入如何随时间变化,虽然其结论可能正确,但由于移民政策的改变等原因,新移民与20年前的移民有着本质的差别,用20年前移民在劳动市场的经历来推断新移民的未来收入显然不妥。

用图5-4说明这一观点。考虑三个独立的移民流(1950年、1970年和1990年)。假定移民在20岁时移入,1950年移民的生产力在1990年的流入国最高,1970年移民与本地人持平,1990年移民最低,其年收入线分别为PP、QQ、RR。此时,移民与本地人的工资不存在收敛。

假设数据从1990年人口普查中得到,每一数据仅能表示移民年收入线上的一个点。连接1990年20岁移民、1970年40岁移民及1950年60岁移民的收入,形成了CC线。其比本地人年收入(QQ)线陡峭,且在40岁处交叉,从而看起来移民与本地人收入是收敛的且移民收入在其入境20年后超过本地人(虽然事实并非如此)。

不过应当注意的是,若各移民群体在生产力上有显著差别(存在群体效应)时,图5-3所反映的移民在流入国劳动市场的适应过程是错误的。群体效应(cohort effects)是因移民政策的变化而产生的。如美国《1965年外来移民与国籍法修正案》以申请者是否有美国亲属而非其技能的高低为前提给予签证,从而导致了低技能移民流。新移民的收入因而低于早期移民,也就不存在工资收敛。

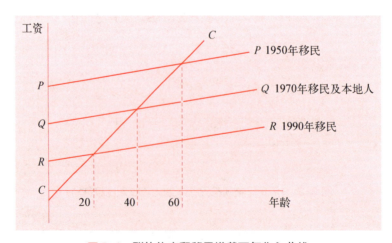

图5-4 群体效应和移民横截面年收入曲线

群体效应也可因源出国(source country)政治经济环境的变化而产生。即使无美国《1965年外来移民与国籍法修正案》，西欧国家经济环境的改善也使这些"传统"流出国的移民减少。若各国的技能水平有差异或其技能不能自由地转移到美国，移民源出国结构的变化也将形成"群体效应"。

表5-6 1970—1990年人口普查(CPS)所得的移民与本地人工资差异①

移民集群	1970年	1980年	1990年
所有移民	0.9	-9.2	-15.2
群体：			
1985—1989年移民	—	—	-31.7
1980—1984年移民	—	—	-27.8
1975—1979年移民	—	-27.6	-17.8
1970—1974年移民	—	-18.9	-9.3
1965—1969年移民	-16.6	-7.8	1.1
1960—1964年移民	-4.4	0.1	9.0
1950—1959年移民	5.6	5.7	19.6
1950年前移民	10.3	10.6	26.2

数据来源：1970—1990年美国人口普查资料。对象为25~64岁，受雇于民间部门的非同源群居工人。

如表5-6所示，新移民的工资比本地人低，而在美居住数十年后则比本地人高。1970年新移民的收入只比本地人低16.6%，而1990年新移民则低31.7%；20世纪50年代移民的收入在1990年比本地人高19.6%，而1985—1989年移民的收入则低31.7%。可见"新移民的相对工资低于早期移民"这一群体效应存在②。

由于群体效应，表5-6中所显示的居住时间与移民相对工资的关系高估了移民的工资增长。如1965—1969年移民经过20年，其显示的相对收入增长了近33个点（纵向比较），而实际上却只有18个点（横向比较），为横截面比较所得收敛速度的一半。从"技能"角度来讲，由于新移民的技能低于早期移民，则移民实际的工资增长比横截面比较所

---

① 参考王媛媛，"人口流动的全面分析"，胡景北个人网站，www.hujingbei.net。因可得数据所含的移民数量少且无非随机回流的移民样本，在此以十年一度的人口普查数据来构造移民群体。

② 一些研究对20世纪80年代移民技能的倾向的结论略有不同。由于CPS数据取自移民小样本，且同一群体移民的源出国构成是不稳定的，因此对群体效应和工资收敛率的测量并不精确。参见Edward Funkhouser and Stephen J. Trejo, The Labor Market Skills of Recent Male Immigrants: Evidence from the Current Population Surveys, *Industrial & Labor Relations Review*, 1995, 48(4): 792-811。

得的迟缓得多,新移民不可能达到本地人收入水平。

以相对工资表示技能的高低时,暗含着"周期影响(period effects)引起的移民和本地人工资量的变化是相同的"这一条件①。也就是说,工资水平的长期变化不影响移民和本地人的相对工资。在表5-6中分析移民技能的变化趋势时就暗含这一条件。由此,通过推导本地人工资的长期变化,我们大致得出移民生产力的变化趋势。注意,工资是技能(人力资本)的回报。若周期影响对移民与本地人技能价格的作用不同,则相对工资改变更能反映的是移民与本地人技能价格的差异而不是人力资本的差异。

美国在20世纪80年代工资构成有了显著的变化。如教育程度不同的工人工资差距加大。但工资构成的变化并没有同等地影响移民和本地人的收入(Levy & Murnane, 1992)。80年代工人总体技能提高,因而尽管移民的技能保持不变,其工资还是下降了。可见,工资构成可用来说明移民群体相对工资的持续下降和80年代移民工资的缓慢增长。

在工资构成中,教育程度是一项不变的技能。表5-7列出了移民和本地人的受教育情况。虽然本地人与移民的高中辍学率都在下降,但1970年移民辍学率仅高于本地人21.7%,到1990年却高达2.5倍;此外,本地人受大学教育的比率的上升速度快于移民。1970年移民受大学教育比率高于本地人(18.9%对15.4%),到1990年两者的比例已趋同(26.6%)。因此,移民人力资本"质量"的变化是移民相对工资下降的原因之一。

表5-7　1970—1990年移民与本地人的受教育情况(%)

群体	1970		1980		1990	
	高中辍学	大学毕业	高中辍学	大学毕业	高中辍学	大学毕业
本地人	39.6	15.4	23.1	22.9	14.8	26.6
移民	48.2	18.9	37.4	25.3	36.9	26.6

数据来源:1970—1990年美国人口普查资料。对象为年龄在25~64岁,受雇于民间部门的非同源群居工人。

从人口普查中的移民数据来推断群体效应和工龄影响可能会出现偏差,因为普查的样本中各移民群体的结构是变化的,可能有1/3的在美移民最终回到其来源国。假设回流移民主要由收入低于平均工资的工人组成("失败者"),那么至少会出现相对工资改善的现象;换句话说,若回流的移民是"成功者",数据所显示的工资收敛速度是被低估的。由于缺乏回流移民的数据,由非随机移民回流引起的偏差被忽略了。此外,后期数据中的样本很大一部分是前期的幼龄移民,这些幼龄移民的经济经历与本地人相似。由于包含

---

① 周期影响:这里指工资水平的长期变化趋势对移民与本地人相对工资的影响。

这些移民,工资收敛速度的估计偏高。因此,较好的估计方法是在跟踪调查单个移民群体的基础上,通过年龄和居住时间来分析工资收敛。

表 5-8 为移民与同龄本地人的工资差异。约一半的工资收敛在划分年龄段后消失了。如 1965—1969 年 25~34 岁的移民,其 1970 年与 1990 年的收入分别比同龄本地人少 12%、2.5%,则该移民群体的相对工资上升了 9.5%。而未划分年龄段时相对工资差距为 18%,横截面数据为 33%。可见,所有的移民都经历了同样缓慢的相对工资增长,新移民也不例外。

表 5-8 不同群体同年龄段移民和本地人的工资差异

群体及年龄段	实际工资差异(%) 1970	实际工资差异(%) 1980	实际工资差异(%) 1990	教育程度因素影响(%) 1980	教育程度因素影响(%) 1990
1965—1969 年移民					
1970 年 15~24 岁	—	-4.6	-6.9	-6.2	-5.5
1970 年 25~34 岁	-12.0	-5.9	-2.5	-5.4	-2.3
1970 年 35~44 岁	-15.9	-15.3	-8.8	-15.5	-8.3
1970—1974 年移民					
1980 年 25~34 岁	—	-11.4	-11.8	-12.5	-10.4
1980 年 35~44 岁	—	-17.7	-16.4	-17.1	-15.6
1980 年 45~54 岁	—	-26.0	-20.7	-26.4	-20.0

数据来源:1970—1990 年美国人口普查资料。对象为年龄在 25~64 岁,受雇于民间部门的非同源群居工人。

(二)移民对流出地的影响[①]

劳动力迁移是否对输出地经济发展产生积极影响成为一个持续不断且很难达成共识的争论。这一争论大致可分为两组完全相反的理论观点:一种观点是迁移乐观主义(migration optimism),也称平衡增长论(balanced growth)。这种观点认为迁移对输出地经济发展有积极效应,可以推动劳务输出地和输入地经济平衡发展。另一种观点是迁移悲观主义(migration pessimism),也称不对称发展论(asymmetric development)。这种观点则认为迁移对输出地经济发展不仅没有积极作用,反而掠夺了输出地的优质劳动力资源,导致输出地与输入地的发展差距被进一步拉开。

迁移乐观主义早期以发展经济学派和新古典主义学派为主,他们的研究主要关注国

[①] 参考王子成、邓江年,"迁移与输出地经济发展关系研究进展",《经济学动态》,2014 年第 9 期。

内城乡移民,认为迁移是实现生产要素最优配置的一种形式,劳动力从农业生产部门流入城市工业部门是经济发展进程不可或缺的一部分。不过,这些研究并没有考虑迁移对输出地经济发展的影响效应,而随着国际移民的兴起,移民汇款急速增加,这些汇款在推动收入重新分配、经济发展与减少贫困方面发挥了重要作用,其作用甚至要强于政府发展项目或者救助项目,这使得输出地政府也开始重新审视移民活动,把移民视为潜在的投资者和当地经济发展的重要参与者。学者们也开始关注汇款对输出地经济发展的影响,他们的研究主要以国际移民为对象,认为国际移民在推动发展中国家经济发展方面发挥了重要作用,迁移(或者汇款)已经成为发展中国家经济腾飞的主要工具之一。这主要体现在:(1)通过移民输出,输出国可以获得一定的汇款收入,这些汇款对输出国收入分配和居民生活质量提升的影响要远强于其他发展方式,同时这些硬通货(汇款)对于资本奇缺的发展中国家来说,无疑具有更重要的意义;(2)移民一旦回流,可能给输出地带来大量的创业投资,拉动当地的经济发展;(3)移民可以带回或者传递在迁移过程中形成的新思维、新知识以及创业理念等,加速现代工业文明在输出地的空间扩散。

迁移悲观主义以循环累积因果论和结构主义观点为代表,他们认为迁移完全是为输入地提供廉价外来劳动力,而剥夺了输出地的优质劳动力资源,最终必然弱化输出地的发展。这主要体现在:(1)智力外流(brain drain),即迁移会导致不可控制的技能劳动力流失。一般来讲,移民往往具有较高的受教育程度,拥有一定的技能,而且大部分在当地已经获得了就业机会,他们大多思维灵活开放且具有创业精神。这些技能劳动力和专业人才的输出,对输出国经济产生的负面效应较大。而在城乡迁移方面,大量青壮年劳动力离开农村地区,这种劳动力流失(lost labor)也会对当地生产产生负面效应,甚至会形成严重的农业劳动力短缺,弱化农业生产。更致命的是,迁移者大部分是青壮年劳动力,而这些人是农业技术革新最有力的推动者,一旦流失,农业生产技术更新活动就会受到极大限制。(2)汇款依赖。移民家庭90%的汇款被用在日常消费上,而且大部分用在显示地位或者身份的消费品上,如高档宴席、婚礼、葬礼以及奢华住房建设等。更多的汇款可能被用在炫耀性消费方面,如进口商品等,而没有被投入生产中,这只会加深对迁移的依赖,最终弱化输出地的生产活动。

新迁移经济学理论为探讨迁移与输出地发展提供了一个新的理论分析视角,大量研究开始聚焦于从家庭微观层面检验迁移对输出农户农业生产、家庭投资消费等经济活动的影响效应。迁移对农业生产的影响是近年来实证研究关注的一个重要方向,这里主要检验迁移是否有利于缓解输出家庭的资金约束。因为用于提升农业生产率的技术手段(如购买高产出种子、购置牲畜或农机具等生产性投资活动等)都需要一定量的资金支持,而在欠发达地区信贷市场缺失的情况下,安排家庭成员外出以获得一定的汇款收入来支持农业生产活动投资,无疑是一个比较有效的途径。不过,由于迁移对流动性资金约束、风险约束以及劳动力约束的影响程度并不确定,迁移对农户生产经营活动的影响可能产生相互冲抵效应:一方面,汇款可以放松农户的信贷、保险等约束,用来支持生产经营资金投入以及新生产技术投资等,同时稳定的汇款收入也可以为家庭提供收入保险,从这个角度来讲,汇款对家庭生产经营活动有显著正效应;不过,另一方面,汇款同时会拉紧家庭面临的劳动力约束,如果家庭不存在剩余劳动力或者剩余劳动力很少,那么成员外出必然会导致家庭劳动力短缺。在当地劳动力市场缺失的情况下,家庭难以雇佣替代劳动,那么这种由迁移导致的劳动力流失必然会对农业生产以及自雇佣等非农经营活动产生较大的负效应。劳动力迁移对农户家庭生产经营活动的净效应要取决于这两个效应的冲减程度。

迁移在家庭投资和消费中充当了比较复杂的角色。一般来讲,家庭可以利用迁移汇款来补充当前消费,同时面临信贷约束的家庭也可能通过迁移积累生产资本和人力资本,究竟迁移对家庭投资的影响大,还是对消费的影响大,实证文献之间存在较大争论。有少量研究表明,迁移对家庭投资有积极作用,迁移推动了农户的投资活动。一般来讲,相对于投资来说,迁移对农户家庭消费有更大的推动作用,因为:其一,很大比例的汇款被用在"身份取向"(status-oriented)的消费上;其二,很小一部分汇款会转变为储蓄或投资;其三,汇款主要的投资方式——住房建设、土地和珠宝等,对整个经济来讲都不是必要的生产性行为。关于迁移对农户支出及消费投资影响的大量实证文献也证实,迁移对消费的影响要大于对投资的影响。

第三节 我国劳动力流动方面存在的问题与对策

一、我国劳动力流动的现状及问题分析

劳动力流动是市场配置劳动力的客观要求,它给我国社会经济的发展带来了巨大活力。自改革开放以来,我国劳动力流动的规模正在逐步扩大,劳动力流动对中国社会经济结构的变革已经发生重要影响并将继续产生深远影响。劳动力从低生产率、低收入部门(农业)向高生产率、高收入区域(城市)和部门(如工业)的转移,是我国改革开放以来经济增长的一个重要源泉。根据一些学者的调查和估计,中国境内的农民工汇款总额在2005年达到2 490亿元(程恩江等,2005)。更为重要的是,劳动力流动对于提高农民生活水平、缩小城乡差别、合理配置劳动力资源、促进社会公平与进步等均有其积极作用。

就目前来看,在我国劳动力的流动主要有以下四大流向:一是从农村、小城镇向大中城市流动;二是由内地落后城市向沿海发达城市流动;三是由各地传统经济部门向新技术、新产业开发区流动;四是由技术力量雄厚的部门和单位流向技术力量薄弱的部门和单位,或者技术雄厚部门或单位之间的流动。流动的范围也将打破各种界限,逐步扩大:由企业内部流动发展到企业之间流动,由省市内部流动发展到省市之间流动,由国内流动发展到国际的流动。我国现存的国际流动类型主要有两种形式:一种是我国的劳务出口;另一种是从国外引进优秀的专业人才,如聘请国外优秀的管理人才、著名学者等。随着科学技术和教育事业的不断发展进步,我国目前这种国际劳动力和人才流动的格局将会发生变化,引进和输出的形式也将越来越丰富多样。

由于城乡流动特别是从农村向城市的流动对我国具有特殊的意义,并将在长时期内在我国多种劳动力流动中占据主要地位,因此,本节对劳动力流动的论述将我国城乡劳动力流动作为研究重点,并以此来探讨我国劳动力流动的规律。从我国城乡和区域间劳动力流动历史来看,劳动力流动大体上可以划分为以下三个阶段:

第一阶段是20世纪50年代至70年代末。这一阶段城市人口增长速度较慢,人口和劳动力流动数量相对较少。20世纪50年代,随着社会经济的发展,城市化水平稳步提高。"大跃进"时期城市人口剧增。1959—1961年三年经济困难时期,大批新进城的劳动力被动员返回农村,使城市人口比例回落。在20世纪60—70年代,由于实行严格的户籍管理制度控制劳动力流入城市,包括动员知识青年上山下乡,使得城市化过程处于停滞状态。一直到20世纪70年代末期,随着改革开放的实施,城市人口的比例才开始回升。

第二阶段是20世纪80年代至90年代末,这一阶段城市化速度较快。国家在这一阶段实施了"严格控制大城市规模,合理发展中小城市,积极发展小城镇"的战略方针。通过20年的实践,城市化率由20世纪80年代初的19%上升到1999年的30.9%,提高了11.9个百分点。其中,50万人口以上大城市的平均规模,在全部城市人口中所占的比例有所降低;中小城市在平均规模有所降低的同时,在全部城市人口中所占的比例上升了13.1个百分点。1978年底,全国仅有2 173个建制镇,1984年为7 186个,1996年达1.82万个。但是,大城市中的超大规模城市在这段时间规模也是不断扩大的。1980—1997年,北京市、天津市的非农业人口分别增加了158.5%和131.4%,上海市城镇人口增加了192.7%。同期,大城市的数量增加了1.8倍,人口总规模增加了1.9倍[①]。这期间的城市化进程与政府的初衷存在一定差距,50万人以下的中小城市和小城镇的发展与政府的方针基本上是吻合的,但"严格控制大城市规模"的目标并没有实现。值得注意

---

① 曾建明,"户籍管理制度改革及劳动力流动趋势",《财经科学》,2002年第4期。

的是,第二阶段的城市化进程,不是以户籍管理制度的改革为主要特征,而是以开放城乡之间的经济交流、对户籍管理工作进行试验性改革、积极引导农村工业化与小城镇结合等为主要特征。

第三阶段:2001年到现在。2015年,我国常住人口城镇化率达到56.1%,而户籍人口城镇化率只有39.9%,两者相差16.2个百分点,即城镇常住人口有将近2.7亿人没有取得所在城镇户籍①。人户分离式城镇化导致大部分农业转移人口长期过着候鸟一样春去冬归的迁徙生活,分享到的发展成果非常有限。2014年发布的《国家新型城镇化规划(2014—2020)》提出,要稳步提升城镇化水平和质量。到2020年,常住人口城镇化率达到60%左右,户籍人口城镇化率达到45%左右,并纳入《国民经济和社会发展第十三个五年规划纲要》之中。2020年人口城镇化要实现60%水平,城镇总人口将由2010年的6.7亿增加到2020年的8.5亿②,增加1.8亿,其中自然增长0.4亿③,农村转移1.4亿,年均转移1400万人。统筹推进户籍制度改革和基本公共服务均等化,健全常住人口市民化激励机制,加快农业转移人口市民化,是未来5年我国新型城镇化建设的工作重点。

目前城乡劳动力流动具有以下四个特点。

(一)农村流动劳动力的基本特征

就外出农村劳动力的个体特征来看,年轻、未婚、男性和受过更高教育的劳动者往往更偏好于流动;在年龄结构上,35岁以下的青壮年占绝对优势,女性的平均年龄低于男性;在受教育程度上,外出者的教育程度明显高于非外出者;在流动的方向上,主要流出地是安徽、河南、四川、湖北、湖南、广西、江西等地,流入地主要集中在东部沿海地带的各省市,如北京、上海、广东、福建、浙江、江苏、山东等;就农民工的社会群体特征来看,流动者基本以寻求职业、增加收入为目的,主要来自低收入地区的中等偏低收入农户;在流动方式上,他们以农民工的身份在城市就业,但无法实现永久性迁移,而是处于循环流动状态,即按照季节、经济周期,甚至是政策周期,在农村与城市之间流动;在职业活动上,主要集中在城市制造业、建筑业、批发零售贸易业、运输业等社会服务业,职业层次偏重体力付出;在流动机制上,以自发流动为主,并以各种社会关系为基础,沿着血缘、地缘、业缘的社会人际关系向外流动。

---

① 易信,"谨防户籍人口与常住人口城镇化率差距",《宏观经济管理》,2016年第8期。
② 利用中国人口与发展研究中心PADIS(人口宏观管理与决策支持系统)平台,按照TFR=1.8预测,中国2020年人口总数14.2亿,按城镇化率60%计算,城镇人口=14.2×60%=8.5亿。
③ 按照TFR=1.8预测,2010—2020年总人口大约增加0.8亿(14.2亿-13.4亿)。由于目前城乡育龄妇女人口规模基本相同,考虑到农村生育率高于城市(生育多)和农村老龄化水平、死亡率均高于城市(死亡多),因此设定8 000万自然增长的人口中,城乡平分,各4 000万人。

(二)农村劳动力流动的动机与原因

中国农村剩余农村劳动力的存在和农业比较收益低下是农民流动的"推力",城市化、工业化带来的就业机会与城乡比较利益的差距是农民流动的"拉力"。城乡收入水平差距即"经济收入驱动力"是农村劳动力流动的主要动力,但中国的户籍制度锁定了多数农民工的生活预期和目标,从而对这种驱动力产生了消解作用,形成特殊的生命周期,即年轻时外出打工,年龄大了以后回乡。部分研究将宏观背景与微观差异结合起来,认为国家的经济发展策略和经济体制的选择,外生地决定着农民的就业空间和容量,而农村劳动力累积的专门知识、专门技能和与经历有关的个性特征,对于农民对"流动"机会的反应以及反应的质量有着决定性影响。同时,农村劳动力迁移与否不仅取决于他们在城市的预期收入差距,还取决于他们感受到的相对经济地位的变化。

(三)公共政策与制度安排对农村劳动力流动的影响

户籍制度是影响农村劳动力流动最根本性的制度安排,户籍制度及与其相关的一系列政策壁垒造成的流动农民工的边缘化问题是这一领域研究的重中之重。学术界一致认为,户籍制度是造成外来农村劳动力进入城市就业的行业、地位、身份存在明显选择性,以及大多数流动人口不能获得城市永久居住权和稳定就业权,进而形成循环流动的重要原因。户籍制度的存在将城市劳动市场分割为正规和非正规农村劳动力市场,大量农民工只能进入非正规市场或次级农村劳动力市场,在职业、行业、岗位选择等方面存在很大限制,在工资、福利、公共服务等方面不能与城市公民享受同等待遇。现行城市公共服务及其管理体制仍然以户籍制度为基础,然而,农民工为城市建设做出了很大贡献,却被排除在社会财富再分配的体系之外,难以和城市居民同样获得养老保险、医疗保险、最低生活保障和子女教育等基本权利,进而使他们依然游离在城市边缘,难以实现与输入地的融合。

随着我国户籍制度改革加快推进,尤其是 2015 年居住证制度的推出,"农业人口"和"非农业人口"身份界限逐渐消除,城镇基本公共服务也逐步从户籍剥离出来。城镇户口的内涵和价值正悄悄发生变化,落户城镇的内涵也更多地从获取城镇居民身份转向更好地在城镇定居,农民工对落户城镇的态度也相应发生了转变。在成都、重庆的调研中发现,50%以上的农民工希望长期定居城市,60%以上的农民工希望定居在当前城市,只有不足 30%的农民工希望取得城镇户口。农民工不愿落户城镇的主要原因是对转户后农村财产权益的稳定性和安全性存在顾虑。农村户口附有农村集体财产收益权,尤其是对城市近郊的农民而言,可以预见的农村土地潜在增值收益较大。有些地方在推进户籍制度改革过程中,如成都、重庆保留了转户农民在农村宅基地、林权、承包权等农村财产权益,并在制度设计上为农民工提供了持有、流转、退出等多种选择。但由于农村土地和宅基地的流转、价值变现等还没有明确的法律法规,农民对没有法律保护的农村集体经济关系缺乏安全感,部分农民工愿意选择保留农民工身份。而在乡城单向人口流动模式下,农民工一旦放弃宅基地等财产权益换取进城资本,就陷入"进得了城而回不了村"的困境。同时,区域间养老保险账户转移、基本公共服务成本分担、农村财产权益处理等协调配套机制还未建立,导致农民工落户城镇的意愿下降。

(四)流动人口规模结构的变化与"民工荒"问题的产生

中国长期以来被认为处于刘易斯模型所描述的农村劳动力无限供给的状况。2004年以来由东部地区产生然后波及全国的"民工荒"现象出现后,关于中国农村劳动力的供求问题引起了社会各界的广泛关注。

从中国农村劳动力的供给总量和结构来看,一个从农村劳动力无限供给到农村劳动力有限剩余的转变正在发生。这预示着结构性、局部性的农村劳动力短缺现象将会在中国时常发生,从而对中国全方位的制度创新和发展战略调整提出了新的要求。制度缺陷也是"民工荒"产生的主要原因。长期以来农民工工资持续低下并拖欠严重是一个不争的事实,工资水平是影响农村劳动力流动的主要原因,长期以来的工资黏性是大量农民工退出市场的主要原因,提高工资水平势在必行。城市劳动用工制度不规范,农民工权益屡遭侵犯,以及在这一背景下,部分农民工通过用脚投票的形式退出市场,部分农民工改变流动方式,通过换企业或者换区域的二次流动进行自我保护,从而造成用工短缺。

二、改善我国劳动力流动机制的政策分析

劳动力资源在市场价格机制作用下自由流动从而达到优化配置,这是经济学关于实现劳动力资源有效配置的基本原理,当然也是社会主义市场经济体制下"市场在资源配置中起基础作用"的内在机制。现实生活中客观存在着一些非市场因素的干扰,不仅造成劳动力流动呈现诸多非理性状态,而且直接或间接地制约了劳动力市场的培育和发展。

改善我国劳动力流动管理机制首先应从降低劳动者偏高的流动成本做起。偏高的流动成本将产生一系列后果:一是不利于建立全国统一开放的劳动力市场,不利于人力资源的市场化配置;二是不利于实现农村劳动力的彻底转移,有碍于城镇化、工业化和现代化

进程的推进;三是不利于劳动者在平等竞争的环境中充分发挥才华,造成人力资源的浪费。为了保障劳动力有序、有度、有效地流动,不断降低流动成本,应从以下四个方面着手采取措施。

(1) 将劳动力流动作为一种投资行为看待。将劳动力流动看成市场经济条件下资源优化配置的必然现象,是社会经济保持活力的源泉。按照人力资本理论的分析,要把劳动力在区域间的流动作为一种投资。对政府来说,为减少流动的盲目性应加强职业信息系统和中介机构的建设,通过减免不必要的收费来降低劳动力在流动中的成本支出。对个人来说,作为人力资本的投资行为,不仅要考虑现期收入与预期收入的比较,还应考虑流动成本的可能变动,遵循收入最大化、成本最小化原则,动用可能的资源以支持合理有序的流动,降低流动成本。

(2) 强化劳动者的流动激励,通过财政援助推动劳动者的流动。鼓励在有过剩劳动力的地区创造就业岗位,通过采取发放迁居津贴,在工资、雇用上优惠鼓励企业到劳动力过剩地区投资等办法,把财政援助与当地经济发展和增加劳动力就业结合起来。

(3) 健全社会保障制度。健全的社会保障体系是消除流动后劳动者后顾之忧和保障其基本权利的基础。当前,一是要扩大社保覆盖面,逐步将参与流动的劳动者全部纳入社保体系中来;二是建立覆盖全国各地和各行业的社会化保障体系,使劳动者不管流动到何处都能及时、方便地得到保障;三是在现行户籍制度尚无突破性进展的情况下,可考虑在流动人口中首先推行工伤、医疗保险,以解燃眉之急,再逐步推行到其他领域,最后逐步实现本地户籍人口与流动劳动力人口公平地享有社会保障。

(4) 完善法律法规制度。市场经济说到底是法制经济。《中华人民共和国劳动法》颁布实施后,首先应抓紧与《劳动法》相配套的社会保障、促进就业、劳动保护、确立最低工资标准、合理有效的户籍管理等一系列配套法规建设,减少各地政策性因素对劳动力流动的影响,从立法角度保障参与流动的劳动者享有平等权利。其次,加大执法力度,依法保护参与流动劳动者的合法权益,制止各种乱收费、乱摊派等直接导致流动成本上升的现象。最后,加快配套规章制度建设,逐步制定全国统一规范的劳动力流动管理制度。只有在全国范围做到依法管理,才是降低劳动力流动成本、按照市场要求配置劳动力资源的根本办法。

在采取上述有效措施的同时,考虑到我国多年来形成的劳动力管理体制和管理传统,必须在户籍制度和城市化管理方面作出较大程度的改革,以适应加入世界贸易组织后我国市场经济所面临的新形势。这方面应包括以下五种措施:

(1) 加快户籍管理制度的改革。考虑到我国各城市现有的承受能力,户籍管理也不宜马上完全放开,可根据城市的经济、社会发展水平,管理水平的状况,首先推动劳动力在中小城市之间的自由流动,继而推动劳动力在我国大城市和特大城市间的流动以及城乡之间实现良性对流。我国大中城市户籍制度的改革措施相继出台,在有序推进户籍管理制度改革的同时,各地也在进行相应的住房、医疗、教育、劳动用工等制度上的改革,为我国未来的劳动力的流动提供了相应的制度保证。

（2）加快城市化进程。关于城市化的道路问题,我国历来存在偏重于发展小城镇和偏重于发展中型城市或大城市之争,应该说这样的发展思想带有浓厚的计划经济和行政干预的色彩。实际上,城市的发展自有其内在规律。一个地方的地缘资源、人文状况能否吸引投资者是城市能否发发展壮大的关键。我国一些传统大城市的衰落和新兴城市的壮大便是明证。因此,有投资潜力的城市就是有发展前景的城市,应该大力让其发展。当前,我国东部地区的中型城市如苏州、温州、绍兴、宁波、顺德、东莞等极具发展潜力,而西部地区的成都、西安等大城市也面临西部大开发的良好机遇,应当允许其获得较快发展。各国城市发展的经验证明,与现代经济相联系的产业如房地产、金融、保险、信息、医疗、娱乐、旅游、文化、教育、体育、环保等都与城市的规模呈正相关关系。从亚洲来看,东京、中国香港、首尔等国际性都市的经济实力和吸纳人口的能力惊人。因此,应加快我国有潜力、有前景的大中城市的发展。

（3）加强城市管理和社区建设。随着户籍制度的改革,农村剩余劳动力必然大量进入城市,城市必须加快整体规划的步伐,加强基础设施建设,加强城市的行政、经济、交通、治安、卫生等管理制度,尤其是要大量使用较高层次的专业人才,加强社区建设。一些发展中国家的"城市病"也说明,如果只是一味地扩大城市规模,而城市管理跟不上,就会大量出现贫民窟、犯罪、肮脏物、疾病流行以及各种社会丑恶现象。因此,只有建设高水平的城市社区,才能使新流入的劳动力尽快被纳入城市社会管理体系,以减少流动人口因不稳定、无人管理而导致的不良事端。

（4）城市剩余劳动力应尽快从政府的保护中解脱出来,转变就业观念,与外地或农村进城劳动力进行平等竞争。经过了30多年外来民工的冲击,城市劳动力已具有接受挑战的心理承受能力,城市政府对本地居民劳动权利的保护应该逐步结束,外来劳动力和农村进城劳动力不应再承受不公正的劳动力市场歧视政策。城市政府应运用城市的各种资源,加强对城市失业、半失业或下岗工人的技术培训,以有利于他们的再就业或转岗;作为城市居民应摈弃高人一等的落后观念,树立起开放、竞争、效率、成本等市场经济观念,要敢于与外来劳动力进行公平竞争;各城市应对城乡劳动力一视同仁,推行公平的就业政策,简言之,"新""老"居民都应享受"市民待遇"。

（5）农村剩余劳动力人口的流出是在农村实施适度规模经营的契机。我国大量农村剩余劳动力人口长期滞留在农村,既影响了农业劳动生产率的提高,也妨碍了农民生活水平和农民素质的提高。城市化的推进和农业劳动力的流出,必然大大提高我国农村人均土地的使用面积,为下一步我国农村土地使用制度的改革,为在农村实施适度规模经营和农场化提供了有利的条件,这是一个既有利于推进城市化,又有利于在农村实现农场化的契机。

本 章 小 结

劳动力流动指劳动者以工作为目的,从一份工作转换到另外一份工作,或者从一个区域转换到另外一个区域的行为。按照流动边界来区分,劳动力流动可分为国际流动和国内流动,而国内劳动力流动通常可分为城乡流动和工作流动。

个体工作流动的经济分析,可借鉴人力资本投资模型的构建思想,利用净现值法来体现劳动者对流动的成本收益的权衡。而托达罗从城市失业问题切入,拓展了新的城乡劳动力迁移模型即托达罗模型,它提供了对失业均衡的一个合理解释。"推—拉"理论从运动学视角提出,人口转移是两种不同方向的力相互作用的结果:一种是促使人口转移的力量,即有利于人口转移的正面积极因素;另一种是阻碍人口转移的力量,即不利于人口转移的负面消极因素。新迁移经济学的基本观点则认为,劳动力迁移是在不完全市场条件下,家庭为了克服资金约束或者农业收入不确定性风险而进行的劳动供给联合决策。

劳动力流动受到迁出地和迁入地间的距离、迁出地和迁入地的经济发展水平、失业率、家庭、年龄、教育程度、职业与技术等级因素的影响,而劳动力的影响主要体现在对劳动力流出地和流入地的经济效应上,对流入地的影响主要表现为劳动力市场竞争如工资和就业等,而对流出地的影响则体现在迁移对输出农户农业生产、家庭投资消费等经济活动的影响效应。

我国劳动力流动的规模正在逐步扩大,劳动力流动对中国社会经济结构的变革已经发生重要影响并将继续产生深远影响。而结构性、局部性的农村劳动力短缺现象将会在中国时常发生,从而对中国全方位的制度创新和发展战略调整提出了新的要求,这要求进一步统筹推进户籍制度改革和基本公共服务均等化,健全常住人口市民化激励机制,加快农业转移人口市民化。而改善我国劳动力流动管理机制、健全社会保障制度、完善法律法规制度仍是未来主要的政策方向。

复习思考题

一、名词解释

劳动力流动　国际移民　劳动力迁移率　托达罗模型　新劳动迁移模型　劳动力流动机制　户籍制度

二、简答题

1. 试述劳动力流动的成因。
2. 试述单个劳动力个人流动的经济模型及其含义,分析移民对劳动力市场的经济影响。
3. 影响劳动力流动的因素主要有哪些?它们是怎样影响劳动力流动的?
4. 怎样看待劳动力流动的成本和收益?
5. 你如何看待我国劳动力流动的现状?改善我国劳动力流动机制应采取什么对策?
6. 在其他条件相同的情况下,通常企业希望低辞职率,但是,社会可能认为辞职率太低了。为什么企业希望低辞职率呢?太低的辞职率对社会的不利影响是什么?
7. 如你所知道的,成千上万的外地民工在北京工作。假如北京采取了限制外地劳动力进京的措施,试分析这些措施对所有有关工人群体工资和就业水平的影响。

附录 5-1　我国省际流动人口的特征
——基于全国第六次人口普查数据[①]

随着我国社会主义市场经济体制改革的不断深化及迅速发展,劳动力要素在全国范围内的配置需求迅速膨胀。2010 年全国第六次人口普查数据显示,我国流动人口规模高达 2.6 亿,占全部人口的近 20%,其中跨省流动人口 0.85 亿。当计划经济体制被打破,户籍制度在逐步探索性地改革时,我国的省际人口流动规模开始了由试探式向井喷式发展,流动方式由从农村向小城镇、小城市流动转变为由农村直接向大城市流动转变。以第六次人口普查数据分析我国省际流动人口,可得出如下特征。

---

① 马红旗、陈仲常,"我国省际流动人口的特征——基于全国第六次人口普查数据",《人口研究》,2012 年第 6 期。

一、省际流动速度大于省内流动速度

将2010年全国第六次人口普查数据与2000年全国第五次人口普查(以下简称"五谱")数据比较,十年间,我国总流动人口规模大幅上升,由2000年的1.2亿上升为2010年2.6亿,上升幅度约为109%。其中,省际流动人口由3 324万上升为8 588万,增幅158%,省内流动人口由9 142万上升为1.8亿,幅度为91.5%。省际流动人口占常住人口的比例由2000年的2.6%到2010年上升为6.4%,上升幅度为145%;省内流动人口占常住人口比例由7.2%上升为13.1%,上升幅度为82%,明显小于省际流动人口的上升幅度。省际流动人口比例由2000年的26%上升为2010年的33%,省内流动人口比例由73%下降为67%。省际流动人口上升幅度大于总流动人口和省内流动人口说明我国省际流动人口的大幅上升拉动了我国总流动人口的上升。

二、省际流动人口比例存在明显的区域性差别

我国省际流动人口规模分布不均,主要集中于广东、浙江、上海、江苏、北京、福建、天津、山东等地,2010年这八个地区省际流动人口规模高达6 614万,占全国省际流动人口的77%。西藏、青海、宁夏和甘肃等地省际流动人口最低,均不超过50万,合计129万,不足全国省际流动人口的1.5%。从省际流动人口占全部流动人口比例观察,全国省际流动人口比例为0.33,越过该比例的地区有上海、北京、西藏、天津、浙江、广东、新疆、江苏、福建和海南等地,其余地区均低于全国水平。部分发达省市以省际流动人口为主,如上海、北京、天津、浙江、广东等地省际流动人口占总流动人口份额超过了50%,分别高达71%、67%、60%、59%和58%。该五省市省际流动人口占常住人口份额分别为39%、36%、23%、32%、21%,平均每百个常住人口中就有20~40个省外流动人口。西藏省际流动人口也占有相当大的比例,省际流动人口占总流动人口的份额高达63%,与北京地区相当。但西藏的总流动人口占常住人口的份额仅为0.87%,省内流动人口占常住人口份额仅0.55%。可见,西藏省际流动人口异常偏高是因为总流动人口和省内流动人口还处于低水平的原因。西藏具有特殊的区情,地处边疆、地广人稀、少数民族集聚、中心城市凝聚力和辐射力有限,流动人口自然较弱。新疆省际流动人口无论从绝对指标还是相对指标来看,不仅处于中西部地区首位而且在全国也处于前列。2010年新疆省际流动人口179万,排名第九位,省际流动人口占总流动人口和常住人口比例分别为0.42和0.082,均高于全国平均水平。这说明西部大开发、援疆建设以及"摘棉大军入疆"的陆续开展,以及"天山北麓"城市群辐射能力的增强,使得新疆省际流动人口相对较为活跃。按东中西进行区域划分,我国东部地区省际流动人口规模较中西部地区具有绝对优势。2010年我国东部地区省际流动人口就有6 992万,占全国省际流动人口8 588万的81%,而中部地区和西部地区省际流动人口仅为554万和1 041万,分别占全国流动人口6.5%和12%。东部地区流动人口占常

住人口比例为12.7%，中、西部地区比例为1.3%和2.9%，揭示东部地区100个常住人口中大约有13个省外人口，而中西部地区还不足3个。东部地区省际流动人口占总流动人口的比例在上升，而中西部地区在下降。与2000年"五普"数据比较，2010年全国省际流动人口占总流动人口比例由26.7%提高到了32.9%，上升幅度为23.4%，东部地区由36.7%提高到47.5%，上升幅度为29.4%，而中部地区则下降了14%，由11.5%下降到9.9%，西部地区仅上升了1.4%，如果从西部地区中除去西藏这一特殊地区外，西部地区省际流动人口占总流动人口的比例也是下降的。东部地区省际流动人口占常住人口比例的上升幅度大于全国平均水平，而中西部地区远远低于全国平均水平。2010年东部地区省际流动人口占常住人口比例由2000年的5.1%上升为12.7%，上升幅度为150.7%，高于全国145.4%的上升幅度；中部地区由0.78%上升到1.31%，上升幅度仅为67.6%；西部地区由1.43%上升到2.89%，上升幅度为102.3%，高于中部地区但仍低于全国平均水平。

三、省际流动人口以经济活动为主要目的

2010年全国第六次人口普查（以下简称"六普"）对省际流动人口的流动原因进行了逐项统计，主要包括务工经商、工作调动、学习培训、随迁家属、投亲靠友、拆迁搬家、寄挂户口、婚姻嫁娶和其他，共九项内容。统计数据显示，在8 588万省际流动人口中，以务工经商为目的流动人口就高达6 413万，占全部省际流动人口的75%，而以其他八项原因为主的流动人口合计2 174万，仅占全部省际流动人口的25%。在全国6 413万以务工经商为目的的省际流动人口中，有1 844万集中于广东地区，占比29%。除广东外，以务工经商为目的的省际流动人口仍集中于个别省份，从高到低依次分布于浙江、上海、江苏、北京、福建、天津、山东和新疆，均超过了100万，广东和这几个省份以务工经商为目的的省际流动人口总和占全部省际流动人口的比例达86%。按东中西划分，东部地区省际流动人口的目的性更强，其次是西部地区，再次为中部地区。2010年，东部地区省际流动人口6 992万，以务工经商为目的的省际流动人口高达5 536万，占比79%；西部地区省际流动人口1 041万，以务工经商为目的的省际流动人口达610万，占比59%；中部地区省际流动人口还不足1 000万，仅为554万，占比48%。东部地区以务工经商为目的的省际流动人口占全国以务工经商为目的的省际流动人口的86%，而中、西部地区仅占4.2%和9.5%。根据流动原因的目的性把省际流动人口分为经济型省际流动人口和社会型省际流动人口。经济型省际流动人口包括因务工经商、工作调动和学习培训等原因流入的省外人口，社会型省际流动人口包括因随迁家属、投亲靠友和婚姻嫁娶等原因流入的省外人口。经济型的省际流动人口的膨胀明显带动了社会型流动人口的增加，社会型省际流动人口从属于经济型省际流动人口。据2010年"六普"数据计算，我国经济型省际流动人口7 003万，其中广东、浙江和上海三地区就高达3 659万，分别占全国经济型省际流动人口的27%、15%和

11%，合计53%；社会型省际流动人口1 298万，广东、浙江和上海三地区的社会型省际流动人口依然占据前三甲，分别占全国经济型省际流动人口的16%、12%和11%，合计39%；经济型省际流动人口较低的地区，社会型省际流动人口也较低，如海南、河南、黑龙江、甘肃、吉林、宁夏、青海、西藏等地经济型省际流动人口较低，社会型省际流动人口较低的地区亦是这些省份。

四、省际流动人口以短期流动为主，但经济欠发达地区更偏于"短期化"

2010年，在8 588万的省际流动人口中，流动期限为0.5~1年的有2 029万，占比24%；1~2年的有1 816万，占比21%，2~3年的有1 224万，占比14%；期限为3~5年、4~5年以及5~6年的省际流动人口均不足1 000万，占总体省际流动人口的比例依次为9.9%、6%和4.4%；期限为6年以上的省际流动人口合计1 778万，占比21%。3年以内的省际流动人口占全部省际流动人口的59%，且随着期限的延长，各个期限段的省际流动人口比例逐次下降，6年以上省际流动人口比例突然增高是因为该期限段没设定时间的上限，并不代表6年或6~7年的流动人口比例。因此，我国省际流动人口的流动期限以短期为主，主要集中于0.5~2年。但是，通过对全国31个省市各个期限段的省际流动人口比例进行排序发现，经济欠发达地区相对于经济发达地区更偏于"短期化"。流动期限在0.5~1年和1~2年两个期限段时，省际流动人口比例超过全国平均水平的地区主要为经济欠发达地区，如甘肃、江西、河南、宁夏等地，而低于全国平均水平的地区主要为经济发达地区，如北京、上海、浙江、广东等地；流动期限在2~3年时，北京、上海、广东等发达地区依然处于全国平均水平之下，但有部分发达地区开始出现在全国平均水平之上，如浙江、江苏、山东；流动期限在3~4年、4~5年和5~6年三个期限段时，经济发达地区便大量出现在全国平均水平之上，尤其是北京和上海地区位于前列。

五、省际流动人口相对于省内流动人口更"年轻化"

"六普"数据显示，全部流动人口、省际流动人口和省内流动人口平均年龄分别为31.8岁、30.6岁和32.4岁，省际流动人口比省内流动人口年轻1.8岁，比全部流动人口年轻1.2岁；按性别分类，男性省际流动人口平均年龄为31岁，女性为30.2岁，女性省际流动人口比男性年轻0.8岁。这意味着，流动人口的年龄越低迁移范围越宽，年龄较长的流动人口对工作地域的选择倾向于"就近原则"（如省内流动），据此可推断，东部沿海发达区域能够吸引中西部地区较年轻的劳动力。女性省际流动人口平均年龄低于男性说明女性劳动力较早地进入劳动力市场，这一现象可能与女性劳动力较低的受教育年限有关。

六、省际流动人口的受教育程度高于全国人口，但低于省内流动人口

2000年我国6岁以上人口的平均受教育年限为7.6年，其中省际流动人口为9年，高于全国人口1.4年，省内流动人口为6.3年，低于全国人口1.3年。在21世纪初期我国省际流动人口的受教育程度高于全国人口和省内流动人口,而省内流动人口的受教育程度则低于全国人口。10年后的2010年,我国6岁以上人口的平均受教育年限增长为8.8年,提高了1.2年;省际流动人口增长为9.6年,仅提高了0.6年;而省内流动人口则增长为10.5年,提高了4.2年。短短10年时间,我国省内流动人口受教育程度得到了大幅提升,而省际流动人口受教育程度提升幅度较小,这与我国不同教育程度劳动力的流动范围有关。若按教育程度对流动人口进行划分,2010年具有小学和初中文化程度的流动人口中(未上过学的例外),有35%和43%的人口在省际进行了流动,均大于当年33%的全部省际流动人口比例。在具有高中、大学专科、大学本科和研究生文化程度的流动人口中,分别有24%、20%、22%和25%的人口进行了省际流动,均低于全部省际流动人口比例。省内流动人口正好与此相反,2010年有65%的小学和57%中学流动人口在省内进行了流动,均低于67%的全部省际流动人口比例。在具有高中、大学专科、大学本科和研究生文化程度的流动人口中,分别有76%、80%、78%和75%的人口进行了省内流动,均高于全部省内流动人口比例。据此,可知我国低学历的流动人口的流动范围要相对高于高学历流动人口,这种现象与理论上所说的学历越高流动范围越广泛的观点不具有一致性。一方面反映了我国劳动力市场制度性障碍的存在比较严重,在劳动力市场充分流动的情况下,较高学历的劳动力更倾向于流向劳动报酬更高的东部沿海地区。然而,由于就业、公共产品的提供以及户口迁移等问题存在制度性歧视的原因,使得追求稳定工作生活环境和稳定收入来源的高学历劳动力不得不就近就业,以季节性和短期性流动为主的低学历劳动力的跨省流动意愿相对更加强烈。另一方面反映了我国低学历劳动力供给远远大于高学历劳动力的供给,而经济发展水平落后地区还不能够为低学历劳动力提供更多的就业岗位,使得低学历劳动力不得不背井离乡,而高学历劳动力相对稀缺,选择当地就业又可以避免发达地区更高的竞争压力,因此高学历劳动力易于选择就近就业。

七、省际流动人口主要集中于第二、三产业

省际流动人口中生产、运输设备操作人员及有关人员占比55%;其次是商业、服务业人员,占比28%;而专业技术人员,国家机关、党群组织、企业及事业单位负责人、办事人员和有关人员,以及农林牧渔及水利业生产人员占比还不及10%。这说明我国省际流动人口主要集中于以生产、运输设备操作、商业和服务业为主的第二、三产业。若按东中西进行划分,东部地区省际流动人口的集中度相对更高。按职业分类的省际流动人口比例显示,2010年东部地区省际流动人口中生产、运输设备操作人员及有关人员占59%,商业、服务业人员占26%,两类人员合计占比85%,而中西部地区两类人员合计占比分别为72%和76%。

八、结论及政策启示

本文根据"六普"数据详细归纳与梳理了我国省际流动人口的特征,发现我国省际流

动人口存在以下七个主要特征:省际流动上升幅度大于省内流动人口;我国省际流动人口比例存在明显的区域性差别;省际流动人口以经济活动为主要目的;省际流动人口以短期流动为主,但经济欠发达地区更偏于"短期化";省际流动人口相对于省内流动人口更"年轻化";省际流动人口的受教育程度高于全国人口,但低于省内流动人口;省际流动人口主要集中于第二、三产业。以经济活动为主的、年轻的、高素质的省际流动人口大规模向经济发达的东部沿海地区集中,一方面通过反馈机制进一步加剧了第二、三产业向东部沿海地区集聚,从而扩大东中西地区之间财政收入差距;另一方面通过降低东部沿海地区的人口负担系数并增加中西部地区人口负担系数,扩大中西地区间财政支出需求。

附录5-2 中国职场跳槽报告[①]

一、大部分人不到一年半就要跳槽

2014年10月20日,领英(LinkedIn)发布《中国职场人士跳槽报告》,报告显示中国职场人士的跳槽频率显著高于美国,已经成为常态。在前期调研中,领英针对中国四个经济发展圈(京津冀经济圈、长三角经济圈、珠三角经济圈、中部经济圈)的主要城市的职场人士进行了大规模调查。领英发现,以上一份工作的在职时间(多少个月)来看(见图1):

(1) 中国职场人士的平均在职时间为34个月,相比美国的56个月,几乎短了两年;

(2) 中国职场人士的在职时间的中位数为24个月,比美国短半年之多;

(3) 通常从开始留意跳槽机会,历经筛选、面试、协议、辞职等过程需要半年,也就是说,一半以上中国职场人士在一家公司安心工作不到一年半,就开始了辞职跳槽的准备;相比之下,大部分美国的职场人士在一家公司能够工作两年半。

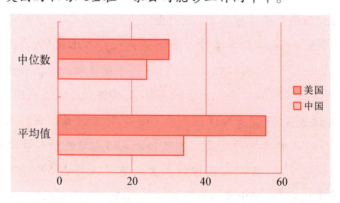

图1 领英数据:中国、美国员工上一份工作的在职时间对比

[①] "领英发布中国职场跳槽报告:大部分人不到一年半就要跳槽",中国经济网(北京),2014年10月21日。

二、跳槽成常态

在不同职业的人士流动性方面,领英发现,不同行业在职人士的流动性有较大差异(见表1):

(1) 在中国,商业服务(如律所、会计师事务所、咨询公司)、金融保险和互联网是在职时间平均最短、跳槽频次最高、员工流动性最大的三个行业;

(2) 互联网在美国是在职时间较短的行业,在中国的在职时间仅次于商业服务和金融保险业,中国为31个月,同美国45个月相比,短了一年多;

(3) 工业生产制造在中美两国均是在职时间最长的行业,但中国也仅为39个月,几乎相当于美国71个月平均在职时间的一半。

表1 领英数据:中国、美国不同行业的平均在职时间(单位:月)

行业	中国	美国
商业服务	29	51
金融保险	30	54
互联网	31	45
传媒	33	55
教育/NGO	35	63
医疗保健	35	53
零售、消费品	35	55
石油、能源	37	57
电信	38	60
工业生产制造	39	71

领英2014年第三季度对中国职场人士的一项大规模调研显示,跳槽在中国职场不仅是常态,也正在成为中国职场人士的一种习惯。其中:约20%的被调查者表示正在主动寻找下一个工作,这部分人被称为"主动求职者";80%属于"被动求职者",他们当中只有12%的人表示暂时对找新工作不感兴趣,53%的人愿意同招聘人员进行接触并商讨新的职业机会,另外13%的人则在自己的关系网内讨论求职机会。

三、高跳槽率来自哪儿

在分析中国职场高跳槽率的原因时,领英认为三个主要的原因,使得中国职场呈现高频率跳槽的节奏:

(1) 中国产业结构的快速调整,使得人才需求持续高涨。

以互联网行业为例:2011—2014年这三年,根据投资界网站披露出来的投融资数据中,有103家互联网、IT企业获得天使或者风险投资,融资额度达到240亿元人民币。公开披露的企业通常仅占总体融资企业的不到10%。融资中很大一部分被用于吸引人才,搭建更强、更大的团队。同时,BAT等大企业也在不断地扩充人才数量,每家每年用于人才招聘的费用高达上亿元。此外,互联网对中国传统产业的升级改造在加速,传统行业/企业中的互联网人才需求也在大幅增加。

(2) 快节奏的宏观大环境下,很少企业能有足够的时间和资源,去培养起有效的内部人才体系,大量人才通过外聘方式招募,引发人才跳槽潮。

国际著名猎头顾问克劳迪奥·费尔南德斯在哈佛接触到的70%~80%的中国企业都未建立有效的模型以评估人才潜力,多数中国企业对此甚至毫无概念。它们亟待建立完善的潜力评估体系,以吸引、激励、培养他们最优秀的人才。在缺少内部人才培养体系的情况下,企业习惯通过提供更高的职位和薪水来吸引外部人才。这使得中国的职场人往往不够耐心,从而频繁跳槽换工作。

(3) 在求职过程中,人才与企业之间存在严重的信息不对称,就职往往是在信息不充分基础上做出的决定,也为之后的快速跳槽打下伏笔。

在跳槽过程中,人才需要大量的信息来帮助其做出决定。在美国,为了减少个人与求职企业之间的信息不对称,个人会积极主动通过各种社交渠道、职业社交平台来了解企业的一些隐性信息,而如领英一类的职业社交平台也为这种信息流动提供了可能。但中国的职场人士更多倾向于被动接收信息,而非主动寻找,因此所获得的信息源更多集中在公司和HR。他们往往会基于"自己对该公司和该职位的想象"做出决定,之后发现现实与想象的落差大到无法接受,便选择了用脚投票。在领英今年第三季度的焦点小组访谈中,有30%的白领曾有过这种经历。

四、为什么跳槽

大家如此频繁地跳槽,跳的到底是什么?哪些是中国职场人士最为看重的?领英发现,工作强度是最不被重视的指标,这也说明了为什么互联网行业工作那么累,每年却有大批的人才蜂拥而入,甘当所谓的"苦逼";此外,企业国际化、企业品牌知名度、工作地点、工作时间和职位职级也不是重要的考虑因素。而发展空间、工作内容、学习知识、工作氛围和薪酬福利则是最受重视的指标,其中发展空间排在了第一位(见图2)。这一方面是因为中国经济发展变化节奏太快,职场人士面临不断的能力更新和成长压力;另一方面,则是由于中国企业普遍缺乏内部培养人才的体系,人才的内部成长往往面临瓶颈,此时就得通过跳槽来实现。

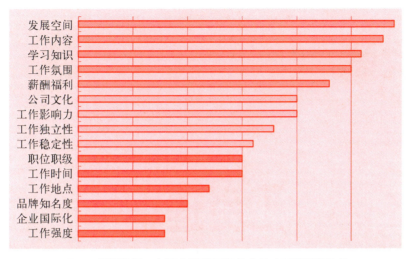

图2 领英数据：中国人衡量工作机会的15项指标排名

推荐阅读文献和书目

1. 朱农，《中国劳动力流动与"三农"问题》，武汉大学出版社，2005年。

2. 蔡昉，《劳动力流动的政治经济学》，上海三联书店，2003年。

3. 赵忠，"中国的城乡移民——我们知道什么，我们还应该知道什么？"，《经济学(季刊)》，2004年第3期，第517—536页。

4. 王子成、赵忠，"农民工迁移模式的动态选择：外出、回流还是再迁移"，《管理世界》，2013年第1期，第78—88页。

5. 梁雄军、林云、邵丹萍，"农村劳动力二次流动的特点、问题与对策——对浙、闽、津三地外来务工者的调查"，《中国社会科学》，2007年第3期，第137—151页。

6. O. Stark, *The Migration of Labor*, Oxford, 1991.

7. Y. Zhao, Leaving the countryside: rural-to-urban migration decisions in China. *American Economic Review*, 1999, 89(2): 281-286.

8. L. Zhao, S. Liu, W. Zhang, New Trends in Internal Migration in China: Profiles of the New-generation Migrants. *China & World Economy*, 2018, 26(1): 18-41.

第六章 工资理论

工资作为劳动力市场的价格,具有劳动力市场运行的重要信号功能。一方面它决定于劳动力市场的供给和需求等诸多因素;另一方面它也引导整个社会劳动力资源配置,引导和改变着企业的生产、交换和分配行为,以及个人对职业的选择、人力资本的投资及流动的地点等行为。从广义上讲,整个劳动经济理论都可以说与工资有关。从劳动力的供给来说,劳动者是否参加劳动、劳动者参与劳动的程度高低等都受工资的影响,工资构成了劳动者物质利益动力机制的核心内容。就劳动力的需求而言,企业是否增加劳动力,增加多大规模的劳动力数量,也同样受工资的影响,工资构成了企业生产性成本的重要部分。劳动力的流动,如前所述,无疑也受工资的影响。就宏观劳动经济而言,工资作为生产成本的重要方面,它对商品的价格进而最终对物价总水平都有影响,由此对整个宏观的就业和失业水平都构成了重要的影响。可见,整个劳动经济的分析,都不能脱离对工资问题的研究和分析。

本章我们首先讨论工资的概念和形式;其次,在第二节我们来讨论和分析一下,迄今仍然有着较大影响的工资学说——补偿性工资差别理论;最后,我们介绍激励性工资理论的主要内容。

第一节 工资的概念和形式

一、工资的演变历史

从工资的概念、内容乃至于表述来看,工资的形式经历了许多变化。在人类社会的早期,绝大部分的劳动人口从事与农业和与农业生产有关的劳动,用传统的手工方法建造房屋、制造家具和进行纺织。在奴隶制的部落,奴隶们是强制劳动,没有工资,他们仅能从奴隶主那里得到食品和其他少量基本生活品。即使不是奴隶的那部分人,也要像奴隶那样为奴隶主从事繁重的劳动,得到一部分谷物作为劳动的报酬。不同于现代的商品经济,那时劳动报酬大部分是实物,即食品、住宿和其他消费品。

在中世纪,特别是在由于严重瘟疫造成劳动力短缺的时期,劳动者也曾获得一些自由,因为地主和企业主为争夺劳动力竞相提高生活标准和改善劳动条件。在城市,出现了各种各样的手工业行会。这些行会的劳动者的就业环境发生变化,他们的生活待遇也比农业劳动者有所改观。

18 世纪工业革命以后,雇佣劳动开始普及,工资问题开始出现。由于较高工资和较多自由的吸引,越来越多的人离开农村到工厂寻找工作。由于这些人习惯了农村中的实物报酬,雇主们起初将工资的一部分用土豆、面粉等食物代替,剩余部分支付现金;或者是发放票证或债券从雇主开设的店铺中领取食物。这便出现了早期所谓的"实物工资制度"。

随着经济的发展和社会的进步,除一些发展中国家外,发达的市场经济国家中员工的工资开始都用货币支付。货币工资便于员工决定自己在哪里购买物品和购买什么样的物品。后来,白领阶层开始与蓝领阶层分化,出现了不同于传统工资概念的"薪水"的概念。自第二次世界大战后,现代的工资和薪水制度的内容不断充实并发生新的变化,以带薪休假和延期支付为特征的附加福利作为现代货币工资的补充形式,成了目前广泛使用的"薪酬"制度的重要内容。

工资的概念经历了从实物工资(truck system),到货币工资(money wage);从货币工资,再演化为工资(wage)和薪水(salary)的区分;从纯粹意义上的工资制度(payment system),发展到今天包含非货币福利和延期支付的薪酬(remuneration,compensation)或报酬(reward),这样一个逐渐演变的历史过程。

二、工资的本质

工资是雇佣劳动的报酬。这一表达强调了工资与"雇佣"联系的本质特性。按照马克思的说法,工资制度起源于古代,它是从古代的军队里发展起来的①。尽管如此,作为现代意义上的雇佣劳动的货币报酬形式,工资的产生和发展则是工业革命以后的事情。传统的农业社会本质上是以家庭自营生产为特征的社会经济形态,没有雇佣劳动,以工资为形式的雇佣劳动的报酬形态自然无从谈起。工业革命导致了分工,导致了工厂制度的产生,导致了劳动者与资本和土地等生产资料的分离。雇佣劳动及其报酬支付方式的需求,使得工资成为工业革命后雇主、雇员和政府多方都高度关注的社会经济内容。

探讨工资的本质,不仅需要分析工资概念的演变情况,还需要关注工资的形式,即工资概念的外延。上文中工资概念不仅存在着演变的趋势,而且在外延上存在差异。

在现代社会中,使用频率较高的另一个工资概念是"incentive"②。"incentive"是广义工资的一种重要的组成形式,通常翻译为激励性工资。定义为根据雇员是否达到某种事先建立的标准、个人或团队目标或公司收入标准而浮动的报酬(Martocchio,2001)。在工资决策研究中,以激励性工资作为研究对象的一个原因在于,激励是一个重要的经济学概念,在劳动力市场得到广泛的应用。核心的理论来源是委托—代理理论,设计恰当的激励合同是解决委托—代理问题的关键。经济学所讨论的激励合同主要有:计件工资制等以产出付酬的方法、按相对产出付酬的方法、按可测算的投入付酬的方法等(伊特威尔、米尔盖特,1992)。因此,以委托—代理理论为理论基础的论文或者探讨上述付酬方法的论文,通常以"incentive"作为所要研究的工资概念。

"compensation"是管理学家对薪酬的定义,即雇员作为雇佣关系中的一方所得到的各种货币收入,以及各种具体的服务和福利(Milkovich and Newman,2002)。在经济学对工资决策的研究中,对"compensation"的界定与上述定义基本相同,强调劳动者因从事劳动而获得的所有报酬收入,在操作定义中主要包括基本工资、奖金、股票期权、企业股份所带来的收益以及雇主为雇员缴纳的养老基金等。

与工资相关的另一个概念是薪水。无论在英文或中文的表达中,工资(wage)和薪水(salary)都有着重要的联系,同时也有着重要的区别。从两者的联系来讲,工资和薪水都

---

① 据莱德福(Ledford)宣称,技能工资制(skill-based pay, knowledge-based pay, pay for skill, pay for knowledge, pay for learning, multi-skilled pay)的产生可追溯到公元6世纪的罗马军队,当时苏力士将军(General Sauris)根据骑兵队中每位武士所学的武艺表现来分配薪资、粮食和升迁(Feuer, 1987)。

② 下述几个工资的概念,参考了李莉,《20世纪80年代以来微观工资决策研究的回顾——基于五种经济学顶尖期刊的分析结论》,中国人民大学劳动人事学院硕士论文,2005年。

是雇佣劳动的报酬形式,但两者又存在着不同。首先,支付方式不同。工资通常则是雇主以现金的方式直接支付给雇员一种报酬形式,而薪水通常是雇主通过银行再转移支付给雇员的报酬形式。其次,支付时间不同。薪水通常是以月或年作单位,定期支付给雇员;而工资则以日或周,对雇员劳动或者服务的一种支付。最后,也是最重要的一点是,支付对象不同。一般而言,将以工作品质要求为主的报酬支付称为薪水,而以工作数量要求为主的报酬支付称为工资。换言之,劳心者的收入为薪水,而劳力者的收入为工资。

如果说在工业化的初期和中期,上述薪水和工资的区别还有存在的价值,那么到了工业化的后期,特别是到了后工业化社会和信息经济社会,工作的本质差别日趋缩小。在生产一线,生产过程走向机械化与自动化,生产过程也日趋复杂,生产一线的工人也需具备较高的教育与训练知识。传统的以薪水为报酬来源的白领阶层,由于大规模的普及使用和操作计算机,工作也不乏传统所理解的"体力劳动"。加之,以往劳心者的薪水常较劳力者的工资为高,而现在有许多劳力者的工资等于,甚至高于劳心者的薪水,因此两者的区别已逐渐模糊起来。严格地将两者加以区分,已感困难,且无多大意义和必要,故现在人们大多开始使用薪酬(compensation),或者报酬(pay, reward)等概念和范畴。

秦国军功爵制[①]

商鞅结合秦国的具体情况,确立了"劳大者其禄厚,功多者其爵尊"的变法原则,建立起既有深厚的理论底蕴,又具有相当可操作性的秦国军功爵制。商鞅明确规定军功是授赏的标准,即"彼能战者践富贵之门""富贵之门,必出于兵"。

关于受赏的具体内容,主要保存在《商君书·境内》中,大致有以下两种:

(1) 设置了二十等级的爵位。《史记·秦本纪》集解关于秦二十级军功爵制的记载:"《汉书》曰:'商君为法于秦,战斩一首,赐爵一级,欲为官者伍千石。'其爵名:一为公士,二造,三簪袅,四不更,五大夫,六公大夫,七官大夫,八公乘,九五大夫,十左庶长,十一右庶长,十二左更,十三中更,十四右更,十五上少造,十六大上造,十七驷车庶长,十八大庶长,十九关内侯,二十彻侯。"如此众多等级的爵位,显然有利于引导士兵不断进取,始终保持高昂的劲头,奋勇杀敌,永不懈怠。

(2) 对于士兵和军官授爵有不同的规定。在士兵中,"能得甲首一者,赏爵一级,益田

[①] 周建波、张博、周建涛,"秦军功爵制的经济学分析——兼论秦军功爵制功效何以远超六国",《经济学:季刊》,2013年,13(1):333-350。

一顷,益宅九亩""其有爵者乞无爵者以为庶子,级乞一人"。关于军官,能得一甲首者,其赏赐与士兵同。"屯长"(五人一屯)、"百将"(百人一将)一级的军官,如不能亲自斩敌得甲首,其所部士卒斩敌计三十三首以上,则赐爵一级,即所谓"百将、屯长不得斩首,得三十三首以上,盈论(按满额论功行赏),赐爵一级"。其他如统领五百人、千人的将领以及俸禄为六百石、八百石、千石的县令以及"国封尉",能斩敌一甲首者,赐爵从优。在较大的战役中,如"攻城围邑斩首八千以上""野战斩首二千",皆算作"盈论"。凡是参加战斗的各级将领和官吏,从无爵位的"校徒""操士"向上算起,各赐爵一级。其中,高级将领如大将、御、参,则赐爵三级。

三、影响工资确定的因素

什么因素影响着工资水平的变动？或者说影响工资确定的因素有哪些？这是经济学家一直在关心的一个重要话题,也是一个相当复杂的问题。从亚当·斯密1776年出版的《国富论》开始,无数的经济学家都试图解释劳动力市场上决定工资的因素。迄今为止,有大量的工资理论学说问世(参见本章篇末附录6-1：历史上曾经流行的几种工资理论)。学习工资理论,我们常抱怨工资理论和学说太多,使得人们感到有些困惑。是生存工资理论有理,还是边际生产率理论正确？是应当牢记补偿性工资学说,还是应当追随效率工资理论的时髦思想？显然,无数的经济学家,为了寻找能够被广为接受的、解释在任何条件下工资水平和工资变化如何决定的工资理论,进行了多方面长期的探索和研究。但这样一种理想的理论和学说迄今尚未发现,原因很简单：影响工资的诸多因素非常复杂。这些因素与整个经济和生产系统紧密地联系在一起,与社会各种因素交织在一起。那些似乎适用于早期农业和手工业生产方式条件下的理论,在充满活力的工业化国家则行不通。

为了有助于对工资理论,特别是对决定工资因素的理解,在此,有必要将影响工资确定的一般因素进行一些归纳和总结。总体而言,影响工资确定的因素可分为内在因素和外在因素两大类。

（一）影响工资确定的内在要素

所谓影响工资确定的**内在因素**是指与工作特性及状况有关的因素。从经济学的理论来看,这些要素与边际生产率理论、补偿性工资差别理论等都在不同程度上有着一定的联系。从人力资源管理,特别是从薪酬管理来看,这更接近于现代薪酬制度设计中所提出的内部一致性原则,以及由此原则指导的工作评价要素。

1. 员工的劳动和工作努力程度

劳动是一种有目的的工作活动。任何国家的任何时期的工资都主要受劳动者所提供的劳动影响。劳动者只有参加劳动才可能得到工资,故经典的定义是:工资是"雇佣劳动的报酬"。也只有劳动者的劳动技能高低,所提供的现实劳动量变化或者是工作的努力程度的大小,才是这种报酬水平变化的基本原因。故我们一般认为,个人的努力程度是工资水平调整和变动的基本原因。薪酬设计便是对员工这种劳动及其工作努力程度的报酬的一种制度安排。实践证明,在同样职位的情况下,工资水平有所不同来源于工作努力程度以及由此所决定的劳动成果或工作绩效的不同。在我国经常听到人们对收入分配差距现状过大的批判和担忧,实际上这种批评大多源于对工资与劳动或工作不相关的因素,诸如垄断、限制劳动力流动、劳动力市场寻租等。通过工作评价制度的引进,在组织内部,拉开体现劳动或工作的工资差距,仍是我国工资改革的主要方向。

2. 职务高低与权力大小

传统上,对职务和权力与工资的关系的解释,大多沿用了劳动要素分析法。职务和权力与劳动既有区别也有联系。的确,简单地套用劳动,特别是劳动量或工作量的概念来解释两者的关系,经常会引起混乱。国际劳工组织1956年的"日内瓦范本"将劳动定义为四大类要素。职务和权力归结为劳动责任,这是一个恰当的解释。权力和责任是一个问题的两面。权力由责任而来,责任由判断或决定问题的能力而产生,对于权责重的人给予较高的工资,实际上是因为权责重的人其决定和判断的正误对于组织生产的产品或提供的服务的品质、市场、信誉与效益有决定性的影响。正因为如此,在以职位为基础的薪酬制度设计中,国际上使用的海氏(Hay)等几种不同的工作评价方法,都包含"问题产生的后果"这一指标。实践中,可以大量地观察到CEO的工资大大高于一般员工的事实。其原因在于,它试图补偿管理者在生产和经营过程中所作出的正确判断和决定。这部分高出的工资成为厘清管理者职责的工具。

3. 技术和训练水平

以人力资本为出发点的工资理论,已经系统和深刻地解释了为什么技术和训练高的人,应拿较高的工资。这就是说,这部分较高的工资包含有人力资本投资回报的成分。人力资本回报乃是补偿学习技术所耗费的,由直接成本以及机会成本构成的人力资本投资。工作评价中的知识要素的选择,以及国际上20世纪70年代以来流行的技能工资制度,都充分体现了这一要求。从管理学的角度来认识,体现技能要素的工资制度也包含积极性的激励。所谓激励乃是说在技术变革日新月异的今天,面对知识更新加速的外部竞争环境,组织有必要鼓励员工从事更艰难的工作,使劳动者迅速更新自己的知识结构,以为组织的竞争战略提供支持。在我国的企业中,目前存在着高级技术工人短缺的严重人力资源问题,这与目前工资制度未能更多和更好地体现技能这一要素有极大的关系。

4. 工作的时间性

人们工作的现实情况是,有些工作的性质可能是稳定的和长期性的,如一个公共汽车的司机,或者是一个邮政部门的邮递员。而另一些工作则是季节性或临时性的,比如,20世纪90年代网络经济时期在美国流行的一种被称为"Contractor"的职业,我们将其翻译为"合同制工作者"。这一工作的特征是,从事这个工作的人往往是计算机行业的技术人员,他们依照与雇主签订的半年或一年的合同来工作。工作的特点是:他们没有固定的雇主,当项目完成后便另寻雇主;工资很高,在网络很热的2000年,小时工资是50~200美元。这些人的工资似乎一般都比从事长期稳定工作的人的工资要高。其原因在于以下三点:一是这些人过了合同期有可能失去工作,即可能处于失业的状态,失业期间将无收入;二是这些人在劳动期间没有社会保障,企业没有为他们支付保险等费用;三是这些人没有福利,如年终分红、法定休假和一定天数的带薪病假等。为了补偿上述三点,工作不稳定的人的按单位工作时间核算的工资名义上是较高,但实际上,如果用广义的薪酬的概念和一定时期的薪酬总额来衡量,可能的结论是差距未必如此。

5. 劳动条件,特别是工作的危险性

人们一般认为,在工业化的早期,劳动条件比较恶劣,有些工作甚至具有危险性。在同样的劳动技能要求的条件下,只是因为这一点,导致了工资的差别。实际上,关于劳动条件,特别是工作的危险性对工资的影响,在现代社会仍然存在,关于这一点,在下一节补偿性的工资理论中,我们将详细进行讨论。

6. 附加福利

附加福利可以被定义是一种正常工资外的补充。正常工资是定期支付非职工的劳动报酬,附加福利是另外一种职工乐意接受的报酬或福利,是雇主在劳动力费用之外的一种支付。它虽然是雇主为雇佣劳动力所支出的费用,但员工并没有专门的劳动与此相对应。它包括法定节日和年度休假期间职工的报酬,社会保险费用,企业补充保险或提供的住房或住房补贴等。比如,在我国,在政府工作的公务员、在事业单位(如国家负担的教育、卫生和文化等部门)和大型国有企业工作的正式职工,往往都有这方面的附加福利。而不在

上述部门工作的员工则很少,甚至根本就没有这种附加福利。为了增加组织的人才竞争力,维持劳动力之稳定,我们往往会看到,后者的工资较前者更高,以弥补附加福利的欠缺。

7. 风俗习惯

同工同酬为劳动力市场上倡导的工资分配的重要原则,但是在现实社会当中,我们总是发现,无论在发达国家还是发展中国家的劳动力市场上,也会常出现如下一些现象:女性获得的工资比男性要低;一些技术学徒工在学徒期间的工资很低,甚至低于一些简单的体力劳动者。为什么?前者大多受社会观念的影响,包括许多社会存在对女性歧视所导致的不同程度的工资差别(参见表6-1);而后者则与人们的观念和习惯做法有关。人们普遍认为,学徒工一旦学成出师,工资要比粗工高很多,因此学徒在学徒期间的薪金要比粗工低。

表6-1 1967—1994年非农业部门男性和女性小时工资比率

国家\年份	1967	1970	1975	1980	1985	1990	1994
澳大利亚		0.65	0.84	0.86	0.87	0.88	
法　国			0.79	0.79	0.81	0.81	0.81
日　本		0.52	0.56	0.53	0.52	0.51	
德国(西德)	0.69	0.69	0.72	0.72	0.73	0.73	
英　国	0.60	0.60	0.68	0.70	0.69	0.70	0.72
美　国	0.62	0.62	0.62	0.64	0.68	0.72	0.76
瑞　典	0.78	0.80	0.85	0.90	0.90	0.89	0.90

资料来源:Francine D.Blau, *The Economics of Women, Men, and Work*, N.J.: Prentice-Hall International, Inc., 1986, p.353。

8. 年龄和工龄

按理说,工龄并不体现劳动者的劳动能力,更不能体现劳动者的劳动成果,工龄故不属于"劳动"的范畴。但实际的情况是,工龄常在工资中起作用。其原因有以下三点。

第一,补偿员工过去的贡献。一般来说,员工年龄越大工龄越长,理论上讲,他对一个组织过去劳动的贡献就越大,为了给予这部分贡献以补偿,就需要增大其目前的工资收入。

第二,平滑年龄收入曲线。如果按照现实劳动贡献的情况观察,在较高年龄段,员工所提供的现实劳动成果或者工作业绩将会下降,体力劳动者尤为如此。如果不按照工作绩效或劳动成果曲线建立分配标准,那将出现工资制度与工作表现脱节的分配曲线 B(如图 6-1 所示)。日本企业的终身雇用制度下所采用的年功序列工资制度基本属于这种情况。过去在我国国有企业也存在这样的情况,其结果是干多干少一个样,干好干坏一个样,对员工工作激励不利。如果完全按照工作业绩曲线,那将会出现部分员工工资随年龄增大而下降,即曲线 A。这种年龄收入曲线也一般并不为员工所接受。为此,随年龄和工龄增大,人们的工资会有所提高,但提高的幅度是适当的平滑,即类似曲线 C(如图 6-1 所示)。

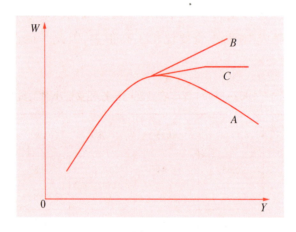

图 6-1　三种年龄收入分配曲线

第三,减少劳动力流动。一些企业为减少员工"跳槽"频繁的现象,保持员工队伍稳定,实施了工龄工资政策。比如,在本公司工作一年,便增加一年的工龄津贴,由此增加了员工离开本公司的代价,使得频繁地跳槽给员工造成较高的机会成本和一定的经济损失。虽然,年龄和工龄在工资分配中起作用的情况在世界各国普遍存在,但程度不同。根据弗里曼教授的研究,20 世纪 70 年代在美国,45~54 岁的男性大学毕业生的收入,要比同类的 25~34 岁的毕业生高 63%;而日本上述人员之间的比例高达 200%。年龄和工龄不起作用的情况在一些特殊的工作和职位上也存在,如职业运动员等。一般情况下,年长工人的工资要比年轻工人的工资高。

随着知识经济的到来,知识陈旧周期的缩短,年龄和工龄在不断弱化,知识和能力的作用在不断强化。即使推行现代的基于工作评价基础上的职位工资制度,工龄和年龄的作用都在淡化。工龄对工资的正向影响作用主要通过两个方面表现出来:一是管理和技术职位的工作能力和工作业绩都与工作经验有关,因此,工作经验与工龄的作用仍然存在,使得工资和工龄的关系还继续发挥作用,这特别表现在传统的产业上;二是工资中体现工龄的表现方式间接化,即采取的方式可能是工龄工资的方式,而非直接与工资挂钩的方式。比如,国内宝钢等企业的做法,集中反映了这一特点。

如果说,影响工资确定的上述八个要素更多地直接或间接体现了工资与工作和劳动的联系的话,那么,影响工资的外在要素则更多地体现了工资与整个产品市场和劳动力市场的联系。

(二) 影响工资确定的外在要素

在市场经济的条件下,影响工资确定的更为重要的因素是**外在因素**。外在因素是什么?它是指与工作特性及状况无关,但又同时构成对工资本身确定具有重大影响的一些市场经济因素,其主要有以下六个方面。

1. 生活费用或物价水平

保证员工及其家庭获得维持生活费用的工资,是制定工资率的基本考虑,故现代大多数国家都有最低工资制度。所谓生活费用也就是指一个人日常经济生活衣食住行育的费用。决定生活费用的是物价水平,故企业职工的最低工资水平必须考虑地区物价状况。另外,物价水平也是不断变动的。如果物价上涨,企业也必须考虑增加员工的工资,否则职工原有的生活水平也就难以维持。

2. 企业的经济效益状况或企业的负担能力

工资和企业的生产力有关,如果企业所负担的工资超过其负担能力,则企业不是停业就是破产解体。企业负担工资的能力,涉及企业的利润和员工的工资分配关系,在我国还包括国家和企业的分配关系。在我国国有大型企业实行的工资总额与企业效益挂钩的政策,反映了这一要求。而且,许多企业之间同一职位而工资相差较大,大都与此有关。

3. 地区或行业的工资水平

企业所在地区或所属行业的环境,对于员工工资的制定有相当大的影响。顺从这种大环境的要求制定工资,是现代企业在薪酬制度设计中所提出的薪酬具有外部竞争力的必然要求。因此我们看到,各地的劳动和社会保障部门,近年来广泛开展了劳动力市场价位调查工作。大多数企业在制定自身工资标准时,开始购买此资料,或委托其他人力资源咨询公司,或自己出资直接开展薪酬调查。其目的是,尽可能地了解当地劳动力市场价位。一方面是为更好地吸纳、维系和激励优秀的人才;另一方面是为了减少人工成本。随着全球化条件下的企业竞争加剧,此项方法将对企业,甚至政府公务员的工资水平都会构成影响。

4. 劳动力市场的供求

在市场经济的条件下,劳动力的供给与商品相类似,以稀为贵。在我国的劳动力市场上,有的职业经理人年薪高达千万元,而有的普通员工的工资年薪则仅为数万元。什么使他们的收入差距如此巨大?我们说,是劳动力市场上的供求。我国目前大量缺乏合格的职业经理人,优秀的职业经理人的高额报酬恰好反映了这一事实。多年来,普通的劳动力在我国存在供过于求的状况,这导致他们的工资相当低。对劳动力市场上供给弹性小的高层管理人员、技术人员等而言,供求对短期的影响不可能立即消除。随着供求状况的根本改善,这种工资的差距才会逐渐缩小。一度报酬极高的出租车司机,由于供给的大量增加,其收入已有了较大的变化,与公共汽车司机的工资差距,已不很显著。正因为供求的变化,故会出现下述情形:某一地方粗工的工资可能比其他传统行业从事同样工作者的工资要高,新工业区的劳动力工资比旧工业区的工资要高,这些现象在土地广袤的国家尤为显见。在我国深圳出现的"硕士诚可贵,钳工价更高"实际上恰恰反映了这一状况。我国当前各地技术工人的工资普遍上升,与高级技术工人的短缺有很大的关系。

5. 劳动力的潜在替代物

工资不但受现有劳动力的影响,而且受劳动力市场中的潜在替代物的影响。这些替代物可能是机器,也可能是人。生产人员的工资太高,企业有可能用机器来代替劳动力。因此,有些劳动力已知道有新机器来代替他们劳动时,即使工资减少,他也愿意继续从事这项工作。在劳动力市场上,存在着愿意接受低工资的妇女或临时工作者,他们的存在对在职工人的工资水平也构成了影响。企业目前推行的谈判工资就是这样。

6. 产品需求弹性

消费者的消费需求变化对企业的产量产生决定性的影响,这种产量的变化最终影响到企业职工的工资水平。产品需求弹性越大,产量受需求影响的程度就越大,由此对企业工资水平的影响也就越强烈。在需求大的企业一般都实行浮动性的工资制度。

第二节　补偿性工资理论

一、工作的非货币特征

在我国20世纪90年代初期，由于城乡隔离制度导致劳动力流动困难，企业内部也缺乏工资对劳动资源的调节机制，我国国有企业内部出现了所谓"一线紧、二线松和三线人员富余"的状况。即一线艰苦的工作岗位，发生了劳动力短缺的问题。面对这一问题，有关学者提出了在企业内部强化和加大对重点岗位的激励，即从传统的八级工资制改变为岗位技能工资制度的政策建议，其核心就是提高对一线艰苦工作岗位的报酬。那么，如何提高工资，其标准是什么？国内企业界在吸收国外工作评价的技术基础上，设定了21个劳动评价要素。除此之外，还增加了"人心流向"这样一个社会心理的评价指标。

我们知道，国际劳工组织在1956年的"日内瓦范本"中，曾谈到劳动的四大类因素，劳动条件就是其中之一。在前述决定工资的八大内在要素时，我们也曾谈到了劳动条件，特别是工作的危险性对劳动者工资的影响。实际上，工作危险性只是劳动条件的一部分内容。工作的重复性，即我们通常所说的枯燥和单调，工作脏、乱、差，人们讨厌和不喜欢，即所谓社会地位较低和不大光彩等，都成为广义的劳动条件的一部分内容。这些人们不大喜欢的工作特征，或者称为不愉快的特征，尽管都与劳动条件或特殊的工作性质有关，但毕竟不同。粉尘、噪声、辐射、高温、高速等能够通过一些工具和技术测量，而诸如像社会地位、名声等则无法达到这一点。正因如此，我国在推行生产企业的工作评价制度时，推出了"人心流向"这样一个社会心理的评价指标。尽管这在国内工作评价的实践历史上可视为一种创新，但就理论而言，对上述被称为工作效用满足的非货币特征，或社会声誉特征现象的分析，最早可追溯到亚当·斯密在18世纪对补偿性工资理论的讨论。

二、补偿性工资理论分析

1776年，亚当·斯密在《国富论》中用了相当的篇幅来论述这个问题。他认为，某些非货币效用"一方面对某些职业的微薄货币报酬给予补偿，另一方面又对一些职业的优厚报酬加以抵消"。"对于一切尊贵的职业，荣誉可以说是报酬的大部分。在卑微的职业上，情况正相反。屠户的职业既野蛮又讨厌,但在许多地方,他们的得利比大部分其他普通职业多。刽子手的职业,是最可嫌恶的职业,可是,与其工作量相比,他的报酬比任何普通职业都多。"[①]

用今天规范的经济分析的语言来表达,补偿性工资差别的最终原因是员工的主观偏好。显然,我们知道这些偏好是什么,但目前还没有科学的方法判定它们应该是什么。尽管如此,我们还是能够借助经济分析的方法和工具,来详细地分析一下偏好相同,或者偏好不同的补偿性工资的影响。

首先我们假定:所有员工偏好都是相同的情况,即大家都同等程度地喜欢或厌恶一种工作的特征。假设有 A 和 B 两种工作,且两者没有人力资本要求的差别。假如工作特征上也不存在相应的差别,A 和 B 的工资相等。如图6-2所示,此图表明对 A 工作的员工的供给,是 A 与 B 相对工资(W_A/W_B)的函数。供给曲线 S_1 代表偏好相同而且没有工作特征差别的情况,因为在所需技能或工作特征上没有相应的差别,S_1 曲线位于相对工资为 $1(W_A=W_B)$ 的地方;又因为偏好相同,S_1 是水平的。如果大家都认为工作 A 不满意,供给曲线就较高(但仍旧是水平的),如 S_2 所示。高出的那部分工资是吸引人们接受不愉快工作条件所必需的差别补偿。如果 A 工作更令人愉快,则结果正好相反。此时,A 的供给曲线 S_3 位置较低,补偿性工作差别则由 B 工作中的工人获得。

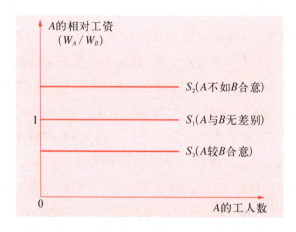

图6-2 偏好一致时的补偿性工资差别

现在假设所有的员工都讨厌 A 工作的某一方面,但讨厌的强度彼此不同。这时员工对 A 工作的供给曲线将向上倾斜(如图6-3所示)。曲线开始处相对工资大于1,其幅度刚好达到足以满足那些对 A 工作讨厌程度最低的员工。劳动力需求曲线肯定会影响均衡工资率,要吸引更多的员工,必须有较高的相对工资。起作用的是边际工人的偏好

[①] 亚当·斯密,《国民财富的性质和原因的研究》,商务印书馆,1979年,第92页。

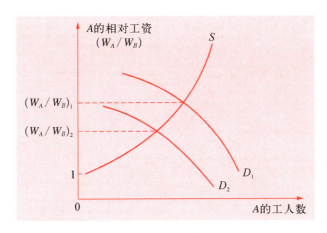

图 6-3 工人偏好不同时的补偿性工资差别

而不是偏好较弱员工的偏好。图 6-3 两条可能的需求曲线,对均衡工资构成了明显的影响。

还有一种可能性。假设偏好不同,但现在有些员工不讨厌工作 A,即供给曲线在相对工资为 1 的地方是水平的。然而,对后来的另一些员工来说,供给曲线是向上倾斜的。如果劳动力需求曲线为 D_1(如图 6-4 所示),那么,包括那些不必给予额外补偿的员工在内的所有员工都获得了补偿性工资差别。如果需求小得多,比如在 D_2,则显然可以不存在补偿性差额。假如员工对夜班工作、经常出差或各种危险毫不在乎,对带有这些特征的职业就不必支付补偿性工资差额。

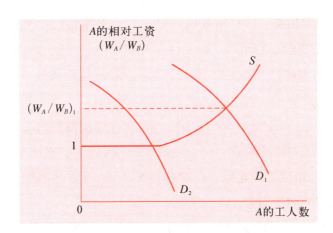

图 6-4 工人偏好不同时不存在补偿性差别的可能

上述我们对补偿性工资差别的分析所建立的前提是,工人的目标是效用最大化。问题的关键是,偏好相等还是偏好不同,以及需求曲线的位置。在需求曲线不变的前提下,工作的非货币特征的变化也会导致补偿性工资差别的变化(如图 6-5 所示)。

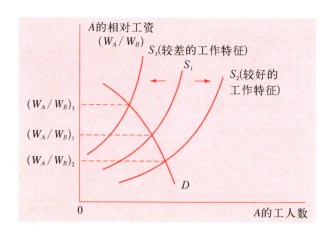

图 6-5 非货币特征变化的效应

通过上述分析我们将得到一个清晰的预见：如果一种工作的有关特征发生了变化，例如变得不很危险了，补偿性工资差别也将相应地发生变化。这种分析的基本机制是供给曲线的移动，图 6-5 展示了这个思想。假定在工作 A 的现有特征和工人偏好给定时，相应的供给曲线为 S_1，相对工资为 $(W_A/W_B)_1$。如果不愉快的工作特征有所减少，曲线将外移到 S_2，在每一相对工资水平上，沿着需求曲线，现在在 A 中寻找就业的劳动力比以前增多，相应的均衡工资也降到 $(W_A/W_B)_2$。当然，如果 A 的不利特征日益严重，则情况会向相反的方向发展。

实证研究证实，在其他情况相同的条件下，死亡事故危险程度较高的工作所获得的工资的确也较高。按照罗伯特·斯密斯等的研究，"死亡概率每增加十万分之一，每年的补偿性差额在 200~3 500 美元之间"[①]。补偿性工资理论能够成立，即在员工的特征不变的前提下，从事较差工作的员工得到的工资高于那些在较舒适的条件下工作的员工，这源于以下三个设定的理论前提：

（1）员工追求效用（而不是收入）最大化。如果选择能得到的工资为最高的工作，最终这将达到不同员工工资的均等化。也就是说，有一些员工宁愿从事工资低但更愉快的工作，这就必然出现补偿性工资差别。在这种情况下，工资虽然不等，但员工的工资和工作心理方面的总效用倾向于均等。

（2）员工了解对他们十分重要的工作特征信息，如灰尘、肮脏、噪声、严格的工作纪律、危险性等。如果不了解信息，或者工作特征模糊，补偿性工资的差别就很难产生。

---

① 转引自：霍夫曼，《劳动力市场经济学》，上海三联出版社，1989 年，第 242 页；原文参见：Robert S. Smith, Compersating Wage Differentials and Public Policy: A Review, *Industrial and Labor Relations Review*, Volume 32, Issue 3, 1979, pp.339-352。

（3）员工的流动性，即员工有一系列可供选择的工作机会。如果员工只能从事危险性质的工作，工伤危险的补偿性工资差别就不会出现。选择安全工作而不是不安全工作的行为，必然使得提供不安全工作的雇主增加工资。在我国2003年4月北京等地"非典"传染病流行时，医院护理工工资的急剧上升也证实了这一点。

第三节 激励性工资理论

一、效率工资理论的要点

员工报酬水平高低的确定和设计，对吸纳、维系员工有着十分重要的意义。在讨论企业劳动力需求时，我们假定企业是报酬水平的发现者，或者说是接受者。由此认为，企业报酬水平越低越好，因为企业的人工成本较低，由此才会使企业获得更多的就业，获得更多的利润。实际上，企业也是报酬水平的制定者。而这种制定出的报酬水平，并非是越低越好。因为在一个充分流动的劳动力市场，工资承担了劳动力市场信号的功能，员工会对这种工资水平进行内外比较。一个组织要想吸纳、维系优秀的员工，就必须将员工的报酬保持在"领先型"，至少是"匹配型"的水平之上。一般来说，公司制定报酬水平所提出的原则是具有内部公平性和外部竞争力。前者是说，报酬的制定要体现内部一致性原则，在此原则指导下，开展工作分析、工作评价和薪酬等级的设定。后者是说，报酬水平与外部相比要有竞争力。为此，要开展市场薪酬水平调查工作。其原因在于组织要在对员工的职位工资比较中，找到依据。员工也会在与组织内不同人的工作职责和工作技能的比较中，在劳动力市场中的同职位人的薪资水平比较中，感到公平，获得激励。一个企业如果通过高的工资，达到了高的生产率，换句话说，通过边际收益与边际成本（工资）相等的提升达到了利润最大化，即获得了效率的提升，达到了所谓效率工资的目的和要求。

与传统的边际生产率的工资理论不同，效率工资理论认为，员工的生产率取决于工作效率，工资提高将会导致员工工作效率的提高，故有效劳动单位成本（工资、福利、培训费用）反而可能下降，生产率会得到提升。为什么呢？

（1）工资提升会产生刺激效应和惩罚机制。一个员工逃避工作义务，即偷懒的程度与解雇的代价成反比。而解雇的代价是因偷懒而被发现的概率及因此被解雇而发生的报酬收入损失的函数。为了提高因偷懒而被解雇的代价，给员工支付高于其他企业的薪酬，增大被解雇的代价，即被解雇的机会损失便是一个有效的方法。这种方法会改进员工的工作刺激，从而会提高效率。当然，另外一种提高因偷懒而被解雇的代价的方法，就是保持较高的失业率。找到新工作的概率较小,也会增加解雇的代价。

（2）逆向选择效应和筛选机制。人们的能力与人们愿意接受的最低工资有关。因此,企业的现行工资对于它将招募到的员工的质量会产生重要的影响。那些在本企业个人生产率高于现行工资的员工,将会向高工资的企业求职。对于低工资的企业而言,其平均生产率随工资下降而下降,因为工资降低将会导致更多高生产率的工人退出这一企业的求职者的行列。

（3）流动效应和效率机制。从企业的人工成本核算来看,总劳动成本比工资成本更重要。总劳动成本是变动成本(工资)和准固定成本(如培训和雇用成本)之和。辞退率的增加对变动成本影响不大,但会导致准固定劳动力成本的增加,因为需要更多的招聘支出和新员工的培训支出。提高工资,表面上是增加了劳动成本,实际上它降低了辞职率,这对企业来说最终是降低了成本,提高了效率,可能是合算的。

（4）社会伦理效应和认可机制。在劳动力市场上,工作的条件、雇用合同的决策过程,以及一个人相对其他人的报酬水平的高低,对于雇员的心理感受而言,都是十分重要的。如果员工感到不公平,他将会采取辞职、降低努力水平等一系列行为,以便使自己的努力与报酬对等,所谓"按酬付劳"。相反,当员工相信他们自己受到公正的优待时,不但会增加对企业的忠诚度,而且会努力工作,回报企业。因此,吸纳和维系优秀的人才,就有必要将收入水平维持在一定的高度,这样才有利于工作效率的提高。

当然,值得注意的是,效率工资的办法只是在员工与企业保持长期的雇佣关系的情况下,才会有效。显然,对于一个随时准备辞职的人来讲,解雇并非是一种有效的惩罚。因此,在企业报酬水平设计时也存在效率工资的适应性问题。

二、锦标赛模型

Lazear 和 Rosen(1981)提出了锦标赛理论,用以解释企业内晋升带来的薪酬巨大增长。用一个我们熟知的足球职业联赛的比喻,可以很容易理解锦标赛理论。在足球联赛中,奖金是事先固定的,并且不取决于绝对的绩效。也就是说,如果某支球队赢得了足够多的比赛,获得联赛冠军,那么该球队将获得提前确定的奖金,奖金的数量不受该球队到底打入多少球的影响。第二,在足球联赛中,球队获得奖金不是因为自己打得好,而是因为打败了其他的球队。

对于足球联赛奖金分配的两点原则也适用于企业中与晋升相关的工资确定,这就是锦标赛模型所讨论的内容。锦标赛理论的核心是个人仅可以被与同僚或某些标准的比较所激励。该理论的基本思想是当监督产出的成本比较高的时候,公司支付给员工的薪酬是提前被确定的,并以员工在公司中的相对位置为基础,排在最靠前位置的员工,可以获得比位置仅次于他的员工高得多的薪酬。排在靠前位置和排在靠后位置员工之间的差距越大,激励效果就越强。

从监管效率来看,如果委托人对代理人的监管成本低廉且可靠,那么基于投入努力的水平确定的薪酬是最合理的。相反,如果监管困难的话,基于投入努力水平确定薪酬的方法会导致代理人偷懒。以投入努力水平确定薪酬的方案导致委托和代理人共同分担了风险,从而更受代理人的欢迎。在监管成本高、道德风险严重的情况下,采用基于产出水平确定薪酬的方案,可以使偷懒情况得到改善。更理想的是,基于产出水平排名的锦标赛制度既可以改变考核的成本,又改变了由代理人承担的风险性质。在雇主不能轻易观察到代理人努力的情况下,两个风险中性的代理人组成的基本锦标赛模型中委托人制定了两档薪酬 W_1 和 W_2,$W_1>W_2$,考核时直接根据两个代理人的排名确定薪酬分配。"成功者"(排名领先)获得 W_1,"失败者"(排名落后)获得 W_2。W_1-W_2 的差越大,那么代理人争取获得 W_1 工资的动力就越强。换言之,成功者的薪酬之所以比较高,并非是因为这种高工资才使得某个雇员愿意承担该职务的工作,而是因为 W_1 的高薪酬水平将诱使雇员为获得 W_1 的工资水平而努力工作。

但是,W_1 与 W_2 两个工资水平之间的差距不能无限大。这是因为,员工的最优努力数量并非是无限的。更大的工资差距将会引诱员工付出更大的努力,但是企业为了吸引员工到一个努力程度要求很高的工作环境中来工作,所需要付出的平均工资也会很高。到了某一点后,再引诱员工付出更多的努力就不值得了。

锦标赛理论解释了为什么企业中处于最高等级的职位的员工要比次一级职位的员工所获得的工资多很多,即使担当这两个职位员工的技能水平相差不大。同时,该理论也解释了为什么在合伙人企业中,成为合伙人会给员工带来巨大的薪酬增长。

三、委托—代理关系与报酬制度设计

(一)委托—代理关系

在市场经济的条件下,我们可以把雇主和雇员关系,视为一种委托和代理的合同关系。也就是说,雇主是委托人,他通过提供工作合同,委托雇员来完成他所希望完成的工作目标和任务;而雇员是代理人,他通过签订和接受合同上所规定的条款内容,按照雇主的旨意,执行雇主所期望的工作要求。当然,这种显性的合同关系只是一方面,实际上还存在隐性合同的内容,即非正式的契约关系内容。

在以合同或契约为纽带的劳动关系当中，雇主和雇员各自追求的目标实际上是不同的：雇主追求的是财富的最大化，而员工追求的是自身效用函数的最大化。由于两者目标有不一致之处，员工就有摆脱雇主控制的倾向，产生机会主义的行为，发生所谓"道德风险"的问题，甚至作出违背雇主利益的事情。为什么呢？其原因在于以下两个方面：

一是信息的非对称性。由于雇员的很多行为难以观测，雇员在签约前后，其工作的实际努力程度是他的私人信息，因此，雇主直接观测雇员行为从而获得信息有很大的局限性。在委托—代理关系中这就出现了道德风险问题。雇员有可能选择非雇主所要求的努力水平，或者可能背离雇主的愿望。

二是合同的不完全性。在契约缔结过程中，存在三种交易成本，人们不得不考虑：(1)人们把合同关系中可能发生的各种情况，即完整的信息都一一考虑到，并作出应对计划需要付出成本；(2)合同形成，要进行谈判，谈判是有成本的；(3)合同出现纠纷时，需要第三方解决争议，也需要一定的执行成本。正因如此，人们缔结的合同不可能是完善的，肯定是不完全的，雇主不可能事先通过明确的契约来规定雇员的各种行为，以及减少雇员的"越轨行为"。

上述雇主和雇员的委托—代理问题的解决，关键在于建立一整套激励和约束机制，促使雇员采取适当的行为，最大限度地增进雇主的利益。其中最重要的是实行激励性的报酬制度。

(二)报酬制度设计

什么样的激励制度和措施是有效的呢？加强对员工的监督显然是一个最直接的办法。在任何组织中，都存在着监督。问题在于严密的监督也存在成本。获取员工工作的所有信息，不仅需要成本，而且可能因为决策调整缓慢，影响工作效率；另外，在现代组织中，监督者本人也是该企业的雇员，也存在监督者本人需要被监督的激励问题。解决不了他们的激励机制，最终也会损害雇主的利益。因此，严密的监督并非是一个好的制度选择。

引入员工的报酬与工作业绩相挂钩是一种好的激励思路。问题在于，假定工作业绩都能衡量，员工报酬与工作业绩完全挂钩，也存在一些难点。比如，如何解决由于不可控制的原因导致的工作业绩浮动；不增加额外的风险的报酬，员工不乐意；如果完全按照固定的报酬制度给工作付酬，又如何解决员工的道德风险呢？不过有一点是值得肯定的，国内外的人力资源管理都证明，报酬一旦与工作业绩脱钩，肯定影响员工能力的发挥程度。

在实行业绩管理为基础的激励性工资中，还有一个难点，这就是雇主所提出的工作目标和雇员所努力的结果的衡量问题。这也是我们在企业人力资源管理中所经常遇到的考核问题。尽管我们知道,考核是将工作的实际情况与工作所规定的目标加以比较。问题在于,实际的情况比较复杂。一个人没有完成工作的目标可能是他不努力的结果,但也可能超越了他个人所控制的范围,如外部因素的变化。超出个人努力控制的范围越大,业绩管理对个人的激励的作用就越小。因此,业绩管理制度有两个要求:一是要提高业绩测量对个人努力程度的敏感性;二是报酬是否反映了雇主所期望的工作目标和工作行为,以及两者的一致性如何。再进一步讲,这涉及工作业绩目标的制定问题。比如,工作目标包括哪些方面,是否我们都已经观察到了,或者观察到后是否能够衡量,以及如何衡量。这些对业绩工资来说,最终对激励来说,都是关键的。

公平问题,也是组织在设计报酬制度时需要加以关注的。在劳动力市场上,工作的条件、雇用合同的决策过程,以及一个人相对其他人的报酬水平的高低,对于雇员的心理感受而言,都是十分重要的。如果员工感到不公平,他将会采取辞职、降低努力水平等一系列行为,使自己的努力与报酬对等,所谓"按酬付劳"。当然,公平的问题比较复杂,群体中的其他人是如何被对待的,以及一个人的相对位置是得到保护还是受到削弱,都是其决定因素。尽管如此,在企业报酬制度设计中,也不能不顾及。

除报酬制度外,激励问题还涉及员工对企业的忠诚度以及员工对该组织在社会上的相对地位的感觉。事实证明,员工愿意而且确实能够对自己的组织产生强烈的认同感,从而对生产率构成重要的影响。因此,制定有利于培养员工忠诚度的政策,形成良好的企业文化,也是组织对员工激励的重要手段。不过,从劳动经济学的角度看,研究对员工的激励焦点仍然是不同报酬支付方式对工作效率的影响。

就生产人员报酬支付方式而言,多项研究已经表明,接受激励性的计件工资计划的员工比根据工时支付工资的同类员工所获得的工资要高,激励作用要大。而且,前者比后者工资高的这一部分,仅有很少的部分可以归结为是补偿性工资差别引起,且大部分与高生产率联系在一起。

但是,从实际的情况观察,在美国,80%的企业实行的是计时工资制而非计件工资制。那么,如何解释这现象呢?除了工业高度现代化导致生产技术变革,实施个人计件存在一定困难等原因之外,与计时工资制和计件工资制天然的优缺点、企业对员工期求的不同行为方式,以及最终的激励方式选择有关。

(1)计时工资制。计时工资制以工人所费时间作为计算工资的标准,时间计算以小时、日、周或月作为单位。工作时期乘以每小时的工资额,即为工资数。一般来说,计时工资制的适用范围是:产品质量重于产品数量的工作;工作不便以件数计算的工作;生产规模较小,上级对于下级可进行严密监督的情况。

计时工资制的优点是明显的。计时工资数额确定、计算简便;企业易于预算人工成本,员工有稳定的收入;员工可专心提高产品质量,不至于粗制滥造。计时工资制也有一些缺点,比如,由于计时制是一种过程管理,只有严密的监督,才可能避免工作与报酬不一致,缺少激励作用的问题;单位产品的人工成本难以确定;为保持工作效率,需要多设监督人员,增加支出;以及贡献大的和贡献小的不同人员,获取同等报酬不大合理等。

(2) 计件工资制。计件工资制以完成工作数量或产品件数为计算报酬标准。其工资数随其产品增减而高低不同,员工自身掌握劳动时间的长短。其计算方法是某人生产数量乘以每一单位应得的工资。计件工资制适用范围包括:工作性质重复而便于以件数计算的情况,工作监督困难不便采用计时工资制者,有必要鼓励提高生产速度及数量的情况等。

计件工资制的优点也是显而易见的。计件工资制是一种结果管理,因此,按照工作实绩计酬,能使员工感觉公平;易于计算单位产品的人工成本;为增加产量多得工资,员工不断改良工作方法,增进工作效率;可减少监督人员,由此节省管理成本支出等。

计件工资制也有很多天然的缺点。如员工只求增加工作速度,产品质量维持困难,易致粗劣;个人计件不利于团队精神的培养,也会损害员工对组织的集体忠诚度;对机器设备的过度使用;个人产出衡量的困难,如就计件单价的修订而言,因管理或技术改进而使生产效率增加时,如依原标准实施计件工资制,企业负担过重,而如果降低原有标准,常易引起员工不满。

美国大部分企业选择的是计时工资制度,其优点和缺点自然并存。针对计时工资制是一种过程管理,监督成本太大,存在着明显的激励不足的问题,解决的办法是,各企业强化了对工作的考核,如实行成就工资制度(merit pay)、激励性工资制度(incentive pay)等,并辅之以多种多样的奖励制度,包括集体激励制度,以解决个人激励不足的问题。甚至实行分享制,尽可能使员工个人的工资与企业整体的利润水平联系起来。这些方法都在一定程度上缓和了计时工资制度的缺陷。

关于管理人员和技术人员的工资制度,与生产人员有所不同。但解决对他们的激励,特别是长期行为的激励,同样是现代企业薪酬制度设计的重大问题。

传统上一般认为,对管理人员的奖酬要依组织所需要的行为而设计,不过这方面因组织阶层和工作类别而有很大差异。对高层管理人员而言,其行为重点是冒风险,所以要鼓励他们创新、创造以及对企业的成长和发育承担必要的风险。因此,对高层管理人员的奖酬往往不是以一种共同的方式来处理,而是针对不同管理者的行为,决定其所应得的奖酬。对中层管理人员而言,其行为重点放在和企业内其他人员的合作关系与协调方面,因此可以一个部门为基础,视其成绩的一般情形而明确地将奖金按其本薪的百分比分配给各个管理人员,这样可将他们的个人成绩和其部门的成绩结合,既保留了基本的工资结构,又保留了一部分富有弹性的奖酬。至于对基层的管理人员而言,还是以衡量为主。衡量标准一般来说有以下四个:(1)部门总产量;(2)品质率;(3)生产如期完成的情况;(4)生产按部门预算完成情况等。报酬,特别是奖励,可按其成绩衡量标准分别给予支付。

近些年来,由于全球化和国际企业竞争的压力,高层管理人员激励问题成为报酬领域一个热门话题。可以说,在国外,特别是在美国,企业高层管理人员薪酬所引起的广泛注意是前所未有的。

国际上,对企业高层管理人员薪酬的广泛兴趣是由几个相互联系的因素引起的。第一个原因是CEO薪酬大幅度的增长。世界500强企业的CEO实现的薪酬总额(包括执行股票期权的收入)差不多达到了原来的四倍。第二个原因与这一时期CEO的高工资增长,伴随着企业倒闭和公司规模的缩小以及员工解雇有关。第三个原因是在整个20世纪90年代,企业高层管理人员的直接报酬部分,在企业薪酬总额中所占比例已渐降低,而股票期权等延期性报酬支付方式在不断上升。而客观上,20世纪90年代的牛市行情给CEO带来的意外收入,引起了争论。

与实践活动伴随的是,有关企业高层管理人员薪酬的学术研究文献也迅速增加。统计表明,CEO报酬研究的增长速度比CEO的薪水增长还要快,在1985年前,每年仅有1~2篇论文,到2009年猛增到71篇[①]。20世纪80年代以来,伴随着委托—代理理论的产生和被普遍认同,现代公司中所有权与控制权的分离问题,CEO报酬与公司绩效之间的关系等都成为讨论的热点。而且,这些研究大都涉及会计学、经济学、金融学、劳动关系、法律、组织行为学和战略等跨学科领域。

20世纪90年代后期以来,对企业高层管理人员实行类似股票期权一类的长期激励制度,在我国也进行过热烈的讨论,并流行了一段时间。针对国有企业高层管理人员报酬低下、激励不足的现实,有关学者提出了"中国有世界上最低的工资"的批评,在国有体制的大背景下,在北京、上海和深圳等地开展了期股和期权的实施试点。近一段时间,管理者对企业产权的收购(MBO)又引起了理论和实际部门的兴趣。总体而言,高层管理人员的激励问题,在我国仍然没有得到根本的解决。特别是由于我国对股票期权实施中有很多政策限制,存在很多障碍,加之资本二级市场状况不完善等原因,目前对此的学术研讨和舆论宣传,已大幅度降温。

---

① 该数据是对2009年1月到11月的ProQuset数据库的相关文献进行统计得出。

本 章 小 结

工资作为劳动力市场的价格,是劳动力市场运行的重要指示信号,一方面它决定于劳动力市场的供给和需求等诸多因素,另一方面它也引导整个社会劳动力资源配置,引导和改变着企业的生产、交换和分配,以及个人对职业的选择、人力资本的投资及流动的地点等行为。

工资的概念经历了从实物工资(truck system),到货币工资(money wage);从货币工资,再演化为工资(wage)和薪水(salary)的区分;从纯粹意义上工资制度(payment system),发展到今天包含非货币福利和延期支付的薪酬(remuneration,compensation)或报酬(reward)概念的出现和使用,这样一个历史逐渐演变的过程。

工资是雇佣劳动的报酬。工资概念在外延上存在差异,一般有激励性工资(incentive)、薪酬(compensation)、薪水(salary)等形式。

影响工资确定的因素可分为内在因素和外在因素两大类。内在因素是指与工作特性及状况有关的因素,包括员工的劳动和工作努力程度、职务高低与权力大小、技术和训练水平、工作的时间性、劳动条件(特别是工作的危险性)、附加福利、风俗习惯以及年龄和工龄八个要素。

影响工资确定的外在因素是指与工作特性及状况无关,但同时又构成对工资本身确定具有重大影响的一些市场经济因素,其主要有生活费用或者说物价水平、企业的经济效益状况或者说企业的负担能力、地区或行业的工资水平、劳动力市场的供求、劳动力的潜在替代物和产品需求弹性六个要素。

补偿性工资差别理论是既古老又有现实意义的工资学说。实证研究证实,在其他情况相同的条件下,死亡事故危险程度较高的工作所获得的工资的确也较高。补偿性工资理论能够成立,是基于以下三个设定的前提:一是员工追求效用(而不是收入)最大化,二是员工了解对他们十分重要的工作特征信息,三是员工的流动性。

在组织内部,如何通过报酬制度的科学设计,以及通过制定有竞争力的报酬水平,来解决各类员工,特别是高层管理人员的激励问题,也是现代劳动经济学理论关注的重点。从组织内部来观察,报酬制度设计的焦点,本质上是对员工激励目标及其实现手段的研究,也是对工资和生产率本质特征认识的深化。报酬制度设计是企业薪酬管理的出发点和难点。

在以合同或契约为纽带的劳动关系当中，雇主和雇员各自追求的目标实际上是不同的：雇主追求的是财富的最大化，而员工追求的是自身效用函数的最大化。由于两者目标有不一致之处，员工就有可能摆脱雇主控制的倾向，产生机会主义的行为，发生所谓"道德风险"的问题，甚至作出违背雇主利益的事情。其原因在于：一是信息的非对称性，二是合同的不完全性。上述雇主和雇员的委托—代理问题的解决，其关键在于建立一整套激励和约束机制，促使雇员采取适当的行为，最大限度地增进雇主的利益。其中，最重要的是实行激励性的报酬制度。

引入员工的报酬与工作业绩相挂钩是一种好的激励思路。工作目标包括哪些方面，是否我们都已经观察到了，或者观察到后是否能够衡量，以及如何衡量。这些对业绩工资来说，最终对激励来说，都是关键的。公平问题，也是组织在设计报酬制度时需要加以关注的。激励问题还涉及员工对企业的忠诚度以及员工对该组织在社会上的相对地位的感觉。

就报酬支付方式而言，计件制和计时制是两种不同的工资支付方式，各有利弊。

管理人员和技术人员的工资制度，与生产人员有所不同。但解决对他们的激励，特别是长期行为的激励，同样是现代企业薪酬制度设计的重大问题。传统上一般认为，对管理人员的奖酬要依组织所需要的行为而设计，不过这方面因组织阶层和工作类别而有很大差异。近些年来，由于全球化和国际企业竞争的压力，对高层管理人员激励问题成为报酬领域一个热门话题。与实践活动伴随的是，有关企业高层管理人员薪酬的学术研究文献也迅速增加。20世纪90年代后期以来，对企业高层管理人员实行类似股票期权一类的长期激励制度，在我国也进行过热烈的讨论，并流行了一段时间。

与传统的边际生产率的工资理论不同，效率工作理论认为，员工的生产率取决于工作效率，工资提高将会导致员工工作效率的提高，故有效劳动单位成本（工资、福利、培训费用）反而可能下降，生产率会得到提升。其原因一是工资提升会产生刺激效应和惩罚机制，二是逆向选择效应和筛选机制，三是流动效应和效率机制，四是社会伦理效应和认可机制。

锦标赛理论解释了企业内晋升带来的薪酬巨大增长。公司支付给员工的薪酬是提前被确定的，并以员工在公司中的相对位置为基础，排在最靠前位置的员工可以获得比位置仅次于他的员工高得多的薪酬。排在靠前位置和排在靠后位置员工之间的差距越大，激励效果就越强。

复习思考题

一、名词解释

工资 激励性工资 薪酬 薪水 补偿性工资理论 效率工资理论 锦标赛模型 委托——代理关系 计时工资制 计件工资制

二、简答题

1. 什么是广义工资、狭义工资？工资和薪水有何区别？
2. 目前在我国影响工资的内在要素在下降,而外在要素在上升,试分析其原因。
3. 有人认为,中国有行业工资和企业工资,而没有职位工资,你对此有何看法？
4. 补偿性工资理论是否有现实意义？
5. 试述效率工资理论的要点。
6. 试述我国高层管理人员的激励制度存在什么问题。
7. 锦标赛理论对于设计组织内部薪酬结构有什么指导意义？

附录6-1 历史上曾经流行的几种工资理论[①]

一、生存工资理论

在18世纪和19世纪早期,有一种流行的工资理论,即非技术人员的工资应该等同或略高于能够维持生存的水平。英国经济学家大卫·李嘉图(David Ricardo)发展了这种观点,提出了生存理论或工资铁律。依据他的观点,如果实际工资超过了维持生存的必要量,人口增长速度就会加快,从而超过食品和其他生活必需品的增长速度。人口的增加势必造成寻找工作人员数量增加,劳动力供大于求的压力又会使工资重新降到仅能维持生存的水平。因此,他认为实际工资的改善只能是暂时的状况。他接受亚当·斯密(Adam Smith)关于工资取决于供求关系的观点,但确信劳动力供给不断增加的压力将会使工资停滞在维持生存的水平。

在李嘉图时代,这一理论似乎由西欧的实践得到证实。今天,在人口密度很高的亚洲和非洲国家,在经济发展所带来的劳动生产率增长明显超过人口增长之前,这种理论也并

---

① 主要部分选自国际劳工组织职工读本《工资》一书。

不过时。但就20世纪的发达国家的情况而言,由于生产效率飞速提高,技术进步,劳动者文化、技术水平和健康状况不断改善,人力资本逐步积累,因而大大提高了劳动生产率。加之,人口出生率也在下降,使得劳动生产率的增长大大超过人口自然增长率。在这种情况下,绝大多数职工的工资明显提高,在这些国家中,工资水平超过维持生存的水平已成为可能,这一理论已不适用。

二、工资基金理论

19世纪中期,出现了工资基金理论,其主要代表人物是英国经济学家约翰·斯图尔特·米尔(John Stuart Mill)。这种理论认为,在任何国家,短期内作为用于工资的基金都有限度。这种基金是资本中的一部分,资本的其余部分要用于固定资产折旧、扩大再生产投资和支付管理费用。工资基金在所有职工中进行分配,因此职工的工资总和不能超过工资基金的数量。如果某些部门由于工会组织的活动或经济状况的影响,提高了该部门职工的工资,从而使他们在全部工资基金中占到较大的比例,其结果必然是其他部门职工的工资将会由此下降。这种理论还意味着,只有在资本增加或就业人数减少的条件下,职工的一般工资水平才有可能上升。

这种理论的问题是,用于支付工资的费用在特定的时间内有一个确定的比例这一点并不真实,劳动力数量一成不变也只能是一种设想。实际中工资基金所占比例和劳动力数量都在发生波动。统计资料也显示出工资在国民收入中所占份额不断发生着微小的变化。各个国家都能创造实际工资显著增加的条件,这种增加并不是由于提高了工资基金在国民收入中的比例,而是资本增加大大快于人口增加,并且有效地利用资本,提高了劳动生产率的结果。

三、边际生产率工资理论

边际生产率工资理论是20世纪初广泛流行的一种理论。在本书分析企业劳动需求行为时,我们也曾讨论这一理论的要点。这种理论的要点是,只要职工创造的劳动价值高于工资价值,雇主就会不断雇用新的职工,直到雇用的最后一名职工其劳动价值与工资价值相等为止。在这种情况下,如果再雇用职工,工人创造的劳动价值将不能补偿雇主必须支付的工资。

这种理论认为,为了增加产量,需要雇用更多的职工,但到新雇用职工所带来产量的增加低于以前的职工这一点时,如果再雇用新职工,雇主将无力支付新职工的工资,除非降低工资水平。这个原理,即所谓边际生产力递减的规律,是一个技术规律,在工厂或其他生产企业也同样适用。

这种理论的前提是存在着一个自由竞争的环境,人们对需求和供给的相互作用无法限制,劳动力可以自由流动。在这种完善的竞争条件下,所有劳动者都能够就业。在失业人员寻找工作的压力下,工资水平将不断下降,直到所有劳动者都找到工作为止。在实际经济生活中,劳动力市场并非如此,无论是雇主还是员工,他们的竞争条件都不完善,充分竞争是一种理想的状态。此外,在生产企业中由于各种复杂因素的影响,使得计算由于劳动力增加的产值非常困难,就是说难以计算所谓的员工的边际劳动生产率。

四、谈判工资理论

谈判工资理论在工会发达的国家或一个国家工会发达的阶段,曾经流行。这个理论认为,工资率存在着一个上限和下限,实际工资率在上、下界限之间变动。雇主对员工需求程度,职工需要通过就业以挣得工资来满足生活需要的迫切程度,都会对工资率产生影响。因此,实际工资率的确定将取决于劳资谈判双方的力量对比。在双方讨价还价的场合下,雇主所能支付的最高工资可以大致地估算出来,它取决于企业的经济实力、竞争能力和由于劳动费用增长过高而使企业从事经营活动所要承担的风险。雇主所需支付的最低工资同样也可以估算出来。它取决于职工对于降低生活标准的承受能力,取决于工会的力量,以及可以用作罢工工资的基金数量。这些基金可以在职工举行罢工时用作职工的生活费用开支。

五、购买力理论

购买力的工资理论认为,企业发达的条件是市场存在有大量需求,以使企业能以适当价格出售产品,从而获得足够的利润。职工和他们的家庭成员也是企业产品的消费者。如果职工工资和购买力高,需求则强烈,生产规模的高水平就可以持续;反之,如果工资和购买力低,生产规模将相应地萎缩,失业就会出现。

与上述其他工资理论一样,这种理论在有些情况下也会失去作用。提高工资能够带来生产的增长是理想状态,否则,增加的购买力将会带来物价上涨,除非购买力的增加部分都用于储蓄。购买力理论对需求不足的失业,可以作出一定的解释。但如果失业是由于资本缺乏,就像在工业落后的发展中国家的情况,这种理论则不适用。在那些本国经济主要依赖于国际贸易的国家,采用这种理论也要特别小心。因为,增加工资会强化对进口商品的需求,同时也抬高了出口商品的价格。如果不能通过提高劳动生产率补偿这种影响,增长工资就会降低这些国家在国际市场的竞争地位。在那些已经面临巨大国际收支逆差的国家,工资水平迅速提高可能会导致严重的后果。

六、需求和供给

需求和供给的工资理论思想最早来源于亚当·斯密。他指出,如果供求关系决定工资水平,那么,一些部门和地区将会以高薪吸引所需要的劳动力,这些人会离开那些由于劳动供给大于需求因而工资水平较低的部门和地区。这将完善劳动力的合理配置,对国家的经济增长和发展有利。在竞争环境下,供求关系通过工资水平发生调节作用,由此会促进劳动力的流动。

从实践的观点看,不论是在自由竞争国家还是在转型经济国家,劳动力的需求和供给在工资水平中都起着重要的影响作用。因此,必须考虑劳动的供求变动。不过,供求并不是决定工资水平的唯一因素,工资的确定也受到其他因素的制约。

在一些发达的西方国家,工会和雇主组织所进行的活动会对竞争中的工资水平产生影响。此外,供求效应也受到政府有关工资条款的限制,如关于最低工资的确定、仲裁裁决,以及在集体协商条约中对那些不属于任何组织的雇主和职工所作的有关规定。

正如我们已经指出的,在某些确定条件下,上述理论和政策能够发挥作用,可以解释工资问题的许多方面。然而,没有任何一种工资理论能在所有条件下都适用。同工同酬原则为建立公平工资奠定了基础。尽管建立在这个基础上的实际工资率经常受到供求规律的影响而发生变化,但这种变化毕竟是暂时的,工资政策会引导工资水平回到以同工同酬原则为基础的水准上。制定工资政策必须把确定工资的一般水平和劳动生产率紧密联系在一起。劳动生产率本身就是资本、管理、劳动力以及其他因素综合作用的结果,特别是受到自然资源和人口密度的影响。

七、经济租金理论[①]

经济租金的概念最早是由大卫·李嘉图提出来的。李嘉图用它来解释质量或位置不同的地块的价格,但其应用事实上要普遍得多。在理论上,经济租金被定义为对生产要素(土地、劳动或资本)的任何超过其据以供给的最低价格的支付。简言之,它是要素所得到的支付与其"供给价格"之差。

经济租金理论能够解释一定技术等级的劳动力市场价值的确定。这种等级的技能其供给是相对固定的,因为它们不能被生产出来,不能为所有的人而只能为少数人学习获得。职业运动员、影星、歌剧演员和时装模特儿等均属此类。他们与李嘉图式的土地有两个共同特征:他们的供给是不变的(只有一个帕瓦罗蒂,也只有一个迈克尔·乔丹);而且在供给价格之上他们服务的供给是无弹性的。从经济学的角度来看,这些人和纽约昂贵的第五大道的沿街地段并没有多大的差别。有限的供给与巨大的需求结合在一起,使每个人都能得到可观的收入。从经济学家的角度分析,他们的收入属于经济租金,而实际上,经济中出现的多数巨额劳动收入,都可以将其归入经济租金之列。

经济租金在工资理论中还以第二种相关的方式出现。人力资本理论告诉我们,在长期均衡的情况下,工资和个人拥有的人力资本存量成比例,所以拥有等量人力资本的人应该获得同等的收入,而不管其技能的具体性质如何。但是,在大部分时间里,劳动力市场

---

① 萨尔·D.霍夫曼,《劳动力市场经济学》,上海三联书店,1989年。

并不处在长期均衡之中,这时个人技能的具体性质就相当重要。计算机软件人员的需求骤然上升,软件人员的工资将增加至高于有同等技能但未曾接受软件人员训练的员工的工资水平。

我们应该如何解释有幸受训成为软件人员的那部分人的较高收入呢?方法之一是把他们的收入看作两个不同的部分,其中一部分代表正常的人力资本收益,第二部分则归因于他们所掌握的那种技术的暂时稀缺。这后一部分支付类似于经济租金,它是由需求所决定的、对供给不能增加的要素的支付。不过,这种情况往往只是暂时的,只能持续到另一批软件人员受到训练为止,因而这种租金也不过是暂时的,经济学家称之为"准租金"。

人力资本收益的这些差别也可能因为另外两种有关因素而存在:第一,如果劳动力在地区间不能流动,同样的技能可能在一个地区比在另一个地区更有价值;第二,也是更令人关注的情况是,获得必要技能或进入一种职业的人数受到了限制。最常见的形式是在现有职位上的成员,他们拥有培训、许可或录用新员工的垄断权力。他们表面上的目的是要确保职业标准或维持秩序,实际上,他们也经常考虑通过限制劳动力供给的手段来保证现有员工的收入。这样的话,在这种职位上的人便会在较长的时间中获取准租金,在我国的劳动力市场上,一些大型的国家垄断企业,不仅产品市场存在垄断,更重要的是,职位不开放,即通过职位垄断,获得了较高的经济租金。

附录6-2 新闻报道:《矿工高薪是社会进步》[1]

和现如今大学生就业难的情况相比,安徽铜陵有色金属集团冬瓜山铜矿的一线工人,拿着近万元的月薪,早早地在距离矿区几十公里之外的城里买了房子,上下班也开上了私家车。接待记者的工作人员说,"现在我们的矿工兄弟基本上都有能力购置私家车,买车以后,他们任何时候下班都能及时回到家中休息。"不仅待遇提高了,荣誉也在向一线工人倾斜。2014年公布的全国有色金属行业劳模的名额,铜陵有色集团全都落实在了一线矿工身上,有打眼工和矿车司机。矿山企业的负责人说:"一线工人是真正的劳动者,把荣誉给他们,实至名归。"

矿山工人,这个曾经相对低端的岗位现在却拿到了高薪。记者归结原因有三:一是工作"高危",工伤、哮喘等职业病常伴左右,安全事故危及生命;二是工作"高强度",上下班时间身不由己,劳动内容单调重复,工作周围清一色的纯爷们儿,找个媳妇都很困难;三是

---

[1] 张小红,"矿工高薪是社会进步",《中国有色金属》,2014年第14期,第37页。

拥有经验和技术,而且这种经验不是一两年就能学习到的,比如打孔钻眼,有经验的技术员一看就知道哪儿有资源,从哪儿打进去最合适。其实,矿工高薪甚至跨入中产阶级行列,在国外并不鲜见。据媒体报道,即使是澳大利亚矿场的清洁工或者厨师,每年的年薪也轻松突破11万澳元,甚至最高达14万澳元,这一收入至少是澳洲普通工薪阶层的两倍。再如美国的煤矿工人,一个经验丰富的矿工,年收入最多可达10万美元,新手的年薪也能达到4万~5万美元;他们还可享受多种津贴,如兵役津贴、复职津贴、劳保津贴和圣诞节津贴等,每年有10天的法定节假日,另外每年起码还可休假14天,期间工资照发。

附录6-3 宏观经济环境对工资影响的理论[①]

除了个人因素和企业因素之外,宏观经济环境也是我们在探索薪酬问题时不可忽视的因素。

一、劳动力市场状况对工资决定的影响(劳动力市场分割理论)[②]

现实的劳动力市场是不统一的,始终存在着一些妨碍劳动者充分流动的障碍,比如,性别和种族歧视、户籍制度、不充分的劳动力市场信息等,这种现象在发展中国家的劳动力市场尤为显著。因此,学者们放弃了主流经济学的研究假设,探究劳动力市场的非竞争性对劳动者工资收入的影响,这种理论被称为劳动力市场分割(labor market segmentation, LMS)理论。

LMS理论(Dunlop,1957;Kerr,1954)在放弃了新古典的研究假设的同时,也放弃了人力资本理论的两个关键假设,即劳动力市场是充分竞争的;工资差别仅源于劳动力质的差异。LMS理论认为,在现实经济生活中,劳动者工资的差异不仅来源于其所提供的劳动质量的差别,从劳动力需求方来看,在工资决定的过程中,行业、部门、职业、职位的结构性特征,同样是导致工资率不同的决定性因素。生产率特征相同的劳动者,由于所在的行业、企业或职位不同,工资率也会有悬殊。

LMS理论最重要的分支之一就是二元劳动力市场理论(Doeringer and Piore, 1971)[③]。它由两个最基本的命题构成。其一,现实经济生活中存在两个彼此分离的劳动力市场:主要市场和次要市场。两个市场的划分依据是工作的特征和劳动者的特征。主要市场的特

[①] 曾湘泉,《薪酬:宏观、微观及趋势》,中国人民大学出版社,2006年,第546—550页。

[②] J. T. Dunlop, The Task of Contemporary Wage Theory, In W. Taylor and F. C. Pierson (eds), *New Concepts in Wage Discrimination*, New York: McGraw-Hill, 1957, pp.117-139; C. Kerr, The Balkanization of Labor Markets, In E. W. Bakke et al. (eds), *Labor Mobility and Economic Opportunity*, Cambridge, Mass: Technology Press of MIT, 1954, pp.92-110.

[③] P. Doeringer, M. Piore, *Internal Labor Markets and Manpower Analysis*, Lexington Mass.: D.C. Heath, 1971.

征是：就业稳定、工作条件较好、以熟练技术型劳动力为主、工资水平较高、存在较多的提升和受训机会。与此相反，次要市场则工资福利水平普遍较低、工作条件较差、职位极不稳定、劳动力流动程度大、提升和受训机会也不多。其二，在每个劳动力市场内部，劳动力是流动的；但在两个市场之间，由于受到各种非市场因素的制约，劳动力无法流动或只能有限地流动。

二元劳动力市场之间的差别不仅产生于经济因素、社会因素以及制度因素，而且还会由于两种劳动者行为模式和习惯差别太大而被强化或固化。总之，二元劳动力市场强调的一个重要思想是，劳动者个人的工资率并不主要取决于所受的教育程度，而是取决于就业发生在劳动力市场的哪一部分。

劳动力市场分割理论，特别是二元劳动力市场理论，在解释发展中国家的工资差别问题时，受到了学者们的青睐。他们关注的领域多集中于劳动力市场在现代和传统部门之间的分割、正式和非正式部门间的分割、公有和私有部门间的分割，以及内资和外资之间的分割等。

二、经济转型对薪酬管理实践的影响

经济体制转型国家的工资决定也受到了学者们的广泛关注。这个领域的代表是维克托·尼（Victor Nee）提出的市场转型理论。该理论的建立是基于维克托（1989，1991）对我国福建等地郊区乡镇的实地调查。市场转型理论的核心是市场经济的形成和发展给社会分层结构带来的改变。其中，市场转型社会中不同经济体系之间的收入分层现象，不仅是该理论关注的焦点，也是检验该理论相关假设的重要证据。关于收入分层问题，市场转型理论的核心观点包括以下两点。

观点1：产权不同的企业会派生出不同的工资决定机制。

市场转型理论的出发点在于对转型社会中经济体系的二元划分：国家社会主义再分配体系和市场体系。维克托认为，市场体系和再分配体系代表两种根本不同的资源配置逻辑。再分配体系的特征是，通过中央计划来垂直化地配置资源和分配产品。而市场体系则是通过法律上平等的买卖双方基于契约建立的横向关系来协调经济活动。

市场转型理论主张，市场经济体系和再分配经济体系本身代表着两种不同的工资分配机制（Nee，1989，1996；Zhou，2000）[①]。在市场经济体系中，人力资本诸要素，特别是教育对个人的工资收入起着决定性作用，因为生产要素的配置是通过竞争性的市场交易进行的。与此相反，再分配体系通常对政治资本的回报高于人力资本，因为它是通过权力配

[①] Victor Nee, A Theory of Market Transition, *American Sociological Review*, 1989, 54: 663-681; Xueguang Zhou, Economic Transformation and Income Inequality in Urban China: Evidence from Panel Data, *American Journal of Sociology*, 2000, 105(4): 1135-1174.

置资源的。因此,维克托主张:"市场经济体系对人力资本的回报率高于再分配经济体系。"(Cao and Nee,2000)按照这一逻辑,维克托进一步推论:随着社会从再分配体系向市场体系的转型,以及资源配置从政治配置向市场配置的逐步转移,政治资本的影响力将逐渐被削弱,而人力资本的影响力则不断加强。因此,市场转型必然带来人力资本回报率的上升和政治资本回报率的下降(Nee,1989;Cao and Nee,2000)。

观点2:在向市场体系转型的过程中,不同类型的企业工资决定机制的改变不同。

维克托(1992)认为,随着市场的拓展,那些受政府控制越少的企业会越早经历工资决定机制的市场化[①]。因为政府对经营活动进行行政干涉的程度在不同所有制类型的企业中差别很大,那些越少受政府控制的企业就越容易挣脱再分配体系的束缚,也越容易靠近市场交易体系。因此,随着市场的发展,企业与再分配经济的联系会发生变化,进而不同类型企业的资源分配方式也会发生改变。在改革阶段,经济收益模式更有利于那些靠近市场交易、较少受再分配体系控制的企业。

维克托认为,转型经济带来了组织形式的多样化和产权的多重性。按照企业靠近市场体系的程度不同,维克托将转型时期的中国企业分为三种类型:非市场化、市场化和私营企业。非市场化企业的代表是国有企业,市场化企业相当于集体企业,这类企业的产权具有混合型的特征。国有企业在预算约束软化的情况下,其运作是非常缺乏效率的,因为不论经营业绩如何,它们都能享受到获取资本和生产要素的便利。与此相反,在硬预算约束下运作的私营企业,通过对生产成本的节约,表现出了很高的生产率。但是,它们在资本和其他生产要素的获取上,存在很大的限制。较之私营企业和非市场化企业,市场化企业在渐进式改革中拥有独特的竞争性优势。一方面,它们以硬预算约束在市场中运作,其生产效率超过非市场化企业;另一方面,市场化企业和地方政府的交互关系,又使它们拥有了比私营企业更为便利地获取生产要素的渠道(Victor,1992)。

维克托认为,由于产权上的差异,集体企业相对于国有企业更容易摆脱再分配体系的桎梏,进入市场交易体系,同时,其工资决定机制市场化的进程也越快。这种改变体现为,集体企业人力资本回报方式的特征更接近于市场经济中的企业。另外,在社会经济体系从再分配向市场转型的过程中,国有部门本身的资源配置方式也会受到冲击。市场经济的出现所引入的新的资源配置机制,会对国有部门的配置方式构成挑战,并逐渐影响和削弱后者。

---

① Victor Nee, Organizational Dynamics of Market Transition: Hybrid Forms, Property Rights, and Mixes Economy in China, *Administrative Science Quarterly*, 1992, 37: 1-27.

推荐阅读文献和书目

1. 曾湘泉,《薪酬：宏观、微观与趋势》,中国人民大学出版社,2006年。

2. 张军,《中国的工资：经济学分析》,中国人民大学出版社,2012年。

3. George T. Milkovich,《薪酬管理》(第11版),中国人民大学出版社,2014年。

4. J. Martocchio, *Strategic Compensation: A Human Resource Management Approach*, Pearson Schweiz Ag, 2016.

5. G.T. Milkovich, J. Stevens, Back to the Future: A Century of Compensation, CAHRS Working Paper Series, Cornell University, 1999.

第七章

劳动力市场歧视

通过前面章节的学习,我们已经知道,不同的劳动者或工作岗位的工资差别是很大的。形成这种工资差别的原因有很多,如劳动力供给需求的不平衡、人力资本投资的数量差异、工作条件补偿性工资差别、福利和报酬分配比例,以及工会化的程度等。经济学家认为,多数工资差别是劳动力的合理配置所必要的,或者因为其他原因在社会上是合法的。但是,也有一些工资差别似乎只与劳动者的个人特征(如性别、户籍等)有关,而与劳动者的生产率和工作能力无关,这些工资差别就是人们经常谈论的劳动力市场歧视问题。本章将研究劳动力市场歧视的理论和实践,并对政府在这一领域的政策进行分析。

第一节 劳动力市场歧视问题的提出

劳动力市场不同群体之间就业、工资和职业地位的差异是普遍存在的,有些差异我们都习以为常,甚至懒得去分析它存在的原因。在日常生活中,我们很容易直观感受到人与人之间的个体差异,而在统计上,不同身份群体(如性别、种族、户籍)之间的差异也是长期存在的。出于某种历史原因,女性在教育和劳动就业等方面长期无法享受平等权利,劳动力市场性别平等问题是关注的重点。

我们以描述分析劳动力市场性别工资差异作为起点,展开本章内容的讨论和学习。例如,女性的工资收入为何低于男性,职业分布为何存在差异,原因何在,是否存在性别歧视等。其他不同群体,如城乡户籍劳动力之间的差异,也可以开展类似的分析。

一、性别工资差距及来源

(一) 中国性别工资差距的现状特征及变化趋势

曾几何时,中国是公认的倡导和践行性别平等最富成效的国家之一。新中国成立直至 20 世纪 80 年代中期,我国实行以"统包统配"为特征的计划就业体制,国家通过立法和行政力量,保障包括妇女在内的全体城市劳动者的就业权利。1949 年,具有临时宪法地位的《共同纲领》即赋予女性平等的经济权利。《婚姻法》(1950 年)和《宪法》(1954 年),以及形形色色的性别平等扫盲运动和集体化进程等,客观上都对妇女权利和性别平等起了推动作用。党和国家在推动男女平等合法化、动员妇女参加社会劳动以及宣传男女平等思想方面取得了巨大成就[1]。劳动就业是妇女解放运动的主要形式,许多妇女被动员、鼓励从事社会生产劳动,使得城镇单位女性就业人员的比例不断上升。而且,男女同工同酬作为一项基本原则,已在国营企业普遍实行,中国被公认为男女收入差距最小的国家之一。

改革开放以来,我国的劳动、工资制度发生了一系列市场化变革。我国逐渐从"统包统配"的就业制度、"平均主义"的工资制度转向市场就业制度。在这个转型过程中,面对经济体制的深刻变革、社会结构和利益格局深刻调整、思想观念深刻变化,我国的性别工资差距有明显扩大的趋势。大量调查研究文献也发现,改革开放以来,城镇劳动力市场性别收入差距不断扩大。例如,Zhang 等利用城市住户调查(UHS)数据,发现女性平均收入占男性平均收入的比例由 1988 年 86.3%下降为 2004 年的 76.2%[2]。李实等人则利用中国家庭收入调查(CHIP)数据发现,我国城镇劳动者男女工资均值之比从 1995 年的 84%下降到 2002 年的 82%,2007 年进一步下降到 74%[3]。另外一些研究则利用中国健康营养调

---

[1] M. Wolf, *Revolution Postponed: Women in Contemporary China*, CA: Stanford University Press, 1985.

[2] J. Zhang et al., Trends in the Gender Earnings Differential in Urban China, 1988-2004, *Industrial and Labor Relations Review*, 2008, 61(2): 224-243.

[3] 李实等,"中国城镇职工性别工资差距的演变",《管理世界》,2014 年第 3 期。

查(CHNS)数据,也发现了性别工资差距扩大的支持性证据[①]。

据全国妇联组织的三期全国性调查显示(见表7-1),1990—2010年间,不管是城市还是农村,女性收入占男性收入比例的下降幅度十分突出。2010年城镇在业女性收入是男性收入的67.3%,两性的收入差距比1990年扩大了7.4个百分点,比1999年扩大了2.8个百分点;农村在业女性收入是男性收入的56.0%,两性的收入差距比1990年扩大了15.4个百分点,比1999年扩大了3.6个百分点。

表7-1 女性平均收入占男性平均收入的比例变化

年份	城镇(%)	农村(%)	指标	资料来源
1990	77.5	81.4	年平均收入	全国妇联和国家统计局,第一期中国妇女社会地位调查
1999	70.1	59.6	年平均收入	全国妇联和国家统计局,第二期中国妇女社会地位调查
2010	67.3	56.0	年平均收入	全国妇联和国家统计局,第三期中国妇女社会地位调查

诚然,男女劳动者的工资差异,无论在发达国家还是发展中国家都是持续存在的普遍现象。世界经济论坛(WEF)发布的《2016年全球性别差异报告》(*Global Gender Gap Report*)[②]显示两性的教育差距最小,女性—男性比例达到了95%以上,成为迄今为止最接近男女平等的指标之一。但工资和就业方面的性别差异在全球范围普遍存在,实现男女经济平等面临较大挑战。虽然女性的劳动时间更长(包括有酬和无酬工作),但全球女性的平均收入仅为男性收入的59%。另外一项长期存在的问题,就是停滞不前的劳动力参与率,其中全球女性的平均参与率为54%,男性则达到了81%。此外,担任高级职务的女性人数仍然很少,全球只有四个国家拥有同等数量的男性与女性议员、高级官员和管理人员。与其他国家相比,中国女性的经济地位状况和性别平等水平处于中等偏下的位置,在参与排名的144个国家中,中国性别平等程度总体排名第81位。其中,劳动参与率的性别比为84%(第57位)。性别收入差距排名第70位,女性平均收入仅为男性平均收入的65%。

(二)性别工资差距的来源

探析性别收入差距的原因和来源,是制定有效对策的前提基础。从理论角度来看,性别工资差距一方面可能反映出男女间劳动生产率及不可观测的能力之间的差异,另一方面也可能是女性在就业机会与报酬支付等方面遭受区别对待的体现。

[①] H. Liu, Economic Reforms and Gender Inequality in Urban China, *Economic Development and Cultural Change*, 2011, 59 (4): 839-876.

[②] 世界经济论坛(WEF),The Global Gender Gap Report 2016,http://www.weforum.org/.

1. 受教育程度

人力资本理论在分析工资差距中具有显著地位。在新古典人力资本框架下,收入的系统性差异是由劳动技能的差异所导致的。劳动技能是指个人投入生产过程的人力资本特征,它是天生的能力或通过教育和培训等方式获得的技能要素。在竞争性市场,劳动者把自己的技能按照均衡的市场价格出售给雇主。因此,劳动者的全部的工资收入就取决于自己所拥有的技能类型及其数量,以及各技能要素在特定职业的回报。

从第四章和第六章我们知道,作为人力资本水平的重要测量指标,教育是影响工资收入的重要因素。因此,我们在分析性别工资差距的时候,自然会想到的一个问题是,男性和女性的教育差异是性别工资差距的重要来源。教育对工资的影响渠道可以归纳为以下两种。第一种渠道是,教育本身衡量了生产力,教育水平越高的人更有可能掌握和利用新知识、新技术,从而提高自己的劳动生产率。第二种渠道是,教育具有信号功能,即"羊皮纸效应"。这种理论认为,教育本身虽然对生产活动没有直接影响,但它是个人能力的一种信号。在信息不完全的情况下,受教育水平就成为评判能力高低的重要标准。这是因为,不同能力的人获得相同教育程度的成本不一样,高能力的人成本较小,低能力的人成本较大。在这样的一种机制下,高能力的劳动者会选择高的教育程度,企业也会为高教育程度的劳动者支付高的工资。因此,控制教育程度的差异,预期可以解释一部分性别工资差距。

教育对性别工资差距的影响程度与经济体制的市场化改革密切相关。在计划经济时期,受平均主义的工资分配方式的影响,教育回报率较低。在这样一种工资制度下,即使男性和女性在受教育程度方面的差别较大,也不会对性别工资差距造成大的影响。改革开放后,随着市场化程度的提高和分配方式的多元化,在集中管理工资政策下被扭曲的要素回报机制发生改变,人力资本更多地参与到工资回报中来,教育回报率越来越高。在这种情况下,两性之间的教育差异对性别工资差距的影响会越来越大。例如,Gustafsson 和 Li 研究发现,性别工资差距中可以解释部分的扩大,主要是因为教育回报率的上升[①]。但随着教育扩展和经济发展,以及生育率下降和家庭子女数量的减少,女性学龄人口的入学率和升学率都有提高,男性和女性之间的教育差异不断缩小。因此,教育对性别工资差距影响的总体趋势是不确定的,这也从另外一个侧面说明了对性别工资差距的解释需要考虑其他更多因素。

---

① B. Gustafsson and S. Li, Economic Transformation and the Gender Earnings Gap in Urban China, *Journal of Population Economics*, 2000, 13(2): 305-329.

2. 劳动力市场的经验与工作时间

在工资决定方程(Mincer 方程)中,除了教育以外,经验是影响工资的另外一个非常重要的变量。劳动力市场参与度和市场工作经验的性别差异,自然也成为影响性别工资差距的重要因素。在传统的性别分工模式中,由于女性相比男性更多地承担了家庭责任,如照料儿童和老人、家务劳动等,女性投入市场劳动的时间和精力受到限制。再加上我国实施差别性退休年龄政策,女性相比男性提早 5~10 年退休①,使得女性总体的工作年限较短。因此,女性参与在职培训和进行专用性人力资本投资的激励不足。由此导致工作经验减少和人力资本积累不足,进而降低她们的工资收入。女性因生育带来的职业中断甚至会造成人力资本的贬值,进一步降低她们的相对收入。同时,传统的家庭责任观念也会对职业选择产生预期的影响,即女性可能选择工作强度较低(如不用加班)的工作。

近年发展起来的人力资源管理经济学,为工作时间影响性别工资差距提供了新的框架解释,特别是职业或企业内部的性别工资差距。首先,长时间工作(加班)被认为是工作认真,对组织或职业忠诚的象征,从而能够得到认可和经济回报。其次,某些职业或某些工作(如高级管理人员、律师等专业工作)要求能够随时处理重要或突发事情,不仅需要经常加班、出差,甚至要做到能够被客户或上司随叫随到。在这样的职业或工作岗位上,绩效与工作时间并非简单的线性关系,常规时间之外的工作可能更具有价值。因此,超时(加班)工作往往能够获得高额的市场回报②,两性之间工作时间或加班概率的差异,对性别工资差距的形成具有较大作用③。

3. 职业

职业也是解释性别工资差距的可测量因素。大量研究发现,女性劳动者"拥挤"在社会地位低、工资收入低、职业声望低的职业里,而在那些福利条件好、收入高、声望高的职业则代表性不足。因此,职业性别隔离就会引起性别工资差异。当然,即使在同一职业,女性的平均收入也低于男性。而且,大量研究发现,中国城镇劳动力市场的性别工资差距

---

① 我国实施强制性退休政策,《国务院关于工人退休、退职的暂行办法》(国发〔1978〕104号)规定,男性60岁退休,女工人50岁退休、女干部55岁退休。人事部和中组部分别于1990年、1992年出台规定,女性高级专家和县(处)级女干部可以申请至60岁退休。2015年中组部、人力资源和社会保障部联合发布《关于机关事业单位县处级女干部和具有高级职称的女性专业技术人员退休年龄问题的通知》(组通字〔2015〕14号)规定正、副县(处)级或相当于正、副处级的女干部和具有高级职称的女性专业技术人员,年满60周岁退休(年满55周岁时可申请自愿退休)。
② 这里所指的超额回报并非由于法律规定加班必须支付更高的工资。
③ Y. Cha and K. A. Weeden, Overwork and the Slow Convergence in the Gender Gap in Wages, *American Sociological Review*, 2014, 79(3): 457-484.

来源于职业内部的比重占70%左右,职业分布导致的性别工资差距仅占30%左右[1]。这或许是因为我国的职业性别隔离程度较小。利用1982—2010年四次中国人口普查数据,采用统一的职业分类体系,发现非农职业的性别隔离在20世纪80年代有所提高,但自1990年以来不断下降[2]。性别收入差距主要来源于职业内部的另外一种更有可能的解释则是,职业内部存在纵向的职位隔离,即在职业或单位内部,女性集中于职位金字塔的底层,而男性占据了收入较高的中高层职位。因此,纵向职位隔离对性别工资差异具有重要影响[3]。在中国,无论是党政部门还是企事业单位中的高层职务,女性都是凤毛麟角。第三期妇女社会地位调查显示[4],女性在各级领导岗位上任职的比例偏低,担任正职的女性更少。即便是在社会组织中,女性担任高层和中层管理者的比例也低于男性。

4. 无法解释的差异

显然,控制受教育程度、工作经验和职业等因素,对于认识和理解性别工资差距的成因是远远不够的。不过有可能,即使控制所有的可观察变量,我们依然无法完全解释性别工资差距的来源。如此,存在两种潜在的解释。一种解释是某些生产力特征因素存在显著的性别差异,但这些生产力特征因素难以被研究者所观察到;另外一种解释就认为,性别工资差距中没有被解释的部分来自劳动力市场的歧视性对待(discriminatory treatment),即女性受到歧视或男性得到优待。

二、歧视定义及表现形式

劳动力市场歧视是指拥有同样生产力特征的劳动者,在职业获得、工资收入或劳动条件等方面没有得到平等对待。该劳动者个体具有相同的生产率,只是由于所属的群体特征不同,如性别、年龄、民族、宗教信仰、观念、地域、出身、残疾等。就两个群体(如男性与女性)的平均工资差异来说,一般可分解为两个部分。一是进入劳动力市场时的生产力特征存在群体差异,即前市场差异(pre-market differences)。前市场差别可能是由很多因素造成的,包括前市场歧视,如女性或黑人等少数族裔无法获得平等的教育机会。二是在劳动力市场中被差别性对待,就是我们所说的劳动力市场歧视(labor market

---

[1] 何泱泱等,"中国职业隔离与性别工资差异的变化趋势研究",《经济科学》,2016年第4期。
[2] 李汪洋、谢宇,"中国职业性别隔离的趋势:1982—2010",《社会》,2015年第6期。
[3] 卿石松、郑加梅,"'同酬'还需'同工':职位隔离对性别收入差距的作用",《经济学(季刊)》,2013年第2期。
[4] 第三期中国妇女社会地位调查课题组,"第三期中国妇女社会地位调查主要数据报告",《妇女研究论丛》,2011年第6期。

discrimination)①。

劳动力市场的性别歧视主要表现为两种形式。一是直接的工资歧视，即女性在同一职业承担同样或类似的工作，但其获得的工资收入却低于男性；二是相对于男性来说，具有同样生产力潜力的女性，被市场排斥进入低收入职业或职位层级较低的工作岗位，即相对隐蔽的职业歧视。

（一）工资歧视

在劳动力市场，劳动者的工资水平取决于生产力特征（如受教育程度和工资经验等）及其价格（市场回报）。因此，举例来说，男女受教育程度的差异可能导致性别工资差距（这被认为是公正合理的结果），当然也可能是因为女性和男性的教育回报存在差异。后者被认为是劳动力市场存在工资歧视的证据，即生产力特征的支付价格存在系统的群体差异。换句话说，如果男女具有同等程度的生产力特征，但获得不同的工资回报，就可推断工资歧视的存在。

（二）职业歧视

在很长的历史上，大部分时间女性的领域都限于家庭而被限制进入劳动力市场，或被限制于某些特定职业。即使在当下的劳动力市场中，经常存在的一个现象是在一些职业中男性占主导而形成"男性"职业，而在另一些职业中女性占主导并形成"女性"职业。这一现象，不管原因是什么，只要男性和女性的职业分布存在差异，就可以判断存在职业隔离。

相对职业隔离来说，职业歧视则难以检验和证明。如果职业选择受到直接的限制，由此形成的职业隔离则意味着劳动力市场存在职业歧视。否则，职业隔离有可能只是体现偏好或家庭责任的差异，是市场机制作用下的合理结果。然而，也有观点认为，职业选择偏好的差异有可能是前市场歧视（pre-market discrimination）的结果，即女性进入低收入职业是因为在进入劳动力市场之前的成长阶段，社会、家庭和学校对她们进行区别对待。

就像职业隔离包括水平的职业隔离和纵向的职业隔离一样，职业歧视也可分为两类。在劳动力市场入口阶段，有些职业限制某个群体或倾向于优先招聘另外一个群体，这样就会形成招聘阶段的雇佣歧视或就业歧视。进入劳动力市场之后，即使在同一职业，相对于男性，女性初始的职位层级较低和（或）晋升机会较少，形成女性职业发展的"玻璃天花板"，这被认为是职位晋升歧视的证据②。

---

① 在保险市场针对高风险群体或行为征收更高的保险费率，这被认为是合理的而非歧视。
② 卿石松，"职位晋升中的性别歧视"，《管理世界》，2011年第11期。

应该注意的是,职业歧视并不单单造成职业分布或职位层级的差异,它必然使受歧视群体的工资下降。由于妇女被排除在某些职业之外,结果妇女只能挤入数量有限的职业,所以把这些职业的工资降低到没有职业歧视所应有的工资水平之下。或者在职业或企事业单位内部,女性过度地集中于工资收入较低的底层职位上,使得女性平均的工资收入低于男性[①]。

三、劳动力市场城乡户籍差异

中国长期实行城乡二元分割的户籍制度,农村劳动力不能自由流动、不能自由进入城市工作。直至改革开放以后,随着城镇劳动力市场的建立和发展,劳动力流动的户籍限制有所放松,20 世纪 90 年代以来,大量农村剩余劳动力转移进入城镇就业。由于历史和制度原因,是否拥有城镇户籍依然对劳动力市场绩效具有很大影响,使得城镇户籍劳动力与农村户籍劳动力在工资收入、工作条件和福利待遇方面具有较大差距。

表 7-2 显示了城乡户籍劳动力在工资收入、工作时间和受教育程度等方面的差异。从第一行可以看出,农村进城务工人员的月平均工资低于城镇户籍劳动力,并且差距在逐年增加,2011 年农村户籍劳动力月平均工资占城镇劳动力月平均工资的 68.4%。然而,从第二行可以看到,农村户籍劳动力的周工作时间平均比城市工高出 7.46 小时。也就是说,农村户籍劳动力的小时工资率更低(见第三行)。同时,在生产力特征方面,农村户籍劳动力受教育程度(年限)普遍低于城镇户籍劳动力。

表 7-2 农村与城镇劳动力工资差异及特征比较

	2000 年			2006 年			2011 年		
	农村	城镇	百分比	农村	城镇	百分比	农村	城镇	百分比
月平均工资(元)	566.43	710.57	79.7%	1 017.37	1 425.22	71.4%	2 149.01	3 141.16	68.4%
周工作时间(小时)	48.33	41.70	115.9%	52.55	43.88	119.8%	50.78	43.70	116.2%
小时工资(元)	2.93	4.26	68.8%	4.84	8.12	59.6%	10.58	17.97	58.9%
受教育年限(年)	8.67	10.74	80.7%	8.91	11.59	76.9%	8.89	12.05	73.8%

资料来源:中国健康与营养追踪(CHNS)调查,转引自湛文婷、李昭华,"中国劳动力市场中工资差异的户籍歧视变化趋势",《城市问题》,2015 年第 11 期。

[①] 卿石松、郑加梅,"'同酬'还需'同工':职位隔离对性别收入差距的作用",《经济学(季刊)》,2013 年第 2 期。

综上可见，类似于性别工资差距的成因，中国劳动力市场工资收入的户籍差异，也存在以下三种潜在的解释：一是由于城乡经济社会发展不平衡，包括农村居民的观念和教育落后于城镇地区，由此形成生产力特征因素的城乡差异。二是职业歧视，由于长期存在的城乡户籍分割、城镇就业体制分割等多重因素的叠加影响，农村户籍劳动力在职业获得、行业和所有制部门选择等方面都受到限制，只能进入本地城镇劳动力不愿从事的工资低、福利少、工作条件差的非正规就业岗位。三是工资歧视，即使控制所有可观察的生产力特征因素，以及职业、行业等因素，依然发现农村户籍劳动力生产力特征的市场价格（如教育回报）依然低于城镇劳动力。

第二节　劳动力市场歧视理论

关于歧视问题的现代经济学分析，最早可追述至 1957 年诺贝尔经济学奖得主加里·贝克尔（Gary Becker）的博士论文《歧视经济学》（*The Economics of Discrimination*）[1]。本节的目的就在于揭示并评价经济学家们所提出的各种不同的歧视理论，以便理解歧视的起因及其作用机制。

劳动力市场歧视存在三种潜在的来源，而每一种歧视来源又都对应一种假设，并建立相关的模型来说明歧视是如何产生的以及它的后果。歧视的第一种来源是个人偏见，这种情况主要是由于雇主、作为同事的雇员以及顾客不喜欢与某些特定标志的雇员打交道而造成的。第二种常见的歧视来源是先入为主的统计性歧视，这种情况主要是由于雇主将某种先入为主的群体特征强加在个人身上而引起的。最后，还有一些歧视模型则是建立在这样一种假设基础之上的，即存在某些非竞争性的劳动力市场力量。

一、个人偏见模型

建立在个人偏见基础上的模型一般都假设雇主、顾客或是雇员存在"歧视偏好"（taste for discrimination）。含义是某些人宁愿承担一定的费用，也不愿与某个群体的成员打交道，否则就会导致"身心不悦"（physical disutility）。当歧视行为发生时，效用最大化的个体，要么是为此直接支付费用，要么是承担间接的成本（放弃一部分收入）。也就是说，非经济动机是理解偏见歧视的精髓。

---

[1] G. S. Becker, *The Economics of Discrimination*, Chicago: University of Chicago Press, 1971.

（一）雇主歧视

假设雇主对具有某种特征的雇员有偏见,而顾客和作为潜在同事的雇员则没有这种偏见(出于简化分析的目的)。这种偏见所采取的形式可能是雇主不愿意与某类雇员之间发生联系。其表现是:雇主在任何可能的情况下都更愿意雇用一些人,而不愿雇用另一些人。这种偏见还有可能表现为职业隔离的形式。这种偏见都被认为导致了某些特征的人员受到歧视性对待。此外,我们从此模型自身的目的出发,假设这里的雇员具有相同的生产率特征(这一假设撇开了前市场差异,从而把我们的注意力直接导向劳动力市场歧视)。

假定劳动力市场存在两类劳动力(这里以男性和女性为例),竞争市场的单个雇主都是"工资接受者",男性的工资为 W_M,女性的工资为 W_F。如果雇主对女性劳动力有偏见,雇佣女性劳动力就会产生负的效用。也就是,尽管雇主支付给女性的货币工资为 W_F,但实际感受到的成本为 $W_F(1+d)$。这里的 d 是一个大于零的正数并被称为歧视系数(discrimination coefficient),体现雇主的偏见程度。有歧视偏好的雇主如果雇用女性劳动者,他们就必须获得某种形式的额外补偿。或者说,只有当女性劳动者工资较低时,歧视性雇主才会雇用女性。

接下来回到竞争市场的劳动力需求原则,分析偏好歧视对劳动力市场就业和工资的影响。假定两类劳动力的生产力特征,即边际收益产品(MRP)一致,但雇主对女性劳动力存在偏见。在这种背景下,男性劳动力市场的均衡条件为:

$$MRP = W_M \tag{7.1}$$

然而,对于女性劳动力来说,只有当她们的工资率(W_F)等于她们对于企业的主观价值的时候,她们的市场均衡能达到:

$$MRP = W_F(1+d) \tag{7.2}$$

由于我们假定女性劳动力的实际边际生产率与男性劳动力是相等的,即等式7.1 和等式7.2 是相等的,因此我们可以清楚地看到,W_F 必然小于 W_M:

$$W_M = W_F(1+d) \tag{7.3a}$$

或

$$W_F = \frac{MRP}{1+d} = \frac{W_M}{1+d} \tag{7.3b}$$

上面的这一等式表达了一种十分简单的经济逻辑,即如果女性劳动力的实际生产率价值遭到雇主的贬低,或者雇用女性劳动力需要弥补身心不悦的负效用,如果她们要同男性劳动力竞争工作岗位,就必须以一种比他们低的工资才能得到就业岗位。由此,尽管两类劳动力实际的生产力特征完全一样,但他们最终获得的平均工资仍存在差异,从而形成劳动力市场的工资歧视。

上面的这一雇主歧视模型有两个主要的含义,这两个含义如图7-1所示,它是等式7.3的一种图形表示。图7-1显示,以歧视性雇主所面对的女性劳动力成员的市场工资率为W_F,但感受的工资是$W_F(1+d)$,在效用最大化目标下,歧视雇主的雇佣决策是基于$W_F(1+d)$和W_M的比较。如果$W_F(1+d)<W_M$,只雇用女性;反之,如果$W_F(1+d)>W_M$,则只雇用男性。也就是说,在两类劳动力可以完全替代的情况,劳动力市场可能出现严重的隔离。直到$W_F(1+d)=W_M$,市场达到均衡,雇用两类劳动力不存在效用差异。因此,女性最终被雇用的数量为N_0。然而,在竞争市场,对于追求利润最大化目标的理性雇主(无歧视偏好)来说,他们应会将雇佣水平确定在N_1上,也就是说,直到$MRP=W_F$时才停止雇用。

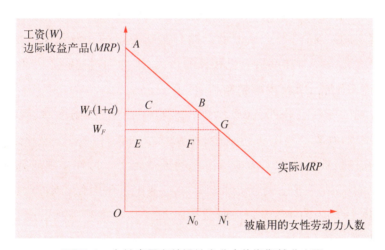

图7-1 女性雇员在歧视性企业中的均衡就业水平

如果大家还记得MRP曲线之下的区域所代表的是企业在资本保持不变情况下所能获得的总收益,那么我们就可以从图7-1中发现这两种不同的雇佣水平对利润的影响分别是什么。从总收益中减去代表歧视性雇主所支付的工资总额的区域($OEFN_0$)就得到了代表这些雇主所获得的利润区域,即图中的$AEFB$。而对于一位非歧视性的雇主来说,他的利润区域则为AEG。非歧视性雇主在雇用女性劳动力成员时,会将雇佣水平一直扩大到使得她们的边际产品等于她们工资的那一点上,而歧视性雇主则在到达那一点之前就停止了。因此,歧视性雇主为了坚持他们的偏见就不得不放弃一部分利润。

雇主歧视模型所面临的最大困扰在于:歧视性雇主似乎是追求效用最大化的(即满足他们带有偏见的偏好),而不是追求利润最大化的。然而,这种做法又引出了另外一个问题,即他们将如何生存。在一个竞争性的产品市场上,企业必须实现利润最大化才能从所投资的资本中获得正常的收益率。那些未能获得这一收益率的企业将会发现,他们可以通过其他投资途径获得更好的收益。相反,由于利润最大化(非歧视性)企业通常能够比歧视性雇主从既定的投资组合中获得更多的收益,因此我们可以看到,非歧视性厂商将会买断那些歧视性厂商,从而逐渐接管整个市场。简而言之,如果竞争力量能够在产品市场上发挥作用,那么歧视性企业将会受到惩罚,歧视将不可能持续下去,除非企业的所有者愿意接受低于市场收益率的报酬水平。

由于歧视性的企业比那些没有歧视性的企业要付出更高的成本,因此理论上认为,雇主歧视最有可能在这种场合出现,即企业的所有者或者管理人员有能力同时也有动力去追求利润最大化以外的其他目标。

那些可以不必为了在经营领域中生存下去而追求利润最大化目标的比较"奢侈"的雇主,一般都是那些在他们的产品市场上多多少少有一定程度垄断力量的企业,这些企业彼此之间往往是极为相似的,它们的产品价格(或关键产品的价格)也很有可能是由某一垄断或协议组织规定的。这样,在产品市场上拥有垄断力量的企业就既有机会同时又有动力去追求效用最大化——与利润最大化相反的行为,因为通过这种浪费性的实践,他们可以在公众面前"隐藏"自己所获得的超额利润。

许多研究发现的证据也表明,在管制性、垄断性的产品市场上,歧视现象更多一些。比如,一项研究发现,在管制性的银行业中,相互竞争的银行在某一地理区域中的数量越少,则女性雇员在该行业总就业人员中所占比例也就越小。另外一项研究则发现,当政府解除对某些行业的管制,取消了对新企业进入该行业限制的时候,该行业企业间的竞争加剧,那些雇员群体中受偏爱的群体原来所获得的工资奖励将被削减。这些发现与雇主歧视模型的含义都是一致的。

(二)雇员歧视

第二种以个人偏见为基础的歧视来源可以在劳动力市场的供给方面找到,在那里,占优势地位的雇员可能会避开与那些使他们"身心不悦"的成员打交道。

依然假设两类劳动力(如男性和女性)的生产效率一致且具有完全的可替代性,但男性不愿与女性一起工作,那么他们获得的货币工资 W_M 似乎只有 $W_M(1-d)$,其中 d 是歧视系数。因此,如果要同时招聘男性和女性劳动力,雇主就必须向男性劳动力支付额外的补偿工资。对于没有歧视偏好、追求利润最大化的精明雇主来说,同时雇用男性和女性是得不偿失的,合理的雇佣方式是要么只雇用男性,要么只雇用女性。这样,不同人口群体背景中的雇员就不需要彼此发生联系。也就是说,与雇主的偏好歧视不同,雇员的偏好歧视只会产生职业隔离而不会导致工资歧视。

然而，如果两类劳动力并非具有完全替代性，没有歧视偏好的雇主不得不同时雇用男性和女性，并支付男性相对较高的工资。此时，就会出现劳动力市场的工资歧视，即具有同样生产力特征的两类群体存在工资差异。同时，雇主为了照顾优势群体的感受，减少不满和辞职行为，可能会考虑在企业内部实行隔离，如按照职位名称来对两类群体进行纵向的职位隔离。把男性劳动力配置到更高层级的岗位，而女性劳动力更多地集中于层级较低的辅助性岗位。此外，两类劳动力的替代程度在不同行业或细分劳动力市场存在差异，使得我们在实际劳动力市场观察的职业隔离和工资歧视存在行业差异。但不管怎样，无论是雇员歧视模型，还是雇主歧视模型，都对劳动力市场职业隔离和工资歧视具有解释作用。

（三）顾客歧视

第三种个人偏见模型强调了顾客的偏见成为歧视来源的情况。在有些场合下，顾客们可能偏好让某类劳动力来提供服务，而在有些场合则偏好让另一类雇员来提供服务。如果顾客对男性劳动力的偏好扩大到负责程度要求较高的工作上，如医师或飞机驾驶员，而他们对女性劳动力成员的偏好则界定在要求从业者承担相对较低责任的工作上，比如说接待员或者空中小姐，那么，就出现了对女性劳动力成员不利的职业隔离。此外，如果女性劳动力成员要坚持在那些为偏好男性劳动力的顾客提供服务的工作中寻求就业，那么，她们要么必须接受较低的工资，要么必须比一般男子的素质更高。其原因在于，由于顾客对于男性劳动力有偏好，所以女性劳动力成员对于企业的价值要低于男性劳动力，即使她们与男子具有同样的素质。

顾客歧视的含义之一是，它将会导致相互隔离的工作场所出现，至少在那些与顾客有较高接触程度的职业种群中情况会是这样。想迎合歧视性顾客需要的企业将会雇用那些顾客偏爱雇员群体中的人来为自己工作，与那些从非偏好群体中雇用员工的企业以及那些为非歧视性顾客提供服务的企业相比，他们必须向顾客偏爱的雇员支付较高的工资，同时也必须向顾客收取更高的价格。尽管可以预见到，一部分歧视性顾客也许会被较高的价格所驱逐，从而改变自己的行为，但是与他们的歧视性偏好相联系的商品和服务可能只不过代表了他们总体消费支出的一个很小比例。因此，他们会发现某些产品或服务的较低价格可能还不足以吸引他们改变自己的行为方式，从而尽管顾客歧视对于歧视者和被歧视者都会带来较高的成本，它仍然可能会继续存在下去。因此，顾客偏见对劳动力市场歧视的影响比雇主歧视更长远。

很显然，在存在顾客歧视的情况下，在不同的职业中，属于不同非偏好群体中的成员在工资报酬被降低的程度上是不一样的，它取决于顾客对于每一群体成员的偏好程度。

在分析顾客歧视时,一个可以作为分析对象的较为显眼的群体是自雇用者,这一群体的收入不仅直接取决于顾客的行为,而且很明显不会受雇主歧视的影响。一项美国经济学家对1980年美国的人口普查数据所作的详细分析表明,如果自雇用黑人男子和自雇用白人男子在1980年时具有同样的特征,那么前者所获得的收入仍然会比后者低19%左右[1]。因此,顾客歧视是不可能被完全消除的。此外,值得注意的是,自雇用者之间所存在的这种19%的"剩余"差别比该项研究同时得出的黑人薪金雇员和白人薪金雇员之间所存在的收入差距还要大,后一种收入差距也不过只有11%!

二、统计性歧视

(一) 基本假设和理论

我们知道,雇主以任何一种方式获取求职者的信息都是需要付出一定成本的。显然,企业需要对求职者的个人特征作出评价,但是当他们试图对这些求职者的潜在生产率进行估价的时候,可以利用这些求职者所属的群体所具有的某些一般性信息来帮助自己完成这一工作。如果这些群体特征成为企业雇佣决策的组成要素,那么即使在不存在个人偏见的情况下,统计性歧视也有可能出现(至少可以在短期内出现)。

雇主很难知道某个求职者的实际生产率是怎样的。对于他们来说,在进行雇用时可能获得的与生产率有关的信息只不过是教育水平、年龄、测试分数等。然而,这些要素都只不过是实际生产率的一种不完全的"指示器"。因此,在某种程度上,他们往往只是对决策中的主观要素提供一种辅助性信息,而即使在没有个人偏见的情况下,这种主观要素也会造成歧视性的后果。

(二) 统计性歧视对工资差距的影响

统计性歧视可以被看成甄选问题的一个组成部分。而所谓的甄选问题,是在下面这种情况下所出现的一种问题,即与生产率有关的可观察性个人特征并不能对求职者个人的实际生产率作出完全的预测。举例来说,假如现在有两种类型的工人在申请某一秘书工作,一种是可以在一段较长时间内每分钟打70个字的人,一种是可以在每分钟内打40个字的人。然而,这些人的实际生产率对雇主来说都是未知的。雇主所观察到的只是所

---

[1] George J. Borjas and Stephen G. Bronars, Consumer Discrimination and Self-Employment, *Journal of Political Economy*, 1989, 97(3): 581–605; Stephen Coate and Sharon Tennyson, Labor Market Discrimination, Imperfect Information and Self-Employment, *Oxford Economic Papers*, 1992, 44(2): 272–288.

有求职者都要参加的5分钟打字测试的结果。如果雇主以这种测试结果作为甄选标准来雇用员工,那么会带来怎样的问题呢?

问题在于,下面的这种情况很可能是存在的:有些在实际工作中每分钟只能打40个字的打字员有可能会很幸运,在测试中所取得的分数超出40;而还有一些在实际工作中每分钟能够打70个字的人在测试中却很不走运,取得了低于70的成绩。在雇佣决策过程中,将这种不完善的测试作为辨别员工生产率的机制会导致两种错误:一是一些"好的"求职者会被拒之门外,二是有些"差的"工人却可能被雇进来。

图7-2显示了两种类型的工人测试分数的分布情况。那些实际能够每分钟打70个字的人平均得分为70,但他们中有一半的人打得不够70分。同样,那些实际能够打40个字的人平均得分为40,但他们中有一半的人所得到的分数高于40分。假如说当一位申请人的分数为55分时,雇主不知道这位雇员是一位好的雇员(每分钟打70个字)还是一位差的打字员(每分钟打40个字)。假如那些得分为55分的求职者被自动拒绝,那么企业将会拒绝一部分好的打字员;而如果企业此时恰恰是非常需要得分为55分的人,有些较差的工人又有可能被雇进来。

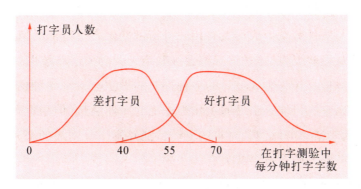

图7-2 雇员甄选问题

假定雇主为了避免遇到上面的这种两难困境而采取了一些调查措施。结果发现,毕业于某一学校的求职者曾经受过特殊的5分钟打字测试训练,因而能够有效地应付这种测试。这样,由于受过特殊训练,这些在一个正常的工作日中每分钟只能打X个字的求职者,在5分钟打字测试中就很有可能取得高于X的分数(也就是说,他们在测试中表现出来的会比他们的实际水平要高)。企业一旦认识到来自这所学校的学生所取得的平均测试成绩会高于他们的长期生产率,就会决定拒绝所有来自该所学校且测试分数等于或低于55分的人(所依据的理由是,这些学校中的大多数学生所取得的成绩都过高地代表了他们的实际能力),因为即使那些分数低于55分的人也有可能会干得很好。

上面这个例子给我们带来的一般性启示是,如果根据求职者的个人特征(测试分数、受教育程度、工作经验等)不能对其实际生产率作出完全的预测,则企业在作出雇佣决策时将会同时利用求职者个人的资料及其所属群体的群体资料来作为决策的依据。然而,在运用群体资料时却有可能引起劳动力市场歧视,因为在这种情况下,具有相同的可衡量性生产率特征的人将会得到系统性的不同对待,这取决于当事人属于哪一群体。

上面所讨论的这一问题与对女性劳动力成员歧视问题之间的相关之处在于,雇主在进行雇佣决策时,与求职者所属的性别有关的群体信息被他们作为对求职者个人信息的一种补充来使用。如果群体信息与求职者的实际生产率是没有关系的,或者雇主和他们所使用的甄选机制对某些群体的预测能力比对另外一些群体的预测能力更差,那么我们实际上就遇到了一个建立在个人偏见基础之上的歧视情况。然而,我们也看到了,当雇主利用群体信息来对求职者的个人信息进行修正时,他们有可能并非是出于某些恶意的理由。

假如就一般情况而言,由于教学质量的差别,具有高中文化程度的 A 类成员的生产率比同样具有高中文化程度的 B 类成员的生产率要低。或者假设就一般情况而言,由于职业生涯较短的缘故,具有既定教育水平的妇女比同等教育水平的男子对企业的价值要低一些。雇主在作决策的时候可以利用这种群体信息来修正求职者的个人信息。其结果是,在男性劳动力与女性劳动力成员具有相同可衡量性生产率特征的情况下,男子会受到系统性的偏爱,而从经验上讲,这种情况将会被确定为劳动力市场歧视。

很不幸,把群体信息作为个人信息的一种补充的做法会带来一种副作用。这就是,尽管就一般情况而言,它有可能会引导雇主作出正确的雇佣决策,但是也有可能把群体特征强加给那些虽然属于某一群体但其自身的群体特征并不十分明显的个人身上。不可否认的一点是,在女性劳动力中会有一些人有较长的工作生涯且不会出现职业中断的现象,正如上面所提到的那所学校的毕业生中肯定也会有一些人不善于考试,因而在测试中所获得的成绩比他们在实际工作中能够达到的水平要稍差一样。同样,也有某些高中毕业生是能力很强的,如果不是由于家庭贫困的制约,他们本来也是会上大学的。所以,如果将群体资料应用于这些非典型的群体成员,那么他们将会遭到不恰当的贬抑。他们与那些被雇用的人有着相同的实际生产率,只是由于与他们相联系的那些群体特征不利而无法得到工作。

因此,统计性歧视可能会在占优势的雇员群体与其他群体中的个人具有完全相同的可衡量生产率特征的情况下,导致雇主产生对前者的系统性偏好。还有可能出现的另外一种情形是,由于女性劳动力成员受到上面所提到过的那种群体贬抑,从而使她们在具有与男性劳动力完全相同的实际生产率的情况下,所得到的工资却比后者要低。这些问题虽然都因为雇主在进行雇佣决策时使用了群体信息而造成的,但是雇主在运用这些信息时并非一定是受偏见的驱使。然而,从运用群体的表面现象以及它所造成的后果来看,却让人觉得似乎是存在偏见的。

统计性歧视的一个重要含义是,同一群体中的每一成员之间的相似性越差,则运用群体信息所带来的成本就越高。比如,随着比例越来越高的妇女希望从事全日制的、持续性的工作岗位,并且不愿意退出劳动力市场去生育子女,那些运用性别作为一种方便的指标来预测求职者在劳动力队伍中停留时间长短的雇主就会发现,他们犯了一个代价极高的错误。他们将会拒绝许多具有终生劳动力参与意愿的女性求职者(对于雇主来说,对这些人进行特殊培训的投资是值得的),同时会接受一些生产率较低的男性求职者。在这两种情况下,使用不正确甄选工具的企业会比那些使用正确甄选工具的企业所获得的利润要少。这样,随着相关人口群体内部的不可衡量的差别越来越大,性别或区域的群体信息被使用的可能性就会越来越小,统计性歧视也就会随之而逐渐消失。

三、非竞争性歧视模型

到目前为止,我们已经讨论过的歧视模型说明了个人偏见以及在厂商被假定为工资接受者的这样一种劳动力市场上所存在的信息问题对工资和就业所带来的影响。我们现在转而讨论的模型则都是建立在以下假设基础之上的,即单个厂商对他们支付给工人的工资是具有某种影响力的,如买方的垄断力量。

(一)拥挤效应

由于职业隔离,尤其是按照性别形成的职业隔离在现实中是存在的,并且其严重程度也是较高的,因此这使得一些人认为,职业隔离是为了在某些特定行业中降低工资而故意采取的拥挤政策所造成的一种后果。如果用图形表示,这种"拥挤假设"是非常简单的,我们可以在图7-3中很容易看到。图7-3(a)所描述的是这样一种劳动力市场状况:由于劳动力供给比劳动力需求相对而言要少一些,因而工资率(W_H)相对较高。图7-3(b)所描述的是另外一种劳动力市场状况:由于市场过于拥挤,结果导致与劳动力需求相对应的劳动力供给过多,从而使得工资率(W_L)相对较低。

尽管拥挤的影响是很容易看出来的,拥挤现象本身却不容易得到解释。比如,男性和女性在某种工作中或某一组工作中具有相同的生产率,那么有人可能会认为,正是由于妇女人为地挤进某些特定类型的工作之中,才导致她们只能获得较低的工资,但是这种较低的工资反过来又使她们对于企业的吸引力更强,从而又使那些在其他类型的工作中使用男性劳动力的企业现在也转过来用成本较低的女性劳动力对这些岗位上的男性进行替

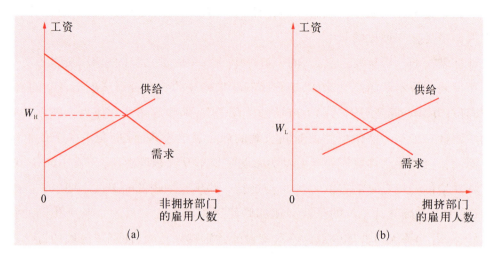

图 7-3 劳动力市场"拥挤"状况

代;这种利润最大化行为应当会逐渐地消除任何工资差别。尽管我们非常清楚:只要拥挤现象或职业隔离尚未得到消除,那就说明在市场上仍然存在着非竞争性的人口群体(从而存在雇员流动障碍),但是,我们仍然需要解释的是,为什么在一开始时会存在这样一些非竞争性人口群体。在过去的几十年中,经济学家们提出了各种各样的解释:把某些工作鉴定为"男性工作",而把另外一些工作鉴定为"女性工作"的过程是通过社会习俗完成的;男性和女性之间要么是存在先天能力上的差异,要么是存在后天能力上的差异;男性和女性对买方垄断雇主的供给曲线有所不同,等等。尽管从寻求歧视的最终根源这一角度来看,所有这些原因都没有能够对问题作出完整的解释,但是一个不可否认的事实是,越是女性占主导地位的职业,其工资率就越低,即使是在考虑到工人的人力资本差别之后亦是如此。

(二) 二元劳动力市场

最近所出现的与拥挤假设最为接近的是一些经济学家们坚持的二元劳动力市场理论。二元劳动力市场论则将整体的劳动力市场看成被分割开的两大非竞争性部门:主要部门和从属部门。主要部门中的工作所提供的是相对较高的工资率、较为稳定的就业、良好的工作环境以及进一步发展的机会。而从属部门中的工作则只能提供较低的工资率、不稳定的就业以及较差的工作条件,并且根本没有职业发展的机会。在二元劳动力市场论者的分析方法中,非常关键的一点在于他们认为两大部门之间的流动是非常有限的。被归入从属部门中的工人也被打上了不稳定、不受欢迎的标签,一般认为,他们想要获得主要部门的工作的希望是极其渺茫的。

二元劳动力市场论者进一步认为,从历史上看,大部分弱势就业群体成员都是在从属部门中就业的,而这导致了一种长期延续下来的对他们的歧视。他们认为,妇女和乡村劳动力成员之所以成为被歧视的对象,主要是因为他们(作为一个群体)的工作经历总是不稳定的,而这种工作经历的不稳定性本身又是使他们无法进入主要劳动力市场的原因。

但是,二元劳动力市场理论关于歧视的描述并没有真正解释引起妇女和外来劳动力成员被界定到从属工作上去的原因。一些传统的马克思主义经济学家认为,非竞争性部门的存在至少可以部分地归咎于资本家在以下方面所作出的努力:将劳动者分离开来,以防止他们组织起来形成一种反对资本主义制度的力量。一些在更为接近新古典理论的框架中展开分析的经济学家认为,两大劳动力部门的出现以及工人被分配到这两大部门之中这种情况的出现,是由于对不同类型的工人进行监督时所需要付出的成本有所差别而造成的。企业可以利用"效率工资"或较为陡直的年龄—工资报酬曲线(主要部门的特征)来作为一种激励工人和打击消极怠工行为的工资战略。这两种战略是有意要鼓励,同时估计也确实能够促成工人与企业之间建立一种长期的雇佣关系。对于那些预期服务时间较短的工人,就要求企业对他们的工作努力程度进行直接的监督;对于这些工人,企业显然没有动力去采纳高工资战略或延期支付工资战略。

由于妇女在历史上进出劳动力市场的频率较高(因为她们要结婚和生孩子),所以有一种解释认为,她们为什么在最初时会被分配到从属部门去工作这一问题的答案实际上是不言自明的。至于外来劳动力成员为什么会在一开始就被界定到从属工作中去,其原因除了这些人的工作时间大都较短外,可能还有文化和社会方面的原因。

然而,经验证据表明,在劳动力市场上确实存在两个部门:在其中的一个部门中,教育和经验是与较高的工资率联系在一起的;而在另外一个部门中,这种联系则是不存在的,并且易被歧视的劳动者更有可能被放到后一个部门中去。

这种有利于二元劳动力市场假设的论据对于歧视的存在提供了一种新的解释。它对当前所存在的竞争水平和流动水平提出了疑问,认为在一开始时就存在的非竞争性的性别或城乡群体就业的说法将会继续得到进一步的自我强化。简而言之,二元劳动力市场假设与我们在上面所分析过的任何一种歧视模型都是一致的;只不过它所指出的是,如果这些歧视理论中的任何一种确实可以解释现实,那么我们就不能指望依靠自然的市场力量就能够消除歧视,也意味着这种歧视现象正是由自然的市场力量本身所产生的。

(三)搜寻成本与买方垄断

从市场拥挤和二元劳动力市场的角度对歧视所作的这两种解释都是建立在下面这种假设基础之上的,即工人们是被"安排"到相应的职业群体中去的,而他们若想从这些职业群体向其他职业群体流动,则会受到严格的限制。然而,这两种解释都没有完全说清楚这种安排到底是怎样作出的,以及为什么要作出这种安排。第三种关于流动受到严格限制的模型,实际上在我们关于市场拥挤模型和二元劳动力模型的讨论中就已经暗含着了,它是建立在这样一种前提假设之上的,即对所有的雇员来说,都存在一种搜寻工作的成本。这种模型将厂商行为中的买方独家垄断模型,和我们在前面所讨论过的歧视现象结合在了一起。

假如说并非所有的雇主都拒绝雇用妇女或外来乡村劳动力成员,只是有些雇主出于他们个人、他们的顾客以及他们的雇员所带有的偏见这么做,但是没有哪一位雇主会拒绝雇用男性年轻劳动力。正在寻找工作的妇女和外来劳动力成员并不知道哪一位雇主会拒绝他们,所以为了获得与男子同等数量的工作机会,他们就不得不比男性劳动力进行更长时间和更为艰苦的搜寻。换言之,只要存在某些歧视性的雇主,妇女和外来劳动力成员的工作搜寻成本就会上升。雇员搜寻成本的存在可能会导致单个雇主面临一种向右上倾斜的劳动力供给曲线,而这表明劳动力的边际成本将会上升到工资以上,从而即使是在劳动力市场上有很多雇主的情况下同样也会引发雇主的买方独家垄断行为。我们还看到,劳动力供给曲线的倾斜角度越是陡直,则工资和边际劳动力成本之间的差距将会越大。于是,由于追求利润最大化目标的雇主在选择雇佣水平时,最终会停留在劳动力的边际成本等于边际收益的那一点上。所以,与那些具有更为扁平的劳动力供给曲线的工人群体相比,劳动力供给曲线越是陡直,工人群体所获得的工资相对预期边际收益产品而言就显得越低。

图7-4以图形的方式描述了这种情况,即有两个具有相同生产率的工人群体(也就是说,他们都有等于图中的MRP_L^*这一水平的劳动力边际收益产品),不过其中的一个工人群体比另外一个工人群体具有更高的搜寻成本。图7-4(a)所描述的是搜寻成本相对较低的工人群体的劳动力供给曲线以及劳动力边际收益产品曲线。由于他们的工作搜寻成本较低,所以只要他们所在的企业稍微削减点工资,那么必然导致这些工人离开这家企业;而稍微有一点工资增加,就会从其他厂商那里吸引来许多求职者。这样,这一群体对他们雇主的劳动力供给曲线S_M就相对较为扁平,这也就意味着与之相联系的劳动力边际费用曲线,即图中的$(ME_L)_M$也是相对较为扁平的。利润最大化雇主将会从这一群体中雇用E_M个工人,并向他们支付W_M的工资率,这一工资水平仅仅比MRP_L^*稍微低一点。

图7-4(b)所描述的是由于歧视性雇主的存在而被迫承担较高搜寻成本的那一群体(妇女或外来劳动力成员)的劳动力供给曲线和劳动力边际收益产品曲线。这些工人被假定与图7-4(a)中的工人具有相同的劳动力边际收益产品,但是由于他们具有较高的搜寻成本,因此对于他们而言,就暗含着一条更为陡直的劳动力供给曲线S_F和一条更为陡直的

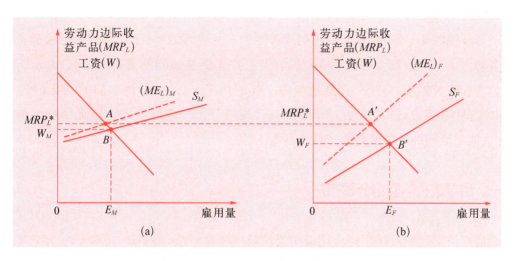

图7-4 与搜寻成本有关的买方独家垄断和工资歧视

劳动力边际费用曲线$(ME_L)_F$,即在劳动力边际收益产品和工资率之间存在更大的差距。在这一群体中,将会有E_F个工人被雇用,他们所得到的工资率为W_F。对图7-4(a)和图7-4(b)进行比较我们就不难看出,尽管两大群体中的工人都具有相同的生产率,但是具有较高搜寻成本的那一群体中的工人所得到的工资却要低一些(即$W_F<W_M$)。而在实践中,如果两类工人被同一企业雇用,那些具有较高搜寻成本的工人很可能会被安排到工资率较低的工作职位上去。

如果歧视提高了妇女和外来劳动力的搜寻成本,从而使得这些群体中的劳动力去寻求另外一种就业机会的可能性更小,那么他们的"工作匹配"质量就会比男子或优势就业群体更差一些。于是较高的工作搜寻成本就意味着:单个的妇女和其他外来劳动力成员找到那种能够最大限度地利用他们能力的雇主的机会是很小的。因此,即使是在范围界定得很窄的职业群体中,与那些工作匹配质量较差的男性劳动力或其他优势劳动群体相比,妇女和外来劳动力成员也仍然会是那种被认为生产率较低从而获得工资较少的人。

第三节 劳动力市场歧视的测量

劳动力市场结果差异,如性别工资差距,是分析歧视问题的起点。显然,我们无法把观察到的性别或城乡户籍差异全部归因于歧视[①]。就像本章第一节所讨论的那样,同等生

---

① 劳动力市场歧视理论隐含地假定没有失业,因此大部分实证文献也集中于分析工资歧视。事实上,失业率也长期存在较大的性别或种族差异。

产力特征劳动者之间的工资差异,才是劳动力市场歧视的潜在证据。因此,经济学测量劳动力市场歧视的基本思路,就是在控制或排除所有的生产力特征因素之后,再检验群体之间的劳动力市场绩效是否存在显著差异。大家首先能够想到的就是多元回归方式,即控制受教育程度等生产力特征,在其他条件一样的情况下,检验群体之间的差异(歧视)程度。其次是"实验设计"的方法,如虚构简历,模拟分析和检验生产力特征一样的两个群体,评估他们之间的差异及歧视程度。

一、测量歧视的回归分解方法

劳动经济学领域最早也是应用最广泛的歧视测量方法,是 Oaxaca-Blinder 针对平均工资差距的分解[①]。假如两个不同的工作者群体,比如男性(M)和女性(F),他们的平均工资存在差异,在讨论性别歧视对工资差异的影响程度之前,首先假定工资(W)与生产力特征存在线性关系,即:

$$W_g = X\beta_g + \varepsilon_g, \quad g = M, F \tag{7.4}$$

其中,$E(\varepsilon|X) = 0$,X 是影响工资水平的技能向量组合(如受教育程度、工作经验等),β_g 是有待估计的回归参数,ε_g 是误差项(包括无法观察的影响因素)。这个回归模型意味着,在控制生产力特征变量并通过回归方法估计出系数的基础上,男女劳动力初始的平均工资差距(ΔW)就可以分解为两部分:

$$\Delta W = \overline{W}_M - \overline{W}_F = \overline{X}_M \hat{\beta}_M - \overline{X}_F \hat{\beta}_F = \underbrace{(\overline{X}_M - \overline{X}_F)\hat{\beta}_M}_{\text{可解释的部分}} + \underbrace{\overline{X}_F(\hat{\beta}_M - \hat{\beta}_F)}_{\text{不可解释的部分}} \tag{7.5}$$

$\overline{W}_M$ 和 $\overline{W}_F$ 分别表示男性和女性的平均工资,$\hat{\beta}_M$ 和 $\hat{\beta}_F$ 是男性和女性工资回归方程的估计系数(生产力特征变量对应的支付价格)。其中,公式右边第一部分表示因生产力特征差异对工资差距的影响(可解释的部分),第二部分是不可解释的部分,可归因于性别歧视,因为是由于生产力特征的区别对待(回归系数不同)而导致的工资差异。

从分解公式可以看出,如果男女两性平均的生产力水平不一样时,第一项就不可能等于零。因此,性别工资差距的一部分可能是由这两个群体在技能上的差别引发的。如果男性和女性之间平均的生产力特征完全一致,此时性别工资差距就来源于技能回报差异,由此衡量的正是工资歧视的程度。

[①] R. Oaxaca, Male-Female Wage Differentials in Urban Labor Markets, *International Economic Review*, 1973, 14(3): 693-709.

在此基础上,可以拓展上面的方法,同时估计职业歧视和职业内部的工资歧视①。该分解方法将职业选择因素考虑到工资方程中,将性别工资差异细分为职业内部和不同职业间的差异,从而分离出职业隔离对工资差距的影响解。具体而言,工资差异可来源于职业内部和职业之间。职业内部的差异,与 Oaxaca-Blinder 类似,可分解为源自职业内部男女劳动力的生产力特征差异和职业内部的工资歧视;而职业之间的差异,就是职业隔离对工资差异的作用,也可进一步细分为源于职业获得影响因素的差异(职业隔离可被受教育程度等技能因素所解释的部分),以及职业歧视的影响。此外,在性别工资差距问题研究中引入纵向职位隔离的作用,构建引入职位晋升机制的工资差距分解方法,可以同时考察和估计生产力特征差异、职位内工资歧视和晋升歧视对性别工资差距的作用②。

二、回归分解存在的问题

回归分解方法对于测量劳动力市场歧视的有效性,很大程度上取决于是否能够观察和控制所有的生产力特征变量。如果影响收入的一些技能特征无法被研究者观察到而没有纳入回归模型,把"无法解释的部分"认定为歧视就是有偏的。

事实上,研究者几乎不可能观察和控制构成劳动者人力资本水平的所有变量。例如,研究能够观察和控制劳动者的教育程度,但其教育质量信息则是难以控制的。如果男性与女性,或是农村劳动力与城镇劳动力的教育质量存在系统的差异,那么使用回归分解方法就会得出错误的结果。例如,假设农村户籍劳动力普遍在低质量的学校里学习,在其他条件不变的情况下,这将导致具有同等教育程度的城乡户籍劳动力之间存在工资差距。因此,向具有同等的可观察生产力特征的工人支付不同的工资并不一定是歧视的标志,因为事实上,这两类劳动者真实的技能水平并非一致。

其结果是,反对者总是能够指出遗漏生产力特征变量,从而质疑回归分解方法高估劳动力市场歧视的程度。即使研究者努力尝试把所有能够想到以及能够观察到的技能变量都纳入回归模型,仍然会被批评遗漏了诸如能力、偏好和行为动机等难以观察的变量,而这些变量在不同群体之间也总是存在差异的。现有研究进展表明,相比经典的人力资本变量,学术界现在可以利用更多因素和机制对性别工资差距加以解释。例如,一些研究发现,非认知技能或人格特质,风险偏好、竞争意识等心理属性对教育获得、职业选择和工资收入等具有广泛影响,且非认知技能和心理特征存在性别差异,因而对性别工资差距具有

---

① R. S. Brown et al., Incorporating Occupational Attainment in Studies of Male-Female Earnings Differentials, *Journal of Human Resources*, 1980, 15(1): 3-28.
② 卿石松、郑加梅,"'同酬'还需'同工':职位隔离对性别收入差距的作用",《经济学(季刊)》,2013 年第 2 期。

潜在的解释作用①。如果忽视这些变量,工资差距的回归分解结果就会存在疑问。

然而,在工资方程中加入越来越多的控制变量,最终结果也可能掩盖劳动力市场的歧视证据。例如,劳动力市场存在两类行业(企业),一些行业(企业)针对女性或农村劳动力存在严重的工资歧视,而另一些行业(企业)则没有歧视,如果劳动者对此完全知情并做出合理的规避,女性或农村劳动力最终会选择进入没有歧视的行业(企业)。此时,在工资方程中控制行业(企业)的固定效应,就会得到劳动力市场没有工资歧视的结果,但它与实际情况完全是两回事。

此外,回归分解方法把由前市场歧视形成的生产力特征差异当作可解释的部分,因此也可能低估歧视的影响。绝非巧合的是,与白人相比,黑人受到的正规教育较少,且进入质量较低的学校学习。与之类似,中国农村落后地区或城镇外来流动人口的随迁子女,没有机会接受高质量的正规教育。当他们进入劳动力市场之后,最终会因为人力资本累积较少,而获得与之相称的"公平工资"。由此,研究者也许会得出劳动力市场没有歧视而教育领域存在歧视的结论。但如果劳动力市场歧视能够作用于教育决策,这样的结论就是错误的。事实上,劣势群体在工作动力、教育程度等方面的差别,反映了现实的和预期的劳动市场歧视。在某种程度上,至少是由于现实的和预期的歧视,妇女和农村劳动力才会选择特定的行业和职业;因为潜在的劳动力歧视降低了他们的预期收入,所以他们所受的教育较少,工作动力也较弱。

此外,工资差距分解方法面临的另外一种批评则是其对于描述现状非常有用,但对于因果关系的检验存在不足。分解方法主要通过排除可观测的生产力特征差异之后,间接而非直接地得到劳动力市场歧视的证据。尽管我们可以明确工资差异的程度以及歧视所占比重,但我们无法明确知道歧视的来源及其作用机制。比如,我们无法识别和区分,不能被解释的工资差异究竟是源于雇主偏见还是统计性歧视。

三、歧视测量的实验方法

为了弥补回归分解方法的不足,随着实验和行为经济学发展,研究者已经开发利用实验方法来测量和分析劳动力市场歧视问题,如雇佣审计(hiring audit)和通信检验(correspondence tests)等。

雇佣审计源于19世纪70年代美国住房与城市发展部对房地产市场种族歧视的审计(audit)。该方法主要是设定两个(类)被试者,除了身份(如性别、民族)不同,其他所有的

---

① 郑加梅、卿石松,"非认知技能、心理特征与性别工资差距",《经济学动态》,2016年第7期。

个体特征都一样。然后,让他们同时申请工作、求租住房或申请贷款等,并把整个过程的遭遇和结果观察记录下来,以便最终分析是否存在相关的歧视。例如,一项影响很大的该类研究是餐厅服务员招聘阶段性别歧视的审计[①]。在这项研究中,两位女大学生和两位男大学生手持相同(以及虚构)的简历,配对申请美国费城65家餐厅的服务员工作。这样设计的目的,是保证总体以及每家餐厅的女性和男性申请者平均的生产力特征是一致的,而餐厅则按照消费价格可划分为高、中、低三档。即使申请者的书面简历几乎都一样,但结果发现,高档餐厅歧视女性而低档餐厅则对女性青睐有加。在高档餐厅提供的13个职位中,男性得到了11个;而在低档餐厅的10个职位中,8个给了女性。显然,高档餐厅的工资水平高于低档餐厅,这就意味着雇佣歧视会导致性别工资差距。

当然,劳动力市场歧视的审计研究也存在很多局限和不足。首先,类似于工资差距的回归分解,研究者需要对两个(类)被试者生产力特征的所有维度进行完美匹配,包括面试行为和表现都要在实验前进行严格训练和控制,这几乎也是不可能的;其次,试验参与者的主观因素会影响最终结果和结论。因为实验并非"双盲"设计,被试者知道实验的目的,而且他们可能存在支持或反对劳动力市场存在某类歧视的先验观念。因此,实验参与者的预期和行为会以非随机的方式影响实验的结果。例如,实验者预期会受到雇主的歧视,可能会表现得灰心丧气、紧张或在面试中产生防卫心理而影响实验结果。

通信检验方法则不需真实的测试人员参与,研究者主要通过邮寄或传真虚构的配对简历,根据雇主的回应率来判断就业歧视。具体来说,研究者针对报纸等新闻媒体上真实的招聘广告,设计一套虚构的简历,其他所有的个体特征都一致,只是身份特征不一样。然后把这样的简历同时发送给雇主,如果两类群体得到的面试通知数量不一样,就意味着存在歧视。例如,一项著名的种族歧视的通信检验,就是对波士顿和芝加哥报纸上的招聘广告投递虚构的配对简历[②]。简历上其他特征和信息都一样,只是随机地在一半的简历写上听起来像白人的名字(如 Emily Walsh, Greg Baker),另一半简历的主人公则是典型的黑人名字(如 Lakisha Washington, Jamal Jones)。研究者向销售员、行政助理、会计和客服等工作类型邮寄了近5 000份申请简历,结果一共收到1 300个面试邀请,但是"白人"的面试通知比"黑人"的面试通知多了50%。

相比上面介绍的有被试者参与的实验方法,通信检验方法有以下几个优势:第一,因为没有被试者参与,避免了面试环节主观因素难以控制的问题,雇主仅仅通过完美匹配的

[①] D. Neumark et al., Sex Discrimination in Restaurant Hiring: An Audit Study, *The Quarterly Journal of Economics*, 1996, 111(3): 915-941.

[②] M. Bertrand and S. Mullainathan, Are Emily and Greg More Employable than Lakisha and Jamal? A Field Experiment on Labor Market Discrimination, *American Economic Review*, 2004, 94(4): 991-1013.

简历获得信息,能够提高两类群体之间的可比性,保证了观察的结果差异仅仅是因为身份差异导致的歧视;第二,这种实验方法成本较低,研究者可以发送大量虚构简历去申请某类或某个劳动力市场的工作岗位,从而获得更多的研究样本,增加实验结果的可靠性和有效性。

当然,这两类实验方法都存在一些共同的局限和问题。一是适用范围有限,主要用于测量劳动力市场入口阶段的雇佣歧视,无法检测企业内部的工资、晋升等过程中的歧视问题。因此,也只能得到略显粗糙的结果,无法全面地衡量和分析劳动力市场的多种歧视表现形式。二是可能高估劳动力市场歧视程度。一方面是难以有效匹配简历或被试者,但即使非常成功的匹配也会产生偏差,因为当其他情况都一样时,性别等身份特征就成了唯一的区别和雇主雇佣决策主要的考虑因素,事实上加剧了歧视的严重程度。另一方面,实验方法无法完全模拟现实劳动力市场的最优求职策略和行为,比如劳动者会在求职过程中根据所掌握的信息随时做出调整,以便减少自己可能遭遇的歧视程度,实验结果可能偏离真实情况。三是实验研究面临伦理道德问题,比如无故增加企业招聘工作负担,当企业为"申请者"提供面试通知或工作机会被"爽约"时,可能会扰乱市场信号和企业的雇佣决策[①]。

第四节 劳动力市场歧视规制与政策应用

为了尽量减少劳动力市场歧视带来的不公正,除了在经济学上对劳动力市场歧视进行合理的界定外,更主要的就是在实际工作中减少歧视现象对经济、社会产生的副作用。对此,不同国家和地区的政府相继出台了一些有关的法律、政策,并通过响应组织机构对劳动力市场进行干预。这些努力有的看起来卓有成效,有的则尚待实践的验证。

一、国外反歧视立法与行动[②]

为了消除劳动力市场歧视,国外政府已经颁布了一系列法律、规章,提出了对几乎所有的雇主都适用的非歧视性要求。以美国为例,这些规章中最主要的就是《平等支付法》

---

① 更多讨论和评价请参见 M. Bertrand and E. Duflo, Field Experiments on Discrimination, NBER Working Paper, No. 22014, 2016, http://www.nber.org/papers/w22014.

② 此部分来源于:卿石松,"美国反就业歧视立法",《中国劳动》,2008 年第 3 期。

和《民权法案第七章》的有关规定。

（一）同工同酬

《平等支付法》（EPA，1963），也叫同工同酬法。该法的立法宗旨是禁止以性别、种族等身份因素决定劳动者的薪酬差异，并注明同工同酬之原则，即从事对技能、责任和艰苦程度的要求相等并且工作条件相似工作的劳动者，雇主必须支付相等的薪酬。随着《平等支付法》的实施，雇主带有明显的工资歧视的支付行为不存在了，在同一企业从事同样工作的劳动者，其工资不平等状况基本得到改善。然而，该法最大的一个缺点就是，对雇佣及晋升等未做任何规定，使得平等支付的原则对女性等劣势群体只能起最低工资法的作用，并且往往导致雇主拒绝或减少劣势群体的雇佣。

于是，美国在1964年又颁布了一部具有划时代意义的反歧视法案——《民权法案第七章》（Title VII of the Civil Rights Act）。这项法案禁止雇主进行种族、肤色、宗教信仰、性别或国籍歧视，包括工资和就业机会，并且把就业服务中介机构（employment agency）和工会也纳入该法的规范之中。该法的例外条款是，如果宗教信仰、性别或者国籍等因素是雇主事业正常运作所必需的真实职业资格（BFOQ），如女子监狱、教堂神职人员等的区别对待不算违反该法。这两部法律有效地促进了女性等劣势群体的就业水平、就业质量和收入的上升。

（二）可比价值

许多国外学者认为能够达到"同工同酬"目标实际上只能取得一种虚假的胜利，因为职业已经被进行了如此严格的隔离，所以男性与女性、黑人与白人很少是真正"同工"的，这在我们前面提到的职业拥挤和二元劳动力市场模型中可以在理论上切实地感觉到。例如，在实行"同工同酬"20年后，20世纪80年代中期美国劳动力市场上女性的平均工资仍然只有男性的70%。

提倡可比价值（comparable worth or equal pay for work of equal value）原则的学者认为，这种收入差距是由于职业隔离造成的。因此，为了进一步缩小收入差距，具有相同价值的不同工作也必须支付相同的工资，即把同工同酬原则推广到要求对类似的或可比价值的工作提供相同的报酬。其中，工作的价值由工作评价（包括技能、责任、工作条件等）得到。在这种情况下，一位女性秘书报酬的比较对象就不再仅仅是男性秘书的报酬，而可能是男性邮递员的报酬。这种比较的好处在于消除职业隔离背景下"同工同酬"的不足。在"同工同酬"政策下，女性秘书的比较对象只能是男性秘书，但同一单位可能只有女性秘书而缺少比较对象，结果"同工同酬"只是一句空话。而在可比价值或"等值劳动、等量报酬"

原则下，报酬比较的要求是基于职业价值而不是职业或岗位名称，故它在理论上更能实现男女收入的平等。

可比价值理论的支持者们倾向于不把雇主看成简单经济理论中的劳动力需求模型所假设的那种消极的工资接受者，而是把他们看成一种有能力确定自己所支付的工资的机构。正如我们在前面所看到的，许多雇主支付给雇员的工资都被人们认为是效率工资，同时它们也非常注意自己的雇员对工资公平程度的看法。我们确实可以看到，较大的雇主常常运用较为复杂的工作评价计划来确定与各种工作职位相联系的，以及与每一种工作职位内部的各个晋升层级有关的内部工资差别。正是这些可比价值的倡导者们所推崇的工作评价体系将女性工作的报酬水平提高到与可以观察到的男性工作的工资相同的水平上。

但反对者认为，可比价值使得某些既定工作的工资不合理水平提高到市场水准以上，从而导致女性和男性的就业都减少，并且当偏好在女性和男性之间存在系统性差异时，根本就没有理由要求对可比价值的工作支付同样的工资[1]。可比价值使工资由工作评价决定，而不是由劳动力供求关系决定，这会导致劳动力资源配置扭曲，如在明尼苏达州（州政府执行可比价值原则）根据可比价值确定的工资水平使得每一个图书馆管理员岗位有40~60个申请者，而公共护理部门却招不到合适的人[2]。此外，工作评价确实很难做到客观、精确，基于工作评价的可比价值原则的效果与工作价值评估者的选取存在高度相关[3]。可比价值的支持者和反对者都将价值评估作为该方法的一个难题来看待。尽管"可比价值"的操作性值得进一步研究，但是它的意义在于，为解决"同工同酬"实行后依然出现的女性等劳动力市场少数群体收入偏低，消除职业隔离造成的收入差距等问题进行积极探索。

应该说，在美国和英国执行可比价值的最初效果看来既不是像它的赞成者所期望的那样积极有效，也不像它的批评者所预言的那样可怕。赞成者希望女性的工资能够大幅度上升，但是据估计，男性和女性之间的工资差别所受到的影响实际上是很小的。而可比价值的批评者则坚持认为，进行可比价值性工资调整，即提高女性占主要数量的那些职业的工资水平，会导致雇主削减它们在这些职业中所雇用的妇女数量，从而降低妇女的就业量。然而，一系列经验研究在对已经完成可比价值性工资调整的案例进行分析之后发现，即使这种工资调整对妇女的就业有消极的影响，这种影响的程度也是很小的；而在有些研

---

[1] M. R. Killingsworth, Heterogeneous Preferences, Compensating Wage Differentials, and Comparable Worth, *Quarterly Journal of Economics*, 1987, 102: 727-742.

[2] S. E. Rhoads, *Incomparable Worth: Pay Equity Meets the Market*, Cambridge: Cambridge University Press, 1993, p.5.

[3] E. J. Arnault, An Experimental Study of Job Evaluation and Comparable Worth, *Industrial and Labor Relations Review*, 2001, 54: 806-815.

究中,则根本没有发现这种调整会对妇女的就业产生负面影响。

(三) 积极行动

由于生理差异,以及历史原因造成男女、黑人与白人的起点不同、深层发展机会不平等。针对这些问题,仅仅依靠性别平等或性别独立的政策是不能解决的。要实现男女平等的目标,就必须正视性别之间的差异和深层的机会不平等,采取有利于弱势群体增进机会和选择权利的保护性措施和积极差别对待政策,从而有效地促进性别平等和发展。美国的积极差别对待政策,最早出现在肯尼迪总统1961年的《10925号行政令》中提出的积极行动计划(Affirmative Action)。要求政府契约方不仅不能再有歧视的现象,而且必须采取积极措施确保工作申请者得到雇佣和雇员不受种族、信仰、肤色或国籍的影响而得到公平的对待。1965年约翰逊总统的《11246号行政令》重申了这个要求,1967年的《11375号行政令》把覆盖范围扩大到妇女。后来的规则进一步细化了这个原则,要求雇主对因过去的歧视行为对目前造成的影响进行自我检查,并将消除歧视结果的积极性措施的目标和时间表上交劳动部门。

近年来,比例制或称配额制是目前国际上通行的一项保障两性平等机会的制度安排,是消除歧视等造成的不利影响的积极措施。如挪威立法规定,从2008年开始,所有的上市企业必须保证女性和男性的比例都不低于40%。据统计,至少有22个国家通过了类似的法律,至少有40国家通过宪法修正案或修改选举法在国会议员选举中实行性别配额制度[1]。此外,大量的企业和非营利组织积极提高女性在高层职位的代表性。

虽然积极措施取得了一些成就,但也受到一些批评,认为积极措施会产生优惠对待(preferential)并形成反向歧视。因为积极行动计划可能会对女性进行优惠对待(即为了雇用一定比例的女性劳动者,雇主不得不降低雇佣标准)。但 Holzer 和 Neumark 对积极行动计划做了一个全面的文献回顾[2],得到的结论是积极行动计划提高了女性和少数民族的就业率和接受培训的机会,并且同等工作上女性和少数民族的任职资格和工作绩效并不比白人男性低,即积极行动计划并没有对这些群体进行优惠对待,也没有造成生产效率损失。

(四) 歧视诉讼与救济

除了制定了相关的反歧视法律之外,美国政府反就业歧视的一个重要举措就是设立一个专门的机构——平等就业机会委员会(EEOC)负责法律的执行。EEOC 是一个独立

---

[1] 数据来源于 http://www.quotaproject.org.
[2] H. Holzer and D. Neumark, Assessing Affirmative Action, *Journal of Economic Literature*, 2000, 38: 483-568.

的准司法机构,由五名委员(任期五年)和一名总辩护律师(任期四年)组成,全部成员都由总统任命并经众议院批准生效。五人委员会负责法律的执行、平等就业机会的政策制定和法律的宣传普及,如向雇主和雇员提供法律咨询、培训和相关信息等。总辩护律师负责由EEOC执行的法律诉讼。半个多世纪以来,美国EEOC在消除就业歧视、促进就业平等方面发挥了极其重要的作用。据统计,在1997—2010年财政年度内,每年受理的歧视控告在7.5万～10万件,2010年共受理99 922件,其中与性别相关的案件29 029件[①]。

一般说来,EEOC在正式受理劳动者关于就业歧视的控诉后,就会直接展开证据调查工作。在调查过程中,可以查阅相关信息和文件、询问相关人员和访查涉案企业,有权根据调查证据决定是否撤销歧视控诉。在调查取证的任何阶段,EEOC会在双方自愿的条件下寻求歧视控诉的调解工作。调解不成则进入仲裁阶段,仲裁需要双方遵守保密、自愿和对结果一致同意的原则。如果仲裁失败,歧视控诉案件又回到调查阶段,EEOC会根据进一步的调查信息做出撤销案件或提起诉讼的决定(EEOC可代理受害人直接向法院提起民事诉讼,被告是政府的除外)。如果EEOC决定撤销控诉或是决定不予起诉,受害方有权自发出通知之日起90天内自行向法院提起民事诉讼。如果法院判定就业歧视成立,EEOC就会依法负责对判决的执行,并监督、指导雇主采取补救性的措施尽量消除歧视的不利影响。

如果歧视控告成立或歧视诉讼成功,不管是不是由故意歧视导致的,只要具有歧视效果,雇主都必须对受害人进行以下救助或补偿:补发欠薪、雇佣、晋升、重新安置、提供合适的工作便利或采取其他恢复原状(没有歧视情况下的状况)的措施;当恢复原状不可行时,必须补偿未来工资的损失。补偿还包括律师费、专家证人费和诉讼费等。

如果歧视被证明是故意或雇主恶意和不计后果的粗心大意造成的,EEOC会让雇主向受害人支付惩罚性补偿,包括实际经济损失补偿、未来经济损失补偿和精神损失补偿。除了经济补偿之外,EEOC会要求雇主在醒目和方便阅读的情况下,贴出公告,向所有雇员告知他们在EEOC所能获得的法律援助和免遭雇主报复的权利。最后,EEOC还要求雇主采取纠偏行动防止或减少类似歧视案例的发生。

二、中国的反歧视措施与制度优化

(一)建立完善城乡统一的劳动力市场

应从确立市场的公平竞争方面,做一系列有益的工作。在市场经济中,我们应该确立

---

① 数据来源于http://www.eeoc.gov/.

的思想观念是,不是追求结果均等,而是机会均等,所有在市场上寻找工作并具有相同生产率的劳动者都应该得到同等的对待。从经济学理论来看,由于企业是追求利润最大化的,较高程度的竞争和自由流动有利于企业实现按照边际生产率的标准雇用人员,并减少劳动力市场的歧视现象。因此,确立公平的市场环境的重要一步就是充分发挥市场机制的作用,并减少产品市场或劳动力市场结构方面垄断行为的存在。在此基础上,全面深化户籍制度、劳动与社会保障制度改革,加快建设和完善城乡统一的劳动力市场。同时,针对现有的公共政策进行评估和清理,消除一切不利于劳动者平等就业的政策措施,如男女差别性退休年龄政策。

(二)完善反歧视立法,强化法律规制

我国多次立法重申反对工资和就业歧视。相关法律条文在《宪法》《劳动法》《劳动合同法》《妇女权益保障法》和《就业促进法》等法律、行政法规、部门规章、地方性法规,以及我国批准的国际公约等文件中都有体现。《中华人民共和国宪法》第48条规定:"妇女在政治、经济、文化、社会和家庭生活等方面享有同男子平等的权利。国家保护妇女的权利和利益,实行男女同工同酬。"《中华人民共和国劳动法》第12条规定:"劳动者就业,不因民族、种族、性别、宗教信仰不同而受歧视。"《中华人民共和国就业促进法》第3条也有类似规定,并在第27~31条分别对女性、少数民族、残疾人和农村进城劳动力的平等劳动权利进行了规定。

然而,由于立法内容注重原则性,法规条文过于空泛,缺乏执法的可操作性,如歧视的内涵没有明确规定,执法和司法机构以及利益相关者识别和判定歧视没有依据,难以有效执行。因此,下一步工作重点是不要再限于倡导性、宣言式的条文,而是制定更多程序性、可操作性的条例。

(三)强化政府责任,加强歧视行为和结果的司法救济

劳动力市场歧视无法自行消除,必须加强政府干预和司法救济。我国的相关法律也规定政府在促进就业公平和反歧视中的作用,如《就业促进法》第25条规定:"各级人民政府创造公平就业的环境,消除就业歧视,制定政策并采取措施对就业困难人员给予扶持和援助。"

政府反歧视责任的重要方面,就是强化歧视行为的司法救济。尽管《就业促进法》第62条规定"违反本法规定,实施就业歧视的,劳动者可以向人民法院提起诉讼",但鉴于法律条文缺乏实施细则和程序性规定,以及劳动者的弱势地位,担心被雇主"秋后算账"而实施打击报复,使得歧视行为时常见诸报端,但歧视诉讼案例则非常少。因此,需要政府以

及第三方的帮助。例如，一些国家为了加强执法效果将法律处罚和补救结合起来使用，建立了歧视制裁和赔偿制度，通过制裁手段遏制歧视行为。对违法者缺乏必要的追究和处罚措施，是我国有关歧视立法的一个显著特征。因此，需要进一步完善现有法律法规，对歧视行为及结果的判定依据、举证责任和司法程序等都进行细则规定，并明确规定违法责任，提高法律效力，加强司法救济。

（四）倡导先进的社会文化，促进社会平等意识主流化

要消除劳动力市场歧视，还有必要全面加强全社会的文化建设，提高广大雇主、雇员和人民的公平意识和社会责任感，以最大限度地减少歧视现象的发生。根据"个人偏好模型"，很大一部分劳动力市场歧视现象的产生是由于雇主、雇员和顾客等多方面的个人偏见而产生的经济后果。例如，我国社会传统文化中的重男轻女观念根深蒂固，社会性别观念上的刻板认知和社会偏见是性别不平等的根源。社会平等问题不从源头上解决，将永远是人类社会健康发展的阻碍，社会平等思想的主流化是解决这一问题的根本途径。因此，要消除劳动力市场歧视现象，应考虑通过全社会和社区的思想文化建设来逐步消除人们的社会偏见和等级意识，用一种更公平、更健康的心态来面对市场和社会。

本 章 小 结

劳动力市场上的歧视，是指那些具有相同能力，并最终表现出相同的劳动生产率的劳动者，由于一些非经济的个人特征引起的在就业、职业选择、晋升、工资水平、接受培训等方面受到的不公正的待遇。通常被分为工资歧视、就业歧视、晋升歧视等。到目前为止，比较有代表性的歧视理论包括个人偏见歧视理论、统计性歧视理论等。经济学家们往往是从相关条件平等时出现了不平等的结果，来推断歧视现象是否存在的，并间接地测定受歧视的程度。主要的测量方法有基于回归的工资差距回归分解，以及劳动力市场的实地实验等。目前，世界上许多国家和地区都在不同程度上制定了相关的法律法规，与劳动力市场上的歧视现象作斗争。

复习思考题

一、名词解释

劳动力市场歧视　　工资歧视　　统计性歧视　　偏见歧视

二、简答题

1. 你如何理解中国劳动力市场性别工资差距扩大的现象？
2. 劳动力市场歧视的含义是什么？怎样理解前市场差别和劳动力市场歧视的关系？
3. 个人偏见模型是怎样的？雇主歧视、雇员歧视和顾客歧视的经济含义是什么？
4. 统计性歧视的含义是什么？为什么它会给相同素质的劳动力带来不同的待遇？
5. 非竞争性歧视模型主要包括哪几种类别？它们产生的原因是什么？
6. 你认为 Oaxaca-Blinder 分解方法，是否真的能够测量劳动力市场歧视？
7. 可比价值理论和市场经济的一些观点有时存在不一致性，为什么应以市场竞争原则作为调节劳动供求的主要力量？

附录7-1　女性就业"暗门槛"，怎么拆[①]

"只限男生""男生优先"……中国传媒大学女生小赵说起之前在招聘会上遇到的性别歧视就十分沮丧。虽然小赵有中央媒体实习经历，又有博士学位，但"用人单位还是最青睐男硕士毕业生，女博士的竞争力甚至不如某些名校男本科生"。小赵说，求职面试时，还会被问到婚育计划、会否生二孩等问题。

人力资源和社会保障部数据显示，2016年高校毕业生765万人，就业形势艰巨、复杂。在我国正式实施全面二孩政策后的首个毕业求职季，可能承担的两次生育会怎样影响女性毕业生求职就业？女大学毕业生就业这个老问题再次受到关注。

求职女性：不少人遭遇性别歧视

全面放开二孩后有媒体曝出："两个孩子的妈妈"成为女性求职者中有"优势"的人。然而这种"优势"背后，却从来不乏对女性的"就业歧视"。

---

① 贺勇、张丹华，"女性就业'暗门槛'，怎么拆"，《人民日报》，2016年8月8日。

据了解,招聘中的显性性别歧视包括:在招聘信息中注明限招男性、男性优先、已婚且育有孩子的女性优先、提高对女性的学历要求、增加身材相貌等外在附加条件、规定几年内不得结婚或生育等。隐性歧视则更多变,如询问女大学生恋爱、婚育状况、生育规划等私人信息,强调岗位需要经常加班、男生更合适等。2014年全国妇联妇女研究所课题组对北京、河北、山东应届本科毕业生展开调查,86.18%的女大学生受到过一种或多种招聘性别歧视。

"女性就业歧视的现象在毕业季经常遇到。"西安交通大学学生就业创业指导服务中心副主任李勇介绍,该校对此采取了措施,如让招聘单位先在学校就业信息网上注册,由就业创业中心审核,决不允许出现限定院校、性别、民族等歧视性招聘信息。但这尚不能完全解决问题。"有企业到学校招聘20人,其中只招了一个女生,校方也没有干涉的权利。"李勇无奈地说。

中国人民大学国家发展与战略研究院2015年发布的研究报告显示,在使用相同背景的简历情况下,男生求职者接到面试邀请的次数是女生的1.42倍。李勇说:"全面二孩政策后,不管在哪个行业,女生的就业过程都会受影响,尤其是需要加班、出差或劳动强度较大的工程类、IT类、制造类、建筑类等行业。"

此前还有调查指出,在年均劳动收入等就业质量方面,女大学毕业生也明显低于男大学毕业生。

用人方:顾虑女性生育带来的用工成本增加

结婚、生育、就业,都是女性受法律保障的权益;但倾向于"不选穆桂英"的用人方,却有自己的考量。

全国妇联妇女研究所研究员马焱分析,用人单位主要顾虑女性生育带来用工成本的增加,包括经济成本、时间成本和运营成本等。女大学生工作后一旦结婚生子,产检假、产假和哺乳假随之而来,单位就面临人员紧缺、寻找替代劳动力的困难。

全面二孩政策后,各地相继修订地方计生条例,在国家规定的98天产假基础上延长了1~3个月。尽管对女性生育是一种保障,可"女员工休一次产假要影响一两年正常工作,薪资、保险等还要发,多生个孩子又意味多一倍的影响"。西安市一家民营制药企业人事资源部经理郭瑞林如是说。毕业工作不久后结婚生子是很多女生不得不面临的现实,如今,生育还可能是两次。

这样的"计较"还会持续到女职工生育后。在我国传统观念中,打理家务、照料孩子,大多默认为女性的责任。由于这种中国传统家庭性别分工模式目前尚未打破,加之当前公共托幼服务的严重欠缺,女性在养育孩子的过程中往往要比男性付出更多的时间精力,更不用说有两个孩子的家庭。不管用人方是出于经验还是成见,"在女性为家庭主要照料者角色没有被打破,支持生育、支持女性发展的家庭友好型政策没有有效衔接之前,用人方会担心女性在生育、抚养子女和料理家务方面耗费了大量精力,不能保证全身心地投入工作。"马焱说。

专家:保障女性生育权和就业权需多方发力

《妇女权益保护法》明文规定:"除不适合妇女的工种或者岗位外,不得以性别为由拒绝录用妇女或者提高对妇女的录用标准。""现行反就业歧视立法适用范围太窄,禁止就业歧视的事由过少。我们需要制定一部反就业歧视的基本法,同时建立救济措施和机制。"中华女子学院教授孙晓梅说。

而针对二孩生育对女性求职就业带来的影响,陕西省社科院社会学研究所副研究员尹小俊建议出台相关财政补贴措施或是生育奖励措施,来降低企业的成本损失。

"生育行为是全社会都应给予关注和支持的系统工程。国家应采取措施将女性生育成本社会化,至少是部分社会化。"复旦大学人口与发展政策研究中心主任彭希哲认为,企业因女职工生育而受到的影响,政府应介入并建立相关机制分担这部分成本,如进一步完善生育保险制度、扩大覆盖范围和延长享受时间等。另外,在鼓励企事业单位建设托儿所和幼儿园时,政府可对企业自办的托儿所和幼儿园给予适当补贴。

不少国家意识到解决女性工作和育儿家庭责任之间冲突的重要性,采取了多种措施。比如新西兰带薪产假中的"薪"是由政府发放;俄罗斯产妇半薪产假中产妇所领工资40%的补贴由国家社会保险基金支付。

在保障女性生育权和就业权的同时,越来越多的国家开始认识到双亲共同参与婴幼儿照料事务的重要性,推行"男性产假""父母共享育儿假"。瑞典实施"育儿假的男性配额制度",在480天的带薪产假中,60天是"父亲产假",不可转让给配偶;父母若共同使用育儿假,每天可获得5欧元的"性别平等奖励"。专家认为,这种做法一方面向社会传递了父亲应该同样履行育儿责任的正面信息,另一方面也减轻了女性育儿负担,有助于保护女性的就业权利。

附录7-2 全国首例户籍就业歧视案原告获补万元[①]

据中国之声《新闻纵横》报道,2013年4月,安徽宣城籍女大学生江亚萍想应聘南京

---

① 张秋实、蔡薇,"全国首例户籍就业歧视案原告获补万元",中国广播网,2014年8月8日。

市人力资源和社会保障局电话咨询中心话务员,却因非南京户籍被拒,她认为遭遇户籍歧视,于是决定诉诸法律。如今,一年过去了,昨天,这起"全国首例户籍就业歧视案"有了新的进展。

经过15个月的马拉松式维权之战,江亚萍已于昨天下午拿到了11 000元的赔偿款,这也为全国首例户籍就业歧视案画上了一个句号。

2013年4月8日,即将从安徽师范大学法学院毕业的江亚萍在网站上看到南京市人社局下属的南京市人力资源和社会保障电话咨询中心对外招录10名"12333"电话咨询员。结果在报名过程中,江亚萍因为不是南京户籍,遭到拒绝。

江亚萍:我说各项条件都挺符合,是不是可以报名参加?他说可以。我说我有一个顾虑,我不是南京的,我是安徽的,可以吗?他说不行,不是南京的不能报名。

对于为何拒绝外地户口报名,南京市人社局给江亚萍的解释是,这次招聘的电话咨询员待遇不高,如果是外地人来应聘,可能会因为生活成本高,没有办法长期干下去。另一个原因是,南京市人社局认为外地人听不懂南京方言,所以只招南京户籍的。这些理由让江亚萍无法接受。

江亚萍:他预先设定了外地人因为成本问题不能长干,他也不能排除本地人因为待遇低而有更高追求也干不长,他用一种跟工作能力等无关的东西预想一个条件去排斥外地人求职,我觉得是不合理的;第二个方言问题,现在普通话很普及了,不可能一个人一点普通话都不会。

江亚萍认为自己遭遇户籍歧视,便将此事投诉到江苏省人社厅,却没有得到任何回复。因投诉无果,2013年5月15日,江亚萍将南京市人社局告上法庭;5月31日,南京市玄武区人民法院认为,该纠纷属于劳动争议纠纷,裁定不予受理。

江亚萍代理律师许英:后来法院给了不予受理的裁定书,法院认为这是个劳动争议,应该先去劳动仲裁。

针对玄武区法院不予立案的答复,江亚萍和代理律师并不认同,一番商量后两人决定继续上诉。

许英:我们认为这个不属于劳动争议,所以就上诉了,向南京中院上诉。

7月23日,江亚萍委托律师正式向南京市劳动仲裁委员会申请劳动仲裁,却以南京市人社局不是本案适格被告,依法驳回原告起诉。

代理律师许英:南京市仲裁委员会觉得这不是一个劳动争议案件,因为提供不了双方存在劳动关系的基本证据,所以就裁决不予受理。

诉讼被多次驳回并没有打消江亚萍维权的念头,在应聘南京市人社局岗位招聘遭拒后,江亚萍后来在南京找到一份法律助理的工作,她认为南京市人社局的招聘条件存在明显的户籍歧视,有悖于公平。11月20日,江亚萍将南京市鼓楼区人力资源服务中心作为被告向南京市鼓楼区法院提起诉讼,法院正式立案,并于2014年7月30日开庭审理。

江亚萍:自己觉得这是不怎么公平的事情。我需要一个说法,就像秋菊一样想要讨个说法。

经法院调解,江亚萍与被告南京市鼓楼区人力资源服务中心达成调解协议,由被告一次性支付原告11 000元赔偿金。对于自己付出15个月换来的调解结果,江亚萍表示,重点不在赔偿金,而是寻求一种平等。

江亚萍:就觉得作为政府机关怎么能带头实施就业歧视,觉得不太合理,想要做一些事情维护自己的权益。

记者了解到,目前我国《劳动法》《就业促进法》中并没有明确禁止就业户籍歧视,但在国务院2013年发布的《关于做好2013年全国普通高等学校毕业生就业工作的通知》中则明确提到,招聘高校毕业生不得以年龄、户籍等作为限制性要求。江亚萍的代理律师许英表示,作为全国首例户籍就业歧视案,以调解获赔的方式结案,对以后的户籍就业歧视案具有极高的参考价值。

许英:它的案由是一般人格权侵权,有了这个案例做参考,以后遇到户籍就业歧视的时候可以向人民法院起诉。

目前,国家正在推进户籍制度改革,就业中的"户籍限制"无疑与户籍制度改革的精神相悖。安徽大学社会学系教授王云飞认为,该案中原告获赔,是在提醒用人单位不应在招聘中设置户籍门槛,否则可能站在被告席上,对于求职者来说,也能带来启发。

王云飞:每个人只要受到歧视性的待遇,拿起法律武器捍卫自己的权益,使他们感到来自民间的压力,主动改变不合时宜、违反法律的政策,这个时候不仅带来了社会的进步,也带来了社会的公平。

其实,近几年,这样的就业户籍歧视也并非个案,2013年10月,广州市民杨先生(户籍广西)在越秀区信息网上看到珠光街残疾人联合会公开招聘"残疾人专职委员",却表明了"申请人须具备越秀区户籍"。杨先生随后状告街道办。2014年4月,该案在越秀区法院进行调解,街道办当场支付杨先生1万元赔偿金。

其实,要真正破除和撼动户籍就业歧视,除了完善相关法律,加大对设置户籍就业歧视条件的用人单位惩罚力度之外,广大求职者也应该像广西杨先生和安徽女孩江亚萍一样勇敢地站出来,用法律手段维护自己的合法权益,保障自己的平等就业权。只有这样,才能提高用人单位的户籍歧视的违法成本,倒逼用人单位在招考、招聘职工时不设置户籍歧视条款。

附录7-3 贵州艾滋病就业歧视案原告胜诉①

一审获赔9 800元经济补偿法院未确认是否构成就业歧视

4月25日,贵州省黎平县人民法院对李成(化名)艾滋病就业歧视案做出判决。黎平县教育和科技局被判支付李成9 800元经济补偿。2013年10月,已经在特岗教师岗位服务3年的李成,打算和人力资源和社会保障局续约,却被告知因为其被查出艾滋病,故体检不合格不能续约。多位法律人士证实,这是国内艾滋病就业歧视案的首次胜诉。

事件:艾滋病感染者被迫离开讲台

李成今年33岁,是黔东南苗族侗族自治州人。2010年9月,他考入黔东南州黎平县某中学成为特岗教师。按照县人社局的相关政策,如果李成接下来的3年工作考核合格,便可以申请继续留在学校任教。

李成说,他喜欢教师这个职业,总是对这份工作充满激情。他回忆,自己3年教学中的6个学期,他有5个学期都是超负荷带班。一般老师带2个班,而他一直都是带3个班,超过一般老师一半的工作量。正因为如此,在同一个教学环境中,李成的考核都保持在前列。

2013年10月,李成满怀期待和学校签订留任合同,却被县人社局告知,李成的体检不合格,李成不能和人社局续签合同。李成后来得知,所谓的体检不合格,是自己被查出了HIV呈阳性。李成成了一名艾滋病病毒感染者。

2014年6月,李成向黎平县人事争议仲裁委员会申请劳动仲裁,要求继续从事教育教学工作,享受当地教师同等待遇;要求黎平县人社局、教育局赔偿经济损失22 400元,精神损害抚慰金5万元。10月10日,这些请求被全部驳回。

10月24日,李成又向黎平县人民法院提起民事诉讼。但法院裁定不予受理,理由是案件所涉人事争议属于政策性调整范围,应当由政府有关部门负责解决,不属于法院民事案件受理范围。

11月4日,李成向黔东南州中级人民法院提起上诉,请求撤销一审法院做出的不予受理裁定。2015年1月19日,黔东南苗族侗族自治州中级人民法院裁定黎平县法院应予立案。于是,在2015年2月9日,黎平县法院立案重审此案。

判决:精神损害赔偿要求未获支持

今年4月25日,黎平县法院做出判决,根据《劳动合同法》第四十六条第五款的规定,

---

① 韩林君,"贵州艾滋病就业歧视案原告胜诉",《京华时报》,2016年5月12日。

除用人单位维持或者提高劳动合同约定条件续订劳动合同,劳动者不同意续订的情形外,劳动合同期满后终止固定期限劳动合同的,用人单位应当向劳动者支付经济补偿。根据《劳动合同法》第四十七条的规定,经济补偿按劳动者在本单位工作的年限,每满一年支付一个月工资的标准向劳动者支付。六个月以上不满一年的,按一年计算;不满六个月的,向劳动者支付半个月工资的经济补偿。李成的原合同期限是3年零1个月,每月工资标准是2 800元。因此,黎平县教育和科技局应该补偿李成9 800元。黎平县人力资源和社会保障局作为合同的共同单位,承担连带补偿责任。

对于李成及其代理律师江小龙提出的,要求教科局继续聘用李成,并赔偿李成50 000元精神损害抚慰金的诉求,法院未予支持。在判决书中,对于科教局和人社局的行为是否对李成构成就业歧视,法院未予确认。

对于判决结果,李成表示,自己非常不满,虽然名义上自己胜诉了,但是工作还是丢了,实质上是败诉了。虽然对判决结果不满,但李成称不打算上诉了。因为,常年的法律维权行为让他花费了大量的时间和精力。江小龙说,尽管原告胜诉,但是法院判决并未支持原告提出的精神损害赔偿要求,这是一个遗憾。"这表明法院仅仅把该案当成是一个普通的劳动合同纠纷,而不是侵权案件,根本没有考虑到歧视对人精神的伤害。"

专家说法:法律上无专门反歧视法,就业歧视案难确定歧视

哥伦比亚大学法学院访问学者于方强等多位法律界人士证实,李成案是国内首例成功获得法院胜诉判决的艾滋病就业歧视案。此前的5个案例中,最佳的结果也只是当事人通过庭外调解拿到了4.5万元赔偿款。

中国政法大学宪政研究所副教授刘小楠说,就业歧视案之所以难以确认为歧视,是因为在法律上还没有专门的反歧视法,对于歧视的确认,零散分布在各个法律中,有些干脆就没有法律依据可寻。

另外,作为雇员的诉讼人往往难以拿到能够证明受歧视的证据。以前,用人单位往往还明确提出"只招男生"等歧视性的条件,但是,现在用人单位为了规避风险,往往把这些标准变成了隐性的。在国外成熟的反歧视法中,举证的责任大部分由雇主承担,雇主要主动拿出自己未歧视的证据。另外,就像李成一样,很多当事人在漫长的法律维权过程中中途放弃,因此维权结果也就流产了。

推荐阅读文献和书目

1. 卿石松,"职位晋升中的性别歧视",《管理世界》,2011年第11期,第28—38页。

2. M. Bertrand, S. Mullainathan, Are Emily and Greg More Employable than Lakisha and Jamal? A Field Experiment on Labor Market Discrimination, NBER Working Papers, 2003, 94(4): 991-1013.

3. M. Bertrand, E. Duflo, Field Experiments on Discrimination, NBER Working Papers, 2016.

4. A.B. Dan, Discrimination in an Equilibrium Search Model, *Journal of Labor Economics*, 1995, 13(2): 309-333.

5. F.D. Blau, L.M. Kahn, The Gender Wage Gap: Extent, Trends, and Explanations, Social Science Electronic Publishing, 2016.

6. K.K. Charles, J. Guryan, Prejudice and Wages: An Empirical Assessment of Becker's The Economics of Discrimination, *Journal of Political Economy*, 2008, 116(5): 773-809.

7. E.S. Phelps, The Statistical Theory of Racism and Sexism, *American Economic Review*, 1972, 62(4): 659-661.

第八章

收入分配差距变化的趋势、成因及对策

在第六章工资决定因素及其制度设计的分析中,我们讨论了个人、家庭和企业在劳动力市场上决策的行为,如同前几章一样,这些讨论涉及的都是劳动经济学中微观方面的内容。下面两章,我们将劳动经济分析扩展到劳动力市场中的宏观方面。现代经济学宏观分析的知识与微观不同,它将经济活动视为一个总体来观察。在现代劳动经济学中,宏观部分的分析内容包括收入分配、就业和失业等问题。本章我们讨论,从纵向时间序列来看,国内外收入差距变化的轨迹是什么,是扩大或者是缩小?收入差距扩大或缩小的背后原因是什么?国内外缩小收入差距的政策有哪些?从价值判断和政策含义来讲,收入差距讨论的核心是平等与效率的关系问题。如何既要保持经济增长,或者说是不损害经济增长,同时又能不至于产生两极分化,引起社会矛盾的激化,这成为现代国家收入分配政策设计的难点。在下一章,我们将集中讨论目前全社会更为关注的就业和失业的理论,以及各国政府的应对政策问题。

第一节　收入不平等测量及变化的趋势

一、收入不平等的测量

研究收入不平等首先要解决如何测量不平等程度的问题，有多种方法可以测量收入不平等。最简单的方法就是计算个人或家庭的最高收入与最低收入之间的差别比例，这样可以反映居民收入极值之间的相对差距，这种方法被称为差别倍数，也称极值比。与此类似的是收入等分法，这种方法先将收入数据由高到低排列，再进行 100 等分，可以比较不同百分位上的家庭或个人的收入并以此描述收入分布的情况。在文献中经常使用的是 90—10 工资差距与 50—10 工资差距；90—10 工资差距显示的是位于第 90 个百分位的家庭或个人，与位于第 10 个百分位家庭或个人之间的工资差距百分比，因此 90—10 工资差距提供了总体收入分布的一种测量方式；而 50—10 工资差距给出的是第 50 个百分位的家庭或个人，与第 10 个百分位的家庭或个人之间的工资差距，这提供了中等收入群体与低收入群体之前的不平等的测量。

基尼系数是衡量一个国家居民收入差距、反映收入分配不平等程度的综合性指标，取值在 0~1。越接近于 0，收入分配越平等；越接近于 1，收入分配越不平等。通常，把0.4作为国际警戒线[①]。基尼系数的计算与洛伦兹曲线密切相关，美国统计学家洛伦兹最早提出了洛伦兹曲线，他把社会各居民的收入按从小到大的次序排列，然后用横坐标表示累积的人数（或户数）百分比，用纵坐标表示累积的收入百分比，当累积量不断变化时，就可以画出从坐标原点(0,0)到点(1,1)的一条单调上升、下凹的曲线，这就是洛伦兹曲线。图 8-1 中的 L 曲线即为洛伦兹曲线，曲线上任一点表示相应的人口比重所占有的收入份额。当收入绝对平均时，洛伦兹曲线是连接(0,0)和(1,1)两点的直线 OA，也称绝对平均线。当收入绝对不平均时，洛伦兹曲线为折线 OBA，也称绝对不平均线。洛伦兹曲线的弯曲程度越大，收入分配就越不平均。

二、国际收入分配差距的变动

近 30 年来美国的收入差距呈现扩大趋势。图 8-2 描述了美国不同性别基尼系数

[①] 余芳东,"国外基尼系数",《调研世界》,2013 年第 5 期。

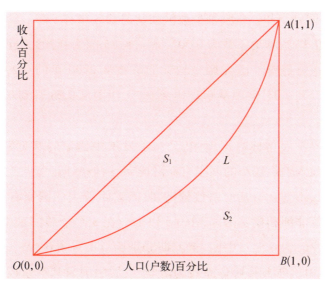

图 8-1　洛伦兹曲线

在 1967—2007 年的变化趋势,男性的基尼系数从 1967 年的 0.314 上升到 2007 年的 0.404,女性收入的基尼系数也在上升。此外,美国普查局在每年发表的《美国收入、贫困和医保范围》中,基于货币收入测算的基尼系数从 2000 年的 0.462 提高到 2011 年的 0.477[①]。

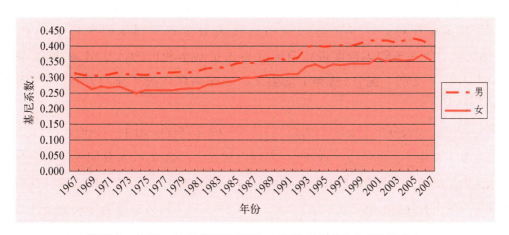

图 8-2　1967—2007 年美国按照基尼系数计算的收入不平等变化

资料来源:Measures of Individual Earnings Inequality for Full-time, Year-round Workers by Sex:1967 to 2007, U.S Census Bureau。

美国以外的多数 OECD、欧盟国家基尼系数,随着收入的增加也呈小幅上升趋势。英国从 20 世纪 80 年代中期的 0.286 提高到 2000 年代后期的 0.345,日本从 0.304 提高到

---

① 余芳东,"国外基尼系数",《调研世界》,2013 年第 5 期。

0.329。期间只有法国、比利时、希腊等少数国家基尼系数略有下降。欧盟统计局公布的数据显示,2011年欧盟27国基尼系数为0.307,欧元区15国为0.308。近10多年来,欧盟多数国家基尼系数呈上升趋势。欧元区平均基尼系数从2000年的0.29上升到2011年的0.308,英国从0.32升到0.33,德国从0.25升到0.29,法国从0.28升到0.308,意大利从0.29升到0.319[①]。

世界银行在世界发展指标数据库中,公布了发展中国家的基尼系数。自2005年以来,基尼系数较低、收入差距较小的国家有斯洛伐克、白俄罗斯、乌克兰、哈萨克斯坦、塞尔维亚等中、东欧国家,不到0.3;基尼系数较高、收入差距较大的国家有南非、巴西、哥伦比亚、智利、洪都拉斯等非洲和拉美国家,在0.5以上。在5个金砖国家中,南非基尼系数最高,为0.631;巴西次高,为0.547;中国、俄罗斯分别为0.425和0.401;印度最低,在0.4以下。由于税收体制、社会福利保障体系较为薄弱,发展中国家基尼系数总体上要高于发达国家[②]。

三、我国城乡居民收入分配差距的变化

1978年经济体制改革以前,从总体来看,我国居民个人收入分配状况表现为较为严重的平均主义格局。城镇居民收入分配的特点主要表现为低水平下的高度平均主义格局。国家统计局[③]、世界银行(1983)以及美国学者阿德尔曼和桑丁(1987)对1978年我国的收入不均等程度进行研究并得出了基本相同的估计结果,城镇基尼系数在0.16~0.17之间。况且,这种平均主义的分配格局在改革前的近30年时间里是相对稳定的[④]。

农村居民的收入分配主要表现为地区(社区)内部高度平均主义和地区(社区)之间的明显的收入差距并存的特点。改革前,中国农村尤其是作为收入分配主体的生产队和生产大队内部的收入分配,大多采取偏重均等的分配机制,从而导致分配结果往往较为平均。在不同的分配主体(地区或社区)之间,由于自然条件和历史机遇等初始条件造成收入差异,这不仅成为既定的事实,而且还成为下一轮收入差异扩大的重要条件。1978年省内县际和生产队之间的基尼系数分别为0.16和0.22。1979年省际人均收入的基尼系数

---

① 余芳东,"国外基尼系数",《调研世界》,2013年第5期。
② 同上。
③ 主要是任天才、程学兵1996年的研究结果,李成瑞(1986)估计的结果为0.185。
④ 阿德尔曼和桑丁(1987)对1952年和1978年的基尼系数的估计值都是0.165。

为0.14,相当于当年全国人均收入的基尼系数的65%[1],全国的基尼系数为0.22左右[2]。同时,普特曼(1993)利用河北省大河乡的农户调查数据计算了5个生产队内部的人均收入基尼系数在0.14~0.19之间,而5个生产队混合数据的基尼系数为0.21。

城乡之间居民收入分配主要表现为显著的收入差距的特点。1978年城镇居民的人均货币收入为农村居民的人均纯收入的2.4倍[3]。世界银行估计的数字为2.5倍。按照世界银行的估计,全国基尼系数大约在0.33。同时,传统体制下中国福利补贴的分配,不仅具有很强的歧视性,而且从来不与居民的货币收入挂钩。这实际上就进一步扩大了城乡之间收入差距。阿尔特曼和桑丁将城镇居民享有的补贴计算在内,全国基尼系数要上升38%左右。

1978年改革以来,我国居民个人收入分配差距表现为不断扩大的趋势。城镇内部居民收入分配差距主要表现为1984年前的相对稳定和1984年后的跳跃式上升。从1978—1984年的几年中,城镇基尼系数基本稳定在0.16的水平上。而从1984年开始,基尼系数一路攀升,到2013年已达到0.473。全国收入差距扩大达到了半个世纪以来的最高水平[4]。最近十多年来虽然收入不平等仍然处于高位,但是开始出现下降的趋势。图8-3描述了国家统计局公布的2003—2015年基尼系数,2003—2008年基尼系数基本处于不断扩大的趋势,2008年之后基尼系数开始小幅下降,从2008年的0.491下降到2015年的0.462,主要原因是2008年金融危机以后,我国政府采取了改善收入分配的政策措施。但

图8-3　我国2003—2015年基尼系数

资料来源:国家统计局网站,www.stats.gov.cn/。

---

[1] 赵人伟、李实,《中国居民收入分配再研究》,中国财政经济出版社,1999年,第130页。
[2] 国家统计局估计的1978年农村的基尼系数为0.212,阿尔德曼和桑丁估计为0.222。
[3] 根据国家统计局数据计算,不考虑城镇居民的实物性补贴。
[4] 李婷、李实,"中国收入分配改革:难题、挑战与出路",《经济社会体制比较》,2013年第5期。

全国基尼系数仍然维持在警戒线水平以上，并且这种下降趋势是否会演变成一种长期下降的趋势仍有待于进一步观察。

农村内部居民收入差距除了个别年份有所下降外，主要表现为持续平缓上升。根据相关学者研究，农村基尼系数从1978年的0.212一直上升到2010年的0.385[①]，32年中上升了约17个百分点。在过去十年中，农村内部的收入差距扩大的趋势有所放缓。一些可比的数据表明，农村内部收入差距的基尼系数从2000年的0.35上升到了2010年的0.385，上升了近4个百分点，平均每年上升不到0.4个百分点，而且这种扩大主要出现在新千年开始后的年份，如2000—2002年农村收入差距的基尼系数上升了2个百分点，而在后来的8年中只上升了不到2个百分点。2010年以来农村居民收入差距会略有缩小，但是其基尼系数的下降幅度不会超过2个百分点。农村收入差距缓慢上升继而下降的原因是多方面的。首先，在过去10年中随着城镇化过程和农村劳动力外出就业机会的增多，一些落后地区劳动力也获得了同样的外出就业机会，其工资性收入占家庭收入的比重不断上升，起到了抑制农村内部收入差距扩大的作用。除此之外，人口变动因素也在缩小农村内部收入差距。高收入群体迁入城市，富裕农村划为城镇都减小了农村内部收入差距[②]。

城乡之间居民收入差距基本上呈现一种不断上升的趋势。从图8-4可以看到自1978年改革开放以来，城镇居民人均可支配收入与农村居民人均纯收入的绝对值不断拉大。2014年城镇居民人均可支配收入比农村居民人均纯收入高19 489元，而农村居民人均纯收入绝对值为9 892元。从1978年以来，城乡居民收入差距基本呈扩大趋势，从1978年的2.57倍扩大到2007—2009年间的3.3倍，近年来稍有下降趋势，2014年为2.97。从本质上说，目前我国城乡居民过大的收入差距是一种严重的收入分配不公现象。其原因既有历史因素，也有现存体制和政策方面的影响。从历史角度看，过去长期实施的不公平经济发展战略是导致目前城乡巨大收入差距的重要原因。而从体制角度看，多种不公平的公共服务政策和社会管理制度造成了收入差距的持续[③]。此外，在最近30多年中，城乡收入差距有过三次短暂的下降，都是国家对农村的短期政策支持促成的。第一次出现在1980—1983年，主要是家庭联产承包责任制和农副产品收购价格提高，提高了农民的收入；第二次城乡收入差距缩小发生在1995—1997年，这一时期农副产品收购价格大幅度提高导致农民收入提高，1997年的城乡收入比为2.47倍；第三次是2008年金融危机以来，政府加大了对农村的转移支付，实施了有利于农村发展的

---

① 李婷、李实，"中国收入分配改革：难题、挑战与出路"，《经济社会体制比较》，2013年第5期。
② 同上。
③ 同上。

政策,2014年城乡收入差距在新世纪第一次低于3。但改革开放以来,导致城乡收入差距三次缩小的原因都是暂时性的。总体来看,中国城乡收入差距整体上呈现不断扩大的趋势。

图8-4 1978—2014年中国城乡收入差距的变化

四、我国城镇职工工资差距的变化

1978年改革开放之前,我国城镇职工的工资差别经历了一个不断下降的过程。从行业之间的工资差别来衡量,最高与最低工资差别倍数从1957年的1.5倍下降到1979年的1.48倍。从地区之间工资差别的变化来看,最高与最低工资差别倍数由1956年的2.44倍下降到1980年的1.63倍[①]。

改革开放以来,我国的工资差距发生了很大的变化,这种变化主要表现在行业、地区之间工资的差距明显扩大。

(一) 行业工资差距变化

由表8-1计算的最高与最低行业平均工资之间的差别倍数可知,1978年以来,行业之间的平均工资水平差距经历了先上升之后下降的过程,从1978年的2.17倍上升到2005年最高的4.73倍,之后又下降到2013年的3.86倍(见图8-5)。从行业特征上看,高收入行业在大部分年份都是垄断性的金融和电力等行业,最低行业则是农林

---

① 曾湘泉,《经济增长过程中的工资机制——对中国工资问题的宏观动态考察》,中国人民大学出版社,1989年,第84—85页。

牧副渔业。

表8-1 按行业分城镇单位就业人员平均工资及比值

年 份	最高行业平均工资(元)	最低行业平均工资(元)	比 值
1978	850	392	2.17
1980	1 035	475	2.18
1985	1 406	777	1.81
1989	2 378	1 389	1.71
1990	2 718	1 541	1.76
1991	2 942	1 652	1.78
1992	3 392	1 828	1.86
1993	4 320	2 042	2.12
1994	6 712	2 819	2.38
1995	7 843	3 522	2.23
1996	8 816	4 050	2.18
1997	9 734	4 311	2.26
1998	10 633	4 528	2.35
1999	12 046	4 832	2.49
2000	13 620	5 184	2.63
2001	16 437	5 741	2.86
2002	19 135	6 398	2.99
2003	30 897	6 884	4.49
2004	33 449	7 497	4.46
2005	38 799	8 207	4.73
2006	43 435	9 269	4.69
2007	47 700	10 847	4.40
2008	54 906	12 560	4.37
2009	60 398	14 356	4.21
2010	70 146	16 717	4.20
2011	81 109	19 469	4.17
2012	89 743	22 687	3.96
2013	99 653	25 820	3.86

图8-5　1978—2013年城镇最高与最低行业平均工资及比值

数据来源：国家统计局，《中国统计年鉴》(2003—2014)计算所得。

（二）地区之间的工资差别的变化

统计表明，自20世纪80年代以来，地区工资差别在不断扩大，最高工资与最低工资的差别倍数，由1985年的2.07倍已扩大到2008年的2.69倍。而后，经过几年的下降至2014年稳定在2.4倍左右（如表8-2所示）。

表8-2　中国各地区之间的工资差别倍数

年　份	最高地区工资（元）	最低地区工资（元）	最高工资与最低工资之差别倍数
1985	1 967	950	2.07
1989	2 997	1 559	1.92
1995	9 279	4 134	2.24
1997	11 459	4 870	2.35
2001	21 781	7 908	2.75
2008	56 565	21 000	2.69
2010	71 874	29 092	2.47
2012	85 307	37 614	2.27
2014	103 400	42 670	2.42

数据来源：根据《中国劳动工资统计资料1949—1985》《中国劳动统计年鉴1996,1998,2009,2011,2013,2015》的数据整理而得。

五、要素收入分配份额的变化

劳动报酬占国民收入份额的变化一直是经济学研究的重要问题。长期以来西方经济学主流认为劳动收入份额长期不变,柯布—道格拉斯(1928)通过对美国制造业进行测算得出劳动收入份额基本稳定在75%的水平。之后卡尔多提出"卡尔多程式化事实"以后,劳动收入份额的长期稳定性为大部分西方经济学家所接受。然而,在20世纪80年代以后,各国的劳动收入份额开始下降。中国的劳动收入份额也在20世纪90年代以后逐渐下降。总体上看,劳动收入份额下降的趋势已经在学界达成共识。图8-6描述了我国1990—2012年国民生产总值按照要素法计算的份额,可以看出劳动份额从1990年的53%下降到2012年的45%,并且在2007年降至最低约40%。资本份额从1990年的35%上升到2007年的45%左右,并在2012年下降到38.5%。政府的份额基本上呈一路上升的趋势,从1990年的11.6%上升到2012年的15.89%①。

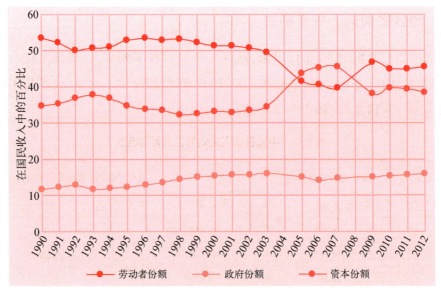

图8-6 1990—2012年我国要素收入分配格局

数据来源:根据《国家统计年鉴》(1990—2013)数据计算。

---

① 2004年数据缺失,2009年核算方法发生变化,但劳动份额下降的趋势基本成立。张车伟和张士斌(2010)调整农民和城镇个体户的经营收入后研究认为,劳动收入份额仍然较低,且并未改变下降趋势。

第二节 收入差距扩大的原因

一、收入分配历史趋势假说

(一) 库兹涅茨倒 U 形假说

1955 年哈佛大学教授库兹涅茨(Simon Kuznets)发表了《经济增长和收入不平等》[①]一文。在该文中,他提出了不平等与发展之间存在倒 U 形关系,即随着经济的发展和人均国民生产总值的增长,收入分配的不平等程度起初上升,继而下降。库兹涅茨提出倒 U 形假说是依据了当时可得到的有限的统计资料。关于经济增长早期阶段收入分配不平等迅速加剧并恶化的趋势,在库兹涅茨看来是一个不需证明的事实,他引证了经济增长早期阶段的普鲁士(1854—1857 年),处于经济发展后期阶段的美国、英国和德国萨克森地区(1880—1950 年)不同收入阶层收入差距变动的有关数据,这些数据大致支持了这一假说。库兹涅茨还将印度、波多黎各等发展中国家和英国、美国收入分配差距进行了比较,发现发展中国家收入分配不平等程度更严重。基于一系列经济发展史的实证材料分析,库兹涅茨得出这样一个结论:以人均国民生产总值来衡量的经济发展水平是一个国家决定收入分配不平等程度的主要因素。据此,他认为,随着经济的发展和人均国民生产总值的增长,收入分配的不平等程度起初上升,继而下降。库兹涅茨关于经济增长水平和收入分配状况变化的倒 U 形假说,引起许多发展经济学家的关注,或者试图肯定它,或者试图否定它。在现代经济学文献中,关于经济发展过程中收入分配差距变动的长期趋势的研究,在很大程度上实际上就是关于倒 U 形假说能否成立的争论。

在关于倒 U 形假说的实证分析中,由于时间序列资料的缺乏,故大量研究是利用横截面资料进行的,即利用当代同一时期不同发展水平(不同发展阶段)的国别资料进行分析。这类研究实际上是假设,处于不同发展水平的国家相当于一国处在不同发展阶段。这方面的代表人物有阿德尔曼(Adelman)、莫里斯(Morris)、鲍克特(Paukert)、钱纳里(Chenery)、塞尔昆(Syrquin)、阿鲁瓦利亚(Ahluwalia)等。一般来说,他们基于横截面数据的大量经验性研究广泛地支持了倒 U 形假说。

对倒 U 形假说的纵向时序论证,即以特定国家发展过程中若干时点上的收入不平等

[①] Simon Kuznets, Economic Growth and Income Inequality, *American Economic Review*, Volume 45, No.1, 1955, pp.1-28.

状况来验证。20世纪50年代，在库兹涅茨提出倒U形假说时，一些学者围绕着这一假说的后半段（即收入不平等改进阶段），对一些发达国家第二次世界大战后的收入分配差距趋势进行了分析研究，代表人物有索洛(Solow)。20世纪70年代以后，一些学者主要是利用一些发展中国家的时序资料对库兹涅茨曲线的前半段（即收入不平等加剧和恶化阶段）进行了验证，代表人物为魏斯考夫。在以上的研究中，虽然所使用的时序资料不很全面，但对倒U形假说给予了基本的支持。考察发展中国家和地区的经济发展过程可以发现，情况并非尽然。较高的经济增长率，并非以社会收入分配不平等程度的扩大和恶化作为条件，像中国台湾地区、伊朗和韩国，不仅有较高的经济增长率，同时，社会收入分配不平等程度也得到改善或至少不变。从另一个角度来看，较低的国民生产总值增长率与社会收入分配不平等改善也没有必然的联系，如印度、秘鲁和菲律宾，这些国家具有较低国民生产总值增长率，同时伴随着社会收入分配不平等程度的扩大。而斯里兰卡、萨尔瓦多等国的情况表明，它们的国民生产总值增长率较低，但最低收入人口的收入却增加了，即收入分配差距扩大的程度降低了。

（二）皮凯蒂"新库兹涅茨U形"假说

研究收入不平等历史演化趋势的著名经济学家皮凯蒂研究发现，库兹涅次曲线并不成立，相反收入不平等与经济发展的关系呈现出U形曲线。他通过对长期历史数据的研究发现，过去几百年中，发达国家在1910—1950年收入不平等程度下降的主要原因，是世界大战和大战冲击带来的政策变革。而自20世纪80年代以后不平等的扩大，很大程度上是政治上向历史回归，尤其是税收和金融方面。他发现从1910—2010年，盎格鲁-撒克逊的发达国家和新兴国家中最富裕的1%阶层国民收入占有率在1910—1950年逐渐下降，于1970年后逐步上升（见图8-7和图8-8）。

通过长期的历史数据发现了资本份额变化的历史趋势，皮凯蒂揭示了资本份额的变化规律，发现资本份额并不符合"卡尔多事实"，资本和劳动的份额并非是相对稳定不变的，从历史数据看，将来的资本份额会进一步上升。1970年发达国家的资本收入占国民收入的15%~25%，但在2000—2010年达到了25%~30%。

资本份额占比上升的主要原因是资本年回报率高于经济增长率($r>g$)。因为资本份额 $\alpha=\beta \cdot r$，β 表示资本存量/国民收入，r 为资本回报率。β 随着时间变化是一条U形曲线，在世界大战1914—1945年间下降，后来翻倍增长。并且在长期内，资本收入比 $\beta=s/g$，s 为储蓄率，g 为经济增长率。由此 $\alpha=s/g \cdot r$ 在储蓄率相对稳定情况下，资本份额取决于资本回报率与经济增长率之比。从历史数据看，在扣除税收和损失后的资本回报率，在20世纪低于经济增长率，在21世纪呈现超过的趋势。

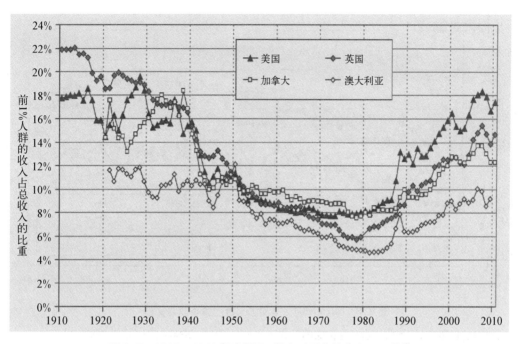

图 8-7　1910—2010 年盎格鲁-撒克逊国家的收入不平等①

注：自 20 世纪 70 年代以来，所有盎格鲁-撒克逊国家的前 1%人群的收入占总收入的比重都上升了，只不过升幅不同。

图 8-8　1910—2010 年新兴国家的收入不平等②

---

① Thomas Piketty, *Le capital au 21e siècle*, Piketty.pse.ens.fr/capital21c,引用时间 2016 年 10 月 8 日。
② Thomas Piketty, *Le capital au 21e siècle*, Piketty.pse.ens.fr/capital21c,引用时间 2016 年 10 月 8 日。

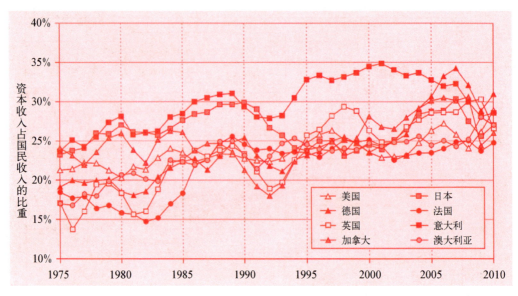

图8-9 1975—2010年发达国家的资本收入比重①

注：1970年，资本收入占发达国家国民收入的15%~25%，2000—2010年为25%~30%。

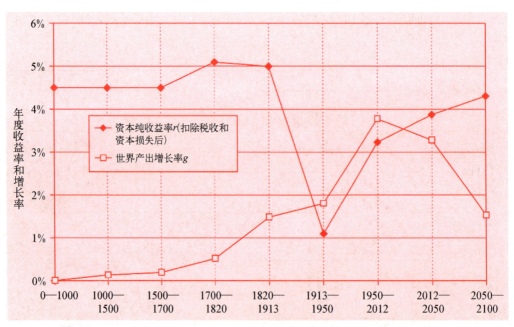

图8-10 从古代到2100年全球税后资本收益率和产出增长率的比较②

注：资本收益率（扣除税收和资本损失后）在20世纪逐步降到了世界产出增长率之下，而在21世纪有可能再次上升。

---

① Thomas Piketty: Le capital au 21e siècle, Piketty.pse.ens.fr/capital21c，引用时间2016年10月8日。
② 同上。

二、对国际收入差距扩大变动的解释

由于库兹涅茨所提出的经济增长和收入分配差距之间的倒 U 形假说的失效,因此对 20 世纪 60 年代末到 70 年代初开始的收入差别扩大,或者说是不平等的加剧原因的解释,就成为国际经济学界关注的问题。20 世纪 80 年代以来,劳动经济学家做了大量的研究去跟踪和解释收入分配的变化情况。这方面的最初动机源于 20 世纪 80 年代早期的一个有争议的假说:美国的中间阶层正在缩减。这造成了高收入职位和低收入职位间的两极分化越来越严重。尽管,对于美国是否存在两极分化有不同的观点,但收入分配变得更不平等,特别是从 20 世纪 80 年代开始这种不平等加速恶化已成为共识。至于出现这种情况的原因,有如下四种解释。

(一) 产业结构的变动

自 20 世纪 70 年代中期以来,美国不仅进入了"产值的服务业化",而且进入了"劳动力的服务业化",即在美国,服务部门的就业人数出现了显著的增长,以至于成为占绝对地位的就业部门。从工资水平来看,服务业相对于制造业而言,其平均工资要低于制造部门(可变工资高于制造部门),故服务部门就业增加也就加剧了收入的不平等。

不过,对此也存在争论。有的经济学家认为这是一种不完全的解释。服务部门的兴起而产生的这种就业的变化,仅能解释整个收入不平等加剧的一小部分。从统计上看,行业内工资分配的不平等,差不多能够解释整个收入不平等加剧的 80%。行业内收入不平等加剧,不能简单地解释成是由于从制造业到服务业就业的变化造成的。随着现代服务业的发展,在发达国家现代商业服务业的比例大幅度增长,特别是广告、软件和计算机等信息密集性服务和会计、设计、策划、法律、咨询等知识性服务增幅更大。上述高增长的这些商业服务部门,往往是高收入而不是低收入部门。

(二) 国际贸易和工会主义

从 20 世纪 80 年代开始,日本在国际贸易竞争地位的上升,对美国国内的经济产生了很大的影响。激烈的进口竞争大大减少了一些高工资、工会化行业的劳动力雇用,包括汽车和钢铁行业的雇员需求水平。由于工会会员的工资相对来讲很难下降,所以在工会化行业劳动需求出现了大面积的缩减。一方面,是在非工会行业受教育程度较低的雇员工资的直接下降;另一方面,从工会化行业中转移出来的许多雇员增加了低工资行业的劳动供给。因此,这些行业存在工资向下的压力。进口竞争也导致了美国产业结构在国际范围内的调整和转移,一些高收入行业的生产寻求转移到那些非工会化、工资水平低的国家或地区。这些资源的重新配置进一步加大了收入不平等,并且也强化和加剧了工会的衰落。实证研究支持了贸易逆差的增长和工会主义的衰落加剧了收入的不平等这一结论。

(三) 对技术劳动力需求的增长

由于对技术劳动力需求的增长,大学生的工资在20世纪80年代后稳定增长,导致技术雇员和非技术雇员工资差距逐步拉大,扩大了收入的不平等。问题在于,为什么技术雇员需求在不断增长?其原因在于:第一,新技术出现后,导致了行业改变他们的生产技术,行业内对于新技术的需求上升,就必然需要那些相对来讲受过更高教育的人。例如,无论制造业和服务业,他们都对计算机的技术需求上升,当然对计算机人才的需求也就上升了。第二,产品需求在不同行业之间发生变动。具体来讲,对劳动力派生需求的移动,有利于雇用高比例的技术雇员的行业的劳动力需求水平的上升。例如,对高技术行业产品的需求上升,如计算机软件和生物医药等,派生了受过更多培训的雇员的计算机行业劳动力总需求的增加。加之,高等教育入学人数的增长较慢,与高技能,特别是大学教育的雇员需求增长较快相比较,这则会进一步增加收入的不平等。

(四) 人口统计学方面的变化

劳动力市场的总供给数量的变化,也能解释一部分收入不平等增长的原因。在美国,技能雇员和非技能雇员在劳动力供给组成中的变化,主要与20世纪70—80年代婴儿高峰期出生的劳动力,以及妇女劳动力涌入劳动力市场有关。缺乏经验和技术的工人数目的上升与收入不平等之间的联系,可以从两个方面观察和认识:第一,这一数量上升会提高所有产业的低工资雇员相对于高工资雇员的比例;第二,在各个低工资劳动力市场中,年轻雇员和缺乏经验的女工的增加会降低这些市场中雇员的相对收入。无论是以上哪种情况,其影响都会加剧两者之间的收入差别。尽管人口统计对于加剧收入不平等的解释并不全面,特别是很难与总体收入不平等证据相一致(因为这些总体的不平等通常是由各个年龄段的收入不平等加剧而造成的),但通常的一致意见是,出生高峰期的劳动力和妇女劳动力的大量增长,以及移民,是在一定程度上加剧了收入不平等。

除以上原因之外,家庭组成的变化,也是影响收入差距扩大的一个因素。生活方式上的一些变化也加剧了家庭收入的差异。例如,离婚、分居、婚外恋和结婚年龄的推迟,导致了单亲家庭的出现和转变,而这些家庭很显然收入要低。同时,高收入男性和高收入女性的结合比例也在增加,这更加剧了高收入与低收入家庭之间的差距。

从劳动经济分析的观点来看,劳动力市场上的供求关系是影响工资和就业的基本力量。工资和就业的任何变动，都来源于劳动力市场上供给和需求力量的变动。由于制度的力量，比如说最低工资制度等，也可能使工资和就业发生变化。因此，概括起来，对美国劳动力市场上报酬差距扩大的主要现象，有三个基本的经济模型能够对此加以解释：一是受教育程度较低的劳动力供给较之受高等教育的劳动力的供给要快，这使低技能劳动者的工资走低；二是制度力量的变化，比如，在美国，工会化程度的下降，使受教育程度较低的劳动力，特别是生产工人的报酬减少；三是对受高等教育的劳动力的需求比受教育程度较低的劳动力需求增加更多。

研究表明，从全球来看，收入差距的扩大与全球化背景下的资本流动和产业结构调整和转移有一定关系。随着经济全球化进程的加快，不仅高物质资本拥有者，而且高人力资本拥有者也成为经济全球化的受益者。他们收入提高的原因，在于新经济条件下迅速变化的技术对高素质人才的需求。在经济全球化过程中，对高素质人才的需求不仅限于国内，而且来自国际社会。来自发达国家的需求进一步拉动了高人力资本拥有者的市场价格，这种拉动效果不仅体现在国内市场价格的上升方面，而且体现在高素质人才有更多的机会，可以在世界范围寻找更高报酬的工作。在经济全球化过程中，主要的受损者来自那些既不拥有很多物质资本也不拥有高人力资本的人群。普通劳动力在世界范围出现相对供给过剩，就业竞争加剧，总体报酬水平下降。尽管一些国家，通过劳动密集型工作岗位的创造，使其低人力资本和低物质资本拥有者的收入上升也是可能的，但并非所有相对落后的经济都能从劳动密集型产品出口中受益。

显然，在发达国家，高人力资本和物质资本拥有者从经济全球化中受益，收入快速增长。而非熟练技术工人因受到来自发展中国家的竞争而受到损害，只是由于其财政方面强大的收入再分配功能，才使得收入差距不至于迅速扩大。

在发展中国家，尽管总体福利得到迅速改善，但不同人群对增长的分享存在结构差异。在这些国家，由于劳动密集型战略的引入，国内的一些技术和非技术工人也可能由于其较低的劳动力成本而获得收益。农业部门很难分享经济全球化的利益，加上相对较弱的收入分配和再分配政策，收入差距扩大就不可避免[①]。

三、我国收入分配差距扩大的原因

20世纪80年代以来，我国的个人收入分配及城镇劳动报酬的差距在不断扩大，这已成为公认的事实。然而，形成这种差距的原因是什么？对此，则存在一些不同的解释。从

---

① 魏众、张平，"经济全球化对各国居民收入分配的影响"，《人民日报》，2003年6月13日。

已有的研究结论来看,这些不同的解释大多来源于不同的人所分析和探讨的角度不同。有的学者从居民收入来源的角度进行研究,对劳动收入和非劳动收入进行了不同的分析;有的学者从经济增长、经济发展和体制改革的不同阶段,提出我国出现了"公有制经济收入差异倒 U 曲线"及其"阶梯形变异"的观点;还有的学者从收入分配政策的调整对收入分配差距的影响的角度,特别是从我国在转型期制度方面的漏洞造成大量非正常收入的角度,讨论了寻租活动产生的收入差别;市场机制和管理方面存在的缺陷所引起的分配秩序混乱所造成的收入分配差距也是人们所关注的焦点。

不可否认,我国居民收入差距扩大与上述多种原因都存在着一定的关系。问题在于,这些原因之间往往是相互联系的,不可分割。另外,值得注意的是,在本章第一节讨论我国收入分配差距现状时,我们曾提出当前我国收入分配领域突出的问题是,在收入分配领域我们能获得的信息和数据资料相当不足。因此,上述判断和结论都在某种程度上存在一定的缺陷。归结起来,从下述五个角度可以解释我国现阶段收入分配差距扩大的原因。

(一) 经济增长和发展

和大多数发展中国家一样,我国的经济增长和发展由二元结构组成。一方面农村经济即传统的和相对落后的生产方式,另一方面是现代的和相对先进的工业经济。我国农村经济的增长和发展,集中体现在农村联产承包责任制实施后的农业发展和农村非农产业的发展。我国工业经济,更确切地说是城镇经济,主要体现在公有经济的持续发展、非公有经济的快速发展,以及国民经济各产业的不平衡发展这三个方面。

尽管农村农业的发展也强化了农村居民收入差距,但是对这种差距影响更大的,应该是农村非农经济的快速发展。如前所述,农村非农产业的发展明显地扩大了农村居民的收入差距,主要表现在农业和非农业劳动人口之间收入的差距上。

在城镇经济中,国有经济本身由于发展而引起的城镇居民收入差距扩大,要远远小于非国有经济由于制度和政策因素所引起的差距扩大。非国有经济的发展,极大扩大了城镇居民的收入差距。据国家统计局的测算,非国有经济职工工资收入要高于国有经济职工工资收入,同时非国有经济内部的收入差距也在扩大。国民经济不同产业发展不平衡,也是导致城镇居民收入差距扩大的重要因素。例如,金融保险业、IT 业、通信业等行业高速增长和发展,其员工收入要比传统的纺织、制造业等行业的职工收入,无论绝对水平或者是增长速度都要高出很多。

地区工资差别与地区间在经济增长速度(可以用地区人均国民收入衡量)、制造业的发展程度(制造业中的就业人数)、地区人力资本存量(地区平均教育水平)等方面的差异有关。从1989—1998年的10年间,中国地区工资差别加剧的速度很快。在地区工资表中排名越是靠前的地区,它与最低工资间的差距的变动也就越大。从1989—1998年,与最低工资水平的差别增长了5倍以上的地区分别是：上海、北京、浙江、福建、江苏、云南、河南和安徽。这种地区间的工资差别变动,充分地显示了地区间在经济增长速度和生产力水平上的差异。

（二）制度或体制性因素

和其他国家区别较大的是,改革开放以来,我国一直处在计划经济向市场经济体制转变的过程之中,制度或体制本身的变革成为对居民收入差距扩大的一个主要的影响因素。这主要集中表现在行业性垄断经营、制度外收入、按生产要素分配这三个方面对工资水平的影响上。

行业垄断性经营的形成,既有生产要素占有的初始不平等的原因,也有制度障碍的原因。例如,像电信、电力、铁路等大型国有企业,长期得到国家财政拨款的投资支持,形成相对很强的获利能力,同时也存在严格的进入障碍。由于国家的强力庇护,难以形成有效的市场竞争,这就极大地维护了该部门和领域的职工的利益,扩大了与其他相对弱势的部门职工的收入差距。

从1989年开始,行业工资差别基本上保持升幅。导致这段时期以来工资差别扩大的原因很多,比如,产业结构的升级以及新经济的迅速崛起造成的部分传统产业,如采掘业、建筑业、地质勘探等的衰落;部分行业由于资本构成不高,而在经济发展中与其他行业在劳动生产率上的差距不断加大,如农林牧渔业、批发和零售业、餐饮业;国家垄断力量的保持,如电力、煤气及水力行业、交通运输业、邮电通信业、金融业、保险业等。如前所述,在竞争性的市场条件下,行业间工资差别是由行业的产品供求状况、劳动力供求状况、行业资本构成的不同、行业劳动生产率的差异等主要因素所引起的。但是在非竞争性市场,垄断利润往往是行业工资差别的主要来源。究竟是竞争性因素还是非竞争性因素对我国行业工资差别的变动影响更大,目前仍需更深入的研究。

（三）政策性因素

我国居民收入受国家政策的影响较大。因此,收入差距扩大在一定程度上也是基于政策性因素的,而且在某些政策的作用下,收入分配的状况发生了较大的变动。这主要涉及税收、农副产品价格调整、住房改革、灵活的工资体制、事业单位创收等方面的政策的制定与出台,这些对收入分配差距的扩大都有着重要的影响。

税收政策作为一个国家进行再分配的重要手段,其功能发挥的程度对居民的收入分配的影响是很大的。税收政策的一个重要功能就是调节高低收入群体的收入差距，采用不同的税收政策，对收入差距调节的程度和效果是不同的。2002年农村税费改革之前，在我国，"农村居民人均收入相当于城镇居民的40%，而仅税款一项他们的支付人均额相当于城镇居民的9倍，如果加上上缴各种名目繁多的杂费，它相当于城镇居民的近30倍"（李实，赵人伟，1998）。而且，在农村内部各种税费的征收基本上是按人头分摊的。对于穷人来说，税率是高的，而对于富人来说，税率是低的。另外，农村没有对贫困人口实际税费减免政策。但是，随着2002年农村税费改革的实施，农业税被取消，减轻了农民负担，农民实际收入上升。可以看出，税收政策在一定意义上，可以调节收入不均等的程度，因此，在今后的政策实施过程中，应更多更好地发挥税收政策的再分配功能。

国家对农副产品价格的控制会直接影响到农村居民收入增长幅度，从而进一步影响到城乡之间收入差距，甚至农村内部的收入分配变动。如前资料所示，农村居民收入增长较快的，也是城乡之间收入差距缩小的几年，同时也是农副产品的收购价格较大幅度上调的几年。

在我国，在住房改革前相当长的一段时间内，居民拥有公有住房权意味着可以从中获得实物性住房补贴，实际上也就获得了实物性财产收入。公有住房的分配在不同所有制企业、不同单位职工之间、不同地区之间都存在着不同程度的不均等问题。尤其是，高收入者往往是高公有住房面积获得者，当市场化以后，高公有住房面积的获得者，在这一过程中获得了更大的改革利益。

"制度外收入"有效解释了单位间职工收入的差距。"制度外"的收入有多种类型，其形态及性质均很复杂。它发源于20世纪80年代中期政府为调动单位和个人积极性的"创收"政策，有关研究曾将此统计为14类，并将其命名为"账外发放"[①]。以后也有一些人将此形象地称为"灰色收入"。整个20世纪90年代是"制度外"经济及其收入分配大发展的时期。无论在程度上或项目的内容上，已大大超过80年代的水平。

公务员通过权力寻租获得大量灰色收入。公务员作为一个特殊的群体，拥有干预资源和要素分配的权力，同时执掌市场监管、社会管理和公共服务的职能，拥有大量的市场化资源。在以权力分配为中心的畸形秩序中，企业和个人对权力的投机会导致大量的公务员权力寻租现象。王小鲁根据对全国城镇居民的灰色收入的统计，测算出2008年全国城镇住户灰色收入规模达到5万亿元，占当年GDP的15%。他认为围绕权力产生的腐败和寻租行为是灰色收入的主要来源之一。在其2006年开展的一项针对全国4 000多家企

---

① 曾湘泉，《经济增长过程中的工资机制——对中国工资问题的宏观动态考察》，中国人民大学出版社，1989年。

业的问卷调查中,发现有超过80%的企业承认对政府工作人员有"非正式支付",其中18%的企业表示这部分非正式支付比较多或非常多[①]。

(四)劳动力市场因素

这主要涉及劳动力供求状况、劳动力流动以及教育和人力资本投资收益率这三个方面的因素对居民收入分配的影响。

在我国的劳动力市场中,突出的问题是高级管理人才、高新技术人才极为稀缺,而普通劳动力相对过剩。由于我国快速向现代管理和现代科技迈进,市场对高级管理人才和掌握高新技术人才的需求快速增长,而同时由于教育体制和学科设置所存在的问题,导致此类人才培养不足,所以出现高级管理人才和高新技术人才成为极其稀缺的要素。此类人才的市场价格一路飙升。对于普通劳动力,我国却出现了"无限供给"的局面,因此普通劳动者的市场价格出现向下竞争态势。这种现象的直接结果,就是加剧了劳动力市场上收入的两极分化。

劳动力流动对居民收入分配的影响是多方面的。一方面,农村劳动力流动,特别是向城镇的流动,会有助于缩小城乡间的收入差距;另一方面,这种流动增加了城镇劳动力市场中非技术劳动力的供给,压低了工资率,从而扩大了与技术工人间的收入差距。

教育收益率和人力资本投资收益率在劳动力收入中的作用,通常是通过受教育年限和工作经验体现的。从不同受教育年限劳动力的工资差别和对于同等学力、不同工作经验劳动力的市场工资差别中,能看出教育收益率和人力资本投资收益率对居民收入分配的影响是明显的。而且,这种影响也会随着劳动力市场的完善和工资机制真正发挥作用而逐渐重要起来。

(五)工资集体谈判制度因素

我国工资集体谈判制度的不完善导致普通劳动者的收入形成过程没有保障。中国的集体谈判大都是在上级组织的推动下启动运行的。这种方式构建起来的集体合同制度,很难看到职工的诉求表达与愿望,更谈不上职工主体的直接参与,其实际意义有限。在很多学者看来,我国的工资集体谈判机制尚未真正建立,原因包括:第一,雇主和劳动者的组织化程度仍然比较低;第二,工会的组织形式和职能存在很多错位现象,各级工会实质上成为政府主导的半官方组织,其职能仅限于调解劳资矛盾,而开展工资谈判的职能遭到忽

---

① 易定红、张维闵、葛二标,"中国收入分配秩序:问题、原因与对策",《中国人民大学学报》,2014年第3期。

视,从而不能在工资谈判中保护劳动者的利益,工资谈判制度变成一纸空文或流于形式;第三,集体谈判制度本身很不完善,约束力不强。因此,面对企业开出的工资,劳动者只能作为劳动力市场上的单一个体被动接受,从而导致私营部门的从业者工资处于较低水平[1]。

四、我国劳动收入份额下降的原因

我国经济学家对中国劳动收入份额下降这一事实给予了很大的关注,并对这一现象提出了不同的解释。总结而言,主要有经济结构变化、技术偏向进步、产品市场和要素市场非完全竞争等三种解释。

我国产业结构从第一产业向第二、三产业转移导致了劳动收入份额下降。宏观层面的劳动收入份额是由各个经济部门的劳动收入份额水平加权得到的,农业部门劳动收入份额远远高于制造业和服务业,所以经济从农业部门向非农业部门转移是我国宏观层面劳动收入份额下降的重要原因。我国1995—2003年劳动份额下降了5.48个百分点,产业结构调整所带来的影响大约为3.36个百分点,占总体效应的61.3%[2]。总体而言,产业结构变动在一定程度上很好解释了我国劳动收入份额下降,但这种观点无法解释各个部门劳动收入份额下降的原因。

国有企业改制、垄断势力加强等因素带来的垄断利润率上升会造成劳动收入份额下降。已有研究表明,在工业部门,国有企业改制和市场垄断力增强分别解释了60%和30%比例的劳动收入份额下降[3],垄断利润的提高挤占了劳动份额,因此要不断深化市场化改革,破除主要部门和行业的垄断,促进市场竞争从而改善我国收入分配的状况。

偏向资本的技术进步可能也导致了我国劳动收入份额下降。我国经济发展长期以来选择偏向资本的技术,在对外开放的过程中不断引入国外偏向资本和技能型劳动的技术,这会导致我国大量的低技能劳动的工资维持在很低的水平上,从而导致资本收入占比持续增加即劳动收入分配份额下降的现象。一些实证研究表明,资本偏向型技术进步导致了制造业部门的劳动收入份额下降。从长期看,技术偏向性是决定劳动收入份额水平的重要因素,中国劳动收入份额长期低位运行的主要原因是占有大量资源的国有企业选择了资本偏向型技术;在二元经济结构的转型背景下,"逆资源禀赋"的技术偏向降低了经济

---

[1] 易定红、张维闵、葛二标,"中国收入分配秩序:问题、原因与对策",《中国人民大学学报》,2014年第3期。
[2] 白重恩、钱震杰,"我国资本收入份额影响因素及变化原因分析——基于省际面板数据的研究",《清华大学学报(哲学社会科学版)》,2009年第4期。
[3] 同上。

增长的就业吸纳能力,使劳动力工资长期处于低增长状态,进一步恶化了劳动收入份额状况①。

第三节　缩小收入差距的政策

一、平等与效率的认识

制定收入分配政策的难点,首先要涉及有关公平和效率问题的认识。对效率概念的理解,应当说人们容易获得共识。诸如,宏观上 GDP 的增长,微观上边际生产率的提高以及服务品质的改善等。正如奥肯(Oken)所言:"对经济学家来说,就像对工程师一样,效率,意味着从一个给定的投入中获得最大的产出。""一旦社会发现一种以同样的投入可以得到更多的产品(当然其他产品并不减少)的途径,那它便提高了效率。"②至于效率,不能说没有争论,但总体而言,人们对收入分配问题关注的难点是对公平的认识和强调。

公平是什么?迄今对公平至少有多种理解。公平的英文是 equality,更好的翻译应当是平等。使用平等而非公平这一说法,似乎较能体现一种可以衡量的标准和尺度。实际上,我们随后会发现,平等仍更多地停留在价值理念强调的层面,而衡量的难度依旧很大。公平或平等是什么?奥肯曾经指出:"经济平等这个概念,很难予以确定或衡量。即使它存在的话,也不可能被公认为是完全的平等;但要公认是不平等却很容易。"公平可以从下述角度来理解:一是结果的公平,二是起点的公平,三是遭到人们忽视的过程的平等。

什么是结果的平等?差距不大就是平等。差距多大为平等或不平等?国际上认可的综合的衡量尺度是基尼系数。一般而言,在 0.2 之下,人们认为这种收入分配就是高度的平等,而 0.2~0.4 是低度的不平等,0.4 以上就是高度的不平等了。这是目前较为普遍的一种认识和看法。从全球的情况观察,在有的市场经济国家基尼系数在 0.2 较低的水平,也有的高达 0.6 左右的(如 1974 年的萨尔瓦多)。谈到结果公平,要讨论的是为什么要倡导结果公平?关于这一点,涉及"价值的价值观"问题。正如阿罗(K.J.Arrow)所谈到的,"在寻求社会福利的真正一般性理论时,我们应该关注价值观的整个体系,其中包括价值的价值观"③。公平是一个价值理念问题,收入分配和收入的再分配建立在效率和平等这

---

① 陈宇峰、贵斌威、陈启清,"技术偏向与中国劳动收入份额的再考察",《经济研究》,2013 年第 6 期,第 113—126 页。
② 奥肯,《平等与效率》,华夏出版社,1999 年,第 2 页。
③ 同上。

一价值的理念之上。而问题的探讨需要进一步问到公平的价值理念建立在什么价值理念基础之上?

收入差距不能太大所隐含的价值准则首先是一种人道主义的社会准则。人道主义是一种价值观,它认可个人生来所应具有的基本生活的权利,也认可个人继续享有追求幸福和避免痛苦的权利,或者我们将其称为基本人权的价值理念。"不应允许市场裁决生存和死亡,这句老话最终会被变成事实。"这是结果公平价值的价值观。正也是这一点,促成了现代转移支付理论和社会援助制度的诞生。从这一点讲,这种平等实际上几乎无法达到奥肯所讲的平等与效率的替换。

收入差距不能太大所隐含的价值准则,其实也是一种假说。这种假说是这样:价值分配来源于价值创造,而个人之间的价值创造的能力来源于先天或后天的人力资本投资等,有着不可否认的差别。但问题在于这种创造的差距不是无限的,而是有限的,因为理论上的边际产量的区分,只是一种理论上的便利分析而已,对资本、劳动、管理及技术的贡献的计量,不可能独立认定和进行。生产要素事实上的不可脱离性,是导致劳动价值理论和边际效用理论对价值创造源泉争论的根本原因。换句话说,初次分配获得高收入的人,天经地义地应当将其一部分交给社会,社会从而将其再提供给那些社会认为需要生存援助的人们。

进一步分析,机会的平等又可细化为自然天生的机会不平等和后天外部环境原因造成的机会不平等。一个人智商、聪明程度的高低,体力的大小区别,与后来的工作效率,乃至于收入水平都有着密切的关系。它影响到个人人力资本投资的效率和水平。而社会则难以纠正这种天生的机会不平等。在理论上,起点的公平一旦认定,则会对政策层面加以提醒,这有助于恢复到下一个起点公平。从理论的推论上可以看到,一旦现有的人群形成收入差距的两极,将会影响到一代人终生的收入水平,甚至下一代的贫富的定位。瑞典的经济学家米尔达尔曾将这一现象描述为"穷将是穷的原因,而富则是富的原因",即所谓因果循环累积原理。正是如此,我们将会看到,解决起点的不平等较之解决结果的不公平更为复杂而困难。或者说,关注结果的不平等问题的解决,有助于未来更好地解决起点的不平等。特别是缓解后天外部环境原因所带来的机会不平等,甚至也有助于缓解自然天生的机会不平等。

公平或平等受到人们忽视,或者说应当引起我们重视的是过程公平。过程公平是在人们的经济活动过程中,经济生活规则或者人们的行为方式对最终社会及个人的经济和社会状况的平等影响。在再分配领域,过程公平的问题尤为突出。以社会保险而言,如果一个劳动者加入或不加入社会保险,将对他及家庭生活境况构成巨大的影响。的确,人们很难改变"穷将是穷的原因,而富则是富的原因"这一规则,但通过社会保障制度的构造,社会收入的再分配,乃至于社会加大对弱势群体的人力资本投资的机制建设,则会使穷者不再变穷。诚如索马维亚在为2000年世界劳动报告——《变化世界中的收入保障和社会保护》所写的序中所指出的,社会保障之所以可以支撑下去,主要是因为它是以人为本的,同时从长期看也是生产性的。"一个社会如果不能充分关注保障问题,特别是社会脆弱成员的保障问题,很可能要忍受破坏性不利后果的折磨。"[①]这也是国际社会所看到的社会保障,乃至于人力资源开发的价值所在。

二、美国收入分配差距调节的政策和措施

从美国等发达国家的情况来看,近20多年来随着收入分配差距的不断扩大,公平问题引起了各国政府的高度关注,政府对调节收入分配差距采取了一系列的措施。这些调节措施,一方面包括通过政府立法,间接加以调节;另一方面是通过税收、加大对低收入者的转移支付等直接的管理措施实施控制。

在美国,劳动力的价格,即工资是由市场调节的,政府一般不能加以直接干预。政府对工资的影响,往往是首先通过以下四种间接方式达到调控的目的:

一是通过制定联邦法律和许多州的法律,承认和维护工人工资的集体交涉权利,使得在许多产业经济活动中,集体谈判成为工资确定的一种重要的制度,这将有利于改变工人在企业中的弱势地位,一定程度上能够提高工资水平。

二是美国从20世纪30年代起,联邦政府和州政府相继建立了最低工资法规,并且依照市场生活费用等指标,定期进行调整。

三是联邦法规规定对超过所谓"正常"工作小时,如每周50小时以外的劳动,需付额外工资。政府还制定了保护童工和女工的立法,以影响劳动的总供给状况,对工资产生间接影响。

四是在特殊时期,政府甚至采用工资管制的做法,直接干预工资。

通过税收、加大对低收入者的转移支付等直接的管理措施实施控制,也是美国等发达市场经济国家通常的做法。

美国在国民收入初次分配以后,通过税收对国民收入进行再分配的比例比较大。美国个人和家庭需缴纳所得税、遗产税、财产税、社会保险税以及消费税等各种税收。对低收入家庭给予经济援助是指,政府根据维持基本生活所需的最低年收入,规定了各种类型家庭的贫困线标准,这个标准由劳工部根据物价变动情况逐年进行调整。凡年收入低于

---

① 国际劳工局,《2000年世界劳动报告——变化世界中的收入保障和社会保护》,中国劳动社会保障出版社,2001年。

规定标准的家庭均属"合法"贫民家庭,可以领取不同的救济金。

此外,美国还建立了多个社会援助项目,包括援助需抚养儿童家庭项目,食品券项目,妇女、婴儿及儿童附加食品项目,附加保险收入项目等,以对低收入者提供帮助,缩小收入差距。

不过,从美国的实际情况观察,尽管政府制定了一系列对收入差距的调节措施,但目前收入差距仍然在不断扩大。据美国《芝加哥论坛报》1999年9月6日的报道,在过去20年中,几乎所有工人的实际工资都有所下降,而个人年工作时间比1980年多83小时,增加近4%。1999年美国国会预算局公布的统计显示,1977年占美国总人口1%(200多万人)最富有人口的收入相当于4 900万低收入美国人的收入总额;而1999年前者的收入相当于1亿低收入美国人的收入总额。最穷的20%的美国家庭的收入在美国家庭总收入中的比重由5.7%降低至4.2%;而1%最富家庭所占比重由7.3%上升到12.9%。可见,缩小收入差距仍然是一件相当困难的任务。

总体而言,从世界各国的经验来看,政府调节收入差距的措施主要有两个特点。一是广泛运用税收手段对个人收入进行调节。税收形式主要有四种,即财产税、所得税、社会保险税和消费税,前两类税种具有累进性,后两类具有累退性。二是广泛行使社会保障职能。在美国、德国等市场经济发达的国家,大都建立了比较完善的社会保障体系,基本保障了人们在失去工作或丧失工作能力以后的最低生活需要,大大调节了收入分配差距。

三、国内调节收入差距的主要政策

从20世纪90年代后期,理论和实践部门便加大了对收入分配差距问题的政策研究,并提出了一系列的政策建议和设想。

首先是国内加强了对收入分配与再分配领域政策设计出发点和重点的探讨。占主导的观点是,在初次分配领域,应坚持在公平基础上的以效率为主的分配原则;在再分配过程中,坚持效率基础上的以公平为主的分配原则。在现阶段,收入再分配政策不应阻碍市场经济体制的建立,不应造成市场的扭曲,不应以牺牲效率为代价,不应影响社会经济发展的可持续性,不应违背绝大多数人认可的收入分配的基本原则[①]。

初始分配应继续坚持主要由市场调节,再分配要强化政府调节,而初始分配和再分配都要依靠法律和制度建立秩序。初次分配的核心问题是垄断问题。整顿初次分配秩序的核心就是反垄断。再分配的核心问题是贫困问题。作为再分配的主要手段的财税政策,

---

① 中国社会科学院经济研究所收入分配课题组,"我国居民收入分配趋势与对策",《人民日报》,2002年7月9日。

其调节重点应该是反贫困,通过加强个人所得税征管和政府转移支付,为弱势群体提供基本生活保障。在收入分配的各个环节,都或多或少存在腐败问题,无论是初次分配,还是再分配,都应加大反腐败的力度。

我国目前的收入差距集中表现为城乡居民收入差距,因此,注重城乡经济协调发展,加速推进城镇化是重点。为此,应加大推进我国人口城市化进程的步伐。大力发展小城镇和乡镇企业,有计划地发展大城市,创造条件吸纳更多的农业剩余劳动力,使一部分农民转移到城镇,享有城镇居民同样的就业机会和工资报酬;通过农业产业化,发展农产品深加工,提高附加值,使农产品转化为工业品,获取更高的收入;发挥各方面的力量,加大农村教育投入,提升国民素质知识化,改变以往扶贫基本是项目扶贫的情况,不断提高知识扶贫的比重;认真研究和做好农村的社会保障工作,为农村劳动力流动创造公平的环境。

由于我国目前高收入的来源与市场发育程度不高有关,因此,推进市场化的改革也成为控制分配差距扩大的一个重要方面。比如,打破不必要的行政垄断和市场垄断,建立规范的市场竞争机制,加强对经济活动中垄断成分的限制和管理。对垄断企业,设置特别的税费,将超额利润的大部分收归国有。最大限度地消除垄断行业或垄断企业利用其垄断地位获得的垄断利润,从而调节因垄断造成的不合理的行业收入差距;推进政府机构改革和职能转移,加快政治体制改革,从而最大限度地消除"寻租"行为,调节因权钱交易而造成的不平等;加快国有经济的调整和国有企业的改革,从而提高国有经济的效率,调节因不同所有制而造成的收入差距。创造比较公平的市场机会,从而推进人们的机会平等,调节因机会不平等造成的收入差距;形成比较规范的市场秩序,从而堵住各种市场漏洞,调节因获取不合法收入而造成的收入差距;出台严格、透明的法律规定,严厉打击以各种方式获取非法收入的行为;加快国有资产管理体制的改进和创新,从体制上堵住凭借"事实上"占有国有资产,而谋取各种非法收入的黑洞等。

完善和加强我国的税收政策也是一个重要的内容。这主要涉及加快个人所得税的改革。防范会计信息失真,规范初次分配,使收入分配显性化;实行收入进入实名制的个人账号的制度;实施个人收入申报制度;加强税收征管,加大税务人员的责任,改进税收征管的方法和手段,严厉打击各种偷、漏、逃、抗税的行为;加快消费税的改革,适当降低税率和调整消费税的征收范围;开征遗产税与赠与税;修改个人所得税法,及早出台综合与单向相结合的征收办法等。

在救助社会贫困层、保障贫困家庭的基本生活方面,提出调整分配政策。保护贫困户的基本生存需要和发展权利,要通过调整分配、再分配的政策,使一部分财富从富裕层流入贫困层,从而为贫困者创造更多的发展机会;在全社会建立一个保障低收入者基本生存的"安全网",如建立最低生活收入保障制度;建立以反贫困为基准的福利体制,建立健全福利补偿制度;建立并完善社会保障体系,充分发挥社会保障制度的"扶贫救困"的功能;扩大社会保障覆盖面,扩大社会保障资金来源,扩大社会保障调节手段;创造就业机会,拓宽就业渠道,减少因失业导致的贫困;制定最低工资法,从法律上保障低收入阶层的权益等。

对缩小收入差距,在总体结构方面,国内也开始引入非政府组织的调节主体,如各种基金会、慈善组织、民间团体等,充分发挥它们的调节作用,缓解政府的调节压力;在各个主体的内部结构上,也开始积极发挥各级主体的作用,如政府扶贫,既要发挥中央政府的作用,也要充分调动各级地方政府的积极性。

促进公平竞争,完善劳动力市场,也成为缩小收入分配差距的一个重要的关注点。为此,提出了促进劳动力市场的机会平等,反垄断和打破城乡分割,建立全国范围的劳动力市场,促进劳动力流动,通过流动使得报酬平均化,发挥市场力量对收入差距的收敛作用;应普及和发展各类教育,消除城乡户籍制度导致的身份不平等,促进劳动力自身素质的提高和身份的平等;完善职业经理人市场,建立和健全城乡统一劳动力市场,消除引起不合理收入差距的制度性障碍等。

近年来学术界对我国收入分配领域的政策的实施效果进行了一定程度的研究。对于税收制度,一些研究从税收的种类和结构的角度对税收对收入分配的影响进行了研究。我国的税收包括直接税(如企业所得税、个人所得税)和间接税(如增值税、营业税、消费税等)。税收会对要素占国民收入的份额造成直接影响,从直接税看,对企业所得征税会降低资本分配份额,对个人所得中的劳动部分征税会直接降低劳动份额;从间接税看,增值税会明显降低劳动份额但对资本份额影响不明晰,营业税会降低资本收入份额但不会明显影响劳动份额[1],因此政府如果要调整国民收入份额中资本和劳动份额可以通过调整税收种类结构来优化收入分配状况。此外,对于间接税对收入分配影响的研究表明:我国的间接税在全国、城镇和农村范围内都呈现累退,分项税种来看,增值税、消费税、营业税等都是累退的,低收入群体的负担率高于高收入群体的负担率。在城乡之间,城镇居民的税收负担率高于农村居民的税收负担率,降低了城乡之间的不平等。在城乡各自内部,间接税主要对低收入群体影响较大,增加了城乡内部不平等[2]。

个人所得税是调节收入分配差距的重要手段。对我国个人所得税的研究表明,个人所得税对调整收入分配差距的作用非常有限。个人所得税是调节收入分配的主要政策手

---

[1] 郭庆旺、吕冰洋,"论税收对要素收入分配的影响",《经济研究》,2011年第6期。
[2] 聂海峰、岳希明,"间接税归宿对城乡居民收入分配影响研究",《经济学(季刊)》,2013年第1期。

段,我国个人所得税制度自2006年以来经历了多次修改。2006年个人所得税体制改革将工薪所得免征额提高至1 600元;到2008年再次上调工薪所得免征额到2 000元;2011年,除了进一步将免征额提高到3 500元,税率累进结构也由9级缩减为7级。对个人所得税的研究表明,平均税率的高低是个税收入分配效应大小的主要决定因素,累进性则是次要的[1]。我国1997—2005年在税制保持不变而居民收入增长时期,个税累进性逐年下降,但是由于平均有效税率上升,个税的收入分配效应仍在增强。2006—2011年在税制改革时期,尽管三次免征额提高和2011年的税率层级调整提升了个税累进性,但同时降低了平均有效税率,恶化了个税的收入分配效应。从跨国比较看,总体而言,我国个人所得税收入占GDP比重过低。我国2006—2012年个人所得税占GDP比重平均为1.19%,同期OECD国家达到8.76%,是我国的7倍,我国个人所得税收入占GDP比重明显低于发达国家水平[2]。因此要进一步推动个税制度改革,一方面要更加侧重提高平均税率,另一方面要实施综合税制。我国目前实施的分类制的个人所得税征收模式对公平性的兼顾不足,既不利于个人所得税调节功能的实现,也不适应现阶段我国税制建设的需要,因此应顺应国际趋势,建立分类与综合相结合的个人所得税制,并逐步过渡到综合所得税制,以更好地发挥"收入分配稳定器"的作用[3]。

国内针对最低工资制度对收入分配的影响研究表明:最低工资标准在一定范围内提高有利于改善低技能劳动力的收入,缩小收入分配差距,但超过一定的增长幅度会损害低收入人群就业,进而对收入分配产生不利影响,因此政府在制定最低工资标准时要考虑控制合适的增幅,避免对就业产生不利影响,从而改善收入分配状况。实证研究表明,短期内最低工资提升会促进低技能劳动力就业并提升其收入水平,进而降低不平等。长期来看,如果最低工资提升在25%以内,仍会起到降低不平等的作用;但如果最低工资提升超过30%,将会在提升低技能劳动力收入的同时,对就业产生负面作用[4]。

我国一些学者也对社会保障制度对收入分配的影响进行了研究,结果发现社会保障制度如最低工资、社会福利制度对基尼系数的影响很小,发挥的收入分配调节作用有限。可以通过计算低保收入前、后的基尼系数差距,来估计低保制度对收入分配的影响。一项使用中国2007年城市住户调查数据的研究表明,城市居民家庭人均总收入的基尼系数在低保前、后分别为0.347 5和0.345 9,仅下降0.46%,低保政策对降低收入不平等程度的作用非常有限[5]。而我国的福利制度表现为高度的城乡分割,城镇地区的社会福利制度更全

---

[1] 岳希明等,"2011年个人所得税改革的收入再分配效应",《经济研究》,2012年第9期。
[2] 易定红、张维闵、葛二标,"中国收入分配秩序:问题、原因与对策",《中国人民大学学报》,2014年第3期。
[3] 同上。
[4] 张世伟、贾朋,"最低工资标准调整的收入分配效应",《数量经济技术经济研究》,2014年第3期。
[5] 李实、杨穗,"中国城市低保政策对收入分配和贫困的影响作用",《中国人口科学》,2009年第5期。

面、福利待遇更丰厚;而农村地区的福利制度非常不完善且福利收入相当微薄。对1998—2007年数据的研究发现,城镇地区的社会福利转移发挥了收入再分配作用,缩小了收入差距,但这一作用的趋势在变小。农村地区的社会福利体系是累退的,几乎不影响贫富差距的缩小,但这一趋势在2007年有所改善①。

本 章 小 结

从价值判断和政策含义来讲,收入差距讨论的核心是平等与效率的关系问题。如何既要保持经济增长,或者说是不损害经济增长,同时又能不至于形成两极分化,引起社会矛盾的激化,这成为现代国家收入分配政策设计的难点。

在现代经济学文献中,关于经济发展过程中收入分配差距变动的长期趋势的研究,在很大程度上实际上就是关于倒U形假说能否成立的争论。自20世纪80年代以来,OECD国家和我国的不平等程度都呈现上升趋势,劳动的份额也在下降。对此皮凯蒂认为收入不平等是呈现U形的,过去的收入不平等下降主要是世界大战和大战冲击带来的政策变革,自20世纪80年代以后不平等的扩大很大程度上是政治上向历史回归,尤其是税收和金融方面。

随着经济全球化进程的加快,不仅美国的收入差距在扩大,全球的基尼系数也发生了剧烈变动。整个世界缺乏足够多的以国家为单位的"中产阶级",造成了世界收入分配差距拉大的严重后果。

1978年经济体制改革以前,从总体来看,我国居民个人收入分配状况表现为较为严重的平均主义格局。改革开放以来,城乡之间居民收入分配主要表现为显著的收入差距扩大的特点。农村内部居民收入差距除了个别年份有所下降外,主要表现为持续平缓上升。城乡之间居民收入差距,基本上呈现一种不断上升的趋势。改革开放30多年来,在让一部分人先富起来,即效率优先的理念指导下,我国的个人收入分配差距不断扩大。按照国际通常衡量收入差别的指标基尼系数来观察,我国的收入差别显然是达到了一个高度不平等的阶段。

1978年改革开放之前,我国城镇职工的工资差别经历了一个不断下降的过程。改

---

① 杨穗、高琴、李实,"中国社会福利和收入再分配:1988—2007年",《经济理论与经济管理》,2013年第3期。

革开放以来,我国的工资差距发生了很大的变化,这种变化主要的表现在行业、地区、产权属性、职业和员工个人之间工资的差距明显扩大。

对20世纪60年代末到70年代初开始的美国等国的收入差别扩大,或者说是不平等的加剧原因的解释,是国际经济学界关注的重要问题。20世纪80年代以来,劳动经济学家做了大量的研究去跟踪和解释美国收入分配的变化情况。有如下四种解释:一是产业结构的变动,二是国际贸易和工会主义,三是对技术劳动力需求的增长,四是人口统计学方面的变化。

从劳动经济分析的观点来看,劳动力市场上的供求关系是影响工资和就业的基本力量。概括起来,对美国劳动力市场上报酬差距扩大的主要现象,存在着三种基本的经济模型解释:一是受教育程度较低的劳动力供给较之受高等教育的劳动力的供给要快,二是制度力量的变化,三是对受高等教育的劳动力的需求比受教育程度较低的劳动力需求增加更多。

从全球来看,收入差距的扩大,与全球化背景下的资本流动、产业结构调整和转移有一定关系。在经济全球化过程中,主要的受损者来自那些既不拥有很多物质资本也不拥有高人力资本的人群。

20世纪80年代以来,我国的个人收入分配及城镇劳动报酬的差距在不断扩大,归结起来,下述因素可以成为我国现阶段收入分配差距扩大的基本原因:(1) 经济增长和发展;(2) 制度或体制性因素;(3) 政策性因素;(4) 劳动力市场因素;(5) 集体谈判制度因素。

公平和效率关系的认识问题是收入分配政策设计的重点。人们对收入分配问题的关注的难点,是对公平的认识和强调,公平或平等不易界定。

从美国等发达国家的情况来看,对调节收入分配差距的调节措施,包括通过政府立法,间接加以调节,也包括通过税收、加大对低收入者的转移支付等直接的管理措施实施控制。总体而言,从世界各国的经验来看,政府调节收入差距措施的主要有两个特点:一是广泛运用税收手段对个人收入进行调节,二是广泛行使社会保障职能。

1978年改革开放前,我国重视强调平等而忽视效率,而自改革开放以来,人们开始不断强调效率,而较少关注平等。面对收入分配的差距不断扩大,人们对平等问题的关注日益上升。

从20世纪90年代后期,国内理论和实践部门便加大了对收入分配差距问题的政策研究,并推出了一系列的实际控制措施。首先是对收入分配与再分配领域的重点进行了探讨。占主导的观点是，在初次分配领域，应坚持在公平基础上的以效率为主的分配原则；在再分配过程中，坚持效率基础上的以公平为主的分配原则。注重城乡经济协调发展，加速推进城镇化，推进市场化改革，完善和加强我国的税收政策，调整分配政策，促进公平竞争，完善劳动力市场等，都是缩小收入分配差距的重要的政策建议和措施。从总体上看，我国税收、最低工资等制度对调节收入分配起到了一定的作用，但是发挥的作用有限，有待进一步改革完善。

复习思考题

一、名词解释

基尼系数　洛伦兹曲线　库兹涅茨曲线

二、简答题

1. 如何认识平等与效率的关系？
2. 20世纪80年代以来美国收入差距扩大的原因是什么？
3. 我国改革开放以来的工资差距扩大的特点、原因是什么？
4. 国内外缩小收入差距的政策措施有哪些？

附录8-1　代际收入不平等[①]

代际收入不平等是近来社会和学术界较热的话题。代际不平等主要关注的问题是某一代人的工资不平等状况是否会传递到下一代。这些被热烈讨论的政策性问题的核心是：父母技能与子女技能之间的关系，一般被称为社会流动性(social mobility)。例如，我们会关注以下争论：在社会某些部分中社会流动性的缺乏是否会导致下层阶级的产生？政府的政策是否有助于强化代际贫困和福利依赖性之间的关系？

代际不平等研究主要从代际收入流动性的角度进行研究，主要关注的问题包括三个：一是对一个国家或地区代际收入流动性大小的估计，即计算父代收入与子代收入的相关

---

① 资料来源：经本书编者搜集整理。

系数或弹性;二是关注代际收入流动性的变化对社会各个方面的影响;三是研究代际收入流动性的决定因素,以及这些因素(如健康、教育等)是通过什么途径使收入在代际进行传递的,这是代际流动性研究的核心问题①。代际收入流动性的衡量指标主要有两种:代际收入弹性(intergenerational elasticity)和代际收入相关系数(intergenerational correlation)。代际收入弹性的估计方程来自 Becker 和 Tomes(1979)的理论,其中自变量是父亲的相对收入水平,因变量是后代的相对收入。收入都采取了对数的表达式,因此回归系数就是代际收入弹性,用 1 减去这个系数就得到了代际流动性系数。在研究中可能存在两个主要困难:其一是永久收入无法观测,其二是生命周期偏误,实证分析往往只能获得短期收入,导致代际收入弹性的最小二乘估计量偏误。此外,根据生命周期理论,短期收入随着年龄增长呈现倒 U 形趋势。收入周期性变动导致的代际收入弹性偏误导致生命周期偏误②。

从国外的实证研究看,不同国家的代际收入流动性差异较大,绝大部分跨国研究都显示北欧国家的代际收入流动性最高,美国和其他发达国家次之,南美国家、南欧国家和其他发展中国家的代际收入流动性较低。如北欧国家中芬兰、挪威和丹麦的三国代际收入弹性最低,分别为 0.173、0.155 和 0.071,美国的代际收入弹性最高,为 0.517,德国的代际收入弹性为 0.24③。而发展中国家的代际收入弹性一般更高。

近年来,国内一些学者对我国居民家庭的代际收入流动性进行了研究。多数实证研究表明,尽管具体数据存在差异,但是我国代际收入弹性处于较高水平。例如,Gong 等人(2012)发现中国男性代际收入弹性为 0.63,女性代际收入弹性为 0.97,说明中国社会代际流动性极低。Deng 等人(2012)基于中国家庭收入调查数据的结果显示,1995 年和 2002 年的城镇居民代际收入弹性分别为 0.47 和 0.53,远高于许多发达国家。Zhang 和 Eriksson(2010)使用 CHNS 数据估计了家庭收入对子女收入的弹性,估计为 0.45。郭丛斌和闵维方(2007)利用中国城镇与就业情况调查数据得到的代际收入弹性为 0.3 左右。代际收入弹性的估计结果差异,一方面源于数据差异,另一方面源于回归方法不同。秦雪征的研究表明,传统估计方法忽视了人力资本的直接传导,会低估代际收入弹性④。他们在考虑人力资本的直接传导后,基于 CHNS 数据得到的中国代际收入弹性从 0.38 升上到 0.48⑤。

对于中国代际收入流动性的趋势判断大部分研究认为代际流动性呈下降趋势。一些研究认为,我国的代际流动性是显著下降的,如何石军和黄桂田(2013)利用 CHNS 数据发现,中国 2000 年、2004 年、2006 年和 2009 年的代际收入流动性大体呈下降的趋势,但家庭

---

① 秦雪征,"代际流动性及其传导机制研究进展",《经济学动态》,2014 年第 9 期。
② 王学龙、袁易明,"中国社会代际流动性之变迁:趋势与原因",《经济研究》,2015 年第 9 期。
③ 秦雪征,"代际流动性及其传导机制研究进展",《经济学动态》,2014 年第 9 期。
④ 同上。
⑤ 王学龙、袁易明,"中国社会代际流动性之变迁:趋势与原因",《经济研究》,2015 年第 9 期。

因素对子女收入的影响仍然很大[1]。陈琳和袁志刚(2012)发现,中国1988—2005年间的代际收入弹性先大幅度下降后逐步稳定[2]。

现有研究发现迁移、人力资本投资、代际职业传递等对代际收入流动都有显著的影响。秦雪征(2014)分析了人力资本的代际传递对代际收入弹性的影响,并以实证分析表明忽视了人力资本直接的传导效应对代际收入弹性估计的影响[3]。孙三百等(2012)使用2006年中国社会综合调查CGSS数据分析认为,教育在可识别的代际收入传递路径中贡献最大,而劳动迁移可以通过增加就业机会强化这一影响[4]。对代际职业传递对代际收入流动的研究发现,城镇家庭子女的职业随着职业生涯的发展有向父亲职业"回归"的趋势,而农村家庭中父辈从事非农职业有助于子女实现职业的向上流动。子女受教育程度的提高有利于代际职业的向上流动,但其父辈的社会经济特征也对代际的职业传承和流动有显著的影响。代际的职业传承在一定程度上阻碍了代际收入流动,代际职业传承对高收入家庭的代际收入弹性影响更强[5]。

附录8-2 "限薪令"[6]

2014年8月29日,中共中央政治局审议通过了《中央管理企业负责人薪酬制度改革方案》,该方案于2015年1月1日正式实施。改革首批将涉及72家央企的负责人,包括中石油、中石化、中国移动等组织部门任命负责人的53家央企,以及其他金融、铁路等19家企业。《薪改方案》最核心的内容是对行政任命的央企高管人员以及部分垄断性的高收入行业的央企负责人薪酬水平实行限高,以此来抑制央企高管获得畸高薪酬,缩小央企内部分配差距。

会议精神

从会议的有关内容了解到,会议认为,深化中央企业负责人薪酬制度改革,是中央企业建立现代企业制度、深化收入分配体制改革的重要组成部分,对促进企业持续健康发展和形成合理有序的收入分配格局具有重要意义。深化中央管理企业负责人薪酬制度改革,要从我国社会主义初级阶段基本国情出发,适应国有资产管理体制和国有企业改革进

---

[1] 何石军、黄桂田,"中国社会的代际收入流动性趋势:2000—2009",《金融研究》,2013年第2期。
[2] 陈琳、袁志刚,"中国代际收入流动性的趋势与内在传递机制",《世界经济》,2012年第6期。
[3] 秦雪征,"代际流动性及其传导机制研究进展",《经济学动态》,2014年第9期。
[4] 孙三百等,"劳动力自由迁移为何如此重要?——基于代际收入流动的视角",《经济研究》,2012年第5期。
[5] 周兴、张鹏,"代际间的职业流动与收入流动——来自中国城乡家庭的经验研究",《经济学(季刊)》,2015年第1期。
[6] 资料来源:经本书编者搜集整理。

程,逐步规范企业收入分配秩序,实现薪酬水平适当、结构合理、管理规范、监督有效,对不合理的偏高、过高收入进行调整。推进这项改革,要坚持国有企业完善现代企业制度的方向,健全中央管理企业负责人薪酬分配的激励和约束机制,强化中央管理企业负责人的责任,增强企业发展活力;坚持分类分级管理,建立与中央企业负责人选任方式相匹配、与企业功能性质相适应的差异化薪酬分配办法,严格规范中央管理企业负责人薪酬分配;坚持统筹兼顾,形成中央管理企业负责人与企业职工之间的合理工资收入分配关系,合理调节不同行业企业负责人之间的薪酬差距,促进社会公平正义;坚持政府监管和企业自律相结合,完善中央企业薪酬监管体制机制,规范收入分配秩序①。

人社部部长:薪酬到底是多少?

人社部部长尹蔚民介绍,现在所有的央企负责人都执行统一的薪酬制度,就是"三结构"。第一是基本年薪,第二是绩效收入,第三是任期激励。央企负责人的基本年薪是央企在岗职工平均工资的2倍,基本年薪是按月发放。绩效收入要根据考核的情况,按照不同企业的经营规模、经营的效益,在考核的基础上进行发放,总的原则是不能超过基本年薪的2倍。任期激励,是3年一个任期,在任期考核的基础上,按照不同的系数来确定发放标准,但是,不能超过基本年薪绩效工资的30%②。

央企负责人薪酬到底高不高?③

人社部劳动工资研究所所长刘学民对央企高管的薪酬进行了比较。

与同级别公务员比

"目前副部级公务员的年平均薪酬水平大致是10多万元,而部分央企负责人的年薪酬水平达到100多万元。后者是前者的10多倍,两者收入差距偏大。"刘学民说。他指出,掌握国家重要资源、关系国家命脉的国有企业特别是央企负责人,本质上属于国家公职人员、国家干部,他们的"竞争对手"或"替代者"通常不是国际、国内企业家市场中的职业经理人,而是行政职务相当的公务员、国企高管等所谓"国家干部"。"央企负责人是准国家雇员或公职人员,其工资水平与国内私营企业特别是国外私营企业高管就不具可比性。"刘学民说,"因此,央企负责人薪酬原则上应以较高级别的相似国家公务员薪酬为基本参照,个别经营业绩特别突出的可以加上体现其优秀经营业绩和风险报酬的激励性报酬,拿到比公务员更高一些的报酬。"

与职业经理人比

"2013年我国沪深上市公司主要负责人年平均薪酬水平为76.3万元,全部负责人平

---

① 人力资源和社会保障部,"中共中央政治局会议决定深化央企负责人薪酬制度改革",人社部网站,2014年9月2日。
② 尹蔚民,"央企负责人基本年薪为在岗职工平均工资2倍",人民网,2015年3月10日。
③ 刘学民,"央企负责人薪酬到底高不高?",人社部网站,2014年9月3日。

均薪酬水平为46.1万元。"刘学民说,"与国内职业经理人市场薪酬价位相比,央企负责人薪酬水平也偏高。"央企的资产、利润等规模远远大于非国有企业,企业规模与企业高管薪酬水平通常正相关,因此央企高管薪酬水平应相对高一些,但央企负责人薪酬水平是同期沪深上市主要负责人的2~3倍,显著偏高。这位专家指出,国际经验表明,经济合作组织国家(OECD)30多个发达市场经济体中,国企高管薪酬水平通常都低于同期市场上的私营部门。另外,虽然沪深非国有控股上市公司高管部分持股或拥有股权激励等中长期激励,这些非货币薪酬占总薪酬的比例较高,而央企负责人通常没有持股或股权激励,但央企负责人在年薪等现金激励之外,也拥有企业年金、补充医疗、补充养老、住房等福利性收入,这些部分数量也比较可观。而且央企负责人的职位稳定性通常远好于非国有企业。

与城镇职工收入比

"与城镇在岗职工的收入差距相比,央企负责人年薪也显著偏高。"刘学民说,20世纪90年代初期,国企负责人试行年薪制初期,薪酬大约为12万元,是同期全国城镇职工在岗职工年平均工资的10多倍。近年来,央企负责人年薪酬水平大约是同期全国城镇从业人员年平均工资51 474元的二三十倍,可见其薪酬水平显著偏高。刘学民指出,中央管理企业负责人薪酬制度改革绝不仅仅是限薪,根本的目的是要在我国国有企业建立起薪酬分配的正常合理增长机制和激励约束机制。"此次改革实际上已经远远超出单纯地对一小部分人的经济利益调整本身,它直接关乎正确引导社会价值系统包括价值理念、价值取向的重塑,在收入分配领域体现维护社会公平正义的导向作用十分明显。"刘学民说。

附录8-3 信托业上市公司员工平均薪酬82.5万元,高出保险业4倍[①]

随着2014年上市公司年报在上周出齐,盛产"高富帅"的金融业金领们的收入也浮出水面。信托业以员工人均年薪82.5万元成为金融业最赚钱的企业。而保险业则以15.42万元的员工平均年薪垫底。2014年下半年启动的疯牛行情,让券商员工的荷包也着实牛气了一把,22家上市券商的人均薪酬接近50万元。中信证券副董事长殷可以1 669.6万港元(约合人民币1 336.7万元)的年薪蝉联券商高管榜首位,成为名副其实的"打工皇帝"。

有人欢喜有人忧,高富帅也有苦恼的时候。曾躺着挣钱的银行业,告别了高增长,也迎来了降薪。兴业银行等3家银行员工人均收入均比2013年有所下降。在近年的金融

---

① "信托业上市公司员工平均薪酬82.5万,高出保险业4倍",《新京报》,新华网,2015年5月6日。

行业薪酬待遇中,保险行业从业人员薪酬一直处于金融行业末位,而信托从业人员则是金融企业中最赚钱的。两者形成了鲜明的对比。据保险业、信托业上市公司年报显示,2014年,保险业4家上市公司的员工平均薪酬为15.42万元,在上市金融企业中垫底。而信托业2家上市公司的员工平均薪酬达到了82.5万元,成为金融企业中最赚钱的行业,是上市险企员工平均薪酬的5.35倍。一位业内人士认为,保险行业是按照绩效来考核,绩效薪酬是员工薪酬的主要来源。同时,保险行业产能相对比较低,市场化竞争又比较强,加上保险行业的分配机制,这些都会有影响。同时,还有分析人士认为,保险行业目前缺乏高管人员和专业技术人员,而保险行业员工数量之庞大,也使得大部分的员工人均薪酬不是特别高。

信托

人均年薪118万元的安信信托蝉联冠军,成为金融业员工平均薪酬最高的企业,高管与员工平均薪酬几乎持平。安信信托继2013年以人均75万元的薪酬位居银行、证券、保险、信托等金融行业第一名之后,2014年的年报出炉后,安信信托2014年人均薪酬高达118万元,再次卫冕冠军,并高出另一家A股上市信托公司陕国投A63万元,为该公司的两倍多。安信信托股份有限公司是中国第一批股份制非银行业金融机构,前身是鞍山市信托投资股份有限公司,成立于1987年,1992年转制为股份有限公司,1994年在上海证券交易所上市,2004年迁址上海。它是国内最早一批金融类上市公司,也是目前我国仅有的两家上市信托公司之一。年报显示,安信信托2014年实现净利润10.24亿元,全年公司支付给在职员工191人的薪酬共计22 686.84万元,包含工资、奖金、津贴、补贴、职工福利费、社保、住房公积金,以及按规定提取的工会经费和职工教育经费等。

同时,A股上市的另一家信托公司,陕国投A 2014年的人均薪酬却有所下降,降幅高达26%。公司年报显示,截至2014年12月31日,公司在职员工总数为253人。支付给员工的工资、福利、住房公积金及社会统筹费用为13 944.18万元,人均薪酬55万元。

在高管薪酬方面,安信信托总裁杨晓波去年的税前年薪为306.3万元,位居信托业上市公司高管之首,副总裁赵宝英和董事长王少钦以292.28万元位列其后。而陕国投A的高管中,薪酬最高的是董事长薛季民,其年薪为117.37万元。值得注意的是,安信信托15位高管的平均薪酬为124.4万元,这与员工的平均薪酬相差无几。对此有信托业人士表示,信托业人均创造利润较高,与员工相比,信托行业高管薪酬确实不高,前几年甚至出现过员工平均薪酬高于高管的情况。

保险

截至4月30日,金融行业A股上市公司2014年年报已全部披露完毕。作为盛产"高富帅"的金融业,记者统计A股四大上市险企高管(统一指董事、监事和高级管理人员)薪酬(统一指税前薪酬)发现,中国平安集团高管水平较高,整体拉高了保险业的"颜值"。年报显示,中国平安首席投资执行官陈德贤2014年薪酬为1 285.92万元,再次蝉联险企高管薪酬第一名。具体来看,中国平安高管及员工平均薪酬均最高,其高管与员工平均薪酬差距也最大,相差将近20倍。在如此巨大的差距下,同是卖保险的保险业员工摆脱不了"屌丝"命,员工平均薪酬却在金融业中垫底。

在四大上市险企已全部披露的2014年年报中,中国平安以392.79亿元的净利润位居首位,同比增长39.5%。在保险业,业绩最亮眼的中国平安对高管亦最慷慨。根据年报统计数据显示,中国平安高管以平均薪酬344.86万元位居各上市险企之首。同时,上市险企高管薪酬前10位中,中国平安包揽其中前8个席位。一位保险业内人士认为,平安高管多数为外籍人士或从国际外资机构聘请过来,相比之下薪酬会高。同时该人士坦言,中国平安是一个完全市场化、创新型的公司,高管拿多少薪酬合适并不容易界定。

在前8席中,中国平安首席投资执行官陈德贤蝉联保险业薪酬最高的"打工皇帝",在缴纳了555.11万元的个人所得税之后,其2014年领取的应付报酬总额为730.81万元。一位上市险企高管认为,陈德贤薪酬水平得以保持并略有提升,跟投资业绩直接相关。数据显示,截至2014年底,平安保险资金投资资产规模达1.47万亿元,净投资收益率5.3%,创三年新高。上述上市险企高管认为,除了中国人寿是中管金融企业薪酬受限制,其他保险公司对高管人员的激励力度比较大,原因是保险行业高管人员的总量严重不足,但保险公司主体增长又比较快,高管薪酬推高亦在情理之中。"所以保险高管与银行高管的薪酬差距不是特别大,甚至会超过银行高管。"中国平安表示,根据保监会的有关规定,公司高管的绩效薪酬将实行延期支付,延期期限为3年。

"最平民"——国寿无高管年薪过百万元

2014年,中国人寿高管薪酬平均为61.44万元,其高管薪酬总额为1 167万元,在上市险企中排名最后。同时,国寿是唯一一家没有高管薪酬超过百万元的上市险企。需要指出的是,根据相关规定,上市险企的高管薪酬还有待最终确认,因而部分险企高管薪酬看似较低,但其年报公布的高管薪酬并不一定是最终薪酬,其中就包括中国人寿。2014年3月25日,中国人寿发布的2013年年度报告补充公告显示,董事长杨明生在2013年度最终全部薪酬为131.21万元,而此前在2013年年报中披露的部分薪酬为83.27万元。不过,一位业内人士认为,央企的薪酬改革从2014年1月开始,类似于中国人寿这样的金融机构高管薪酬在2015年的时候可能会下降。

除此之外,在四大上市险企中,中国人寿的员工平均薪酬与高管平均薪酬的差距是最小的。中国人寿员工去年的平均薪酬为13.48万元,在四大上市险企中排名第二。高管与员工平均薪酬相差仅4.56倍,是四大险企中差距最小的。年报显示,中国人寿2014年的员工平均薪酬与 2013 年相比,由 13.42 万元增加到 13.48 万元,仅增长了 0.45%,员工数量则同比微增了 2.8%。

除了高管平均薪酬居首位外,平安员工平均薪酬也以 17.61 万元位列上市险企第一。不过,从高管与员工的薪酬差距来看,平安的高管与员工薪酬差距也最大,高管平均薪酬是员工的 19.58 倍。总的来看,四大险企员工的平均薪酬相差不大,保持在 13.2 万~17.61 万元之间。值得一提的是,员工平均薪酬垫底的新华保险,其员工平均薪酬增幅却最大。2014 年,新华保险员工人均薪酬为 13.2 万元,较 2013 年上涨 15%,涨幅为 4 家上市险企之最。新华保险未就员工薪酬的上涨原因作出回应。

推荐阅读文献和书目

1. L. Katz and K. M. Murphy, Changes in Relative Wages, 1963–1987: Supply and Demand Factors, *Quarterly Journal of Economics*, 1992(2): 35-78.

2. L. F. Katz, D. Autor, *Changes in the Wage Structure and Earnings Inequality*, Elsevier, 1999.

3. D. Autor, L. Katz, and M. Kearney, Trends in U.S. Wage Inequality: Revising the Revisionists, *Review of Economics and Statistics*, 2008: 30-23.

4. A. Deaton, Health, Inequality, and Economic Development, *Journal of Economic Literature*, 2003, 41(1): 113-158.

5. Y. Du, A. Park, S. Wang, Migration and Rural Poverty in China, *Journal of Comparative Economics*, 2005, 33(4): 688-709.

第九章 失业

本章考察劳动力市场运行的一个重要结果——失业。失业是劳动力市场上最重要和最普遍的经济问题之一,是一国宏观经济运行好坏的指示器。虽然低工资、歧视、不合格的工作条件和劳动力市场上其他不正常现象都对一国经济发展和工人的生活状况造成威胁,但这些都比不上失业对经济发展和社会稳定所产生的影响。

失业的原因是复杂多样的。对于某些人来说失业是相对短期的,是工作变动或从学校毕业找工作等正常现象。但对另外一些人而言,他们要持续失业几个月以上,原因是他们没有能力找到工作。事实上,失业对经历失业的工人造成的影响很大,这导致人们就有关失业对经济社会到底有多大影响以及应采取什么样的政策来消除它等问题产生了激烈的争论。本章将从失业的存量—流量模型、失业的测量、失业的类型及成因等方面对失业进行考察,在此基础上,对我国目前的失业问题进行分析。

第一节 失业的存量—流量模型

为了了解一国经济的真实失业水平及决定失业水平的因素,不仅要对劳动力市场的存量进行分析,即对就业者(E)、失业者(U)和非劳动力(N)的人口进行划分,而且要分析不同的劳动力市场状态之间的流量,这就是失业的存量—流量模型分析。在图9-1中,EU表示从就业状态进入失业状态,可能是因为解雇、临时解雇或辞职;UE表示从失业状态进入就业状态,包括新就业者和重新就业者,如大学毕业进入劳动市场者;EN表示从就业状态到退出劳动力市场,如退休或上学中途退出劳动力市场者;NE表示从非劳动力进入就业状态,即新进入或重新进入劳动力市场者;NU表示非劳动力进入劳动力市场,成为失业状态;UN表示失业者退出了劳动力队伍[①]。

在美国等发达国家,已经开始监测劳动力市场的动态性质,因为相同的劳动力市场静态指标还不能反映不同的动态性质。例如,美国每个月都要公布其就业人数、失业人数以及非劳动力人数的数据,如果对这些数据进行短期追踪的话,这些数据是相对稳定的。在相同的监控时间里,失业率即使出现十分微小的变动都是件极不寻常的事情。尽管静态指标相同,但静态指标的结构却发生着变化,只有对失业的存量—流量模型进行分析,才可以知道劳动力市场中哪一种流量是造成高失业率的主要原因,政府因而可以制定相应的政策来降低失业率。

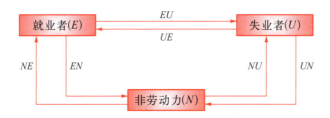

图9-1 失业的存量—流量模型

如果劳动力市场大体上处于均衡状态,流入和流出失业状态的流量基本相同,那么某一群体的失业率(u)就取决于下列各种劳动力市场流量,它们对失业率的作用方式是不同的,为此我们将各种流量与失业率之间的关系构成如下函数关系,并就各种流量如何影响失业率进行分析:

$$u = F(\overset{+}{P}_{EN}, \overset{-}{P}_{NE}, \overset{-}{P}_{UN}, \overset{+}{P}_{NU}, \overset{+}{P}_{EU}, \overset{-}{P}_{UE}) \tag{9.1}$$

上式中,u为F中各种流量的函数,其中,P_{EN}为就业者中脱离劳动力队伍的人员所占的比例,P_{NE}为非劳动力中进入劳动力队伍并且找到了工作的人员所占的比例,P_{UN}为失业者中脱离劳动力队伍的人员所占的比例,P_{NU}为非劳动力中进入劳动力队伍但尚未找到工

---

① 国际劳工局,《劳动力市场主要指标体系(1999年)》,中国劳动社会保障出版社,2001年,第533—543页;伊兰伯格、史密斯,《现代劳动经济学——理论与公共政策(第六版)》,中国人民大学出版社,1999年,第544—547页。

作的人员所占的比例，P_{EU}为就业者中成为失业者的人员所占的比例，P_{UE}为失业者中成为就业者的人员所占的比例。我们通常将该式称为**失业的存量—流量模型**。

在失业的存量—流量模型中，各变量顶部的加号意味着该变量的增加将提高失业率，而减号则意味着该变量的增加将降低失业率。因此，该等式表示，在其他条件一定的情况下，那些自愿或非自愿离开工作岗位从而成为失业者或退出劳动力队伍的人员所占的比例的上升，将会提高该人口群体的失业率；而那些从非劳动力队伍进入劳动力队伍但没有找到工作的人员所占比例的上升，也同样会提高该人口群体的失业率。类似地，那些脱离失业状态，从而成为就业者或脱离劳动力市场的人员所占的比例越大，则该人口群体的失业率就会越低。最后，那些进入劳动力队伍之后马上找到工作的人所占的比例越大，则该人口群体的失业率就会越低。

从失业的存量—流量模型我们可以看出，一个国家或地区的总体失业水平，或者某一群体的失业水平，取决于各种劳动力市场状态之间的流量的相对流动比率，是各种流量之间综合作用的结果。社会对任何既定失业水平的关注都应当集中在失业的影响范围以及失业的持续时间这两个方面。如果在一种情况下，群体中的少数人失业很长的时间；而在另外一种情况下，群体中有很多人失业，但他们都能很快渡过失业期，那么前一种情况可能更应引起社会的重视。直到最近，人们还普遍认为，在可以被衡量出来的失业规模中，大多数情况都是由于许多人正在经历短期失业这样一个事实造成的。然而，证据却表明尽管许多人能够很快地从失业状态流出，但是同时还存在这样一种情况，即那些在任何时间里都处于失业存量之中的这样一批为数相对较少的人所面临的失业期更长了。

第二节 失业的测量

一、失业测量的国际标准

我们从失业概念来判断一个人是否失业是很容易的，即当一个想要去工作的人没有工作，失业就发生了。然而，要在现实中根据这个简单定义去判断一个人是否真正失业，还存在很多实际的困难。例如，如果一个想找工作的人在找到一个工作机会，但因为自身的原因他最终没有接受这份工作，他仍然被认为是失业者吗？类似地，如果一个人说想要一份工作，但事实上他在6个月之内没有做任何努力去寻找工作，这个人能被认为是失业者吗？某人想每周工作40小时，但只能找到有20小时的兼职工作，他是不是应该被认为是半失业者？

失业的定义很重要是因为它对官方所统计的失业程度的报告有很大影响,并且对人们如何评价失业对经济社会发展的经济成本产生重大影响。关于失业的统计概念,我们已经在第二章做了讨论,在发达国家,失业数据一般是每月通过现行人口调查获得的。根据劳动统计概念,劳动人口分为两个群体:就业者和失业者属于劳动力,那些没有工作也不愿去工作的属于非劳动力。目前国际上一般对于就业者的定义是,在调查周内至少有一个小时的付酬工作或在家庭企业中每周工作最低15小时的无酬劳动者①。一个人有工作但因为休假、疾病、天气或罢工而暂时离开也被认为是就业者。从统计上计算,失业者必须满足以下三个标准:(1)他没有工作;(2)如果提供工作,他愿意并且有能力工作;(3)他在调查周的前四周内积极寻找过工作。失业率就是失业人数除以劳动力人数。例如,2014年中国年平均登记失业率为3.3%②。

二、失业测量存在的问题

人们对政府有关就业、失业量的测量提出了许多批评意见。有人认为,根据失业数据来判断因失业而产生的经济成本与贫困,可能会产生误导。这一观点认为,很有说服力的论据就是传统的劳动力统计掩盖了失业的真实成本。最明显的例子就是失业量中不包括丧失信心的工人。丧失信心的工人就是指那些想得到工作,在过去的一年中找过工作但没有在近四周内寻找工作,或者是由于缺乏工作机会或只是由于个人因素如年龄、种族及缺乏技能而找不着工作的人。由于丧失信心的工人没有明显的寻找工作的努力,他们在劳动统计中没有被计入劳动力中,也不进入失业率,不过在有些国家,如美国对此则单独进行统计。例如,在1998年的美国,平均有200万人是丧失信心者,如果他们被计入失业数目中,那官方失业率就应该从4.5%上升到5.9%③。

传统测量的失业率低估了失业成本的第二个原因是失业率不能反映潜在的就业者。比如,在1998年的美国,据报道有370万人是不情愿做兼职的,或者是因为雇主砍掉了他们的工作时间,或者是因为对于新寻找工作者他们不能找到全职工作。即使这些人不能找到他们想要的那么多工作,只要他们工作着甚至是1个小时,他们也被计入就业者,就如同一个干着全职、每周工作40小时的人一样④。

---

① Bruce E. Kaufman and Julie L. Hotchkiss, *The Economics of Labor Market*, Fort Worth: The Dryden Press, 1999, pp.648-649.
② 根据《中国统计年鉴(2015)》公布的2014年31个省、市、自治区登记失业率数据计算得来。
③ Bruce E. Kaufman and Julie L. Hotchkiss, *The Economics of Labor Market*, Fort Worth: The Dryden Press, 1999, p.650.
④ Ibid.

然而,有些人却认为官方失业率夸大了失业而造成的经济成本。例如,在国外失业保险项目经常被认为夸大了失业率,因为接受者可以因接受失业保险而不工作,并能够维持较长时间的生活。与此相类似,对贫困家庭的临时资助和食物券等福利项目也被认为提高了失业率,因为申请工作的人把要求工作当成接受这些福利的前提条件。即使这些收入转移项目没有引起高失业率,它们也会缓解工人及其家庭因失业而造成的经济困难。

人们认为,失业率夸大失业造成的经济成本的第二个来源是劳动力人口统计构成的变化。比如,在劳动力中,青少年与妇女所占比重的增长被认为夸大了经济不景气的程度,因为这两个群体频繁地进出劳动力,因此更多地被认为是失业者,这导致所测量的失业率上升。

许多发达国家的劳动统计机构针对这些批评已经对传统的失业统计方法作了修正。例如,1976年,美国国会成立了就业、失业统计国家委员会,该委员会的职能就是系统考察和检测搜集数据的方法,以及对各种劳动力概念的测量。在1979年底,这个委员会向美国劳工局提出了建议报告。委员会建议官方对就业、失业的测量方法保持不变,但对个别技术进行调整和数据的改善。关于丧失信心者是否应该计入失业者的问题,委员会认为这部分人仍不应记入失业者中,原因是这些工人中大部分已经不愿重新进入劳动市场工作。在1989年,委员会又重新考察了有关就业失业统计方法。这次纠正了一些在现行人口调查中的做法,但除了对55~64岁的工人群体有一定的影响外,并没有显著地改变对于某一人口群的失业率测量值。然而,这个重新设计对其他因素的测量产生了影响。例如,劳动力市场的新进入者中成为失业者的人数在增加,妇女的就业比率在增加,就业统计中兼职者人数在增加,丧失信心工人作为非劳动力的比例在下降。新方法中,在就业者中新设立了兼职就业者这一指标,该指标对全职工人(一份工作要做35小时以上)和多样化兼职工人(好几份工作总共要做35小时以上)作出了区别。在以前,后者被认为是全职工作者。在1998年的美国,有160万工人干着多于一份的兼职工作[①]。

三、我国的失业测量制度

我国关于劳动就业方面的统计自新中国成立初期就已经开始,当时政府搜集劳动力就业信息的目的主要在于制定国民经济发展计划。当时的劳动力失业带有一种"政策性失业"的色彩。正是由于当时的这种特殊历史背景,改革开放以来我国关于失业现象的统计并不能客观全面地反映经济运行中实际的劳动就业状况。这主要表现在两方面:

---

① Bruce E. Kaufman and Julie L. Hotchkiss, *The Economics of Labor Market*, Fort Worth: The Dryden Press, 1999, p.651.

(1) 统计口径狭窄。我国统计的失业人员指有非农户口,在一定劳动年龄内(男 50 岁以下,女 45 岁以下),有劳动能力,无业且要求就业,并在当地就业服务机构进行求业登记的人。我国失业人员的范围是不考虑农村人口的①,这是由长期传统体制形成的观念和意识积淀导致的。(2) 失业与就业概念范畴交叉。失业和就业是一对截然对立的概念,但在实际中却出现这么四种情况:第一,登记失业者中有相当部分人员正在打工或从事其他有酬的临时工作,并不是真正的失业者,存在着所谓"隐性就业"的情况;第二,国有、集体企业在册职工中有一部分人员并未从事劳动,如一些下岗及内退人员等,但仍被作为从业人员统计;第三,国有、集体企业存在大量的冗余人员,他们处于隐性失业或就业不足状态;第四,农村存在大量的隐性失业人员。因此,原有的失业统计指标已难以反映现在的真实情况。随着我国市场化程度的加深,需要构建符合中国现阶段劳动就业状况的失业指标概念体系。

第三节 失业类型

经济学家根据失业的特征和失业的根本引发机制,将各种类型的失业加以区分。一般来说,失业可以划分为三种不同的类型:摩擦性失业、结构性失业和周期性失业。

一、摩擦性失业

第一种失业类型是摩擦性失业。它产生的原因是职业市场的信息不完全,以及有职位空缺的雇主和寻找工作的人互相之间,他们都要花时间去寻找,产生了在工作和进出劳动力市场之间的持续流动过程。即使当劳动力市场的供给和需求是平衡的时候,失业仍然会发生,因为企业和工人都在寻找最佳匹配。如果信息是完全的,流动是没有成本的,这个过程在瞬间就可以完成,失业就不会发生。但在实际世界中,这些条件都不可能满足,那么在一个动态的劳动力市场就不可避免地产生一个副产品——存在一定量的摩擦失业。其具体量由寻找工作和工作空缺匹配的速度、效率及周转频率决定。

摩擦失业的明显特征有以下四个方面:(1) 它影响了跨越所有人口群体、行业和地区中相对大的数目的人。但是对每个人而言,摩擦性失业的发生是不相同的。比如,在一些

---

① 根据《中国劳动统计年鉴(2008)》城镇登记失业率指的是,城镇登记失业人员与城镇单位就业人员(扣除使用的农村劳动力、聘用的离退休人员、港澳台及外方人员)、城镇单位中的不在岗职工、城镇私营业主、个体户主、城镇私营企业和个体就业人员、城镇登记失业人员之和的比。

流动大的行业中(像零售业或建筑业)以及特殊人口群体(像青少年)的摩擦失业大一些。(2)摩擦失业倾向于一个相对较短的时期。第一次换工作和找工作的人根本就没有经历失业,那些花一些时间去寻找工作的人失业的时间经常是少于一个月的。(3)一定量的摩擦失业是不可避免的。因为有大量流动的人群进出劳动力市场,而且工作的转换是要一个过程,甚至在一个密集的劳动力市场也不可能达到零失业率。(4)和其他类型的失业相比较,摩擦失业不仅仅带来经济成本,还会带来一些明显的经济利益。对劳动者个人而言,对单个工人而言,如果短期失业使他能进行更大范围的工作搜寻,那失业就是一项值得的投资;对整个经济而言,如果劳动力流动过程是为了在地区和企业间进行合理有效的劳动力分配,那一定量的摩擦失业是必要的。然而并不是所有的摩擦失业都是有利的,如那些频繁地从一个没有前途的工作跳到另一个没有前途的工作的人们所经历的。

摩擦失业的特点表明了减少摩擦失业可以采用的几种公共政策。一个明显的方法就是在劳动力市场上增大工作信息的流动,比如,改善的公共就业服务有一个计算机化的职位银行,或对于有前途的求职者在与不同公司代表交谈时,工作机会应该是平等的。公共政策同样可以通过降低不必要的流动而减少摩擦失业。在美国等发达国家,一个经常性建议是改革失业保险系统。另一个已经被讨论了很多年的政策就是在1993年实施的《美国联邦家庭医疗假期法案》。这个政策通过允许工人在一个有限时期内休假而不是要求辞退这个人来减少摩擦失业。如果一个人休假了,他再次进入劳动力是作为就业者;而如果他被辞退了,再次进入就意味着是寻找一份新工作的失业期。

二、结构性失业

第二种失业类型是结构性失业。结构性失业是由于工作类型与寻找工作的人的不匹配所产生的。这种不匹配可能与个人的技能、学历、地理位置或年龄相关。比如,如果在经济中,存在的工作是技术性的,如软件工程师、空间技术工程师或经理人员,而寻找工作的不是没有受过多少教育或没有工作经历的年轻人,就是从没有技术性的工作如卡车司机之类解雇的成年人,这时结构性失业就发生了。同样,如果在北京和上海有工作空缺,而寻找工作的人在陕西或者山西等中西部地区,结构性失业也会存在。这种情况下的失业不是由于信息不完全,而是由于劳动力市场的流动性障碍,这种障碍阻止了失业者与求职者的匹配。在结构性失业情况下,市场上同时存在着工作空缺和失业者,甚至从长期看,也不会很容易匹配。

结构性失业的特点有以下两个方面:(1)结构性失业不像摩擦性失业,它倾向于集中在确定的群体,即那些受技术改变,所在企业衰退或在整个国家内的工作移动所产生的负面影响的群体。(2)结构性失业是长期的。在一个区域内那些被新技术替代或工厂倒闭的工人很少找到可选择的其他就业资源。而且,这种寻找工作可能要持续好几个月。这表明一条直线被频繁地分为摩擦性失业和结构性失业,因为两者都包括了搜寻工作的过程。它们的主要区别在于搜寻工作过程的完成速度,摩擦性失业相对短一点,而结构性失业要持续长一些。

结构性失业的特点表明了减少结构失业可以采用的几种公共政策。其一是政府对培训项目的提供或资助。例如,将政府项目提供给为难以就业的年轻人提供就业技能服务的职业公司,对于为目标群体提供培训的企业给予税收优惠等。其二是通过提供再次安置津贴鼓励失业者流动,走出经济不景气地区。其三是通过提供给长期失业者的公共服务工作,作为政府这一最后雇主的应对措施。

三、周期性失业

第三种类型的失业是周期性失业(有时叫需求不足失业)。这种失业产生的基本原因是经济中总需求不足以为求职者创造足够的工作。在摩擦和结构性失业中,问题是工作空缺与求职者不能互相匹配,而周期性失业的发生是因为没有足够的工作去做。周期性失业与经济运动的上升和下降周期性变化有关:周期中上升时期,失业率会随着经济中消费和产品的需求上升而下降,因为会促使企业通过招回暂时解雇的工人以及招聘新求职者来增加就业;而在经济衰退期,销售量的下降使企业辞退现有工人,减少新的招聘人员,导致了经济中可存在的工作的下降,失业率上升。需求不足失业可能还有一个非周期性因素,如果经济缓慢低增长,这种状态就会被认为是"经济停滞"。

周期性失业的特点有以下两个方面:(1)相对于摩擦和结构性失业,周期性失业随着经济的扩张与收缩表现得一年年不一样。(2)同摩擦性失业一样,周期性失业也倾向于整个经济的范围,虽然在经济衰退时,耐用品企业和工业地区的工人通常比其他工人的境况更糟一些。

一般来说,政府可以借助公共政策去减少周期性失业。最直接的办法就是调整财政和货币政策以确保持续健康稳定的经济增长率。一旦衰退开始,及时以税收减少或宽松的货币政策的形式干预,有限地降低经济衰退的严重性和造成失业。另一个可选择的方法就是增加基础设施建设,比如,在经济衰退开始时通过投资高速公路或城市新建项目,直接扩大就业。

四、失业类型的区别：贝弗里奇曲线

尽管在理论上摩擦性失业、结构性失业和周期性失业的概念十分清楚，但在实际中要区别这几个类型并不容易。解决这一问题的一个有用的方法就是所谓的贝弗里奇曲线（Beveridge Curve），利用该曲线可以对各种类型的失业作出区分。如图9-2所示，纵轴测量的是经济中职位空缺的数目，横轴测量的是失业人数。45度角的那条直线表示的是职位空缺数目与寻找工作的数目相等的线——一般意义上的充分就业。在45度线以上的点表示劳动的需求过大，45度线以下的点表示劳动的供给过大。

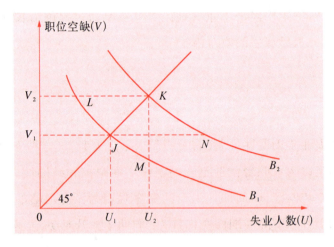

图9-2　各种失业类型的区分

即使在充分就业下，一定数目的失业仍然存在，这是因为摩擦性失业和结构性失业的原因。在45度线上的点表示充分就业的点，如图9-2中的J点，存在着U_1的失业人数，这种失业是摩擦性失业还是结构性失业呢？我们从图9-2中是看不出来的。职位空缺V_1在总量上等于求职者人数U_1，但这个图并没有表明职位空缺与求职者是否会很快地匹配。如果能够很快匹配，则U_1是摩擦性失业；如果这种情况会持续一段时间，则表明U_1是结构性失业。最有可能的是两种失业类型的结合。而且，注意到U_1仅仅是与充分就业相等的多个可能失业水平的一种。摩擦性失业或结构性失业的人数越多，在整个经济中45度线向外延伸的就越长，这样在K点的失业率上升到U_2，从而求职者与职位空缺数保持相等。职位空缺与求职者数目的同时增加表明有可能存在更大的劳动力流动量，或者是失业者寻求工作的时间更长，或者可能是雇主要求的技能与失业者所拥有的技能之间的结构不平衡在加大。通过政府干预和各种培训项目以及改善工作安置服务等方式可以减少摩擦性失业或结构性失业，这使得45度线上的点向下移动。

显然在45度线上的每一点都位于某一条向右下方倾斜的曲线上,如B_1、B_2上,该曲线就是贝弗里奇曲线。该曲线的名称取自英国的经济学家威廉·贝弗里奇(William Beveridge)。对于劳动力市场的任一给定结构,贝弗里奇曲线表明,职位空缺与失业人数怎样在经济周期中发生变化。从任一充分就业状态如J点开始,在经济上升时期,整个经济状态在曲线B_1上移至L点,L点的劳动需求大于劳动供给,说明职位空缺相对于失业过量(甚至在最密集的劳动力市场也会因为流动的原因存在一些失业)。相反,在经济衰退时,随着企业减少雇佣,职位空缺减少,这时企业解雇人员将会使失业人数增加,反映在B_1曲线上就是J点向右下方的移动,例如移到M点,M点的失业率为U_2。如果整个经济是充分就业的(J点),那么失业率应该在U_1点。因此,U_2-U_1的差值就是测量的周期性失业量,其他的失业余值可归结于摩擦性失业和结构性失业。

如果失业率随着时间推移而增加,能否对其原因作出识别呢?至少在理论上讲答案是肯定的。虽然在各国由于职位空缺的统计资料的缺乏,使得在实际操作中存在很大的困难。一方面,周期性失业人数的增加是由于失业者的增加而不是职位空缺的减少造成的,就像在某一特定的贝弗里奇曲线上的向下移动,例如,在图9-2中曲线B_1上从J到M点的移动。另一方面,摩擦性失业或结构性失业的增加是由职位空缺和失业人数的增加来表示的,在图9-2上就是B_1到B_2的移动,即点J向点K的移动。

有多种办法可以确定从点J到点K的移动到底是由于摩擦性失业还是结构性失业造成的。办法之一就是考察职位空缺与失业人数的分散度。在多个行业和地区中的职位空缺和失业人数的大范围上升将表明是摩擦性失业;而一个地区的职位空缺集中,另一个地区的失业集中则表示是结构性失业。办法之二是看失业持续时间的统计情况,经历长时间失业人数的比例上升就意味着结构性失业问题将变得更严重。

失业的增加也可能来自需求不足和结构性失业的共同作用。例如,随着汽车行业内大范围的工厂倒闭,与此同时经济中其他行业没有空缺职位的增加,这种需求不足和结构性的失业就同时发生了。在图9-2中就是点J水平地向点N的移动。汽车工人中高失业的部分可以由增加总需求的方式加以解决。这将有助于汽车工业的恢复,使得一些被解雇的工人可以重新回到他们原来的工作岗位上去。第二个方面的影响只可能通过整个经济中其他行业所创造的新的工作机会来加以解决。然而,即使当整个经济恢复到充分就业状态(K点),结构性失业仍会有一个净增加值U_2-U_1。这表明总需求的增加能部分地降低结构性失业量,但不能完全消除它[1]。

---

[1] Mark D. Partridge and Dan S. Rickman, Reginal Differences in Chronic Long-Term Unemployment, *Quarterly Review of Economics and Finance*, Volume 38, Issue 2, 1998, pp.193-215.

五、失业持续时间

失业持续时间是失业者从失业开始,到找到工作一共经历的时间。假设失业者工作搜寻遵循"序贯搜寻模式",工作机会(offer)到达率服从泊松分布(Poisson)。当失业者获得第一个工作机会时,他需要做决策:是否接受该工作。最优决策的目标是将折现的期望效用最大化,最优决策取决于雇主提供的工作分布、工作机会到达率、静态(或非静态)的搜寻环境、效用函数、被原来雇主召回(recall)的概率、劳动者个体的时间底限。在一系列假设之下,如工作机会到达率、工资分布已知、效用单调增加、没有召回、个体没有时间底限,那么最优决策是保留工资水平的函数。保留工资取决于工作机会到达率、工作搜寻成本、雇主提供的工资分布的参数,接受工作机会的概率也取决于这些变量。在某一时间段之初,劳动者处于失业状态,在该时间段内,他找到工作的概率等于工作机会到达率乘以这个工作机会的可接受性,这个概率即摆脱失业状态的风险概率。这个概率将会对失业持续的时间产生直接影响。

根据《中国劳动统计年鉴》的数据,表9-1给出2012—2014年我国失业者的失业持续时间分布状况。从表中数据可见,失业者中,失业持续时间少于7个月的比例低于失业持续时间多于7个月的失业者,这表明我国失业具有较强的持续性[①]。

表9-1 2012—2014年我国失业持续时间分布

	1个月	2~3个月	4~6个月	7~12个月	13~24个月	25个月以上
2012	4.6%	11.3%	16.2%	26.4%	19.4%	22.2%
2013	6.0%	13.8%	13.5%	27.3%	17.4%	21.9%
2014	6.1%	14.4%	14.4%	28.5%	16.9%	19.3%

资料来源:陈利锋,"我国失业的持续性:理论假说与现实证据",《云南财经大学学报》,2016年第4期。

第四节 失业原因

对摩擦性失业、结构性失业和周期性失业的区分使我们对失业产生的原因有了一定的了解。然而,人们对各种失业类型的原因探讨还不仅如此。通过建立各种经济模型,我

---

① 陈利锋,"我国失业的持续性:理论假说与现实证据",《云南财经大学学报》,2016年第4期。

们对失业的原因可以作更加深入的分析,从而能够得到许多有益的启示。在下面我们考察有关摩擦性失业、结构性失业和周期性失业的重要理论模型——工作搜寻理论、刚性工资理论和效率工资理论。

一、工作搜寻理论

工作搜寻的过程可以为失业的存在提供一个重要的理论解释。不论寻找工作的人是新进入劳动力市场者还是工厂倒闭形成的失业者或是在职想换工作者,信息的不完全迫使求职者到一个个企业去寻找有关工资、工作条件等的招聘信息。与此同时,具有空缺职位的企业也会在劳动力市场上搜寻那些能够与其空缺职位相匹配的求职者,这也需要了解求职者的个人信息。因此,在求职者与潜在雇主之间的工作匹配要花费一定的时间。所以,即使是当劳动力需求和供给在总量上相等的时候,也会存在一定量的摩擦性失业。工作搜寻理论对摩擦性失业和自愿性失业现象作出了解释。

某一经济中的摩擦性失业水平是由进入和退出劳动力市场的人员流量和失业者找到并接受工作的速度决定的,而决定这种速度的因素可以通过对工作搜寻过程的分析找到。工作搜寻理论对这一过程作了很好的分析。因此,我们在下面转向对工作搜寻过程的理论分析。

为了更具体地讨论工作搜寻理论,我们假定求职者 A 是一个从名牌大学毕业的 MBA。求职者 A 进入职业市场知道有 N 个企业招聘 MBA,当然每一家确切的工资是不清楚的。但是根据朋友的经验,求职者 A 会知道去年的起始工资,以及工资提供的分布,如图 9-3 所示。曲线 $f(W)$ 表示企业能够提供给求职者的工资分布频率,比如,在 $f(W)$ 上,可以看出企业提供 W_1 工资的概率是 Π_1,而提供 W_2 以上工资的概率是 0。对那些没有提供工作的企业,工资率为 0。当经济处于萧条时期,企业所提供的工资分布频率曲线将会向左移

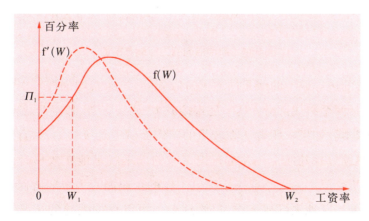

图 9-3 搜寻工作过程中假设的工资分布频率图

动,例如,从 $f(W)$ 移动到 $f'(W)$。如果求职者将 W_1 确定为其最低可接受工资,所有低于该工资的企业就会被求职者拒绝。显然,最低可接受工资越高,求职者为能够找到提供该工资企业所花费的搜寻时间就越长。

我们知道在完全信息条件下,A 将知道哪些企业支付 W_2 工资,这样就不存在搜寻的过程,A 将直接同需要与自己条件一致的企业匹配从而没有失业过程。如果 A 不知道这些信息,A 将会在一定时间失业,去寻找最好的工作(这里的定义就是工资最高的工作)。这个失业的过程能持续多久呢?工作搜寻的两种不同理论对这一问题做了回答。我们在下面分别对这两个理论进行介绍。

(一)斯蒂格勒模型

第一个工作搜寻模型是由美国经济学家乔治·斯蒂格勒(George Stigler)在20世纪60年代早期提出的。根据斯蒂格勒的说法,工作搜寻最优次数的决策同其他经济问题一样由边际收益法则决定,即只要求职者增加一次搜寻的边际收益大于边际成本就会增加其联系企业的数目。当边际收益等于边际成本时,就达到了工作搜寻的最优次数。如图9-4所示,其中,A 的搜寻曲线的边际收益为 MB_A,边际成本为 MC_A。

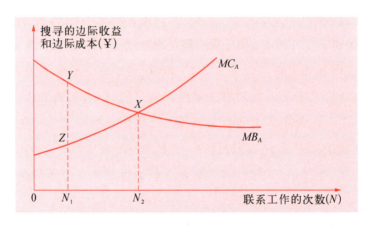

图9-4 斯蒂格勒的工作搜寻模型

一方面,搜寻的边际成本曲线是向右上方倾斜的,意味着增加搜寻次数将增加边际成本。搜寻成本包括两个组成部分:其一是直接成本,如乘车费、邮寄费、给求职中介的费用等;其二是机会成本。如果求职者 A 在较早的工作面试中是成功的,并且面试的结果是可预料的,那么他继续寻找其他企业并进行面试时的成本就是他在较早时面试成功的企业所提供的收入。机会成本的大小取决于提供工作的企业能否为求职者保留那份适合他的工作。如果一个人不断地去寻找工作,尽管这个人可以根据搜寻的情况了解所有可能提供的工作状况,并从中挑选一个最好的,但先前提供的那些工作就可能会被其他人接受,从而导致搜寻的边际成本将会很高。此外,不断地搜寻可能会增加直接成本和机会成本,因为工作搜寻涉及的范围越大,导致直接的搜寻成本也就越大;同时,从可预料到的可接受的工作机会被其他人占有的角度看,收入损失的机会成本也可能上升。

另一方面,工作搜寻的边际收益受报酬递减规律的约束。从搜寻的边际收益曲线 MB_A 来看,其形状是向右下倾斜的。增加搜寻次数的边际收益是求职者 A 认为多联系一家雇主所获得的收入增加的现值,即增加额外一次搜寻所获得的收益,等于求职者可能获得的更高工资工作在整个工作期内增加部分的收益的贴现值。在既定的边际收益曲线斜率为负的条件下,由于求职者 A 很可能在最初的面试中成为最有可能被录取者,因此,继续寻找更高工资收入工作的机会将会随着搜寻次数的增加而递减。

那么,求职者 A 应该联系多少家企业以求职呢?答案是 N_2 家企业,即当 $MB_A = MC_A$ 时。求职者 A 很有可能只联系 N_1 家企业就结束其工作搜寻,并接受所联系企业中提供最好工资条件的那份工作。然而,那样并不会使收入最大化,因为增加额外一次搜寻的边际收益大于边际成本,即点 Y 大于点 Z。同样,求职者 A 也可能搜寻比 N_2 更多的企业以便找到一份较好的工作,但这也不是最佳选择,因为获得更高工资工作的可能性太小而有可能不能抵消额外增加一次搜寻的搜寻成本。

(二) 麦柯尔模型

第二个工作搜寻模型是由约翰·麦柯尔(John McCall)建立起来的[①]。在斯蒂格勒模型中,求职者首先估计搜寻的最佳时间长度,然后选择接受其收到的最好的那份工作。经验研究发现,求职者常常采用的一个战略就是,按先后顺序作出工作搜寻决策,当遇到第一份超过其最低可接受工资时,求职者就会接受该份工作。求职者的这个选择战略最初是由麦柯尔模型提出来的。

麦柯尔的工作搜寻模型如图 9-3 所示,我们仍然以求职者 A 为 MBA 的例子加以说明。麦柯尔模型的关键值是最低可接受工资的概念。最低可接受工资就是求职者考虑从事某一工作时愿意接受的最低工资。对于求职者 A 而言,他的最低可接受工资在图 9-3 中是 W_1,低于 W_1 的工作将会被其拒绝。搜寻的时间长度取决于最低可接受工资水平与企业提供的工资分布频率之间的联系。如果求职者 A 制定了一个相对较低的可接受工资,他可能会很快获得一份合适的工作,这样失业时间将会缩短;如果他制定的可接受工资较高,那么较高的可接受工资会导致其失业期限延长。

---

① John J. McCall, Economics of Information and Job Search, *Quarterly Journal of Economics*, Volume 84, Issue 1, 1970, pp. 113-126; Dale T. Mortensen, Job Search, the Duration of Unemployment, and the Phillips Curve, *American Economic Review*, Volume 60, Issue 5, 1970, pp.847-862.

什么因素决定一个求职者的最低可接受工资呢？或者说为什么求职者的最低可接受工资是 W_1 而不是其他工资率呢？在决定一个可接受工资时，求职者 A 不得不在各种可能机会的收益与成本之间进行权衡。如果求职者找到一个较高的可接受工资的工作，那么由这一工作所带来的边际收益就是求职者因为获得该工作所得到的高于其他工作所带来的工资率。但是较高的可接受工资必然带有额外成本，因为求职者在找到支付高工资的工作以前必然经历一段平均较长的失业期。当边际收益与较高需求的边际成本相等时，最优水平的可接受工资就形成了。事实上，求职者以前工作所获得的工资水平、习惯的生活消费水平以及朋友或熟人的工作状况等因素也会影响该求职者的最低可接受工资。

求职者 A 用可接受工资作为标准以作出接受或拒绝某项工作的决策，并预期在某一确定时间会得到一份满意的工作。如果在那个时间以后求职者 A 还没有找到任何工作，情况又是怎样的呢？第一个可能性是求职者 A 可能认为他运气不好，碰巧在搜寻过程中所遇到的企业都位于图 9-3 中工资频率分布曲线 $f(W)$ 的左边尾巴线部分。第二个可能性是工作市场对 MBA 的需求比求职者 A 所预想的要糟得多，工资分布曲线是 $f'(W)$ 而不是 $f(W)$。如果是这种情况，求职者 A 期望得到的工作将会与他实际得到的工作大不相同。根据麦柯尔的理论，这种不一致将会导致工作搜寻者逐渐降低 $f(W)$ 的估计值和最低的可接受工资。当可接受工资降低到某一点时，就会找到某项可接受的工作，但是这种搜寻过程要比如果一开始就正确估计 $f(W)$ 时所用的时间长得多。

(三) 基准 DMP 模型[①]

戴蒙德-莫滕森-皮萨里德斯模型 (Diamond-Mortensen-Pissarides Model) 简称 DMP 模型，是由一系列运用各种假定解决劳动力市场运行问题的特定模型合成的模型[②]。虽然没有一个模型可以完全代表 DMP 模型，但这一系列模型有一个基准的分析框架。2011 年莫滕森在《美国经济评论》(American Economic Review) 上发表了一篇题为《市场搜寻摩擦与 DMP 模型》的文章，介绍了基准 DMP 模型。

基准 DMP 模型是匹配函数的一个应用。假设在劳动力市场上工人只有两种状态——失业或者就业。匹配的流量是参与匹配的失业者数量 (u) 和空缺职位数量 (v) 的线性单调递增凹函数，表示为 $M(u,v)$。那么，每个失业工人期望的匹配比率 (expected meeting rate) 可表示为：$\lambda = \dfrac{M(u,v)}{u} = M(1,\theta) \equiv m(\theta)$，其中，$\theta$ 是空缺职位数与失业者

[①] D. T. Mortensen, Markets with search friction and the DMP Model, *The American Economic Review*, 2011, 101(4): 1073-1091.

[②] 邓乐平、窦登奎,"戴蒙德-莫滕森-皮萨里德斯模型研究进展",《经济学动态》,2010 年第 12 期。

数量的比值,即 $\theta = v/u$,被称为劳动力市场景气程度(labor market tightness); $m(\theta)$ 是 θ 的单调递增凹函数。如此一来,随着时间的推移,失业趋向静态值,有 $u = \dfrac{s}{s + m(\theta)}$。$s$ 是工人被解雇的比例(separation rate),f 表示失业者找到工作的比例(job-finding rate),则有 $\dfrac{u}{1-u} = \dfrac{s}{f}$。在静态下,当空缺职位相对于正在找工作的失业者数量而增加时,失业率就会下降。这可以解释贝弗里奇曲线,即失业与空缺职位之前的负相关关系(Pissarides, 1985)。Shimer(2005)利用美国1951—2003年的数据,研究发现失业者找到工作的比例随着劳动力市场景气而增加。具体而言,他发现 $\log(f)$ 与 $\log(\theta)$ 接近,且斜率为正;$\log(v)$ 与 $\log(u)$ 呈近似线性关系,斜率为负。图9-5给出了美国1951—2003年期间的季度贝弗里奇曲线(左图),失业者找到工作的比例与劳动力市场景气之间的关系曲线(右图)。

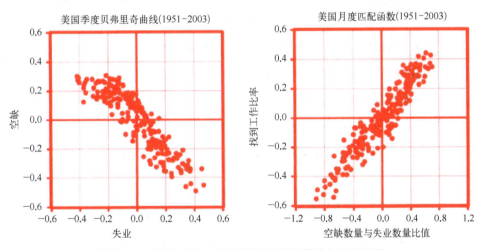

图9-5 美国1951—2003年贝弗里奇曲线与匹配函数

DMP模型中的工资决策,是建立在双边谈判理论(bilateral bargaining theory)之上的。当失业者与空缺职位匹配之后带来产出,这个产出的期望现值与工人失业搜寻价值的差值被称为"匹配的剩余价值"(match surplus)。其中,工人所占份额为 β,有 $0 < \beta < 1$;雇主获得余下的 $1 - \beta$ 部分作为利润。这里 β 并不是确定的值,能反映工人的谈判能力(bargaining power)。那么,用 W 表示工人未来工作的期望现值,有 $W = R + \beta S(R)$,R 是工作搜寻中的保留工资(reservation wage),$S(R)$ 是"匹配的剩余价值",是工人保留工资 R 的函数。

职位空缺反映了雇主的劳动需求,那么将搜寻与匹配摩擦纳入分析框架后,贝弗里奇曲线(Beveridge Curve)是成立的。然而,直到1985年皮萨里德斯在《美国经济学评论》上发表了题为《失业、空缺职位与实际工资的短期动态均衡》的论文,引入了自由进入(free entry)的概念,更加清晰地描述了劳动需求和劳动力市场搜寻与匹配摩擦之间的一致性。假设填补空缺职位需要消耗时间,那么劳动需求的条件是,公布一个空缺职位的期望成本等于未来职位被填补之后产生的价值的折现值。以 k 表示保持一个空缺职位的流动成本,$\theta/m(\theta)$ 表示职位的空缺持续时间,那么空缺职位的期望成本就是这两项的乘积。这样,自由进入的条件就是:

$$\frac{k\theta}{m(\theta)} = (1-\beta)S(R) \tag{9.2}$$

对于任何人—岗匹配的情形,这个模型都是成立的。然而 $S(R)$ 的具体化存在问题,因为只有当雇主与雇员形成匹配之后,空缺职位才会退出劳动力市场。一般来讲,如果双方对未来形成匹配之后的收入折现值达成一致,他们会继续匹配,反之则会寻找其他的匹配。当自由进入的条件满足后,由于每个雇主在搜寻方面的策略不同,因此 $S(R)$ 是产品的市场价值与工人搜寻价值之间的差值的折现值。那么,可以说 $S(R)$ 是保留工资 R 的递减函数。

再来看劳动者的保留工资。将模型的假设条件限为两个:一是劳动者和雇主对未来的收入具有相同的期望;二是将这种一致性的期望视为单独的数值,代表匹配带来的剩余价值 $S(R)$。以 b 表示劳动者的失业救济金(unemployment benefit),那么,劳动者工作搜寻时的保留工资可表示为,失业救济金与劳动者和空缺职位匹配之后带来的收入,即 $R = b + m(\theta)\beta S(R)$。由公式9.2,可以推导出 $S(R) = \dfrac{k\theta}{(1-\beta)m(\theta)}$。最后可以得到:

$$R = b + m(\theta)\beta S(R) = b + \frac{\beta k\theta}{1-\beta} \tag{9.3}$$

简而言之,保留工资随着市场景气呈线性递增关系,市场景气受失业收入影响,其斜率系数反映了公布空缺信息的成本,保留工资随着景气而增加,因为职位空缺数量与失业人数的比值增加,会使得失业者搜寻其他工作的时间减少。

DMP 模型中的搜寻均衡可以表示为保留工资 R 和空缺与失业的比值 θ,且满足自由进入(或称为岗位创造)的条件(等式9.2)和保留工资(等式9.3)。前者描述了 θ 和 R 之间的关系是向下倾斜的曲线,如图9-6中曲线 JC 所表示的"岗位创造",而工资等式(如图9-6中的 RE 线)是向上倾斜的,这两条曲线有唯一的交点。当且仅当人—岗匹配之后的产出(P)超过失业救济(b)时(即 $P>b$),R 和 θ 才有意义。因为如果匹配之后的产出低于失业救济,那么工人不会选择与空缺职位匹配,而是选择继续进行工作搜寻。

DMP 模型并不能告诉人们如何摆脱失败,也不能让就业从经济危机中恢复,它只是将问题提出来。从名义上看,当雇主相信目前雇佣工人在将来会受益的时候,当银行降低雇主贷款利率的时候,就业就会从经济危机中恢复。政府的政策通过影响各方对于未来

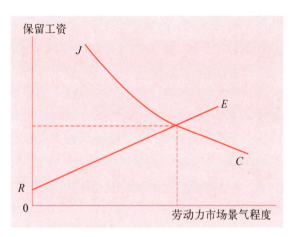

图9-6 搜寻均衡

期望的程度,而激发或伤害就业恢复的机会。那么,以下两种情景必然会发生:一是欧盟、美国个别州的财政紧缩政策,降低了各方对未来的商品和服务的期望需求(expected demand),因而是有副作用的;二是要找到一种方式,让银行回归本色,在合理的利率下,为小企业创造职位所需的资金提供支持。

基于DMP模型分析2008年经济危机以来,美国和欧洲国家的失业危机

假设某些原因导致雇主对未来利润的期望受到冲击,如家庭的收入降低使得商品和服务的消费减少了。这样雇主—雇员的期望受到负面冲击(negative shock)。2008年经济危机期间,家庭和企业为了提高存款而减少对耐用品的消费。那么,劳动者和雇主对于未来人—岗匹配带来的剩余价值的期望降低了,尤其对于那些生产耐用品的岗位而言,这种情况更加突出。反映在模型中,即(9.2)式右边的自由进入条件就大幅下降。雇主的应对策略就是减少岗位创造。结果等式两边的空缺与失业的比值就下降了。如图9-7所示,JC曲线向左下方移动。

除此之外,还有导致JC曲线移动的其他原因,如商业银行应对金融危机的策略。银行会暂停对已有贷款企业的拨款,并停止向新的申请贷款的企业发放贷款。这样企业用以应对风险的意愿被瓦解了。此后,当银行批了贷款,也会提高标准并提出更高的利息。正如Robert Hall在《2010年美国经济学会会长报告》(AEA Presidential Address)中所指出的,虽然联邦储备降低了标准利率,但是标准利率与贷款利率之间的差距被拉大了。资本投入的成本增加使得岗位创造带来的收入的折现值减少。这也是在经济危机后期,空缺岗位数量缓慢增长的原因之一。

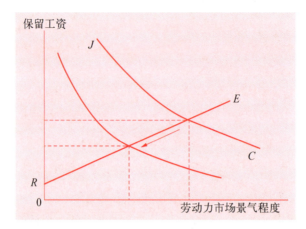

图 9-7 消极的外部冲击

劳动力市场景气的降低会对新雇员工资产生负面影响。这个效应表现在图 9-7 中就是，JC 曲线沿着 RE 曲线向下移动。净结果就是，较低的工资会缓解消极冲击对劳动力市场景气的影响，但是这种影响不会被完全抵消。最终，公式 $u = \dfrac{s}{s + m(\theta)}$ 给出的贝弗里奇曲线成立，由于劳动力市场景气降低，失业率要上升。以上预测是否符合实际？图 9-8 给出了美国自 2009 年 12 月之后的贝弗里奇曲线，该曲线可以回答此问题。曲线的时间跨度是从 1999 年 12 月至 2010 年 10 月。从图中曲线的变化可以看出，其先下降，而后在 2007 年上升，这反映出就业从经济衰退中恢复。

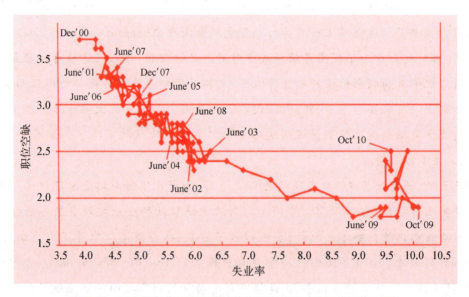

图 9-8 贝弗里奇曲线表示的职位空缺与失业率（经过季节调整）

资料来源：转引自 D. T. Mortensen, Markets with search friction and the DMP Model, *The American Economic Review*, 2011, 101(4)：1089.

(四) 多边搜寻理论

大部分有关劳动力市场摩擦性匹配(frictional matching)的研究都假设劳动者和雇主之间进行双边接触(bilateral meetings),即一名雇主只面试一个求职者、一个求职者只向一个雇主投递简历。有学者认为这个假设忽略了一种摩擦:劳动者和雇主以多边方式接触,即雇主收到多个劳动者的申请,需要花时间来筛选这些申请,进而在劳动者申请工作和雇主做出雇佣决策之间就产生了时间差(delay),这种时间差又会导致劳动者去申请其他雇主的空缺岗位来降低自己失业的风险。而且,多边搜寻(multilateral searching)更符合现实中的劳动力市场搜寻行为[①]。由于这两种搜寻所隐含的代理人之间的竞争是不一样的,所以这两种搜寻模式下的决策也不同:如果是一对一的搜寻,那么劳动者和雇主都只需要考虑对方与自己的保留效用之间的关系,就可以做出是否继续搜寻的决策;如果是多边搜寻,劳动者可能由于雇主接受了其他劳动者而被该雇主拒绝,同样对于雇主而言,有可能因为选中的劳动者接受了其他雇主的工作机会而拒绝本企业。所以,多边搜寻会增加匹配过程中的相关摩擦。

在多边搜寻均衡模型中,不同的雇主发布有竞争力的雇佣合同(contract)来吸引求职者,合同中包括工资待遇等内容。劳动者对这些合同进行对比分析,并决定向哪家雇主发出工作申请。在多边搜寻模型下,双方都可以选择多个对方来联系,并承担由此带来的负面效应:对劳动者而言,向多雇主发出申请可以降低失业风险,但是增加了搜寻成本;同样,雇主可以吸引多个求职者以降低岗位空缺的概率,但是,增加面试等环节会直接增加筛选成本。进一步,Wolthoff 定义了求职者的搜寻摩擦(search friction)和雇主的招聘摩擦(recruitment friction)。搜寻摩擦意味着,当两个求职者申请同一家雇主时,只有一个求职者被雇用的情况下,另外一个求职者则浪费了一个工作申请。招聘摩擦意味着,当两个雇主面试同一个求职者时,只有一个雇主可以雇用这名求职者的情况下,另外一个雇主就浪费了一次面试。劳动者的申请成本和雇主的面试成本决定了搜寻摩擦和招聘摩擦的大小及外部性:如果申请成本较低,那么求职者会向多个雇主发出申请,则搜寻摩擦降低,但是增加了雇主之间的竞争,因而招聘摩擦增加;另一方面,如果面试成本接近0,那么雇主会面试所有的求职者,这样就不存在招聘摩擦。

假设一组雇主公布相同的合同(c),求职者向这些雇主发送工作申请的概率相等,那么雇主收到的求职者数量是一个随机变量,服从 Poisson 分布。假设求职者排队长度

---

① R. P. Wolthoff, Applications and Interviews: A Structural Analysis of Two-Sided Simultaneous Search, IZA Discussion Paper No. 5416, 2010, pp. 1–59.

(queue length)等于求职者总数与发布合同 c 的雇主的数量之比。那么,第一种情况是:求职者只发出一个申请、雇主只面试一位求职者,此时至少有一位求职者符合雇主要求的概率为 $\phi[1-e^{-\lambda(c)}]$,同时,求职者找到工作的概率为 $\phi[1-e^{-\lambda(c)}]/\lambda(c)$。第二种情况是:求职者同时申请多家雇主,此时雇主不仅关心至少有一位合格求职者的概率,还关心求职者接受工作机会的概率 $[1-\Psi(c)]$。那么岗位与合适的劳动者的匹配概率为 $\phi[1-\Psi(c)][1-e^{-\lambda(c)}]$,劳动者找到合适的工作的概率为 $\phi[1-e^{-\lambda(c)}]/\lambda(c)$。

(五)工作搜寻与互联网

随着互联网的兴起和发展,产品市场和劳动力市场受到互联网不同程度的调整。1998年,美国有15%的失业者使用互联网进行工作搜寻,这一比例超过使用传统方式(如就业机构、熟人推荐、工会推荐等)进行工作搜寻的失业者比例[1]。

互联网被认为能够有效降低市场搜寻摩擦,然而,有关互联网对劳动力市场搜寻匹配效率的影响的实证研究非常有限,已有研究也并未发现互联网能够降低工作搜寻摩擦。例如,美国1998年12月—2000年8月期间的人口普查数据以及计算机和互联网使用数据显示,使用互联网进行工作搜寻的失业者,其失业持续时间比其他失业者更长[2]。同时,也没有证据表明,地区失业率会随着招聘网站规模的扩大而降低[3]。这些研究成果看上去对于互联网降低沟通成本与在线工作搜寻之间的关系还不明晰,但是,互联网以及劳动力市场的变化,都会提高工作搜寻者和职位空缺之间的匹配率,因此,互联网能够降低劳动力市场的搜寻摩擦[4]。

(六)工作搜寻模型关于失业的含义

工作搜寻模型关于失业的含义有以下四个方面:

第一,工作搜寻在本质上是一种人力资本投资,即工人在劳动力市场上流动以改善他们的状况。就如同教育和在职培训一样,工作搜寻是以当前失业为成本,以未来获得更高工资、更具吸引力工作收益的一项投资。在工作搜寻模型中,搜寻工作和失业是同时存在的,它们被看作获得有价值的经济产品——工作市场信息的自愿和有效的时间利用。

第二,工作搜寻模型解释了为什么在劳动力市场中个人搜寻工作所需时间的不一致

---

[1] P. Kuhn and M. Skuterud, Job Search Methods: Internet Versus Traditional, *Monthly Labor Review*, 2000, 123(10): 3-11.
[2] P. Kuhn and S. Mikal, Internet Job Search and Unemployment Durations, *The American Economic Review*, 2004, 94(1): 218.
[3] K. Kroft and D. G. Pope, Does Online Search Crowd Out Traditional Search and Improve Matching Efficiency? Evidence from Craigslist, *Journal of Labor Economics*, 2014. 32(2): 259-303.
[4] P. Kuhn and H. Mansour, Is Internet Job Search Still Ineffective, *The Economic Journal*, 2014, 124(12): 1213-1233.

性,以及为什么一些劳动力群体的失业率高于另一些群体。从对美国实证研究的结果可以看到,1998年,在美国处于黄金年龄段的男性工人一般至少失业1个月,平均搜寻1.95个工作以获得就业。与之相比较,在同样的失业期限内,妇女则平均搜寻1.84个工作,青少年平均搜寻1.55个工作[1]。除此以外,有证据证明男性工作搜寻的最有效方法是通过朋友和亲戚的帮助,而妇女和青少年很少用这种方法。对男子搜寻工作比妇女更有目的性的一个理由是男子在劳动力或一个特定的雇主计划工作的时间平均比妇女长。另外,白人通过朋友和亲戚找工作的比黑人要频繁,因为平均来说,白人工人更易进入和获得他们能通过的有发展前途的就业知识。与之类似,1979年的调查显示失业白人年轻人的最低可接受工资平均为4.3美元/小时,失业黑人年轻人平均为4.22美元/小时;在他们最近工作实际接受的工资是白人4.63美元/小时,黑人3.9美元/小时。因此,对黑人年轻人高失业率的一个可能的解释就是他们的保留工资相对于他们可能得到的实际工资比白人年轻人的情况要高得多[2]。

第三,这些模型表明任何减少失业成本的因素都会增加工作搜寻时间和失业期限。我们以失业补偿金计划为例加以说明。在失业补偿金计划下,被解雇并满足一定条件的工人有权享受至少26周的工资,该周工资一般为工人在工作时工资扣除所得税后的50%左右。工作搜寻理论预言这种失业补偿金越高或者失业者接受失业补偿金的期限越长,个人最低可接受工资也就越高,失业期限也可能越长。

第四,工作搜寻理论对经济周期中失业的反周期运动提供了解释。在经济周期的上升阶段,图9-3中的工资频率分布曲线$f(W)$将向右移动,其结果是求职者得到超过他们最低可接受工资工作的可能性上升。在这种情况下,失业人数和失业的持续时间都将下降。在经济衰退期,相反的情况将会发生,工资频率分布曲线将向左下方移动。因为在经济衰退阶段,企业所提供的工作相对较少,并且可能对求职者没有多少吸引力,失业工人将选择继续搜寻工作,从而导致统计的失业人数上升。在这种情况下,失业可能是一种自愿现象——即使在经济发生严重衰退期间也会存在工作空缺,因为失业者为了找到更好的工作而没有接受这些空缺职位。

二、刚性工资理论

对失业的第二个主要解释是劳动力市场的货币工资率存在不能向下浮动的刚性。在

---

[1] Steven M. Bortnick and Michelle Harrison Ports, Job Search Methods and Results: Tracking the Unemployed, 1991, *Monthly Labor Review*, December 1992, pp.29-35.

[2] Ibid.

工作搜寻理论中,失业不是因为工作总量不足,而是劳动力市场的动态属性以及信息流动的不完全性产生的。由刚性工资引起的失业完全不同,其基本问题不是信息不完全,而是没有足够的工作提供给想要工作的人。由于刚性工资引起的失业与经济活动的波动联系在一起,因此刚性工资理论主要解释由经济周期性波动而产生的失业。

刚性货币工资率引起的失业在图9-9中作出了描述。纵轴表示实际工资w,它等于货币工资W除以价格水平P。在P给定的条件下,我们可以根据货币工资来分析劳动需求与供给(如果P恒定,在货币工资W上的变化就等同于实际工资w上的变化)。然而,当我们把分析转向宏观经济问题时,就必须将工资和价格明确地纳入劳动力市场模型中。在图9-9中,劳动需求曲线D_1和劳动供给曲线S_1由实际工资决定。在实际工资w_1和就业水平L_1(点A)处,市场处于均衡状态。就业水平L_1是一个充分就业点,在这一点上,希望工作的人的数目恰好等于企业希望雇用的人的数目,但此时因为流动和工作搜寻等因素仍将存在一些摩擦性失业。

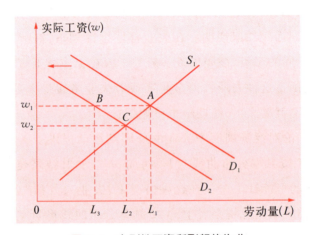

图9-9 由刚性工资所引起的失业

为了理解货币工资怎样引起失业,我们假设消费需求减少,这种消费需求的减少或者表现在整个经济中,或者是表现在对某一地区或者某一行业的一个主要产品(比如煤或铁)的需求减少。需求减少的初始影响就是使企业减少雇佣水平,如图9-9所示,劳动力需求曲线向左移到D_2。在现行的实际工资w_1处,雇佣量降到L_3(从A到B),这种需求不足引起的失业量为L_1-L_3(在特殊行业可能更接近于结构性失业)。如果货币工资可以向下浮动,劳动力市场上的过度供给将使货币工资下降直到建立新的均衡,这时实际工资率为w_2,供给和需求再次相等(即点C)。货币工资的下降可以通过促使企业增加雇佣,或者使部分失业者退出劳动力市场转而追求更有吸引力的非市场活动(如上学、在家工作或享受闲暇等),使失业量减少L_1-L_3。如果货币工资向下浮动具有刚性,这个均衡过程就不会发生,劳动力市场将保持在实际工资为 w_1 和非自愿失业为(L_1-L_3)处。即使在竞争模型中货币工资可以下降,价格也以同等大小或更大数量下降,从而使得实际工资或者保持在初始的 w_1 处或者高于 w_1。例如,在1929—1933年的世界经济衰退期,美国的货币工资下降19%,但价格下降24%[①]。

在现代经济中的一个普遍现象就是,货币工资率即使面对持久的失业也不会下降。为什么在经济萧条时期就业水平降低而名义工资却不下降呢?也就是说,必须解释为什么企业宁愿减少雇佣量而不减少工资,或者必须解释为什么面临失业危险的工人不愿意用减少工资的办法来保存自己的就业。劳动经济学中关于工资刚性研究的一些假说对于以上两个问题作出了解释。我们将在下面分别介绍。

(一) 工会和最低工资法

研究发现导致工资刚性的一个原因就是工会和政府的最低工资法。在发达资本主义国家,由于很多工会与雇主签订了长期合同,使得工会化企业的工资不能及时反映劳动市场上失业的短期增加。即使在长期,工会谈判力加上对工会成员承诺的"决不退却"的政策可能阻止了工资率的下降。此外,发达国家政府基本上都制定了最低工资法案,该法案如同工会合同一样对货币工资规定了一个底限,劳动市场的货币工资率不能降到最低工资以下,从而使得货币工资具有向下的刚性。

(二) 隐含合同理论

即使在市场中没有工会和最低工资法影响,工资率也可能表现出明显向下的刚性。隐含合同理论在市场不存在工会的假定下对工资刚性作出了解释。该理论认为,工人对稳定的收入有明显的偏好。当衰退发生时,企业有两种办法降低其劳动成本:其一是通过解雇部分工人减少雇佣量,并保持未解雇工人的工作时间和工资率的方式;其二是保持现有水平的雇佣量,但降低每个人的工作时间和工资率的方式。对大部分工人来说,他们偏好于保持工作时间和工资率不变的方式。因此,经济调整所带来的冲击主要由那些最没有工作经验的人承担了,这些年轻和没有经验的工人首先被企业解雇。在工会化企业的工人中,这种工资削减政策优于雇佣量削减政策的偏好在工会合同条款中得到了体现,这些条款规定工资规模不变和按资历解雇。尽管非工会化企业没有被任何明确的、书面的合同约束以遵从工资削减政策优于辞退政策,但是,经济学家认为在工人和企业间存在着

---

① Bruce E. Kaufman and Julie L. Hotchkiss, *The Economics of Labor Market*, Fort Worth: The Dryden Press, 1999, pp.662-665.

一份非书面的、心照不宣的或隐含合同,这种隐含合同要求企业和工人遵循工资削减政策优于辞退政策。有人把这样的隐含合同叫作"看不见的握手"。由于隐含合同是非书面的,故很难直接对该理论进行验证。然而,经验研究表明采用解雇的方法降低劳动成本是企业最基本的方法,尤其是对于那些工会化企业而言更是如此。

(三) 政府的转移项目

政府转移项目的增加可能也会引起工资刚性。在实施失业保险和其他类似的项目以前,工人失业后因为生存的压力而被迫去寻找工作,对工资的要求不是很高。而在实施失业保险和其他类似的项目以后,转移支付的增长将失业成本减少到一定程度时,工人将不愿意降低其可接受工资,并且也不愿意接受比其所希望的工资低的工作。

(四) 相对工资比较

另一个工资刚性的来源是工人对他们收入分布相对位置重要性的判断。根据凯恩斯(J.M.Keynes)的观点,当货币工资下降和价格水平上升都导致工人的实际工资下降时,工人更有可能抵制因货币工资下降而引起的实际工资的减少。这两种方式可能导致实际工资下降一样的幅度,但是工人却相对更不愿意因货币工资而导致实际工资下降,这似乎是毫无道理的。凯恩斯认为工人的这种选择是不无道理的,因为一方面,货币工资率决定每人在收入分布上的位置,所以工人拒绝减少相对工资;另一方面,通过价格上升而带来实际工资的下降没有改变个人在收入分布上的相对位置,所以工人易于接受。

(五) 流动和培训成本

由于流动和培训成本的存在,使得劳动力市场工资率的下降受到阻碍。即使失业者愿意接受低于现有雇员工资的工作,企业也可能发现雇用这些接受低工资的工人是无利可图的。当企业雇用新工人并解雇原有工人时,会发生数目可观的流动成本,其中包括面试与测试费用、各种福利计划和来自对新雇用工人的各种附加成本。第二个原因与特殊培训有关,即企业对现有工人已经进行了投资。在一定程度上,在职培训是企业的特殊成本,培训新工人的成本和解雇那些企业已经在他们身上花钱进行过培训的工人而导致的投资损失,都是企业不愿用失业者来代替现有工人的原因。

三、效率工资理论

解释失业的第三个理论是效率工资理论。这个理论的关键假设是雇员的工作努力或

"效率"是工资率的函数，雇主支付的工资越高，雇员工作就越努力（尽管可能存在效率降低的风险）。这一理论的观点虽然在现实中十分普通，但对很多问题却能作出一些不平常的解释。其一是企业可以通过支付雇员高于市场供求决定的工资而获取更大的利润。其二是如果市场上所有企业在支付雇员高于市场供求工资的条件下，竞争的劳动力市场可能产生一定的非自愿失业者。

效率工资理论成立的前提条件是雇主无法对工人的工作绩效进行完全的监督。事实上，一个工人的生产量不仅取决于其工作时间的长短，也取决于他的工作努力程度。然而，在现实中，大多数雇主都是以某一时间为标准付酬，如每小时工资或年薪。这种以时间为标准的付酬方式虽然对管理者来说操作简单易行，但是这种方式的不足之处就是时间标准只能按测量劳动输入和劳动输出的时间付酬，不能计算工作的努力程度。因此，企业必须雇用高级主管如工头和直线经理去监督工人，使他们无法逃避工作或装病偷懒。然而，即使如此也不能完全满意地解决问题，因为通常对每个雇员的完全监督是不可能的。此外，因为逃避工作而受到的解雇危险在竞争的劳动力市场上没有什么了不起，因为竞争劳动市场的假设，说明工人能很容易地以同样的工资在另一家企业得到另一份工作。

企业怎样才能促使雇员更加努力地工作呢？一个可能的办法就是将雇员的工资直接建立在其产出或销售的数量上。然而，在很多企业里，计件工资或者佣金类工资计划对管理者来说要么是不可行的，要么就是费用太高。卡尔·夏皮罗（Carl Shapiro）和约瑟夫·斯蒂格里茨（Joseph Stiglitz）建议企业采用一种稍高于市场工资率的方式向工人支付报酬，这种报酬支付方式可以从两个方面诱导工人付出更大的工作努力。第一，他们认为高工资可以促使雇员更加努力工作，因为雇员会更加看重工作的价值并有更高的道德责任感。第二，通过将工资增加到高于市场工资水平，企业提高了那些在工作中因偷懒而被解雇的工人的成本，因为工人一旦被解雇就不得不到其他企业接受较低的工资或者是失业。如果市场上每一个企业都支付比市场工资水平更高的工资，其结果是劳动供给相对劳动需求过多，从而产生失业。

对上述讨论所得到的结论要注意以下四点：第一，从每个企业的角度来看，一定程度的失业是有必要的，因为它可以对现有雇员的工作有激励作用。从马克思主义的观点来看，劳动力市场所形成的"产业后备军"本质上是一种约束在职工人努力工作的机制。第二，在这个模型中出现的失业是非自愿失业，因为失业工人愿意接受市场工资水平下的工作，这种失业类型被称为"等待性失业"。与工作搜寻中的失业相反，在总量工作岗位不足的情况下，每个失业工人都必须等待机会，直到空缺职位被开发出来为止。第三，效率工资理论对货币工资率表面上的向下刚性提供了一个解释。即使失业工人愿意以较低工资工作,企业也可能会由于削减工资雇用这些失业工人而失去利润,因为雇员的努力和生产率将会下降。第四,效率工资模型不能预测失业者在何时曾逃避工作和偷懒,如果失业的威胁是有效的,那么雇员逃避工作和被解雇实际上就不会发生。实际上,失业是那些因为个人原因而辞去工作,或是新进入劳动力市场,或是因为产品需求下降被企业解雇的个人的一个循环蓄水池。

除了对非自愿性失业提供解释之外,效率工资理论也对结构性失业提供了解释。从以上的论述可以看到,一定的失业为在职工人提供了激励。这说明在其他方面相同的条件下,某一地区的失业率越高,工人到其他企业就业的机会就越少,则他们冒消极怠工而失去工作的风险的可能性也就越小。因此,雇主就不需要像在其他企业的工作机会很充足时那样去支付较高的奖励性工资。这样可以得到一个推论:如果其他要素保持不变,不同地区的平均工资率和失业率之间存在着反向关系,即地区失业率越高,平均工资率越低;反之则反是。

近期对以上推论的经验研究结果获得了间接的支持。一项对12个国家的工资率和地区失业率资料所进行的综合性研究发现,在对单个工人(其中的350万人)的人力资本特征加以控制之后,在所有国家的地区失业率和实际工资率之间都存在较强的负相关关系。换句话说,这些国家失业率较高的地区,工人的工资率与其他地区的同类工人相比也较低。地区失业率和地区实际工资率之间的这种负相关关系,可以用**工资曲线**来进行描述①。

如图9-10所示,横轴表示地区失业率,纵轴表示地区工资率,工资曲线向右下方倾斜。工资曲线在三个方面比较引人注目:第一,每个国家似乎都存在着这一曲线,有充足的数据可以证明这一点。例如,2001年我国经济较发达的地区,如北京的平均工资为19 155元,失业率为1.2%,而经济相对不发达的贵州的平均工资率为8 991元,失业率为4.0%②。第二,不同国家的工资曲线十分相似。在上述经验研究中,有11个国家的情况表明,一个地区的失业率若上升10%,则必然有0.4%~1.9%的实际工资水平下降与之联系。第三,工资曲线与标准的供求分析得出的结论不同,供求分析的结论是较高的失业率和较高的工资率联系在一起,换句话说,将会存在一条斜率为正的工资曲线。如果将供求分析运用到这里,则当工资率高于市场出清的工资率时,供给将超过需求。结果是出现一批想得到工作但却找不到工作(即失业)的工人。这种工资率比均衡工资率

---

① David G. Blanchflower and Andrew J. Oswald, An Introduction to the Wage Curve, *Journal of Economic Perspecive*, Volume 9, Issue 3, 1995, pp.153-167; David Card, The Wage Curve: A Review, *Journal of Economic Literature*, Volume 9, Issue 2, 1995, pp.785-799.

② 国家统计局,《中国劳动和社会保障年鉴(2002)》,中国劳动社会保障出版社;《中国统计年鉴(2002)》,中国统计出版社,2003年。

高得越多,则失业率将会越高。因此,工资曲线的这种自左上方向右下方倾斜的关系,并不是供求理论所表现出的那种关系。在这里,效率工资理论对工资曲线所表现出的结构性失业作出了解释。例如,我们假设引起长期失业的原因之一是雇主为减少雇员的偷懒行为而普遍性地向雇员支付高于市场平均水平的工资率。如果在某一地区恰好由于这种原因或某些其他原因而出现了一个较高的失业率,那么,为减少偷懒行为而必须支付的效率工资的奖励水平也会随之降低;而这可能会引起地区失业率和工资水平之间所出现的反向关系。因此,工资曲线与效率工资理论对结构性失业的解释是一致的。

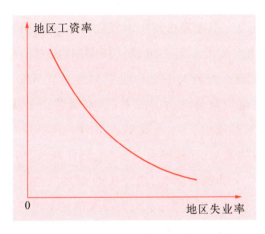

图9-10 工资曲线

第五节 中国经济转型时期的就业与失业问题

失业与就业问题是困扰各个国家政府的重要问题。不同的国家由于所处的环境不同,政府在处理失业问题时所采取的政策也不同。就发达国家而言,由于市场机制比较健全,政策的重点主要集中在如何促进经济增长方面。而像中国这样的发展中大国,既存在严重的总量问题,又有严重的结构性问题;既存在着进入 WTO 以后如何融入世界经济的过程问题,又面临市场化和社会保障制度的建设问题。这些现实特点构成了中国特有的就业与失业的背景。本节的目的就是对中国经济转型时期的就业与失业问题进行分析。我们首先分析中国经济转型时期的就业特点,然后分析在这种就业背景下形成的失业问题的各种原因。

一、中国经济转型时期的就业

(一) 计划经济时期的就业特点

在新中国成立后,我国建立起高度集中的计划经济体制,这种体制强调权力集中,排斥市场机制的作用,形成了统包就业、行政调配、城乡分割的劳动就业制度。

计划经济时期,不论是城市或乡村,都是高度集中的指令性经济计划特点。为适应计划经济体制的需要,从1949—1978年,我国逐步形成了招工方面的统包统配制度和用工方面的固定工制度。统包统配制度来自新中国成立初期的"包下来"政策和20世纪50年代中期的"劳动力统一调配"政策。新中国成立初期,政府对旧中国企业的职工实行"包下来"的政策,后来这一政策扩大到大中专毕业生和转业复员军人及全部城镇待业人员。为了保证国家大规模经济建设对劳动力的需求,国家对劳动力实行统一调配的管理。与此同时,政府又规定企业不得裁减职工,从而形成了用工制度方面的"固定工"政策。当时严格的户籍制度和单位制的控制,导致城乡分割、区域分割、部门分割现象,劳动力流动性小。在这种背景下,城镇名义的就业率高,隐性失业率高,农村存在大量剩余劳动力无法转移,新增劳动力规模大,总就业压力大,下岗失业人员基本没有。

总之,从新中国成立到20世纪80年代之前,我国的就业体制是一个统包统配、城乡分割、国家就业工作重点在城镇的就业体制。这一在特定历史条件下形成的就业制度,在一个时期内,对于促进经济建设、加快工业化进程、扩大劳动就业者的就业以及保障社会安定等方面曾经发挥了重要的作用。但是,随着我国经济体制改革的深入,这种体制也越来越表现出其不相适应的地方。

(二) 经济转型时期的就业政策分析

近年来,由于我国经济体制改革的深入,加上其他很多非体制方面的原因,就业问题日益突出。我国现在正处于一个经济转型时期,解决好就业问题,将关系到我国国民经济能否保持健康持续发展。

(1) 实行积极的财政政策,通过扩大国民经济总量来拉动就业需求。从我国目前失业情况看,有结构性失业、周期性失业,但主要问题是因劳动力总量大大多于就业岗位总量造成的总量过剩性失业。因此,解决我国失业问题需要扩大投资规模,加强经济增长,大幅度增加就业岗位。中央政府可通过增发国债来适当扩大政府公共开支,加大政府对农业、水利、交通、电信等基础产业设施的投资力度,并以财政贴息的方式支持非政府部门扩大对基础产业和基础设施的投资。同时,积极引导企业和个人扩大生产性投资,保证国民经济有一个较高的增长速度来拉动劳动力需求增长。

(2) 积极扩大国内消费需求,促进生产和就业规模的扩张。我国目前就业状况在一定程度上是消费需求不足而引起的经济增长乏力所致。为此,要增加城乡居民特别是低收入居民的货币收入,提高他们的购买力,开辟新的消费热点,创造新的消费需求,以此促进生产和就业规模的扩大。

(3) 建立适合国情的培训就业制度。我国目前失业的结构性特征十分突出,加强就业培训是解决我国失业与再就业的基础。对大批失业者实行"先培训、后就业"或"就业与培训一体化"的制度,通过一系列有效的就业前培训、下岗或转岗培训、在岗培训,可提高劳动力的素质或技能,缓和再就业矛盾。

(4) 加快完善劳动力市场和就业服务体系,这不但有利于缓解结构性失业问题,也会部分发挥其配置劳动力资源的功能。加强对就业的指导和服务,提高职业介绍所的数量和质量,建立城乡一体的就业信息服务网络,减少因信息不畅而造成的再就业困难。

(5) 加快社会保障体系建设,为劳动力的合理流动提供制度保证。社会保障制度不完善阻碍了劳动力向非公有经济部门的流动,也制约了城市再就业率的提高。因此,要逐步取消各项福利待遇在不同所有制企业间的差别,建立覆盖全城乡劳动者和发达农村劳动者的社会保障体系(包括失业保障基金、医疗保险基金、社会救济基金、养老保险基金),降低劳动力转移成本,为各类企业人员和合理流动人员构筑安全网。还应按照《失业保险条例》的要求,提高失业保险费比例,扩大失业保险覆盖面,逐步使全社会职工都参加到失业保险中来,以保证失业职工的基本生活。对此政府已有所行动,在全国城镇普遍建立了最低生活保障制度。2001年有1 123万低于城镇最低收入标准的居民获得最低生活保障,其中大部分是下岗、失业人员[①]。

(6) 加快发展以民营经济为主的中小企业。公有制经济部门对劳动力的吸纳能力下降,在对国有经济进行调整的时期,它已不再是就业的主渠道。因此劳动力的就业就要转向非公有制经济部门。在一定时期内,非公有经济的发展将提高我国劳动力的就业水平。据统计,1978—1996年从农业中转出的2.3亿劳动力,绝大部分在中小企业就业。在工业部门新增的8 000万人中,有75%是由中小企业安置的[②]。

(7) 现行失业统计存在"失业低估"或"失业高估"倾向。我国现行的失业统计指标

[①] 王诚,"中国的就业形势与新就业政策",《财经科学》,2003年第1期。
[②] 国家统计局,《中国劳动和社会保障年鉴(2002)》,中国劳动社会保障出版社,2002年。

以"城镇登记失业人员""城镇登记失业率"为主。在计算城镇失业率时,是否考虑农民工的就业与失业、是否把非正式工作认定为就业等都会对计算结果产生显著影响,因此,这些指标存在着偏误,导致对失业低估,也就不能很好地反映真实情况和严重程度①。图9-11给出了自1995年以来的估计失业率,是根据中国社会科学院人口与劳动经济研究所城市劳动力调查数据推算出调查失业率,直接计算的5个城市调查失业率数字,存在高估的倾向。原因主要有三点:根据第五次人口普查资料可知,城市的失业率高于城镇,而该调查于2001年底和2002年下半年进行,涉及上海、武汉、沈阳、福州和西安,这5个城市在全国城市中又属失业率较高的;该调查的主体部分,即2001年问卷,对劳动参与意愿和接受工作的可行性信息不足,可能把部分退出劳动力市场的人员计入失业;事后抽查表明,许多享受下岗补贴、失业保险和最低生活保障但实际上就业的被调查者,不愿透露自己的工作状况。

图9-11 改革开放以来中国城镇调查失业率

资料来源:蔡昉,"中国就业统计的一致性:事实和政策含义",《中国人口科学》,2004年第3期。

二、中国目前的失业原因分析

我们从结构性失业、周期性失业和摩擦性失业角度,分析导致中国目前失业的原因。

---

① 李实、邓曲恒,"中国城镇失业率的重新估计",《经济学动态》,2004年第4期。

(一) 劳动供给结构与劳动需求结构不吻合,导致大量结构性失业

经济增长会促进产业结构变动,而产业结构变动引起劳动力需求结构变动,当劳动力供给结构变动缓慢或者与劳动力需求结构不相吻合,就会引起结构性失业。我国正处于大规模产业结构调整阶段,下岗职工激增就表现为持续长期性的结构性失业。自改革开放以来,我国实施了两次较大规模的国有企业改革:一次是1992年以前的国有企业改革,一次是1993—2014年间的国有企业改革。期间,20世纪末以建立现代企业制度为目标的国有企业改革引起了较为严重的职工"下岗潮",导致失业率产生较大幅度的攀升[1]。

新一轮国企改革和去产能政策的综合作用是否会造成第二轮职工下岗潮还存在较大争议。在此次去产能政策中,我国已经选择钢铁和煤炭这两个领域作为先行突破口。随着去产能进程的推进,部分省市出现了一定程度的隐性失业。例如,陕西省煤炭行业去产能政策使得行业就业问题凸显。2016年国务院发布《关于煤炭行业化解过剩产能实现脱困发展的意见》,要求坚持市场倒逼与政府支持相结合,鼓励企业兼并重组,从2016年开始,用3~5年的时间,再退出产能5亿吨左右、减量重组5亿吨左右。兼并重组一直以来是我国政府化解产能过剩、淘汰落后产能的策略,也是当前煤炭、钢铁去产能的主要手段。在此次煤炭资源整合中,政府主要以行政手段强力推进兼并重组,政策具有强烈的行政干预色彩。山西煤炭行业有近百万的从业人员,其中70万多人就职于省属的五大煤炭集团[2],考虑职工家属数量达到几百万人口,如果因产能过剩而限产停产,职工就业和社会稳定会受到严重影响,因此国有煤炭企业即使亏损也会继续生产,只要获得营业收入就能养活企业和职工,造成大量隐性失业。此外,由于国有企业改革不彻底,煤炭行业的国有企业仍承担企业办社会的职能,为职工提供养老、医疗、教育、供水、供电等诸多社会职能。相比国有企业,私营企业没有政策性负担,在产能过剩的情况下会采取放假、裁员等措施降低成本,失业人员会逐步进入社会,因而根据市场降低产能相对灵活[3]。

另外,在新技术革命不断深化的背景下,劳动力的技能无法完全满足生产要求,导致了结构性失业。目前,正在发生的以信息化和智能化为特征的新一轮科技革命,以产品与服务、虚拟和现实相融合的方式推动了信息化和制造业的一体化[4]。其中人工智能技术将会越来越成熟,并在社会中发挥更大的作用。人工智能擅长模式匹配及自动化处理,未来

---

[1] 高卷,"中国新一轮国有企业改革与职工下岗、失业关系研究",《上海经济研究》,2016年第6期。
[2] 山西省人民政府网:"抓住安置职工这个难点——五论山西煤炭供给侧结构性改革",http://www.shanxigov.cn/n16/n8319541/n8319612/n8322053/n8342514/19457585.html,访问时间:2016年5月12日。
[3] 曾湘泉、杨涛、刘华,"兼并重组、所有制与产能过剩——基于山西省煤炭去产能困境的案例分析",《山东大学学报(哲学社会科学版)》,2016年第5期。
[4] 曾湘泉、徐长杰,"新技术革命对劳动力市场的冲击",《探索与争鸣》,2015年第8期。

将有一大批工作可能被人工智能所取代,从而引发失业。

牛津大学马丁学院进行了一项关于工作岗位被人工智能及机器人取代可能性的研究。根据职业被计算机替代的概率高低,可划分为低风险、中度风险和高风险三个等级,图9-12给出了美国各类职业可能被人工智能取代的比例分布。模型计算的结果显示,2020—2030年,美国有47%的职业极有可能被电脑取代,即处于高风险;33%的职业处于低风险;19%的职业处于中度风险。此外,《麻省理工学院技术评论》中的一篇报道指出,2012年世界各地已投入使用110万个机器人,而汽车制造过程中有80%的工作都由机器完成①。

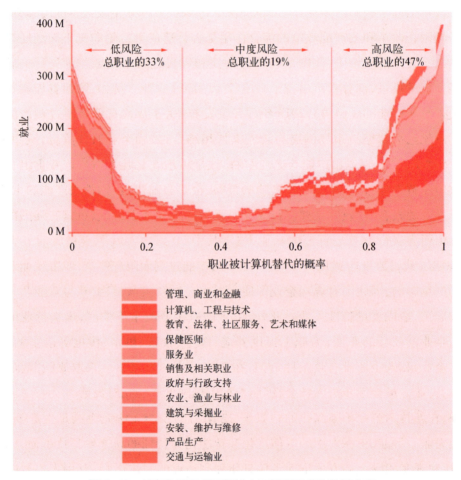

图 9-12 美国各类职业可能被人工智能取代的比例分布

资料来源:卡尔·贝内迪克特·弗雷、迈克尔·A.奥斯本,"就业前景:工作岗位雇佣电脑的可能性有多大?",2013 年 9 月 17 日,http://www.oxfordmartin.ox.ac.uk/downloads/academic/The_Future_of_Employment.pdf。

---

① 威尔·奈特,"机器人能引发制造业的革命",《麻省理工学院技术评论》,2012 年 9 月 18 日,参见:http://www.technologyreview.com/news/429248/this-robotcould-transform-manufacturing。

（二）经济波动带来一定的周期性失业

经济增长与就业增长之间的关系有四种类型：一是高经济增长，就业机会扩大类型；二是高经济增长，低就业或无就业类型；三是经济增长率下降，就业机会下降类型；四是经济增长率下降，就业机会有所扩大类型。我国"六五"期间就业弹性系数平均为0.31，"七五"期间平均为0.33。20世纪90年代以来经济增长进入低就业弹性阶段，就业弹性系数大幅度下降，"八五"期间平均为0.08，"九五"期间略有回升，均为0.11①。自2001年以来，就业弹性系数逐渐走低，由2001年的0.18下降到2005年的0.11，属于"高经济增长，低就业增长"类型。这表明，高经济增长并不必然创造出更多的就业机会。与此同时，高资本投入也并不一定意味着高就业增长，就业—投资弹性系数自新中国成立以来下降了2/3以上。因此，经济发展和资本积累对就业的连带效应，取决于实行何种经济发展政策和工业化技术路线。改革开放以来，物质资本增长率大大超过劳动要素和人力资本要素增长率，我国的经济增长模式属于"资本驱动型"。由前面所述可知，我国最丰富的是劳动力资源，资本资源却是我国目前最短缺的资源，这就构成了我国现代社会内部一对最丰富资源和最稀缺资源之间的矛盾。我们应充分利用劳动力这一资源，节约资本资源，发展劳动密集型产业。但我国的工业化路线是资本密集产业，这样，经济高增长、资本高投入就没有带来相应的就业增长，使就业压力凸显。

改革开放的30多年来，我国经济持续快速发展，进入20世纪90年代以后，我国就处于从计划经济向市场经济转型时期。在这一过程中，国有经济占就业人口比重迅速下降，当非国有经济还无法吸纳全部国有企业下岗职工时，就必然出现真实失业率上升阶段。转型初期，国有经济占总就业人口比重很高，非国有经济比重很低，总失业率很低；在转型期间，国有经济占总就业人口比重下降，非国有经济比重开始上升，但还无法吸纳从国有经济中分离出来的全部失业人口，总失业率明显上升；随着非国有经济的发展，吸纳失业人口能力不断扩大，总失业率开始出现下降趋势。我国国有企业一直存在大量的富余人员，即隐性失业者，这部分人员从国有企业撤离出来，企业的总产出水平并不下降。因此，在经济转型时期，这些隐性失业者就必然会从国有经济部门被排斥出来，这些被排斥出的失业者给我国带来的就业压力到目前为止仍然存在。

2008年爆发的金融危机，是我国改革开放30多年来首次遇到的大规模经济波动，对我国就业产生了重大影响。具体表现在以下两个方面：一是企业开工不足或者倒闭，造成工人失业；二是经济下滑后创造出来的岗位减少，新增就业人口无法就业。从数据上来

---

① 王春雷，"促进扩大就业税收政策的路径选择——基于就业弹性方面的考察"，《财经问题研究》，2007年第1期。

看,2008 年第二季度到第四季度,全国求职申请人数的增长速度直线上升,由 35.50% 上升至 79.56%,就业形势不容乐观。第四季度就业压力最为严峻,CIER 指数达到 2.61。这意味着一个空缺岗位有大约 3 名求职者竞争①。2009 年在国家一揽子刺激政策的作用下,我国经济成功抵御了国际金融危机的严重冲击,经济运行超出预期,就业形势也预期向好。2009 年第一季度 CIER 竞争指数基本处于"横盘",约为 2.58;第二季度、第三季度竞争指数持续大幅下降,分别为 2.12 和 1.66,供求压力明显缓解,就业形势明显好转;第四季度 CIER 指数为 1.63,竞争就业压力下降趋势放缓②。

(三) 摩擦性失业

我国过去曾长期实行"统包统配"的用人制度,劳动力市场中介服务体系很不发达。即使在经济高速增长的今天,这一问题仍相当突出,从而导致存在一定程度的摩擦性失业。随着劳动力市场开放程度不断提高,我国劳动力市场中介组织的规模也在逐步扩大,并且在提供就业信息、减少摩擦性失业方面已经发挥了重要作用。然而,其自身存在的信用差、招聘信息少、更新迟、反馈慢、服务针对性不够等因素制约了中介组织对就业促进作用的进一步发挥③。

对求职者来说,有效的工作搜寻方式可以减少工作搜寻时间,降低搜寻成本,从而提高人力资源市场上工作-个人匹配效率,最终减少摩擦性失业。已有研究显示,互联网不仅能够提供大量的信息,而且通过关键词检索以过滤掉无效信息,进而有效降低摩擦性失业④。统计数据显示,目前在国内通过互联网进行招聘的企业数量由 2009 年的 81 万家增长至 2014 年的 252.4 万家,预计到 2018 年将增至 437.5 万家;求职者通过互联网进行工作搜寻的规模达到 11 525.2 万人,预计到 2018 年将达到 16 179.3 万人⑤。然而,目前由于我国各地区经济发展水平、互联网基础设施建设方面存在差异,各省、市、自治区的互联网普及率存在很大差异⑥。截至 2015 年 12 月,我国 31 个省、自治区、直辖市的平均互联网普及率为 50.3%,北京、上海和广东的互联网普及率分别达到 76.5%、73.1% 和 72.4%,而甘肃、贵州和云南的互联网普及率仅分别为 38.8%、38.4% 和 37.4%⑦。数字鸿沟现象的存在

---

① "CIER 指数"的全称是中国就业研究所市场就业竞争指数。它是劳动力市场求职申请人数与市场招聘需求人数的比值(CIER 指数=求职申请人数/招聘需求人数),反映了劳动力市场上求职人数与岗位空缺数量的比例状况。
② 曾湘泉,《中国就业战略报告(2015)——金融危机以来的中国就业季度分析》,中国人民大学出版社,2015 年。
③ 曾湘泉,"劳动力市场中介组织的发展与就业促进",《中国人民大学学报》,2009 年第 6 期。
④ E. Marchal, K. Mellet, G. Rieucau, Job Board Toolkits: Internet Matches Making and Changes in Job Advertisements, *Human Relations*, 2007, 60(7): 1091-1113.
⑤ 数据来源:艾瑞咨询,《2015 年中国网络招聘行业发展报告(简版)》。
⑥ 互联网普及率是指每百人中拥有互联网的人数。
⑦ 数据来源:中国互联网络信息中心,《第 37 次中国互联网络发展状况统计报告》。

不利于降低摩擦性失业。

本 章 小 结

本章考察了劳动力市场运行的一个重要结果,即失业。失业是劳动力市场上最重要和最普遍的经济问题之一,是一国宏观经济运行好坏的重要指示器。因此,在经济学中很少有比失业更为重要的课题了。尤其对于有着庞大人口基数的中国而言,这一问题显得更加重要。

本章首先考察了劳动力市场的存量-流量模型,提出了各种动态流量如何影响失业率的数学模型。在此基础上,对各种流量如何影响失业率进行了分析。静态的失业率指标只能反映总量的失业率问题,观察许多国家的实际发现,尽管静态指标相同,但静态指标的结构却发生着变化,只有对影响失业的各种流量进行分析,才可以知道劳动力市场中哪一种流量是造成高失业率的主要原因,政府因而可以制定相应的政策来降低失业率。目前,许多发达国家都在逐步将动态流量指标纳入劳动统计的范围。

关于失业率的测量问题一直是劳动经济学重要考察的问题。如何建立一套方法有效地测量一国经济的失业率,以真实反映劳动力市场状况,对于评价失业对经济社会发展产生的经济成本具有重要意义。发达国家一般采用每月现行人口调查的方式获取有关失业率的数据,虽然测量方法至今没有重大变化,但具体技术仍然在不断改善。我国由于经济体制转型,原有的失业统计指标已难以反映现在的真实情况。随着我国市场化程度的加深,需要构建符合中国现阶段劳动就业状况的失业指标概念体系。

经济学家根据失业的特征和失业的根本引发机制,将各种类型的失业加以区分。一般来说,失业可以划分为三种不同的类型:摩擦性失业、结构性失业和周期性失业。我们可以在贝弗里奇曲线上对这三种类型的失业进行区分。

劳动经济学对摩擦性失业、结构性失业和周期性失业的区分使人们对失业产生的原因有了一定的了解。然而,人们对各种失业类型的原因探讨还不仅如此。通过建立各种经济模型,人们对失业的原因可以作更加深入的分析,从而能够得到许多有益的启示。本章对于目前有关失业原因探讨的各种经济学模型作了介绍,重点考察了有关摩擦性失业、结构性失业和周期性失业的重要理论模型——工作搜寻理论、刚性工资理论和效率工资理论。

最后，我们考察了中国经济转型时期的就业和失业问题。在分析中国经济转型时期的就业体制特点之后，我们重点从结构性失业、周期性失业和摩擦性失业三个方面分析了中国目前的失业原因。

复习思考题

一、名词解释

失业的统计概念　　　存量—流量模型　　　摩擦性失业

结构性失业　　　　　周期性失业　　　　　贝弗里奇曲线　　　工资曲线

二、简答题

1. 简述存量-流量模型的主要内容。
2. 发达国家失业测量统计的主要问题是什么？我国失业测量统计的主要问题是什么？
3. 失业分为哪几种类型？
4. 简述工作搜寻模型的主要内容，说明其对失业成因解释的含义。
5. 简述刚性工资理论的主要内容，说明其对失业成因解释的含义。
6. 简述效率工资理论的主要内容，说明其对失业成因解释的含义。
7. 我国经济转型时期的就业特点是什么？
8. 影响我国经济转型时期失业的因素是什么？

附录9-1　新经济下的就业新形态与失业统计面临的挑战[①]

新经济概念源于西方发达国家20世纪80年代的滞胀现象和90年代的经济新增长。经济发展中出现的这种持续的"两高一低"（高增长、低通胀、高就业率）的好景象被称为"新经济"，这是以信息技术发明为核心的科技革命与金融创新相结合的结果[②]。美国凭借信息化水平高、支付体系及配送体系完善等显著特征，使得新经济首先发端于本国。而

---

① 经本书编者搜集整理。
② 谭清美、李宗植，"新经济与传统经济比较研究"，《科学管理研究》，2002年第4期。

所谓美国"新经济"并不是一个严格定义的名词,一般而言,新经济是指由信息技术、航天技术、生物技术、新材料等催发的美国新的一轮经济增长①。"新经济"可以理解为:一种以高科技和经济全球化为主要推动力的经济,亦称"网络经济"②。网络经济的内涵是数字化产品的生产和销售,突破了时间和空间的限制,实质上,互联网经济就是物流、资金流和信息流的汇合。

新技术革命除了直接影响劳动力市场本身以外,还通过对产业结构、企业组织方式的影响而间接对劳动力市场产生冲击,使得就业市场呈现两极分化③。相对于此前工业革命对就业市场的改变,本次工业革命对就业市场的破坏范围更广、速度更快。此外,就业市场两极分化的趋势更为严重:认知性和创造性强的高收入工作机会和体力性的低收入工作机会都会增加,但是常规性和重复性的中等收入工作机会将会大幅减少,这可能导致就业市场逐渐分化为低技能的低薪工作和高技能的高薪工作④。高技能是高等教育或专业教育、个体职业能力、专业技术的混合体,是长期积累、从量变到质变的体现,假如技术进步突然出现,劳动力市场上的大多数劳动者依然维持在原有的技能水平上,有可能会引起大规模的结构性失业。

新经济下的就业形态

国家信息中心信息化研究部《中国分享经济发展报告 2016》指出,2015 年中国分享经济领域参与提供服务者约为 5 000 万,约占劳动人口总数的 5.5%,预计未来 5 年分享经济年均增长速度在 40% 左右⑤。新技术革命促进了新经济的形成,伴随新经济的发展,必然催生出新的就业形态。国内学者将新经济下的就业形态划分为以下几个类别⑥:创业式就业者,个人通过自找项目、自筹资金、自主经营、自担风险的方式实现就业,主要包括电商平台就业和创新式就业两种类型。电商平台以阿里巴巴集团的淘宝平台为代表,该平台除了直接创造就业外,还间接带动了近 1 000 万人就业。创新式就业指以机会型创业为就业方式,追求创意和创新,创业群体所创的事业处于酝酿、孵化、未进行工商注册登记的情形,代表人群为"创客"。根据工作机会来源的不同,自由职业者可以分为三种。第一,依托于某个专业领域、细分市场的自由职业者。常见的有自由撰稿人、自由艺人、市场策划咨询师、健身教练、专职家教等。第二,依托于分享经济平台的自由职业者,可细分为服务众包就业(如威客)和按需服务就业(如 58 到家的家政服务人员、美甲师或滴滴、优步的

---

① 郑新业,"从'互联网经济'的特征谈起",《经济管理》,2000 年第 5 期。
② 刘力臻、李燕,"美国'新经济'对传统经济学理论的挑战",《东北师大学报(哲学社会科学版)》,2001 年第 5 期。
③ 曾湘泉、徐长杰,"新技术革命对劳动力市场的冲击",《探索与争鸣》,2015 年第 8 期。
④ 克劳斯·施瓦布(Klaus Schwab),《第四次工业革命》,浙江出版集团数字传媒有限公司,2016 年。
⑤ 信息化研究部、互联网协会分享经济工作委员会,《中国分享经济发展报告 2016》,2016 年 2 月。
⑥ 张成刚,"就业发展的未来趋势,新就业形态的概念及影响分析",《中国人力资源开发》,2016 年第 19 期。

司机)。第三,依托于社群经济的自由职业者,即在依兴趣、职业等组成的交流分享圈子中,利用社群成员的信任与分享来获得收益的就业模式。依托于互联网或市场化资源的多重职业者指非单一职业就业人员,根据涉及职业数量和是否存在主次区分可以分为两种情形。第一种是兼职者,多指拥有一份主职工作的同时,利用线上供求对接平台或信息渠道而拥有第二份工作或者在工作周期内从事第二次劳动的人。第二种是选择一种能够拥有多重职业和多重身份的多元生活,在自我介绍中会用斜杠来区分不同职业的人员,也被称为"斜杠青年"。部分他雇型就业中也出现了新变化:一种为由网络线上业务衍生出大规模发展的劳务型岗位,如外卖平台的送餐员;另一种为企业边界虚拟化、资源共享化趋势日益明显下,部分企业将岗位进行外包,原有人员的劳动关系转换为劳务关系或是经济合同关系。

新经济下的失业以及失业统计面临的挑战

随着新技术革命对就业和失业造成影响的同时,现行的失业统计也面临一定的挑战。在新经济、新产业、新业态迅猛发展的背景下,我国出现了各类非标准化的就业模式、灵活就业模式等新就业形态,大批新型的自雇群体、自由职业者成为劳动力市场的重要组成部分,而现存的就业统计口径并未将这部分就业者纳入统计范畴之内。因此,原有的失业统计指标已难以反映现在的真实情况。随着我国市场化程度的加深,需要构建符合中国现阶段劳动就业状况的失业指标概念体系。

附录 9-2 防范区域性潜在失业风险 助力供给侧结构性改革
——基于化解产能过剩的视角[①]

2015 年中央经济工作会议提出,推进供给侧结构性改革,是适应和引领经济发展新常态的重大创新,积极稳妥化解产能过剩是 2016 年经济社会发展特别是结构性改革任务的关键点之一。化解产能过剩是主动调整产业结构和转变经济发展方式的重要手段之一,然而这一过程中不可避免将产生职工失业、转岗、再就业等诸多问题,能否妥善解决这些问题关系到社会稳定与和谐发展的大局,这一过程中形成的区域性潜在失业风险需要高度重视和认真治理。

一、我国化解产能过剩人员分流安置情况

根据国务院化解产能过剩指导意见,到 2017 年将基本实现"产能规模基本合理、发展

---

① 节选自黄湘闽,"防范区域性潜在失业风险 助力供给侧结构性改革——基于化解产能过剩的视角",《中国劳动保障报》,2016 年 2 月 24 日第 3 版。

质量明显改善、长效机制初步建立"的目标。各地区化解产能过剩的任务目标差异很大，受影响职工人数差别很大，所承受的经济社会压力也不尽相同。除钢铁业外并没有统一、明确的产能压减量化目标，这对准确掌握全国受影响职工的规模造成较大困难。根据调研各省反馈的数据，华北、东北、西南等化解产能过剩重点地区受影响职工规模比较庞大。以重点省份河北为例，经测算到2017年底，全省产业结构调整（包括化解产能过剩、淘汰落后产能、治理大气污染和产业转型升级等）将影响企业职工约106万人。截至2015年9月底，已经影响职工51.06万人。其中，在企业内部转岗留用24.3万人，转岗5.75万人，待岗、安排辅助性岗位、提前离岗等内部安置9.6万人，向社会排放失业人员11.41万人（其中农民工7.2万人）。综合调研数据看，受影响职工具有以下特点：总体年龄偏大，长期从事某一行业导致技能单一，学历和技能水平偏低，跨行业和跨地区转移就业意愿低，民营企业职工的参保缴费情况不佳，因此实现再就业的难度很大。

二、化解产能过剩对未来就业形势的影响及关键问题

（1）化解产能重点地区的经济下行压力加大，地区性支柱产业经济效益的严重下滑，不利于保持就业稳定。国家统计局发布的数据显示，我国经济下行压力较大，2015年前三季度全国GDP增速为6.9%；而化解产能重点地区下行压力更大，河北省、山西省、辽宁省的前三季度GDP增速分别仅为6.5%、2.8%和2.7%。伴随经济下行的是支柱产业经济效益的严重下滑，河北省、山西省、辽宁省2015年1—11月规模以上工业企业利润总额分别下降8.2%、126.4%和30.2%，亏损企业分别增长19.9%、17.2%和26.8%，亏损总额分别增长14.4%、28.3%和38.1%。其中，煤炭开采和洗选业、黑色金属冶炼和压延加工业（含钢铁业及下游产业）和黑色金属矿采选业（含钢铁业上游产业）情况特别严重，以煤炭、钢铁及其产业链为支柱的工业经济进入更加困难的"寒冬期"。尽管重点地区目前的城镇登记失业率继续保持较低水平，但就业结构性矛盾更加凸显，就业岗位数量有所减少，重点群体的就业困难程度加大，潜在失业风险明显增加，未来保持就业稳定将面临更大挑战。

（2）部分就业"稳定器"的功能将逐渐丧失，重点地区未来的就业形势将更加严峻。在化解产能初期，化解工作更多是一种有计划的政府行为，因此政府对失业风险有更强的可控性；而产能过剩行业企业在市场转折初期往往有较强的保持员工队伍稳定的意愿，"内部安置"成为保持就业形势稳定的一个重要因素；另外，市场经济规律决定了就业问题具有滞后性和隐蔽性，只有在实体经济下行一段时间后，失业问题才会逐步凸显。然而，随着经济下行压力加大和产业调整加速，化解过剩产能的动力机制开始由政府外部推动为主向市场内在驱动为主转变，过剩行业企业因低迷的市场和巨大的冗员包袱而不得不放弃"内部安置"方式。因此在化解产能过剩初期起到就业稳定器的重要因素，在未来将难以继续发挥这一功能。

（3）化解过剩产能中就业结构性矛盾会更加突出，各地情况差异较大，区域性失业风险有所增加。当前我国只将钢铁等五大行业确定为产能严重过剩行业，但实际上煤炭、石化等传统行业和光伏、风电等新兴行业，都不同程度地存在产能过剩问题。而且以钢铁为代表的一些行业的产业链比较长，主业不景气将影响到上下游相关行业更多人员的就业。此轮调整中各地区的情况存在较大差异，京津冀及周边受影响最大。特别是，产能过剩行业高度依存型地区将面临更加严峻的就业形势，本地区因产业结构不合理而短期内难以吸纳大量受影响职工。因此，在全国总体就业形势保持平稳的同时，未来在这类地区发生失业风险的可能性将增加。

（4）现行政策预防失业、促进就业政策的效果并不理想，尚缺乏系统性应对区域性失业风险的解决方案。首先，我国现行政策是将与企业解除劳动关系而且登记失业的职工确定为就业扶持对象，但目前大部分受影响职工因处于待岗、培训、放假、内退等"潜在失业"的状态，而被排除在就业扶持政策之外。其次，2013年10月以来中央和地方政府推出了一系列使用失业保险基金促进就业的政策，但由于这些政策存在企业申请稳岗补贴的资格条件比较严格、稳岗补贴的资金支持力度明显不足、缺乏鼓励企业吸纳就业的条款等问题，市场和企业普遍反映政策力度较小，政策效果并不十分理想。再次，我国大力推行鼓励创业带动就业的促进就业措施，但是政策对象尚未考虑到支持化解产能过剩企业积极转型来安置职工。实际上，很多产能过剩企业在不断寻找与建立新项目并谋求将职工分流到新项目中，因为这种人员分流方式是更为良性、平稳和容易被职工接受的。最后，我国尚未建立全国统一的失业预警政策体系，目前尚处于部分省份进行试点的阶段，已形成的一些试点地区的失业应急预案相对比较粗糙，缺乏可操作性的配套措施。面临未来可能出现的区域性失业风险，应建立全国统一的失业预警制度框架，特别是此轮化解产能的重点地区应建立更为详尽、可操作的应对方案。

附录9-3 金融危机下的失业保险影响
——基于大数据的实证研究[①]

基于工作搜寻理论，失业救济金上涨会引起工作搜寻行为减少，而导致失业率增加。美国金融危机期间，失业救济金的领取时间延长至73周。那么，这会对工作搜寻努力程度产生哪些影响？

---

① 改编自：I. Marinescu, The General Equilibrium Impacts of Unemployment Insurance: Evidence from A Large Online Job Board, *Journal of Public Economics*, 2017, 150(6): 14-29.

金融危机下美国的失业救济制度

美国失业救济领取时间(potential unemployment benefits duration, PBD)是26周,然而,在高失业期间,这个领取时间会根据各州的一些因素进行调整,该制度被称为"延期救济项目"(extended benefits program, EB)。启动该项目需要满足两个条件:一是最近13周内,州一级的平均被保险失业率(insured unemployment rate, IUR)大于5%,并且最近2年内,13周的平均被保险失业率为近期的1.2倍,或者最近13周的平均被保险失业率达到6%以上。

一般而言,延期救济项目的资金中一半来自州政府,一半来自联邦政府,而2009年2月17日通过的美国恢复和再投资法案(the American Recovery and Reinvestment Act of 2009, ARRA)规定,失业救济资金全部来自联邦政府。这就鼓励各州在高失业期启动延期救济项目。

在经济危机期间,实施延期救济项目的另外一个依据是2008年联邦应急失业救济法案(the Federal Emergency Unemployment Compensation Act 2008, EUC-08)。这是一个应急的联邦救济项目,救济对象是自2007年5月1日起没有什么资格获得常规救济的个体。通常工作搜寻者是在延期救济项目之前就能够获得联邦应急救济的。

应急救济项目和延期救济项目对被救济人的工作搜寻努力程度的影响是不同的。第一,延期救济项目是在劳动者用尽了所有常规的和应急的救济之后才会获得的,因此,延期救济项目对工作搜寻的影响较小。第二,与应急救济项目相比,延期救济项目对工作搜寻的要求更加严格,因此其对工作搜寻努力程度的影响更小。第三,由于计量方法识别问题,对延期救济项目和应急救济项目的影响的分析存在差异。延期救济项目在一定程度上受到州政府决策的影响,而应急救济项目则不是。也就是说,延期救济项目的周数的变化是内生的,例如,失业保护度高的州,会选择提供更多的延期救济项目。

来自招聘网站的数据

用以分析延期失业救济对工作搜寻的影响的数据,来自美国最大的招聘网站CareerBuilder.com。在该网站中,职位空缺是指在既定月份、既定地区中在线的广告数据量。为了说明基于网络的数据的样本代表性,作者将该数据与美国的职位空缺与劳动力流动调查(job openings and labor turnover survey, JOLTS)数据进行比较。以2011年1月为准,将该月份中CareerBuilder网站上广告的数量与JOLTS调查中的职位空缺相比较,认为该网站能够代表1月份美国总的职位空缺中的35%,信息技术、金融、房地产和房屋租赁行业中的职位空缺占比较高,而公共部门、住宿及餐饮、建筑以及其他服务行业中的职位空缺占比较少。此外,从职位空缺的地理分布来看,该网站与JOLTS调查具有高度的一致性,可认定基于CareerBuilder网站的数据具有很好的代表性。

基于CareerBuilder的数据时间跨度是2007年9月—2011年7月。劳动者通过互联网进行工作搜寻时,搜寻行为可定义为"点击",即求职者点击网站上某招聘广告中的"立即申请"。网站通过简历等其他方式限制求职者同一个岗位只能申请一次。那么,申请人数就是所有职位在既定州、既定月份内收到的求职者数量。网站上的求职者包括领取失业救济的失业者、没有领取失业救济的失业者以及在职者。根据CareerBuilder的调查,在职者的比例低于50%,因此,可以假设网站工作搜寻者由两类失业群体组成:一类是领取失业救济的,另一类是没有领取失业救济的。那么,该数据可以被用于分析失业救济项目对劳动力市场景气程度(labor market tightness)的影响。

延长失业救济金领取时间对工作搜寻行为的影响

基于CareerBuilder的网站数据,作者研究发现延长失业救济领取时间对于空缺职位数量的影响不稳健,也就是说,延长享受失业救济金的时间不会增加劳动需求。然而,这个时间每增加1周,则会使得求职者的搜寻行为减少0.4%,这相当于失业救济领取时间的弹性为-0.1。这表明,失业救济金领取时间的延长,减少了工作搜寻行为。

在控制了职位空缺数量之后,失业救济金领取时间的延长对总的求职者数量产生负影响,因此可得出结论:这个时间的延长会显著增加劳动力市场景气程度。这种对劳动力市场景气程度的正向影响意味着,失业保险对总失业的影响小于其对失业救济受益人的影响。从影响程度上看,失业救济金领取时间提高10%,会使得总失业增加0.7%。失业保险延长的长期影响还需更多的经验研究予以分析。

附录9-4　新结构,新经济
——2016年第二季度CIER指数报告[①]

从宏观经济形势来看,2016年第二季度GDP同比增长6.7%,与第一季度持平,表现好于预期。但投资增长持续下滑,固定资产投资上半年同比增长降至9.0%;第三产业于二季度同比增长7.5%,连续八个季度高于第二产业增长,银行新增贷款在4、5月稍为放缓后,于6月再次放量增长13 800亿元人民币。与此相应,2016年第二季度CIER指数从第一季度的1.71上升至1.93,就业形势稳中有升,与宏观经济形势好于预期但仍存在不确定性的情况相吻合。自2015年第一季度至2016年第二季度,我国CIER指数的周期成分虽仍呈现下降态势,但下降幅度明显收窄,表明就业形势开始出现一定的平稳迹象。从智联

---

① 中国就业研究所,http://cier.org.cn。

招聘此次选取的大类行业样本来看,2016年第二季度智联招聘全站在线招聘需求同比增长21%,这也从侧面印证了我国培育新经济结构、发展新动能的举措已经初见成效,新经济的快速增长对传统经济下滑起到了重要的对冲作用。

分行业来看,就业形势的两极分化现象依旧非常明显,其中CIER指数最大行业(互联网/电子商务)为最小行业(能源/矿产/采掘/冶炼)的近47倍。研究表明:

(1) 新经济大幅提升就业信心,传统产业就业形势持续低迷。2015年第四季度到2016年第二季度,电子商务和共享经济的发展不断趋于成熟,对人才的需求和吸引力明显增加,就业景气指数一路攀升。而2016年第二季度就业景气指数最低的行业主要有能源行业、传统制造业和重工业等。在传统经济持续下滑以及企业改革转型的背景下,相关行业的人才招聘需求没有出现明显增加,形成了就业景气指数偏低的结果。此外,随着"去产能、去库存、去杠杆、降成本、补短板"的"三去一降一补"政策不断推广,传统产业的就业形势相对严峻。

(2) IT行业蓬勃发展,互联网/电子商务小微企业"抢人忙",三线城市用工需求"异军突起"。2016年以来,受到新经济推动作用最大的行业当属IT/互联网行业,其CIER指数在所有行业中位列第一,为11.47。500人以下规模企业发布的在线职位占职位总量的82%,小微企业依旧是吸纳就业的主力军。和2015年同期相比,三线(含三线以下)城市的在线职位增幅最高,为64%,远超一线城市20%以及新一线城市38%的同比增幅,这说明随着一线和新一线城市竞争的日益加剧、企业成本的不断攀升等因素,有越来越多的IT企业开始将渠道下沉,开启了"城市包围农村"的发展策略。

(3) 银行用人需求最旺盛,金融行业内中型企业招聘需求最高,并且需求主要集中在中型企业。

(4) 电商发展带动快递业务高速增长,交通/运输行业就业景气度持续高涨。在快递业务量高速增长的带动下,交通/运输行业的人才需求也出现了大幅增长,2016年第二季度,交通/运输行业的用工需求同比增幅最高,为58%。

(5) 房地产行业用工需求呈现"哑铃"状,微型企业和大型企业用工需求增幅最高。在国家和地区相关政策的刺激下,2016年房地产行业在新一线城市的发展增速超越了一线城市。分区域来看,中西部地区就业形势明显回暖,东北地区增长乏力。第二季度,和2015年同期相比,中部地区在线职位数量同比增幅最高,为29%;西部地区增幅为23%;东北地区的在线职位数仅占全国总量的5%,和2015年同期相比招聘需求增加了14%。受到企业用工需求增长乏力和人才"东南飞"等因素的影响,东北地区的就业形势相对最差,亟须新的经济发展引擎拉动就业。分城市来看,新一线及二线城市对人才的吸引力进一步提升,三线城市就业形势出现好转。从不同规模企业就业形势来看,小型企业招聘职位数最多,微型企业就业形势最好。获益于新经济的推动和政策的支持,我国创新创业的浪潮不断攀升,大量的创业公司显著拉动了劳动力市场的人才需求。基于上述分析,预测2016下半年,就业形势将大概率呈现趋稳的态势。

以苏州工业园区为代表的重点工业区就业市场呈现出供需双降的态势。受经济环境影响,苏州工业园区人力资源需求指数降幅较为显著,区内企业用工需求呈现持续走低的趋势。从供给情况来看,继一季度季节性求职高峰后,二季度受市场需求不振、求职者信心降低等综合因素的影响,市场供给有所下降。因此,2016年第二季度,园区人力资源市场呈现供需双降的态势,其中供给降幅更为显著。具体有以下特点:① 就业人口总数呈现下降趋势。② 行业从业人员分布格局重排,机械行业超过电子设备制造业成为第一大用工行业;电子设备制造业继续呈现用工缩减的态势;互联网通信行业用工人数相比2015年底增长14.51%,增速创历史新高。③ 技术工人紧缺,高级技术工人收入水平较高。④ 四大类岗位调薪增速有所放缓。从应届毕业生用工情况来看,苏州工业园区现代服务业、纳米技术应用、云计算等三个行业预计招聘应届毕业生比例较高。电子信息等传统制造行业显示了较弱的应届毕业生吸纳能力。根据圆才研发中心开展的园区薪资实时平台调研显示,预计在三季度,企业用工需求相对谨慎,63.6%的企业用工持平,19.6%的企业用工将减少,仅有16.8%的企业用工将增加。

推荐阅读文献和书目

1. 蔡昉,"中国就业统计的一致性:事实和政策含义",《中国人口科学》,2004年第3期,第2—10页。

2. 李实、曲恒,"中国城镇失业率的重新估计",《经济学动态》,2004年第4期,第44—47页。

3. 曾湘泉、徐长杰,"新技术革命对劳动力市场的冲击",《探索与争鸣》,2015年第8期,第32—35页。

4. 皮萨里德斯、欧阳葵、王国成,《均衡失业理论》,商务印书馆,2012年。

5. Dale T. Mortensen, Markets with Search Friction and the DMP Model, *The American Economic Review*, 2011, 101(4): 1073-1091.

6. Kory Kroft and Devin G. Pope, Does Online Search Crowd Out Traditional Search and Improve Matching Efficiency? Evidence from Craigslist, *Journal of Labor Economics*, 2014, 32(2): 259-303.

7. Peter Kuhn and Mikal Skuterud, Internet Job Search and Unemployment Durations, *The American Economic Review*, 2004, 94(1): 218-232.

8. C. A. Pissarides, Short-run Equilibrium Dynamics of Unemployment Vacancies and Real Wage, *American Economic Review*, 1985, 75(4): 679-690.

9. R. Shimer, The Cyclical Behavior of Equilibrium Unemployment and Vacancies, *American Economic Review*, 2005, 95(1): 25-49.

图书在版编目(CIP)数据

劳动经济学/曾湘泉主编. —3版. —上海：复旦大学出版社，2017.8(2024.7重印)
(复旦博学·21世纪人力资源管理)
ISBN 978-7-309-13113-0

Ⅰ.劳… Ⅱ.曾… Ⅲ.劳动经济学-高等学校-教材 Ⅳ.F240

中国版本图书馆CIP数据核字(2017)第171911号

劳动经济学(第三版)
曾湘泉　主编
责任编辑/宋朝阳

复旦大学出版社有限公司出版发行
上海市国权路579号　邮编：200433
网址：fupnet@ fudanpress.com　http://www.fudanpress.com
门市零售：86-21-65102580　　团体订购：86-21-65104505
出版部电话：86-21-65642845
上海丽佳制版印刷有限公司

开本 787毫米×1092毫米　1/16　印张 25.75　字数 476千字
2024年7月第3版第11次印刷
印数 83 001—88 100

ISBN 978-7-309-13113-0/F·2390
定价：56.00元

如有印装质量问题，请向复旦大学出版社有限公司出版部调换。
版权所有　　侵权必究